विवेकानंद
तुम लौट आओ

विवेकानंद तुम लौट आओ

शुभांगी भडभडे

प्रभात
पेपरबैक्स
www.prabhatbooks.com

प्रकाशक

प्रभात पेपरबैक्स

4/19 आसफ अली रोड, नई दिल्ली–110002

फोन : 23289555 • 23289666 • 23289777 ❖ फैक्स : 23253233

इ–मेल : prabhatbooks@gmail.com ❖ वेब ठिकाना : www.prabhatbooks.com

संस्करण

2020

मूल्य

दो सौ पचास रुपए

अनुवाद

हेमा जावड़ेकर

अ.मा.पु.स. 978-93-5048-299-5

मुद्रक

आर–टेक प्रिंटर्स, दिल्ली

★

VIVEKANANDA TUM LAUT AAO

novel by Shubhangi Bhadbhade

Published by **PRABHAT PAPERBACKS** (A Division of Prabhat Prakashan)

4/19 Asaf Ali Road, New Delhi-110002

ISBN 978-93-5048-299-5

₹250.00

प्रत्येक हिंदू को—जो
हिंदू राष्ट्र, हिंदू धर्म तथा
संस्कृति पर गर्व करता है—
सादर समर्पित।

: एक :

मध्य रात्रि का समय भी ढल चुका था, परंतु नरेंद्र के मन में उभरे विचारों का प्रवाह समाप्त होने का नाम ही नहीं ले रहा था। सर्दी का मौसम, तिस पर तीन दिन लगातार वर्षा की धारा। पूरा कलकत्ता शहर ठिठुरता हुआ रजाई लपेटकर पूरे इतमीनान से गहरी नींद में था। लेकिन नरेंद्र की नींद किसी हठी बालक सदृश रूठ गई थी।

अब की बार नरेंद्र ने निश्चय कर लिया। वह उठकर बाहर आ गया। 'दत्त भवन' में सभी चैन की नींद में सो रहे थे। रात से वर्षा थम गई थी। परंतु कृष्ण मेघों में से एक भी प्रकाश रेखा नहीं उभरी थी। भुवनेश्वरी, जो सबसे पहले उठती थीं, आज नहीं उठी थीं। स्नानादि से निबटकर, शुचिर्भूत होकर नरेंद्र 'दत्त भवन' के नीम दरवाजे से बाहर निकल पड़ा और गंगा का रुख अपनाया।

अब उसका अपना शिमुलिया इलाका पीछे रह गया था। उसका लक्ष्य था दक्षिणेश्वर, मात्र दक्षिणेश्वर।

'मैं निकल तो पड़ा हूँ, परंतु क्या मेरे मन को संतोष मिलेगा? मुझे ईश्वर के सत्य स्वरूप का ज्ञान पाना है। दक्षिणेश्वर स्थित ठाकुरजी क्या मेरे प्रश्नों का समाधान कर सकेंगे? क्या सचमुच वे अनपढ़ हैं? पर वैसा तो कभी प्रतीत नहीं हुआ था।'

उसे स्मरण था—

उस दिन उसी के एक संबंधी रामचंद्र दत्त के घर उन्हें भजन गाने के लिए आमंत्रित किया गया था। नरेंद्र का जाने का मन तो नहीं था, पर माँ भुवनेश्वरी देवी के कहने पर वह गया था।...और एक आसन पर ठाकुरजी विराजमान थे। उन्होंने नरेंद्र की ओर देखा। अत्यंत स्नेह-भाव से भरे नेत्र, उनके निर्मल चित्त का प्रमाण। अत्यंत मृदु वाणी में उन्होंने कहा, 'आओ, बैठो वत्स।' उन्होंने उसका हाथ थामकर उसे बैठाया। उनके हाथ का वह स्पर्श...अननुभूत, पर आश्वासक।

रामचंद्र दत्त ने उनसे परिचय कराया, 'प्रख्यात विधिज्ञ विश्वनाथ दत्त के सुपुत्र नरेंद्र दत्त। बड़ी मीठी आवाज है इसकी। मधुर गाता है, इसलिए इसे आमंत्रित किया।'

वे बोल रहे थे और नरेंद्र ठाकुरजी की ओर देख रहा था।

आज तक कई बार कइयों के सामने नरेंद्र ने गीत, भजन गाए थे। 'नोरेन' बस, इतना ही कहते हुए उन्होंने गाने का इशारा किया। उच्चारण किए हुए उन तीन अक्षरों में कूट-कूटकर मिठास भरी हुई थी। नरेंद्र ने उनकी ओर देखा। उनका मुख प्रसन्नता से दमक रहा था। बड़े प्यार से वे उसकी ओर देख रहे थे।

'मन चलो निज निकेतने, संसार विदेशे' नरेंद्र गाने लगा—

'विदेशीर वेशे, भ्रमो कैनो अकारणे,
जावे कि हे दिन आमार विफवे चलिए
आछिनाथ दिवानीशी आशापथ निरखिए। मन चलो…'

'सुंदर, अति सुंदर,' ठाकुरजी के शब्दों से जैसे फूल बरसे। वह मन-ही-मन खिल उठा।

'नरेंद्र, यह गीत किसने लिखा है? इसका अर्थ तुम जानते ही होगे। मेरे मन में जो अर्थ है वही तुम्हें अभिप्रेत होगा। इसका अर्थ स्पष्ट करोगे, वत्स?'

'ठाकुरजी, यह गीत मैंने ही लिखा है।'

वे आश्चर्य से उसकी ओर देखते ही रहे।

'और ठाकुरजी, साधु-संत समाज के पथ-प्रदर्शक होते हैं। परंतु किसी गीत का अर्थ किसी को अपेक्षित हो सकता है, इसकी कल्पना ही वह नहीं कर सकता था।'

'नोरेन, मैं इसका अर्थ स्पष्ट करता हूँ। कवि कहते हैं—हे मन! तू अपने घर चल। तुम स्वर्ग से आकाशस्थ ईश्वर के घर से आए हो, उसी घर वापस लौटो। इस माया-मोहमय संसार में व्यर्थ ही क्यों फँस रहे हो? पृथ्वीलोक के विदेश में व्यर्थ ही क्यों भटक रहे हो? तुम्हारा सारा समय व्यर्थ जा रहा है। चलो, अपने घर वापस चलो।'

नरेंद्र चकित हो गया।

'नोरेन, एक बार दक्षिणेश्वर आ जाओ।' उठते-उठते उन्होंने कहा।

नरेंद्र ने भी 'हाँ' कह दिया। उसने सोचा भी नहीं था कि पहली ही मुलाकात में वे इस तरह मन के गर्भ-गृह में जा बैठेंगे। उसने यह भी नहीं सोचा था कि उस गीत का अचूक अर्थ वे स्पष्ट करेंगे।

और आज वह अभिभूत होकर निकला था।

□

रामकृष्ण की निद्रा अचानक खुल गई। अत्यंत प्रसन्नता के साथ उन्होंने नेत्र खोले। काली माता के मंदिर के एक कक्ष में बिछी शय्या पर वे उठकर बैठ गए। सामने स्थित गवाक्ष में से असीम नभोमंडल में तारा-पुंज जगमगा रहा था। साफ आसमान में शीतल चंद्रमा पश्चिम घाटी पर आरूढ़ हो रहा था। गंगा-तट से आ रही शीतल लहरें

सुखद आनंद दे रही थीं। उन्होंने जल्दी-जल्दी गंगा का रुख अपनाया। अब गंगा दृष्टिपथ में आ चुकी थीं। अपने अस्तित्व में विशाल जलराशि समाती हुई वह शांत और स्थिर थीं। रामकृष्ण का पदचाप सुनकर गंगा मैया ने कहा, 'आओ रामकृष्ण, आओ। आज अचानक भोर होते ही मेरे पास आ गया? चार दिनों की वर्षा से सारी भूमि पानी से सराबोर हो गई है। तुम्हारे कदम कीचड़ से सने हैं। तुम्हारे कदम उतने ही निर्मल हैं जितना तुम्हारा मन। आओ।'

'हे लोकमाते गंगे! मैं कई बार तुम्हारे पास आया। कभी इसलिए कि मैं बहुत दुःखी था, कभी मन में अजीब सी बेचैनी रहती, कभी अपमानित हो गया था, कभी इसलिए कि काली माता प्रकट नहीं हुईं, कभी इसलिए कि तुम्हारे पास बैठकर समाज-मन को जानने की इच्छा हुई, परंतु आज मैं बहुत स्थिर और शांत हूँ।'

'ऐसा क्या हुआ?'

'मेरे मन में एक निराकार, अनुपम, प्रज्ञावंत कल्पना थी। परंतु रामचंद्र दत्त के पास जाने के बाद मैंने उस कल्पना को साकार रूप में देखा—बहुत सुंदर, सुदृढ़, स्वस्थ, सुविद्य, संगीत में निपुण, मधुर भाषी और फिर मैं स्वयं चकित हो गया।' रामकृष्ण गंगा में उतर गए थे और मन-ही-मन उससे कहने लगे।

'माते, वह एक आत्मविस्मृत स्वप्न ही था, जो बार-बार दिखने लगा। समझ नहीं पा रहा था कि वह सत्य है या सत्याभास, स्वप्न है या ऐसे ही मन का खेल। साक्षात् भगवान् विष्णु का सुकुमार रूप नरेंद्र के रूप में देखा, तब प्रतीत हुआ कि वह सत्य था, न कि एक स्वप्न।'

'वत्स, कौन सा स्वप्न दिखाई दे रहा था तुम्हें?'

'हे लोकमाते गंगे! उस दिन मैं काली माता के सामने ध्यानस्थ बैठा था। धीरे-धीरे बाह्य जगत् का भान समाप्त हो रहा था। अंतर्मन में अनाहत नाद सुनाई देने लगा। संपूर्ण शरीर एक मयूर पंख बन गया था और वायुमंडल में उड़ान भरने के लिए उत्सुक था। चौदह वायुमंडलों में मैं भ्रमण कर रहा था और फिर एकाकार बना एक दिव्य पथ दिखने लगा। उस मार्ग पर पुष्पों की सुगंध थी, सुमधुर संगीत था। ऋतुराज वसंत ने ही साकार होकर मुझे अगला पथ-प्रदर्शन किया। मैं चल रहा था और पुष्पों से सजी-धजी कमान में से देवसभा पहुँच गया। आहा, उस स्वर्गीय वातावरण की शोभा कैसे बखानूँ, मैया!'

'फिर आगे क्या हुआ, वत्स?'

'कथन करता हूँ न, माते। चंद्रमा, सूर्य से परे देह रूई जैसी हलकी हो गई। पथ के दोनों ओर खड़े यक्ष, किन्नर, अप्सरा मुझ पर फूल बरसा रहे थे। पुष्पों के मार्ग, आसपास पुष्प-वल्लरी तथा पुष्प-वृष्टि भी। जड़ जगत् और सूक्ष्म जगत् में एक प्रकाश रेखा जगमगा रही थी। एक ओर विधाता की स्वयंनिर्मित सृष्टि और दूसरी ओर सृष्टिकर्ता

का अद्‌भुत निवास-स्थान। एक ओर अनंत की ओर भागते नश्वर शरीर तो दूसरी ओर सर्वत्र ईश्वरत्व। अनंत का अनंत रूप। मुझे लगा, काश, मेरे रोम-रोम नेत्र बनते।'

'फिर आगे क्या हुआ?'

'मैं अनुभव कर रहा था कि एक ऐसा सूक्ष्म, तरल, संवेदनशील विश्व है, जो चेतन व अचेतन से परे है। यह स्थान अनुपम उत्कट था। भाव समाधि की चरम सीमा पर मेरा मन पहुँच चुका था। उसी पल मैंने देखा कि उस देव सभा में ऐसे सिद्धि-प्राप्त ऋषि-महर्षि आमंत्रित हैं, जो अपनी अथक साधना से संपन्न हैं। प्रसंगवश देवी-देवताओं के भी पथ-प्रदर्शक, परम आभा से युक्त सप्तर्षि वहाँ ध्यानमग्न बैठे हुए हैं। इन ऋषि-मुनियों में प्रति सृष्टि निर्मिति की शक्ति थी। अनंत देवराज्य स्थित इस ज्योतिर्मंडल का एक अंश घनीभूत होकर दिव्य शिशु के रूप में अवतीर्ण हो गया। उस देवशिशु ने एक महर्षि के निकट जाकर अपनी कोमल बाँहें उनके गले में डाल दीं। वह शिशु उन ऋषियों को जगा रहा था। समाधिस्थ महर्षि जाग्रत् होकर बड़े प्यार से उस शिशु की ओर देखने लगे। उस शिशु ने बड़ी सहजतापूर्वक जैसे वह उनसे पूर्व परिचित हो कहा, 'मैं निकल रहा हूँ, आपको भी आना है।'

उसकी मधुर वाणी से प्रभावित होकर उन्होंने तुरंत सम्मति दरशाई। हे लोकमाते गंगे! वह देव-शिशु ही नरेंद्र दत्त है और वह महर्षि, जो राम, जो कृष्ण वही रामकृष्ण अर्थात् मैं।

लोकमाता गंगा रोमांचित हो गईं। आज उनके तट पर ऐसे पद-चिह्न अंकित होनेवाले हैं, जिनकी वह युगों से प्रतीक्षा कर रही थीं।

रामकृष्ण मंदिर में आ गए। सभी शिष्यगण अपने-अपने कार्य में मग्न थे। उन्होंने राखाल को बुलाकर सूचना दी—

'सुनो, आज नरेन दत्त आ रहा है। भाँति-भाँति के व्यंजन बनवाओ।'

राखाल को तनिक भी आश्चर्य नहीं हुआ; क्योंकि हर समय उसने अनुभव किया था कि वे जो भी कहते हैं, वह सत्य में उतरता है। उनकी कथनी व करनी में सत्य का साक्षात्कार था। उनकी अर्जित की हुई अनुभूतियों से उन्हें वाचा-सिद्धि प्राप्त हो गई थी।

कुछ ही समय के पश्चात् नित्य नियमित ध्यान-धारणा छोड़कर वे मंदिर में गए और उलटे पाँव वापस लौटे। पीपल के चबूतरे पर बैठकर वे अत्यंत प्रसन्न मुद्रा से नरेंद्र दत्त की प्रतीक्षा करने लगे। थोड़ी देर में नरेंद्र अपने मित्र सुरेंद्र के साथ वहाँ आ गया। उन्होंने उठकर अत्यंत आदर के साथ बाँहें फैलाते हुए कहा, 'आओ नरेन, मैं तुम्हारी ही प्रतीक्षा कर रहा था। सोच रहा था, आज आओगे, कल आओगे। सच कहूँ, क्या तुम मुझे भूल तो नहीं गए थे, वत्स?'

उनकी आत्मीयता नरेंद्र के मन को छू गई। पर वह कुछ बोल नहीं सका।

'नरेन, मुझे ज्ञात है, सप्तर्षि मंडल के एक महर्षि को जाग्रत् करते हुए देवशिशु बनकर तुमने उसे संकेत किया था कि मेरे पीछे आए। नरेन, तुम सत्य ही देवरूप हो, ईश्वर का रूप हो। विश्व-कल्याणार्थ ही तुम्हारा जन्म हुआ है।'

'आप यह क्या कह रहे हैं, ठाकुर मोशाय! मेरी तो कुछ समझ में नहीं आ रहा। मैं बस इतना ही जानता हूँ कि मैं नरेंद्र विश्वनाथ दत्त हूँ। महाविद्यालय में पढ़ता हूँ। विश्व-कल्याण का तो क्या, मैंने अभी तक अपने बारे में भी कुछ सोचा नहीं।'

रामकृष्ण ने प्रसन्न मुसकान बिखेरी। दृढ़तापूर्वक उसका हाथ पकड़कर उन्होंने कहा, 'तुम्हें बताता हूँ नरेन।' और उन्होंने उसे अपना स्वप्न कथन किया।

नरेन खिलखिलाकर हँसते हुए कहा, 'आपने मुझे देखा था। आपके मन में मेरी स्मृति रह गई होगी। इसलिए मैं आपकी स्वप्न सृष्टि में दिखाई दिया होऊँगा। भई, मैं नहीं विश्वास करता ऐसी बातों पर।'

सुरेंद्र मित्र को नरेन की स्पष्टोक्ति अखरी।

पर नरेंद्र कहता ही जा रहा था, 'मैं इसलिए नहीं आया कि आपने मुझे आमंत्रित किया। देवेंद्रनाथ ठाकुर, केशवचंद्र सेन, प्रो. हेस्टी ने कहा था कि एक बार होकर आना, इसलिए आया हूँ। आपसे मिलने की बात कभी सोची भी नहीं थी।'

'ठाकुरजी, यह हमेशा काम में व्यस्त रहता है, इसलिए मैं ही इसे ले आया।' सुरेंद्र ने बात को सँभालने के लिए लीपापोती की।

'सौ बात की एक बात कहूँ तो ठाकुरजी, मैं किसी भी साधु, संत, बैरागी से सहानुभूति नहीं रखता। मैं एक साधक हूँ, छात्र हूँ। मैं तब तक किसी पर विश्वास नहीं करता, जब तक मेरे मन को संतोषजनक उत्तर नहीं मिलता और उसकी सत्यता का प्रमाण नहीं मिलता।'

रामकृष्ण प्रसन्नतापूर्वक हँसने लगे। उन्होंने पूछा, 'क्या मेरी परीक्षा लेने आए हो? तो पूछो न, जो पूछना चाहते हो।'

सुरेंद्र के मन में यह भय था कि मान लो, ठाकुरजी उसके प्रश्न का उत्तर नहीं दे पाए तो ये जनाब कहीं उन्हें अपमानित तो नहीं करेंगे! पर नरेंद्र तो अपनी धुन में था।

उसने कहा, 'ठाकुरजी, मेरा प्रश्न आपको विक्षिप्त प्रतीत होगा। हो सकता है, आप उसका उत्तर भी नहीं दे सकेंगे। कुछ समय पहले आपने सप्तर्षि मंडल के कथास्वप्न रंग में डुबोकर वर्णन किया था। कई लोगों को वह सत्य प्रतीत हो सकता है, परंतु मुझे ज्ञान-विज्ञान की जानकारी है। यह अहंकार नहीं, यथार्थ है। आज जो प्रश्न मेरे मन में उभरा है वह ज्ञान-विज्ञान से परे है।'

अब रामकृष्ण से रहा नहीं गया। वे खिलखिलाकर हँसने लगे। उन्होंने कहा, 'पूछो न।'

'ठाकुरजी, आपने भगवान् को देखा है?' सुरेंद्र का जी लरजने लगा। अनपढ़ ठाकुरजी श्रद्धा-भावना से 'हाँ' कहेंगे और वह उसे नहीं मानेगा। परंतु ठाकुरजी ने तुरंत कहा, 'हाँ नरेन, मैंने भगवान् को देखा है। वह तुम्हारे भीतर है, मेरे भीतर है। ईश्वर उन सभी प्राणियों में है, जो सजीव हैं। इस सृष्टि में ईश्वर के अनेक रूप हैं। वह साकार हैं, निराकार हैं, वह सृष्टिकर्ता हैं। ये ऊँचे पहाड़, कल-कल निनाद करतीं सरिताएँ, यह प्रकृति, यह वातावरण, चंद्रमा, सूर्य, सितारे, नभमंडल—यह सब उसी की निर्मिति है। उसकी प्रतिभाएँ यत्र, तत्र, सर्वत्र हैं। मेरी दृष्टि से तुम तनिक देखो तो सही, तुम्हें भी भगवान् का दर्शन होगा। ईश्वर है और वह दिखता भी है। आवश्यकता है मात्र दृष्टि की।'

नरेंद्र एकदम स्तब्ध हो गया। आज तक कई बार कइयों से पूछने पर भी किसी ने भी नहीं कहा था कि उसने भगवान् को देखा है। माता भुवनेश्वरी से भी उसने पूछा था। उसने कहा था, 'वह युग अलग था नरेन। वह सतयुग था। ईश्वर साकार था, सत्य वचनी प्रामाणिक लोग थे। अब यह कलियुग है। अब सर्वत्र असत्याचरण है। अत: वह इस गगन से परे चला गया है। वह नहीं दिखेगा।'

नरेंद्र को स्मरण हुआ, वह हर किसी से पूछता, 'आपने ईश्वर को देखा है?' एक दिन प्रवचनकार ने अपनी कथा में कथन किया, 'रामभक्त हनुमान कदली वन में रहता है।' इसे सत्य मानकर रात भर नरेंद्र पानी से तर-बतर केले के बाग में कुंडली मारकर बैठा रहा और सुबह होते ही उसने माँ से सबकुछ कहा। तब माँ ने कहा, 'बिलू, राम-सीता ने हनुमान को किसी काम से बाहर भेजा होगा।' बचपन में वह सब सच लगा था। परंतु अब ठाकुरजी के कहने के अनुसार ईश्वर भले ही सर्वत्र दिखता हो, पर वे अपनी दृष्टि हमें कैसे देंगे भला! और ईश्वर हमें तब तक नहीं दिखेगा जब तक उनकी दृष्टि हमें नहीं मिलती।

'चलो सुरेंद्र।' सुरेंद्र को उठाकर उसका हाथ पकड़कर उसने कहा।

'ऐसा अचानक क्या हुआ, भाई?' सुरेंद्र ने रास्ते में पूछा।

'ठाकुरजी भले ही भले मानस हों, परंतु वे मुझे अपनी दृष्टि का दान कैसे दे सकते हैं? इसकी खोज करनी है, परंतु अभी तक सत्य की खोज नहीं हुई।'

दोनों मौन हो गए। वे नौका में सवार हो गए। नौका नदी की तरंगों पर तैर रही थी।

□

भुवनेश्वरी मंदिर में पूजा में व्यस्त थीं। परंतु उनका सारा ध्यान नरेंद्र के आने की ओर लगा हुआ था। उन्हें पता भी नहीं चला, नन्हा सा नरेंद्र कब बड़ा होकर उसे ही जीवन का दर्शन बताने लगा। बचपन में भगवान् का दर्शन हो, इसलिए घंटों पद्मासन मुद्रा में ध्रुव सदृश भक्ति करता। अब कसरत की धुन, संगीत की धुन, कविता करने का शौक, मित्रों का प्रेम, ब्राह्म समाज का प्रेम, अब तो ठाकुरजी का प्रेम भी मन में रस-बस

गया है। भगवान् जाने कैसे सत्य दर्शन की धुन उस पर सवार हो गई थी। भुवनेश्वरी चाहती थीं रूप सुंदर, कर्पूरगौर, सिद्धि-साधक, गुण-संपन्न शिव-शंकर जो हलाहल जैसा विष भी हील्या प्राशन करता है, ऐसा पुत्र अपनी कोख में आए, इसलिए भुवनेश्वरी ने शिवजी की कितनी उत्कट भक्ति की और फिर नरेंद्र का जन्म हो गया। दो कन्याएँ परलोक सिधार गईं। दो कन्याएँ हरामाणी और स्वर्णमाणी अपने-अपने खेल में व्यस्त हो गईं। अब भुवनेश्वरी को चाहिए था पुत्र—दत्त वंश का कुलदीपक, और उसका जन्म भी हो गया, लेकिन बबुआ के गुण तो देखो···भुवनेश्वरी की तरह उसके पति विश्वनाथ बाबू भी पहले पुत्र की कामना करते थे और वह हुआ भी स्वरूप-सुंदर, परंतु वह अधिक समय तक जीवित नहीं रहा। दो कन्याएँ भी दुःख देकर चल बसीं।

विश्वनाथ बाबू ने कहा, 'तुम्हें अंग्रेजी सिखाने के लिए एक मैडम ले आता हूँ।' फिर पढ़ने-लिखने में उसका मन लग गया। वस्तुतः दत्त परिवार में आज तक किसी भी महिला ने अंग्रेजी शिक्षा नहीं ग्रहण की थी। परंतु विश्वनाथ बाबू के सामने किसी ने कुछ नहीं कहा। भुवनेश्वरी के ससुर—विश्वनाथ बाबू के पिता—दुर्गा प्रसाद एक नामचीन वकील थे। खूब पैसा कमाया था। परंतु एक दिन सबकुछ त्यागकर वे संन्यासी बन गए। तब से विश्वनाथ बाबू घर के मुखिया हो गए थे।

मैडम आती थीं। भुवनेश्वरी पढ़ती थीं। लेकिन मन-ही-मन वह बहुत दुःखी थीं। उनकी माता रघुमणि बोस ने उनसे कहा, 'शिवजी की आराधना करो। तुम्हें अवश्य पुत्र-प्राप्ति होगी।' अब भुवनेश्वरी का काफी समय शिवजी की पूजा-अर्चना, ध्यान करने में व्यतीत होता। वह प्रत्यक्ष शिवशंकर का दर्शन करतीं। एक दिन नरेंद्र का जन्म हो गया। शिवजी की भक्ति करने से उसका जन्म होने के कारण उसका नाम 'वीरेश्वर' रखा गया। वीरेश्वर का 'वीरू', फिर पता नहीं चला 'बीरू' का 'बिलू' कब हो गया। विश्वनाथ बाबू की पसंद का नाम 'नरेंद्र' भी रखा गया।

वही नन्हा सा 'बिलू' अब नरेंद्र विश्वनाथ दत्त बनकर कॉलेज में जाने लगा। बिलू, जो बचपन में अनेक शरारतें करता था, अब विभिन्न कारणों से अपना समय घर के बाहर बिताने लगा। नरेंद्र की, जो बचपन में शरारतों से सबकी नाकों में दम करता था, अब घर लौटने की प्रतीक्षा करनी पड़ती।

बचपन में नरेंद्र की एक विशेषता थी। चाहे वह लाख शरारतें करे, शिवजी के मस्तक पर अभिषेक किया जाता है, उसी तरह उसके मस्तक पर पानी डालने से वह शांत हो जाता। कभी-कभी वह पूछता, 'माँ, मैं राम बनूँ या कृष्ण? आप क्या सोचती हैं, मैं कौन बनूँ?'

'अरे बिलू, तुम अच्छे इनसान बनो, इसी में हमारी खुशी है।'

'नहीं माँ, मुझे देवता बनना है, देवताओं का भी देवता।'

'देवता बनने के लिए पहले अच्छा इनसान बनना पड़ता है। अपनी शरारतें बंद कर तुम पहले अच्छा इनसान होगे, फिर भगवान् बनोगे।'

अनेक प्रश्न वह माँ से पूछता। एक दिन उसने विश्वनाथ बाबू से भी कहा, 'अब मैं अच्छा बेटा बन गया हूँ। कुछ दिनों के पश्चात् मैं आपके जितना हो जाने पर अच्छा इनसान बनूँगा। फिर ईश्वर बनूँगा।'

'मैं घोड़ागाड़ी का कोचवान बनूँगा।'

'क्या कहा? एक वकील का बेटा घोड़ागाड़ी का कोचवान बनेगा?' उनकी सारी आशा-अपेक्षाएँ चूर-चूर हो गईं। उनका क्रोध सातवें आसमान पर चढ़ गया।

'जी हाँ, मैंने तय किया है। कोचवान या साईस, जो घोड़ों को खरहरा करता है। घोड़े की चमचमाती कांति, उनकी स्वामी-निष्ठा मुझे प्रिय है।'

अब तो विश्वनाथ बाबू आपा खोने लगे थे। वह सब जानकर भुवनेश्वरी ने कहा, 'आप ध्यान न दें। बचपन में भला क्या समझ होती है!' फिर भी, क्रोध से तमतमाते हुए वे कमरे से बाहर चले गए।

'माँ गो, मैंने कुछ गलत कहा?'

'ना बिलू, तुम्हारी कोई गलती नहीं। परंतु रथ में कौन सवार है, रथ का सारथ्य कौन कर रहा है, इसका भान तो तुम रखोगे ही। एक बात कहूँ, तुम हमारे भारत देश के सारथी बनो, वह तुम्हारे रथ में अवश्य रहेगा।'

'सच, माँ?'

उसने मन-ही-मन शिवजी से कहा, 'प्रभु, मैं तो कोई बुद्धिमती महिला नहीं। परंतु जो सुना है, उससे ज्ञात होता है कि हमारा भारत संकट में है। हमारा नरेंद्र जो अंग्रेजी शासन उखाड़कर फेंकना चाहता है, अज्ञान का अँधेरा दूर करता है।'

वह ध्यानमग्न थीं कि नरेंद्र उनके सामने आकर बैठ गया। उसका चेहरा प्रसन्न था।

'माँ गो, मैं दक्षिणेश्वर जाकर ठाकुरजी से अपना नित्य का प्रश्न पूछकर आया। उन्होंने कहा—ईश्वर सर्वत्र है। मेरी दृष्टि से देखना सीखो।'''उनकी निर्मल वाणी सुनकर संदेह की सारी भित्तियाँ धराशायी हो गईं। परंतु बाहर आने के पश्चात् मेरा ज्ञानी, संशोधक मन जाग्रत् हो गया।'

'वत्स, कैसे मानोगे तुम? तुम तो निरीश्वरवादी बन चुके हो न! हर बात बुद्धि के पलड़े में तौलने के आदी बन चुके हो तुम। कड़ा आलोचक बने फिरते हो। परंतु आएगा, वह समय भी आएगा वत्स, जब तुम्हें ठाकुरजी की बात जँचेगी।'

वह बोलती जा रही थीं। तब वह अपने कमरे में हार्मोनियम बजा रहा था।

दिसंबर महीने की जाड़े की रात। बर्फीली हवा। विश्वनाथ बाबू ने अपने केस

की फाइलें तथा संदर्भ ग्रंथ वैसे ही टेबल पर रखे और उठ खड़े हो गए। उनके सामने जो केस था वह परिवार की प्रॉपर्टी के बँटवारे से संबंधित था। कल-परसों ही नरेंद्र ने कहा था, 'हमारे घर में इतने सारे लोग हैं, फिर क्या मेरे लिए कुछ बचेगा भी या नहीं?' नासमझी से, नादानी से किया गया प्रश्न था वह। फिर भी वे बेचैन हो गए। उनकी वकालत अच्छी-खासी चल रही थी। 'दत्त भवन' बहुत विशाल था। पर उससे भी विशाल था भुवनेश्वरी का मन। जो भी आता, उसी घर में स्थायिक होता। परिवार बढ़ गया था। आर्थिक जिम्मेदारी सिर्फ वही सँभाल रहे थे। नरेंद्र की बाल-बुद्धि से किए गए विधान से उनके मन में विचारों के चक्कर शुरू हो गए। उस समय उसे समझाए जाने पर भी सामने खड़ा खर्चे का पहाड़ वे देख रहे थे। हरामणी, योगिताबाला, स्वर्णमणी का विवाह, नरेंद्र, महेंद्र, भूपेंद्र की पढ़ाई। पैसा पानी की तरह बह रहा था।

नरेंद्र के उस एक वाक्य से जीवन के अर्थ स्पष्ट होने लगे थे। जीवन के संदर्भ में संदेह खड़े कर रहे थे। बच्चों के लिए समय नहीं, पत्नी के लिए फुरसत नहीं, सिर्फ कोल्हू के बैल की तरह परिश्रम करते रहना और हाथ में शून्य…।

अपने कमरे में जाते-जाते उन्हें मध्य प्रदेश में बिताए सुनहरे दिनों का स्मरण हो गया। अपने मित्र के अनुरोध पर वे पत्नी व बच्चों को लेकर रायपुर में वकालत करने गए। कलकत्ता से जबलपुर या नागपुर होकर आगे बैलगाड़ी से रायपुर जाना पड़ता था। घने जंगल में से बैलगाड़ी में बैठकर सबके संग यात्रा करते समय बच्चे खुश थे। वे भी प्रसन्न थे। भुवनेश्वरी ने कई बार पूछा कि दत्त भवन, आर्थिक समृद्धि, नौकर-चाकर सारा वैभव छोड़कर इस छोटे से गाँव में जो जरा हटकर था, आने का प्रयोजन क्या है। उन्होंने इस प्रश्न का उत्तर देना टाल दिया था, फिर भी उसने भाँप लिया था कि बाकी लोगों में काम करने की, मेहनत की आदत डालना यही उनका उद्देश्य था। इस यात्रा में नरेंद्र आसपास की प्राकृतिक सुंदरता से प्रभावित हो गया था तो कई सालों के बाद भुवनेश्वरी पति के साथ सुकून से रह रही थीं।

वे रायपुर पहुँच गए। दरअसल बैलगाड़ी की कठिन यात्रा करके भी सभी प्रसन्न थे। कलकत्ता के दत्त भवन के साथ यहाँ के घर की तुलना हो ही नहीं सकती थी। परंतु चौदह वर्षीय नरेंद्र हर बात में रस ले रहा था।

रायपुर आए छह महीने हो गए थे। यहाँ कोर्ट जाने की जल्दी नहीं थी, मुवक्किलों की होड़ नहीं थी। मुकदमे भी धनवानों के ही आते। पैसों की रेलपेल थी, उतना ही पारिवारिक आनंद भी भरपूर मिलता। प्रत्येक काम खुद करना पड़ता। उस समय स्वयं विश्वनाथ बाबू उसकी मैट्रिक की पढ़ाई में मार्गदर्शन कर रहे थे। अनेक गुणों पर उन्होंने गौर किया था। नरेंद्र की असाधारण स्मरण-शक्ति, कल्पनातीत बुद्धि व विलक्षण गुण-ग्राहकता, कल्पकला, सौंदर्य दृष्टि, प्रकृति-प्रेम तथा उत्कट ईश्वर-भक्ति। जब से उन्हें

इस बात का एहसास हो गया कि उन्हें एक असाधारण पुत्र का लाभ हुआ है, तब से वे उस पर अधिक ध्यान देने लगे।

एक दिन कुछ साहित्यकार विश्वनाथ बाबू से मिलने आए थे। नरेंद्र ने वहाँ आकर पूछा, 'क्या मैं भी एक कविता पढ़ सकता हूँ?'

विश्वनाथ बाबू चकित हो गए। उसके इस नए गुण से उनका आज परिचय हो रहा था। कविता अंग्रेजी में थी। सभी ने भूरि-भूरि प्रशंसा की। परंतु नरेंद्र ने माँ भुवनेश्वरी से कहा, 'माँ, तुम्हारे ही शब्द एवं भाव लेकर मैंने यह कविता लिखी है। ये शब्द मेरे नहीं हैं।'

'बिलू, शब्द जब अंतर्मन के भाव के साथ प्रकट होते हैं तब कविता का जन्म होता है। तुम भी कविता लिखोगे।'

परंतु रायपुर से कलकत्ता वापसी के बाद किसी को फुरसत नहीं कि नरेंद्र क्या कर रहा है। विश्वनाथ बाबू सोचने लगे, वे तो पूरे कचहरीमय हो गए हैं। उनके लिए घर-बार, परिवार कुछ भी नहीं है। उदास मन से वे कमरे में सोने के लिए चले गए।

☐

उस दिन भुवनेश्वरी भोजन गृह की ओर जा ही रही थीं इतने में उसने छत से कुछ गिरने की आवाज सुनी। वह बाहर आईं तो देखा, नरेंद्र छत पर खड़ा था और उसने राम-सीता की मूर्तियाँ नीचे फेंक दी थीं। उसे नीचे बुलाया। मूर्तियाँ उठाकर घर में रख दीं।

'क्यों रे, कल तक तुम इन्हीं मूर्तियों के सामने बैठकर घंटों भक्ति में मग्न रहते थे और आज ऐसा क्या हुआ?'

'माँ, मुझे अपने घोड़ागाड़ी के कोचवान ने श्रीराम की जो कथा सुनाई, वह तुमने तो कभी नहीं सुनाई थी।'

'ऐसे कैसे कह सकते हो भला!'

'माँ, तुमने ऐसी कई कथाएँ सुनाईं, जिसमें श्रीराम मातृ-पितृभक्त प्रजा से अटूट प्रेम करनेवाले आदर्श रूप थे; परंतु राम ने अपनी पत्नी का त्याग करके उन्हें दूर जंगल में छोड़ा था, अपने नन्हें बच्चों से भी वह कभी नहीं मिले। ऐसे श्रीराम की पूजा मैं क्यों करूँ?'

आगे कुछ भी न सुनते हुए वह कमरे के बाहर चला गया। हमेशा की तरह भुवनेश्वरी के मन में यही प्रश्न खड़ा रहा कि नरेंद्र को कैसे समझाए? नरेंद्र तो वही कर रहा था, जो उसकी बुद्धि को स्वीकार था। आखिर वह उसके कमरे में गईं और कहा, 'तुम्हें कोई बात नहीं जँचती तो मत करना। परंतु इस तरह देवताओं की मूर्तियाँ फेंकना उचित नहीं। हजारों वर्षों से कोटि-कोटि लोग उन्हें अपना आदर्श मानते हैं। क्या वे मूर्ख हैं?'

'परंतु मुझे कुछ…'

'कुछ भी मत सोचो, मत बोलो। एक कोचवान के कहने पर…'

'माँ, श्रीराम ने तो एक धोबी के कहने पर…'

'चुप रहो। समाज में जो स्वीकार है, भला उसे अस्वीकार करके कैसे चलेगा?'

'क्या ऐसा एक भी व्यक्ति नहीं, जो समाज के विचारों में परिवर्तन ला सके?'

'जो कालातीत होता है वही शाश्वत होता है, चिरंतन होता है। किसी एक बात से जीवन का निष्कर्ष नहीं निकाला जा सकता। और अब तुम बड़े हो गए हो, छोटे नहीं रहे। जब तक संपूर्ण सत्य का ज्ञान नहीं होता, जीवन का अर्थ समझ में नहीं आता तब तक इस तरह के मूर्खतापूर्ण कार्य तुम नहीं करोगे। समझ गए न? अब प्रश्न मत करो, जाओ।'

उसे समझ में नहीं आया, माँ क्या कहना चाहती हैं; तथापि ऐसा एक व्यक्ति था, जो उसके हर सवाल का जवाब दे सकता था। विश्वनाथ बाबू के पास पेशावर से एक वृद्ध सज्जन आते थे। उस घटना के पश्चात् आठ दिनों के बाद वे आए थे, तब नरेंद्र उस घटना को भूल चुका था। उनकी लाई हुई मिठाई लेकर वह घर में आया तब भुवनेश्वरी चिल्लाईं—

'यह मिठाई कौन लाया है?'

नरेंद्र के बताने के बाद उसने कहा, 'इसे बाहर ही रखना, घर में नहीं। तुम्हारे चाचाजी मुसलिम हैं।'

'माँ, तुम्हें गाय, बैल, घोड़ा, कुत्ता, बिल्ली, तोता किसी के लिए आपत्ति नहीं है, फिर चाचाजी ही क्यों नहीं…'

'अभी मैं काम में व्यस्त हूँ। तुम्हारे इतने सारे प्रश्नों के उत्तर मैं रात को दूँगी।'

नरेंद्र क्रोध में भन्नाते हुए चला गया। परंतु भुवनेश्वरी मन-ही-मन डर गई। विश्वनाथ बाबू चाहते थे कि वह निपुण वकील बने। संगीत अध्यापक उसे उत्तम संगीतकार बनाना चाहते थे। व्यायामशाला के अध्यापक उसे एक नामवर पहलवान बनाना चाहते थे और भुवनेश्वरी बस इतना ही चाहती थी कि वह पागल जैसा व्यवहार न करे, अच्छे बच्चे की तरह बरताव करे। राम-सीता की मूर्ति फेंकने के बाद उसने शिवशंकरजी की भक्ति करनी शुरू की। कभी-कभी वह सोचती, कहीं लड़का अपने दादाजी की तरह संन्यास ग्रहण करके घर का त्याग तो नहीं करेगा? ऐसा मन में आते ही वह उसे अपने पास बिठाकर बड़े प्यार से बातें करतीं, जैसे वह उसे बाँधकर रखने का प्रयास कर रही हो। परंतु उसके असंख्य प्रश्नों का डर उसके मन में हमेशा के लिए घर कर गया था।

उस दिन विश्वनाथ बाबू घर में अपने मुवक्किलों के लिए बनवाई गई कचहरी में आनेवाले थे। नरेंद्र उस कचहरी में गया। वहाँ विविध प्रकार के हुक्कों की व्यवस्था

की गई थी। उन हुक्कों के निकट बैठने के स्थान भी अलग-अलग थे।

नरेंद्र ने नंदन से पूछा, जो हुक्का भरने की व्यवस्था करता था, 'काका, इन सभी हुक्कों में एक ही तमाखू भरा हुआ है तो ये हुक्के इस तरह अलग-अलग क्यों?'

'क्या है छोटे मालिक, हर एक की जाति और दरजा देखकर ये हुक्के तथा बैठक की व्यवस्था की गई है।'

'भई, ऐसा क्यों? माँ तो कभी कचहरी में आतीं ही नहीं। तुम यहाँ का कामकाज निबटाकर स्नान करके ही भीतर जाते हो। बाबूजी भी ऐसा ही करते हैं। फिर यह भेदभाव क्यों?'

'इसका उत्तर तुम्हारे बाबूजी ही दे सकेंगे।'

रात्रि भोजन के समय उसने पिता विश्वनाथ दत्त से यह प्रश्न पूछा तब उन्होंने कहा, 'मेरा तो कोई प्रश्न नहीं, प्रश्न तुम्हारी माँ का है। उससे पूछो। फिर भी बिलू, बचपन में तुम्हारे प्रश्नों का उत्तर मैं या तुम्हारी माँ दिया करती थी, पर अब तुम्हारे उत्तर तुम्हीं को ढूँढ़ने पड़ेंगे। भले ही मैं स्वयं सुधारवादी हूँ, तथापि पारिवारिक समाधान के लिए चार बार स्नान करता हूँ।'

'इस तरह की प्रथाएँ एवं रिवाज समाज में किसने बनाईं? हम उसमें परिवर्तन क्यों नहीं लाते?'

'हमारे बदलने से समाज में अचानक क्रांति नहीं होती, बिलू। एक पुरुष समाज को नहीं हिला सकता।'

'पर, किसी-न-किसी को पहल तो करनी ही पड़ती है न!'

'सोलह आने सही है, बेटा। परंतु प्रवाह के विरुद्ध तैरने के लिए शक्ति, धैर्य, हठ का होना आवश्यक होता है। अपमान व तिरस्कार को, उपेक्षा व अनादर को स्वीकार करते समय कई बार जीवन से ऊब जाते हैं। जो-जो सुधारक हैं, क्या उन्हें कम सहना पड़ा।'

भोजन समाप्त होने पर भी नरेंद्र पिता के सामने बैठा था। उसका चेहरा ही बता रहा था कि उसके मन में असंख्य प्रश्न उभरे हैं।

'उस दिन मैं राजा राममोहन राय का चरित्र पढ़ रहा था।'

'हाँ, आई बात समझ में। अरे बिलू, तुम्हें पता चला ही होगा कि सती प्रथा बंद करने के लिए उन्हें क्या-क्या और कितना कुछ खोना पड़ा।'

'उसे पढ़ते समय भी मेरे सामने कई प्रश्न थे। हमारा भारत देश इतना अवनत क्यों हो गया? वैदिक परंपरा व संस्कृति का उसे कैसे विस्मरण हो गया? भारत की भारतीयता कहाँ चली गई? अंग्रेजों की गुलामी को उसने स्वीकार क्यों किया? यह भारत, जिसने मुसलिम आक्रमण के बाद अपने अस्तित्व की रक्षा की, अब ईसाइयों के

सामने, उनके आचार-विचारों के सामने उसने घुटने कैसे टेके? इतना झुक क्यों गया? बताइए न। राजा राममोहन राय जैसा अकेला आदमी प्रथाओं में परिवर्तन लाने की हिम्मत रखता है, वैसा एक भी व्यक्ति अंग्रेजों के सामने क्यों नहीं गया?'

'मैं कैसे कहूँ, बिलू?'

नरेंद्र उठकर अपने कमरे में चला गया। समाज की विदीर्ण अवस्था देखकर उसे क्रोध हो आता था।

'हिंदू समाज जो सदियों से गुलामी में सड़ रहा है, अपना अस्तित्व ही भूल चुका है। उसे पश्चिमी शिक्षा व सभ्यता ने मोहित किया है। इतने साल से हम कलकत्ता में रह रहे हैं, पर इतने साल हमने देशभक्ति में क्यों नहीं बिताए? कहाँ था हमारा ध्यान? कविता रचना में, भजन गाने में, व्यायाम, कसरत में या सुरेंद्र मित्र के साथ मनोरंजन तथा सैर-सपाटे में? स्कूल के अंग्रेज अध्यापक मौका पाते ही हिंदू धर्म तथा मूर्ति-पूजा पर टीका-टिप्पणी करते हैं, फिर भी हमारा हिंदू मन धधक क्यों नहीं उठता? हम इतमीनान के साथ क्यों सुनते रहे कि हिंदू लोग जंगली हैं, उनका धर्म रद्दी है। उनके आचार-विचार आदिवासियों के हैं। वे बाबा आदम के जमाने में रहते हैं।'

राजा राममोहन राय ने निर्भयतापूर्वक कठोर प्रहारों से सारे बंगाल को झकझोरकर रख दिया। हम क्यों नहीं ऐसा कर सकते? मेरे जन्म से केवल तीस वर्ष पहले ही उनकी मृत्यु हो गई थी।

मन-ही-मन नरेंद्र अपनी सारी भड़ास निकाल रहा था, कुछ निश्चय भी कर रहा था।

□

'ब्राह्म समाज' नवयुवकों की प्रिय संस्था। नई पीढ़ी, जो ईश्वर को नहीं मानती थी और ईश्वर व मनुष्य एक ही है, इस तरह की धारणा रखती थी, इस समाज की ओर आकर्षित हो गई थी। केशवचंद्र सेन उसके अग्रणी थे।

उस दिन ब्राह्म समाज की बैठक में नरेंद्र भी उपस्थित था और उसे उनकी भूमिका जँच गई थी। उधर भी उसने राजा राममोहन राय का जिक्र किया। केशवचंद्र सेन ने कहा, 'नरेन, एक कुलीन ब्राह्मण परिवार में उनका जन्म हुआ। उनका अध्ययन बहुत गहरा व विस्तीर्ण था। अरबी व फारसी भाषाएँ सीखकर उन्होंने कुरान का अध्ययन किया। उसी तरह यूक्लीड-अरस्तू के ग्रंथ भी पढ़े थे। काशी यात्रा करके उन्होंने वेदांत का अध्ययन किया। वेदांत तथा कुरान का अध्ययन करके वे मूर्ति-पूजा के विरोधक बन गए। उन्होंने मुसलिमों पर 'टीकारल' नामक एक पुस्तक लिखी। परिणामस्वरूप उन्हें अपना घर छोड़ना पड़ा। उन्होंने लैटिन, अंग्रेजी, हिब्रू भाषाएँ भी आत्मसात् कीं; बाइबिल का भी गहरा अध्ययन किया।'

'यह सब किसलिए किया?'

'आज तक किसी भी सुधारवादी व्यक्ति ने अथवा धर्म पंडित ने सर्वधर्म प्रणाली का इस तरह तुलनात्मक अध्ययन नहीं किया था; पर उन्होंने किया। अपने कलेक्टर पद से इस्तीफा देकर वे सामाजिक कार्यों में जुट गए। मूलभूत वेदांत का प्रसार करते-करते उन्होंने मनुष्य को पहचाना। मूर्तिपूजा एवं अंधविश्वास का खंडन करते-करते उन्होंने मिशनरियों पर भी कठोर प्रहार किया।'

'फिर?'

'उन्होंने हिंदुओं को आश्वस्त करने का प्रयास किया कि किसी भी धर्म के प्रचार में वेदांत का महत्त्व रत्ती भर भी कम नहीं होगा। उनके जीवन-संघर्ष की कथा तुमने पढ़ी ही है। उन्होंने न केवल बंगाली, बल्कि समस्त भारतीय नारियों पर अनंत उपकार किए हैं। सती प्रथा बंद करवा के उन्होंने उन्हें सती हो जाने से बचाया है। मुझे प्रसन्नता हुई कि ऐसे अनन्य साधक की कथा आत्मसात् करने की इच्छा तुम्हारे मन में जाग उठी।'

नरेंद्र घर लौटा, फिर भी वही विचार उसके मन में थे। अचानक उसे स्मरण हुआ कि एक दिन सुरेंद्र मित्र ने कहा था, 'हम लक्ष्मी, पार्वती, शारदा, सरस्वती की पूजा करते हैं। ठाकुरजी ने अपनी पत्नी को देवी मानकर उनकी पूजा की। सत्य ही उन्होंने एक समाज को एक आदर्श मिसाल दी।'

नरेंद्र को श्रीरामकृष्ण का स्मरण हो गया। कई दिनों से वह उनके पास नहीं गया था। अब वे स्वयं उसके नेत्रों के सामने प्रकट हो गए थे। रामकृष्ण, जो उससे अटूट प्रेम करते थे। उसने निश्चय किया, कल उनके पास जाना है। और वह निद्राधीन हो गया।

: दो :

नरेंद्र दक्षिणेश्वर पहुँचा। तब मध्याह्न हो चुका था। उसे बहुत भूख लगी थी। वह काली माता के आँगन में आया। शारदा माता ने बताया, ठाकुरजी मंदिर में हैं। उन्होंने अनुरोध किया, 'नरेन, पहले भोजन करो। ना मत कहना।' उनके शब्दों से ममता टपक रही थी।

भोजन करते-करते नरेंद्र ने पूछा, 'माताजी, आपने लगता है कि उसमें अपने मन का सारा प्रेम, वात्सल्य उँड़ेल दिया है।'

'नरेन, कितनी मधुर वाणी है तुम्हारी, जैसे फूल झड़ रहे हैं। मुझे तो तुमने इतना मोह लिया है कि तुम्हारी माँ से तुम्हें माँग लेने के लिए जी मचलता है।' वह प्रसन्नता से मुसकराईं। वह भी मुसकराया।

'माताजी, मेरी माँ के तीन पुत्र हैं, पर आपके तो अनेक पुत्र हैं।'

'सच है नरेन, मैं ऐसे कितने सारे पुत्रों की माता हूँ, जो दीन-दु:खी, रोग-पीड़ित हैं। परंतु मुझे ऐसा पुत्र चाहिए जो मुझे, ठाकुरजी को भलीभाँति समझेगा।'

'आप मुझे अपना ही पुत्र समझें, माताजी।'

शारदा माता हृदयनाथ के साथ किसी काम के लिए चली गईं। नरेन ने काली माता के मंदिर में प्रवेश किया। उसने सुना था, ठाकुरजी तब तक अन्न ग्रहण नहीं करते जब तक काली माता भोजन नहीं करतीं। आज इसका प्रत्यक्ष अनुभव वह करना चाहता था। उसके मन में उत्सुकता थी कि सचमुच ही काली माता की पाषाण प्रतिमा सजीव कैसे होगी और अन्न-ग्रहण कैसे करेगी। आज भी काली माता के सामने भोजन से भरी थाली थी। उसमें नानाविध व्यंजन थे, पकवान थे। ठाकुरजी बार-बार माता से भोजन करने की प्रार्थना कर रहे थे।

नरेंद्र ने सुना था कि वे काली माता से भोजन के लिए अनुरोध करते हैं, उनसे नाराज होते हैं, चिढ़ते हैं, खुद को मारते हैं, रोते हैं, गिड़गिड़ाते हैं; परंतु उनके बिना एक दाना भी मुँह में नहीं डालते। आज वह यह सब स्वयं अपनी आँखों से देखने जा रहा था।

अब उनके नेत्र डबडबाए थे।

'भोजन करो न माते! खाओ न! इस बालक से नाराज मत होना। मैं मूरख हूँ, नादान हूँ। मुझे कुछ समझ नहीं है। सैकड़ों अपराध करता हूँ। मुझे क्षमा करो और भोजन करो, माते।'

वे बार-बार अनुरोध कर रहे थे। नरेन स्वयं भी व्याकुल हो गया। दोपहर ढल चुकी थी। संध्या छाया आँगन में आने के लिए उत्सुक थी। 'अब रहने दें, ठाकुरजी।' इस तरह उन्हें समझाने की हिम्मत वह नहीं जुटा पा रहा था। संध्या समयीन शीतल लहरें गंगा से आने लगी थीं। अब घर लौटने के विचार से वह मुड़ ही रहा था, इतने में ठाकुरजी ने कहा, 'जा रहे हो नरेन!'

उनका वह अपनत्व भरा स्वर, प्रसन्न चेहरा और उत्सुक प्रश्न। वह चकित हो गया। कुछ ही समय पूर्व उनके गालों पर बह रहे आँसू उसने देखे थे और अब यह हँसमुख व प्रसन्न चेहरा। वह चकरा गया।

'काली माता के लिए भोजन लेकर आया था। वह खा ही नहीं रही थीं। बहुत आग्रह करने के पश्चात् आखिर उन्होंने भोजन किया।'

चौंककर नरेंद्र ने देवी माँ के सामने स्थित थाली की ओर देखा और आश्चर्य यह कि थाली खाली थी। उसमें किसी के हाथ से भोजन करने के संकेत थे। यह दृष्टि-भ्रम तो नहीं? या ठाकुरजी की सिद्धि··· ? या यह ईश्वर का सत्य स्वरूप या ठाकुरजी की उत्कट भक्ति का साक्षात्कार? वाकई वे उस पाषाण मूर्ति में सजीव अस्तित्व लाने में सफल हो गए! वह सोच रहा था, यह कैसे संभव है?

'यह सहज संभव है। ईश्वर उत्कट भक्ति और श्रद्धा अपेक्षित होती है।'

वह चौंक गया। उनके मन के विचार पहचानकर उसने कहा, 'ठाकुरजी, सुना था, आप दूसरे का दु:ख, वेदना स्पर्श करके अपने पास लेते हैं। परंतु आज…'

□

'जाओ नरेन, घर जाओ, घर के लोग तुम्हारी राह देख रहे होंगे… ।'

मन में उपजे सैकड़ों प्रश्न, संदर्भ, अर्थ और संदेह के साथ वह वापस लौटा था। उन्हीं प्रश्नों से वह आगे भी बहुत व्याकुल हो गया था। वस्तुत: यह कोई नई बात नहीं थी। यह बेचैनी, यह छटपटाहट भी नई बात नहीं थी। परंतु उससे भी परे मन गतिशील हो गया था। ठाकुरजी का अगम्य व्यवहार और दूसरी ओर समाज में भोगवादी, निरीश्वरवादी प्रवृत्तियों की धींगा-धींगी। किससे पूछें, निश्चित सत्य क्या है? कौन सी राह अपनाएँ?

जिस राह से मैं चलता हूँ, वहाँ भी समाधान, शांति नहीं। राजा राममोहन राय संघर्ष करते रहे, लांछन व आरोप सहते रहे। क्या मुझमें है ऐसी शक्ति? मैं कुछ कर सकता हूँ?

ईश्वर ने अवसर और प्रेरणा दी तो तीन विचारधाराओं को मैं अवश्य स्वीकारूँगा— वेदांत का प्रसार, स्वदेश प्रीति और सभी के प्रति प्रेम। वेदांत का प्रसार अथवा सगुण साकार ईश्वर-भक्ति का प्रसार। नरेंद्र तनिक हिचकिचाया—ठाकुरजी, जो पाषाण मूर्ति में सजीवता खोजते हैं,आज के जमाने में भी हैं। और केशवचंद्र, प्रतापचंद्र, चिरंजीव बाबू के लिए मन में संदेह है। एक तरफ वेदांत प्रसारक राजा राममोहन राय, दूसरी ओर ठाकुरजी, तीसरी ओर ब्राह्म समाज, चौथी ओर वैष्णव भक्त माँ भुवनेश्वरी तो पाँचवीं ओर शाक्त उपासक विश्वनाथ बाबू, जो सर्वधर्म समभाव के समर्थक हैं। छठी ओर कॉलेज में पढ़ रही मुक्त युवा पीढ़ी, मिशनरियों का ईसाई प्रसार, भारत पर परतंत्रता का संकट, अंग्रेजों के ताल पर नाच रहा अंग्रेजों के तलवे चाटनेवाला अधिकारी वर्ग और हमारा निर्बल व निकम्मा समाज जिसे अपने वजूद का, अपने अस्तित्व का ही विस्मरण हो गया है।

निश्चित रूप में मुझे क्या करना चाहिए? उसने सोचा, देवेंद्रनाथ टैगोर से मिलना होगा, जो गंगा के प्रवाह में नौकागृह में रहते हैं।

और कुछ देर के लिए ही सही, नरेंद्र का मन शांत हो गया।

□

कॉलेज के मित्र हरिदास की फीस भरने के लिए नरेंद्र ने कॉलेज के क्लर्क रामकुमार को अपने कर्तव्य का एहसास दिलाया। नरेंद्र ने माँ भुवनेश्वरी देवी को इस घटना के बारे में बताया, तब उन्होंने कहा, 'तुम अकेले ही चले गए और उस रामकुमार

को अपने कर्तव्य का एहसास दिलाया, उससे अधिक अच्छा था कि तुम अपने साथ और दस जनों को ले जाते। किसी भी संगठित शक्ति में संघर्ष को नैतिक सामर्थ्य देने की क्षमता होती है। अकेला चना भाड़ नहीं फोड़ सकता।'

हरिदास का विषय समाप्त होने पर भी माँ की बात उसे एक नई प्रेरणा, नई गति देकर गई।

'अधिकार की माँग करने के लिए संगठित शक्ति की जरूरत होती है। संगठन होने पर लोक-जागृति होती है। लोक-जागृति के लिए एक मंत्र चाहिए, परस्पर स्नेह संबंध होना चाहिए। इसके लिए मंत्र-जागरण की आवश्यकता है।'

आज भारत परतंत्र है। संगठित शक्ति द्वारा वह स्वतंत्र होगा। लोकशक्ति एकत्रित हो और एकत्र ही रहे, इसके लिए मंत्र, मंत्र-जागरण चाहिए। मैं भला ऐसा कौन सा मंत्र समाज को दे सकता हूँ? मैं तो अभी तक कहीं भी स्थिर नहीं। संभ्रम, संदेह, अनिश्चितता के कारण मेरा मन भी स्थिर नहीं। फिर जागरण कैसे संभव है? मुझे मंत्रदाता, सिद्धिदाता, ऋषि-मुनि होना चाहिए। अपनी अति चिकित्सक वृत्ति छोड़नी होगी। मैं तो एकदम बाल की खाल निकालते लग जाता हूँ।

उसके मन में असंख्य विचार मँडरा रहे थे। मन में बहुत कुछ संचित हो गया था और मन उसे भूलने के लिए तैयार ही नहीं था। मन के एक-दूसरे में उलझे हुए रेशम के धागे से गूँथे उसी तरह माँ की बात मन के तहखाने में चंदन की कुप्पी में मैंने जतन तो की, परंतु मन में यह प्रश्न तो शेष ही रहा कि माँ को यह अनुभूति कैसे हुई।

दूसरे दिन उसने माँ भुवनेश्वरी से यह प्रश्न किया।

उन्होंने कहा, 'अब रहने दो सारे प्रश्न।'

'एक सत्य जानना चाहता था।'

'देखो नरेन, अब सत्य ताक पर रखो और…' बात करते-करते वह भीतर चली गईं।

'सत्य! माँ, तुम ही तो कहती हो न कि सत्य सूर्य की रोशनी के समान आलोकमय होता है। उसी सत्य का विविध रूपों में मुझे एहसास हो गया है, माँ। सत्य धर्म द्वारा, समाज नीति द्वारा तथा विविध रूपों के द्वारा मैं एहसास कर चुका हूँ। समाज के प्रत्येक स्पंदन द्वारा उसका एहसास होता है। अब समाज को जाग्रत् कराना होगा। आज समाज बहुत गहरी निद्रा में सो रहा है। उसे सत्य का भान नहीं। इतने प्रचंड, विराट् समाज को जाग्रत् करने के लिए एक ही समय अनेक सिंहनाद, सिंह-गर्जना होनी चाहिए। ऐसे व्यक्ति, ऐसे लोग संगठित होने चाहिए, जिनके पास प्रबल शक्ति तथा प्रखर आत्मविश्वास है।'

मन-ही-मन वह विचारों में खोया हुआ था। भुवनेश्वरी देवी कुछ काम लेकर

लौटी थीं। उन्होंने कहा, 'बिलू, आज विवाह से संबंधित बातचीत करने लोग आनेवाले हैं।'

'माँ, एक बार कह दिया सो कह दिया। मैंने कहा था न कि मेरे सामने विवाह का प्रस्ताव मत लाना।'

'अरे, स्वर्णमयी, हारामणी विवाह करके अपने-अपने घर चली गईं। तुम विवाह को मना क्यों करते हो?'

'जब मैं द्वितीय वर्ष में था, इसलिए आपने लड़की वालों से दस हजार रुपए दहेज में माँगे थे कि लड़की साँवली है।'

'उसका गुस्सा अभी तक नाक पर चढ़ा हुआ है?'

'माँ, गुस्सा नहीं, बल्कि उस समय अच्छा ही हुआ। माँ, मैं कभी शादी नहीं करूँगा।'

'अरे, बाबूजी क्या सोचेंगे, बेटा? तिस पर भूपेन, महेन के सामने तुम यही आदर्श रखना चाहते हो?'

'विवाह करना ही आदर्श होता है, माँ? यह कैसा आदर्श?'

'ऐसा नहीं है, बिलू।'

'माँ, मैं कभी विवाह नहीं करूँगा। और कभी विवाह का विचार किया तो जरूर बताऊँगा। अब यह विषय बंद।'

वह एकदम मौन हो गईं। इस विचार से वह डर गईं कि कहीं अपने दादाजी की तरह वह संन्यासी तो नहीं बनेगा।··· वह वहाँ से जाने लगी पर नरेंद्र ने उनका हाथ थामकर कहा, 'माँ, नाराज मत होना। तुम्हारे सिवा ऐसा कौन है, जो मुझे समझ सकेगा। तुम्हारे बिना मैं अधूरा हूँ। आज मैं बहुत बेचैन हूँ। समझ में नहीं आता, क्या किया जाए। माँ, प्रकृति की सुंदरता का मैं पुजारी हूँ। उपभोग की मेरी इच्छा नहीं है। वचन देता हूँ, जब मेरा मन करेगा, मैं तुम्हें बताऊँगा। मन की कोई भी बात मैं तुमसे नहीं छिपाऊँगा। नहीं माँ, कभी नहीं छिपाऊँगा।'

'बिलूऽऽ···' उनकी आँखों से आँसुओं की धाराएँ बरसने लगीं। अब उनके मन में क्रोध नहीं था। उसने अपना ममता भरा हाथ नरेंद्र के सिर पर रखा।'

□

'बिलू, घर कब लौटोगे?' कॉलेज के लिए निकले नरेन से भुवनेश्वरी ने पूछा।

उसने ठिठककर कहा, 'आज कुछ काम है?'

'यूँ ही पूछा।'

'नहीं माँ, तुम यूँ ही नहीं पूछोगी। तुम्हारी हर बात में तथा हर कार्य में कुछ अर्थ होता है, मैंने उसका अनुभव किया है।'

'बिलू, आजकल देख रही हूँ, तुम्हारा ध्यान न भोजन में है, न संगीत में, न अध्ययन में। कहीं किसी अंग्रेज मेम से प्यार-व्यार का चक्कर तो नहीं?'

वह मुसकराया, उत्तर देने से कतराया। उसका स्वभाव पहचानकर माँ ने कहा, 'बिलू, अति चिकित्सक वृत्ति का व्यक्ति कभी सुखी नहीं होता। वह बाल की खाल खींचता रहता है। तुम पहले किसी-न-किसी पर श्रद्धा रखो, तुम्हें सुकून मिलेगा। इसलिए कि तुम विश्वनाथ बाबू जैसे विधिज्ञ के पुत्र हो, किसी भी बात की ज्यादा आलोचना करना ठीक नहीं।'

वह अपनी पुस्तकें निकालकर कॉलेज के लिए निकल पड़ा। उसी क्षण उसने सोचा, देवेंद्रनाथ टैगोर से मिलना चाहिए—अभी-के-अभी। वह तुरंत गंगा के प्रवाह में स्थित नौकागृह में पहुँच गया।

देवेंद्रनाथ लिखने में मग्न थे, अतः उसके आने से चौंक पड़े।

'सॉरी, एक्स्ट्रीमली सॉरी। विदाउट इंटीमेशन मुझे आना नहीं चाहिए था।'

'रिलैक्स, नरेंद्र दत्त, पहले बैठो तो सही', उन्होंने उसे अपने पास बिठाया।

'क्या काम था बेटे?' मधुर स्वर में उन्होंने पूछा।

'आजकल मैं बहुत कन्फ्यूज हूँ। आपको ज्ञात होगा कि मैं ब्रह्म समाज का सदस्य हूँ।'

'इसीलिए तो मैं तुम्हें पहचानता हूँ। आजकल के युवकों की तरह तुम्हें भी वह समाज प्रिय है।'

'नहीं, बहुत दिनों से मैं उधर नहीं गया। कुछ समझ में नहीं आता, क्या करें। राजा राममोहन राय के कार्य से मैं अत्यंत प्रभावित हो गया हूँ। फिर भी, मन पूरी तरह से ठीक नहीं। समझ में नहीं आ रहा, निश्चित रूप से मैं क्या चाहता हूँ।'

'नरेंद्र, तुम्हें ही यह ढूँढ़ना है कि तुम क्या चाहते हो। मैंने शंकराचार्य का अद्वैतवाद कथन किया, परंतु उसे किसने स्वीकार किया? लोग चाहते हैं, सगुण साकार प्रतिमा। नरेन, हमारी बंगभूमि कट्टरता धारण करती है। शाक्त और शैव के अतिरिक्त अनेक धर्म-पंथ प्रवर्तित होकर मूलभूत धर्म का स्वरूप ही छिन्न-भिन्न हो चुका है।'

'ऐसा क्यों हुआ?'

'क्योंकि हिंदुओं ने अपने पुराण, वेद साधारण लोगों से दूर रखे। दरअसल हिंदू दर्शन मानवता के निकट होकर भी उसका प्रसार न करने के कारण मिशनरियों को अवसर मिल गया। समुद्र-गमन, बहुपत्नीत्व, बाल-विवाह जैसी मूर्खतापूर्ण धारणाओं को पालते रहने से लोगों को असली धर्म का विस्मरण हो गया है।'

काफी देर तक दोनों बातें करते रहे। नरेंद्र की पीठ पर हाथ रखकर देवेंद्रनाथ ने कहा, 'नरेंद्र, मेरे द्वारा आज तक किए हुए काम का तुमने इतनी गहराई में बैठकर

अध्ययन किया है कि पहली बार मैं इतनी सुंदर तुलना सुन रहा हूँ।'

'कहो नरेन, कहो। अब उम्र के साथ मन भी निवृत्त हो चुका है। संध्या की ढलती धूप में गहराती छाया का भान होकर इस पार से उस पार के मार्ग पर दृष्टि रखी है। अब संदर्भ सहित जीवन के अर्थ सुलझने लगे हैं। वापसी के मार्ग अब बंद हो गए हैं।'

'ऐसा क्यों कहते हैं? बुद्धि प्रामाण्य पर आधारित ब्राह्म समाज आज भी है। परंतु वह समाज आज भी है ही जिसके लिए आप सारी शक्ति जुटाकर खड़े रहे। अतः आप चिंता न करें। मैं नियतिवादी नहीं, आचार्य।'

'नरेंद्र, तुम्हें अपनी राह अवश्य मिलेगी और शीघ्र ही मिलेगी। परंतु मुझे लगता है, तुम योगी बनोगे। एक बार दक्षिणेश्वर हो आओ, मन को सुकून मिलेगा।'

नरेंद्र नौकागृह से बाहर निकला। अब वह हलकापन अनुभव कर रहा था। घर लौटते समय रास्ते में उसे अपना कॉलेज का मित्र वजेंद्र मिला। वह भी उसी की तरह अभिभूत। वस्तुतः घर जल्दी लौटने के विचार से नरेंद्र तेजी से कदम उठा रहा था। इतने में पीछे से उसकी आवाज सुनाई दी।

'कहाँ से आ रहे हो?'

नरेंद्र ने उत्तर देना टाल दिया।

'नरेन, मैंने निश्चय किया है कि अब मैं ईश्वरचंद्र विद्यासागर का कार्य करूँगा। विधवा विवाह समाज-मान्य हो, इसलिए प्रयत्नशील रहूँगा। तुम्हें मालूम है नरेन, ईश्वरचंद्र विद्यासागर पर, जो ऐसी महिलाओं के कल्याणार्थ प्रयास कर रहे थे, असंख्य लांछन लगाए गए। इतना ही नहीं, उनकी हत्या की साजिश भी की गई। जानते हो तुम?'

'अरे रे! इतने निस्स्वार्थी व्यक्ति की ऐसी अवस्था।'

नरेंद्र और वजेंद्र बातें करते-करते दत्त भवन के निकट आ गए। नरेन घर में आ गया। द्वार पर विश्वनाथ बाबू खड़े थे। उन्होंने मुसकराते हुए कहा, 'क्यों बाबू मोशाय, किस विषय पर बातें हो रही हैं?'

नरेंद्र ने कुछ नहीं कहा।

तब उन्होंने कहा, 'पहले अपनी पढ़ाई पूरी करो। अभी-अभी तो कॉलेज जाने लगे हो। पढ़ाई के महत्त्व पर ध्यान दो।'

माँ भुवनेश्वरी ने उसके हाथ से पुस्तकें लेकर कहा, 'जाओ, हाथ-मुँह धो लो। नाश्ता लाती हूँ।'

'माँ गो, कब से मेरे पेट में चूहे उछल रहे हैं। पर भूल ही गया।' उसने माँ के गले में हाथ डाले और फिर सबकुछ भूलकर हाथ-मुँह धोने चला गया।

□

ठाकुरजी हाथ में फूलों की डलिया थामे उसमें फूल तोड़कर डाल रहे थे। सवेरे-

सवेरे आते हुए नरेंद्र को देखकर अत्यंत प्रसन्नतापूर्वक उन्होंने कहा, 'नरेन, तुम्हारे बारे में ही सोच रहा था कि तुम आ गए।'

'ठाकुरजी, जब भी मैं आता हूँ, आप हमेशा यही कहते हैं। अरे, तुम्हारी ही प्रतीक्षा कर रहा था। ठाकुरजी, यह संयोग है या मुझे प्रसन्न करने के लिए आप ऐसी बात करते हैं?'

नरेंद्र के कंधे पर हाथ रखकर वे उसे साथ लेकर पीपल के चबूतरे पर आ बैठे।

'क्या है नरेन, मन में तीव्र इच्छा हो तो बड़ी सहजता से अपनी इच्छा दूसरे तक पहुँचती है। देखा, मेरी प्रबल मनोकामना तुम्हें यहाँ खींचकर ले आई।'

'इसे तीव्र इच्छा कही जा सकती है?'

'जान-बूझकर कुछ नहीं किया जाता। हाँ, मन में उत्कट इच्छा होनी चाहिए। उस इच्छा में रत्ती भर भी स्वार्थ नहीं था। वही उत्कट मनोकामना पूरी होती है, जो दूसरे के सुख के लिए होती है।'

'ठाकुरजी, आप अपने मन के अनुसार, अपनी इच्छा की खातिर अपनी दृष्टि से सबकुछ करते हैं। फिर आप वही ईश्वर-दर्शन की दृष्टि मुझे दीजिए न!'

ठाकुरजी खिलखिलाकर हँसने लगे, जैसे उनका अंग-अंग मनःपूर्वक हँस रहा था। इतनी सुंदर, पवित्र, निष्पाप हँसी वह पहली बार देख रहा था।

'अरे नरेन, मेरी दृष्टि, मेरा मन कब से तुम्हें देने के लिए मैं तैयार हूँ। चिकित्सक प्रवृत्ति छोड़ दो, फिर…'

'अर्थात् अंधविश्वास के साथ मैं कहीं भी जाऊँ?'

'ऐसा नहीं है, नरेन। समाज में रह रहा कम-से-कम एक व्यक्ति भी, तुम्हारे अंतःकरण ने स्वीकार किया, तुम्हारे मन को जँचा तो तुम उस पर श्रद्धा रखो। सिर्फ विचारों का बाजार सजाकर मत बैठना।'

'अपना मार्ग निश्चित करने के लिए मेरी बुद्धि के कारण ही विघ्न हो रहा है।'

'अरे, जहाँ गुण हो वहाँ दोष तो होंगे ही। दोषों को स्वीकार कर मन में गुणों की महत्ता दृढ़ करने से आनंद, संतोष तथा मोक्ष-प्राप्ति की जा सकती है। नरेन, मोक्ष का अर्थ जीवन के अंत के पश्चात् प्राप्त स्वर्ग-सुख नहीं, बल्कि इसी जीवन में मिला हुआ मानसिक आनंद, सुख, संतोष ही मोक्ष है।'

'आपकी काली माता के प्रत्यक्ष दर्शन से आपको मोक्ष-प्राप्ति होती होगी।'

राखाल उसके लिए जल लेकर आया। उसने तुरंत कहा, 'ठाकुरजी के चरणों में ही मेरा मोक्ष है।'

नरेंद्र समझ गया। इसका अर्थ है कि हर एक का अपने जीवन के परमोच्च आनंद का क्षण ही मोक्ष हो सकता है। मैंने इतने ढेर सारे ग्रंथ पढ़े, कॉलेज में अध्ययन कर रहा

हूँ, परंतु राखाल की तरह मैं तत्काल मोक्ष की कल्पना स्पष्ट नहीं कर सका, क्योंकि मैं कहीं भी श्रद्धा नहीं रखता।

एक दिन उसके मन में आया, ठाकुरजी के पास जाना ही नहीं। वे कुष्ठ रुग्णों की सेवा करते हैं, उनके जख्म धोते हैं। ऐसा न हो, कहीं संसर्ग से मुझे हो गया तो?

दूसरे मन ने कहा, 'परिवार द्वारा छोड़े हुए, समाज का कूड़ा समझकर फेंके हुए लोगों का ठाकुरजी खुद से भी अधिक खयाल रखते हैं। ये तो महामानव हैं। मुझे रोग हो गया तो होने दो।'

कुछ वर्षों पहले लोग कहते, काली मंदिर में एक पगला रहता है। परंतु अब केशवचंद्र सहित अनेक बुद्धिजीवी लोगों का उनके यहाँ आना-जाना रहता है। फिर लोगों में यह परिवर्तन कैसे हो गया? हो सकता है, उनकी दिनचर्या समाज के लिए वस्तुपाठ ही बन गई हो।

वह सोच में डूबा हुआ था, तभी ठाकुरजी ने कहा, 'नरेन, आज तुम्हारे लिए भोजन मैं बनाता हूँ।'

'ठाकुरजी, अब मैं भी बढ़िया भोजन बनाता हूँ। पर आपकी काली माता को स्वीकार होगा?'

'सिर्फ मेरी काली माता! अरे नरेन, वह तो विश्वमाता हैं, जगदंबा हैं। उनमें तेरा-मेरा जैसा अपना-पराया भाव नहीं है। पहले मैं पागल था। मैं ब्राह्मण वैष्णव हूँ। अत: अन्य लोगों से काली माता को भोग चढ़ाना मुझे अच्छा नहीं लगता। अब जीवन-संध्या पर समझ में आ रहा है कि मैं कितना स्वार्थी था, मूरख था और अज्ञानी भी। अब सारा समाप्त होने का समय आया है। दु:ख इस बात का हो रहा है कि बरसों से मैं काली माता की भक्ति में रम गया था। मुझे समाज, समाज के दु:ख-दर्द, वेदना-व्यथा नहीं दिखाई देती। ईश्वर-सेवा के साथ-साथ मानव-सेवा भी मुझे करनी चाहिए थी। मुझे यह समझने में बहुत ही विलंब हो गया रे, कि मानव सेवा ही ईश्वर-सेवा है।'

उनका मन उदास हो गया। नरेंद्र सोचने लगा—उनके अलावा ऐसा एक भी मनुष्य नहीं था जो कुष्ठ सेवा करता था। मैं ऐसे एक व्यक्ति को जानता हूँ, जो मेरे पश्चात् मेरा अधूरा कार्य पूरा करेगा। देखते हैं, काली माता का कैसा रूप है।''' फूल की चँगेरी लेकर वे मंदिर में गए। नरेंद्र ने राखाल से कहा, 'तुम रसोई की सामग्री ले आओ, आज मैं ही भोजन बनाता हूँ।'

उसने भोजन तैयार किया, परंतु अभी तक पूजा समाप्त करके भोग लेने नहीं आए थे। आखिर वह मंदिर में चला गया। काली पाषाण मूर्ति के सामने धूप की सुगंध आ रही थी। दीपदान का प्रकाश था, पर ठाकुरजी नहीं थे। वह उनकी प्रतीक्षा में वहाँ बैठ गया और बैठे-बैठे उसकी आँख लग गई। ठाकुरजी ने जब उसे जगाया तब गहरी संध्या हो चुकी थी।

'भूख के मारे नींद आई तुम्हें। मैं ही अपराधी हूँ तुम्हारा। अरे रे, कितना कष्ट दिया तुम्हें।'

'कहाँ थे आप, ठाकुरजी?, नरेंद्र ने पूछा।

'चट्टोपाध्याय की बेटी विषम ज्वर से बीमार है। उसके लिए दवा लेकर गया था। उसका ज्वर बढ़ता ही जा रहा था, अत: दिन भर वहीं रुकना पड़ा। अब बुखार उतर गया, सो चला आया। यहीं रुको, तुम्हारा बनाया भोजन मैं यहाँ ले आता हूँ।'

ठाकुरजी भोजन की थाली लेकर आ गए। उन्होंने कहा, 'माते, तुम्हें और नरेंद्र को मैंने जान-बूझकर भूखा नहीं रखा। नाराज मत होना। भोजन करो।' नरेंद्र की अधीर उत्सुकता चरम सीमा तक पहुँची। ठाकुरजी ने ही कहा, 'नरेन, आज उसे भूख नहीं है। तुम भोजन कर लो।'

अब नरेंद्र से रहा नहीं गया। उसने कहा, 'काली माता आपसे बात कर रही हैं, फिर मुझे क्यों नहीं सुनाई देता? आपके मन का भ्रम है या इस तरह के भ्रामक चमत्कार करके आप अपने आपको धोखा देते हैं? पाषाण प्रतिमा आपके हाथ से कैसे खाएगी भला! मैं इस पर कैसे विश्वास करूँ?'

एक के पीछे एक वाक्यों की झड़ी लगाकर नरेंद्र निर्भयतापूर्वक खड़ा था। ठाकुरजी भोजन की थाली के सामने बैठे थे, सामने काली माता··· । उनकी आँखें भर आई थीं। आज सारे प्रश्नों का निराकरण किए बिना वह घर नहीं लौटना चाहता था।

□

इन तीन-चार महीनों में अनेक घटनाएँ घटी थीं। परीक्षा समाप्त होने के कारण खाली समय मिल गया था। इन तीन महीनों में पूरे साल की पढ़ाई करते-करते एक ही जगह चिपके रहने की सजा उसने अपने आपको दी थी। परीक्षा समाप्त होने पर हार्मोनियम पर जमी धूल झटककर उसने एक के पीछे एक कितने सारे गीत गाए थे।

उस दिन 'दत्त भवन' में संगीत सभा का आयोजन किया गया था। उसके पश्चात् सभी के लिए भोजन का आयोजन किया गया था। नरेंद्र को जिम्मेदारी के कई काम सौंपे गए थे; लेकिन वह सुबह से लेकर रात में देर तक ठाकुरजी के पास था। घर लौटने के बाद माँ भुवनेश्वरी ने कहा, 'असत्य पर असत्य का ओढ़ावन बिछाकर मैंने तुम्हें बचाया। आइंदा ऐसा मत करना।'

उसके बाद तीन महीने वह घर से बाहर नहीं निकला था।

'माँ, मैं एक बार ब्राह्म समाज में हो आऊँ?'

'सत्य ही उधर ही जाओगे न?' मंदिर का दीपदान जलाते हुए उसने पूछा।

'हाँ, लेकिन कुछ विपरीत हो गया तो मैं तुम्हें सत्य ही बताऊँगा माँ।'

वह बाहर निकला। आज कई महीनों के बाद वह ब्राह्मसमाज में आया था।

सामनेवाले गेट से न जाते हुए वह पिछवाड़े के गेट की ओर मुड़ गया तो उसने वहाँ काफी भीड़ देखी।

'क्या हुआ, भाई?' उसने पूछा।

चैतन्य महाप्रभु का गीत शुरू था और उसी समय रामकृष्ण ने वहाँ प्रवेश किया। गीत सुनते-सुनते ही उनकी भाव-समाधि लग गई। वे सुधबुध बिसार गए। भीड़ को चीरते हुए नरेंद्र उनके पास पहुँच गया। उसने भीड़ हटाने का प्रयास किया, उन्हें सँभालकर भीड़ से बाहर ले आया। वस्तुतः रात हो चुकी थी। दक्षिणेश्वर दूर था और वे अकेले आए थे।

'मनुष्य अकेले ही जन्म लेता है और मृत्यु की राह पर भी अकेले ही चलता है। समाज में उसे हर पल साथ की आवश्यकता पड़ती है। जीवन की संध्या समय मैं किसका हाथ थामूँ? अकेला ही चला जाऊँगा। तुमसे भेंट हो गई···' आगे उन्होंने कुछ नहीं कहा।

'क्यों आए थे, ठाकुरजी?'

'सिर्फ तुम्हारे लिए, तुम्हीं से मिलने।' वे गद्‍गद हो गए थे, 'महीनों से तुम आए नहीं थे न, इसलिए तुम्हें ढूँढ़ते-ढूँढ़ते यहाँ आ गया।'

अब नरेंद्र के नेत्रों से कब आँसुओं की झड़ियाँ झरने लगीं, उसे खबर भी नहीं हुई।

□

बी.ए. की परीक्षा अभी-अभी समाप्त हो गई थी। आँखों में अनेक सपने, मन में अनेक योजनाएँ लेकर मित्र एक-दूसरे से मिल रहे थे। किसी-न-किसी के घर सभी इकट्ठे होते; फिर गपशप, चर्चा, भोजन, हंगामा करते। सभी नरेंद्र से विवाह और वकालत का अनुरोध करते।

'नरेन, तुम सुंदर हो, बुद्धिमान हो। तुम्हारे पिता के अनेक अंग्रेज अधिकारी मित्र हैं। तुम सुख से वैवाहिक जीवन जीओ।' आखिर मित्रों की एक ही विषय पर हो रही बातों से ऊबकर नरेंद्र घर आ गया।

आते-आते ही विश्वनाथ बाबू ने कहा, 'आइए नरेंद्र मोशाय, अब आप बी.ए. होनेवाले हैं। अब विवाह करो, हमारे हाथ मजबूत करो। मेरे पश्चात् इस दत्त परिवार को आप ही को सँभालना है।'

'आप कहाँ जा रहे हैं?'

'स्वर्ग में, देवताओं की वकालत सँभालने।'

'स्वर्ग में भी जलना-कुढ़ना, द्वेष, संपत्ति का बँटवारा होता ही होगा न!'

'होते होंगे। वहाँ जाने के बाद बताऊँगा।' उन्होंने मुसकराते हुए कहा।

'उस शुभ दिन की मुझे प्रतीक्षा है, बिलू।'

उसके बाद बहुत देर तक वे पारिवारिक जीवन, समाज, राष्ट्र, वकालत से संबंधित बातें कर रहे थे। रायपुर के बाद इतना अधिक समय उन्होंने घर में किसी को भी नहीं दिया था। अंत में उन्होंने कहा, 'बिलू, अत्यंत कठोर साधना करके तुम्हारी माँ ने तुम्हें प्राप्त किया है। उसकी सेवा करो, और क्या कहूँ?'

नरेंद्र एकदम गद्‍गद हो गया। उन्होंने उसे सीने से लगाया। उनका भी गला भर आया था।

□

'नरेन!' उसे आभास हो गया, ठाकुरजी ने उसे आवाज दी। उसने उठकर देखा, कोई भी नहीं था। परंतु यह हाँक आत्मीय आस्था से भरी थी। उस आवाज से वह प्रभावित हो गया और सवेरे-सवेरे ही ठाकुरजी के पास जाने लगा।

'कहाँ जा रहे हो, वत्स?' भुवनेश्वरी ने पूछा।

'ठाकुरजी के पास जाना चाहता हूँ, माँ।'

'कमाल है नरेन। कल-परसों ही तुमने कहा था कि मित्रों को घर बुलाना चाहता हूँ। मैं वही तुमसे पूछने आई थी कि शाम को तुम्हारे कितने मित्र आ रहे हैं? किरणबाला, योगींद्रबाला, महेन, भूपेन सभी उत्सुक हैं।'

'अरे हाँ, मैं तो भूल ही गया। अभी सुरेंद्र के घर जाता हूँ; तुरंत वापस आऊँगा और बताऊँगा। ठीक है?'

वह अच्छे कपड़े पहनकर, इत्र लगाकर, मुँह में पान चबाते हुए अन्य बँग्ला युवकों की तरह रसिक युवक बनकर बाहर निकला। भुवनेश्वरी उसके सुंदर मुख की ओर तथा उसके राजस व रोबदार शरीर की ओर देख रही थी।

सवेरे-सवेरे नरेंद्र को आता हुआ देख सुरेंद्र प्रसन्न हो गया। उसने कहा, 'अच्छा हुआ, तुम आ गए। आज तुम्हारे लिए पड़ोस से हारमोनियम ले आता हूँ। अपनी कविताएँ गाकर सुनाओ।'

कितने दिनों से उसने काव्य-गान नहीं किया था। इत्मीनान से बैठक में बैठकर उसने एक के पीछे एक कविताएँ गानी शुरू कीं। संगीत गोष्ठी मजे से चल रही थी और बाहर नरेंद्र के लिए संदेश लेकर नंदन आया था।

'क्या संदेश है नंदन? माँ से कहो, सारी टोली आ रही है।'

'छोटे मालिक...बड़े बाबूजी अचानक चल बसे।'

नरेंद्र तीर के समान दत्त भवन की दिशा में भागने लगा।

□

नरेंद्र बाहर जाने की तैयारी कर रहा था। तैयार होते-होते वह सोच रहा था, 'कुछ भी हो, आज दक्षिणेश्वर जाना ही होगा। ठाकुरजी से जो ईश्वर से संवाद साध्य करते हैं,

अपने परिवार के लिए कुछ-न-कुछ माँग लेना होगा।' इतने में माँ वहाँ आ गईं।

'माँ, तुम जो दिन में हजारों बार ईश्वर का नाम लेती थीं अब एकदम इतनी नास्तिक कैसे हो गईं? 'ईश्वर का नाम भी मत लेना' कहती हुई अश्रद्ध हो गईं। परंतु आज मुझे मत रोको।'

'नहीं रोकूँगी, कुछ नहीं कहूँगी और मेरे कुछ कहने पर भी तुम थोड़े ही सुनोगे?'

'माँ, इतना अश्रद्ध होकर कैसे चलेगा? बरसों से निरंतर भगवान् की पूजा करती आई हो। हर प्रसंग, हर घटना में उसने आनंद दिया, सुख-संतोष दिया। तो फिर अब की बार ही इतना दु:खी क्यों हो गईं? प्राप्त परिस्थितियों से संघर्ष करते समय तुम पराजित नहीं हुईं। फिर तुम्हारे मुख से ऐसे शब्द…'

'बिलू, मैं तुम्हें समझाऊँ या तुम मुझे? बाबूजी की मृत्यु के बाद तुम एकदम प्रौढ़ बन गए। लेकिन इस तरह अप्रत्याशित कैसे घटा?'

वह मौन रहा। विश्वनाथ बाबू के गुजरने के बाद उसकी आँखों का पानी खत्म ही नहीं हो रहा था। परिवार के अन्य सदस्यों ने अपना हिस्सा माँगकर नाकों दम कर दिया था। पारिवारिक जीवन की सारी दीवारें अचानक ढह गई थीं। अब बस एक ही आसरा शेष था—भुवनेश्वरी की माँ का, जो रामतनु लेन पर रहती थीं। उनका नाम था—रघुमणी बोस। उस दिन बाबूजी एक अरसे के बाद आराम से झूले पर बैठे थे और देखते-देखते झूले की कड़ियों से हाथ छूटकर वे जो धड़ाम से गिर पड़े तो फिर उठ ही नहीं सके। उनकी मौत का दु:ख होने की बजाय जायदाद के बँटवारे का प्रश्न बड़ा होने लगा। उनकी मृत्यु के तेरह दिनों में एक विदारक सत्य सामने आ खड़ा हो गया, जिसका एहसास आज तक कभी भी नहीं हुआ था। भुवनेश्वरी और नरेंद्र को जबरदस्त धक्का पहुँचा। जब तक बँटवारा नहीं होता तब तक नरेंद्र के दो चाचाओं व चाचियों ने अरथी भी नहीं उठाने दी और तेरह दिनों के बाद पता चला कि सारा घर-बार लूटा जा चुका है। घर का हर हिस्सा अलग हो चुका था। इतना ही नहीं, घर के अनाज के भंडार भी लूटे गए थे।

नरेंद्र के लिए यह प्रचंड आघात था। चचेरे भाइयों के चाचा, मामा और भी न जाने कौन-कौन लड़ रहे थे। वह पूरा परिवार, जिसे विश्वनाथ बाबू ने सँभाला था, सँवारा था वह पल भर में तितर-बितर हो गया। सारे हिस्से हो जाने पर ही विश्वनाथ बाबू की अरथी श्मशान में ले जाई गई। अपने अथवा अपनी पत्नी के नाम पर दत्त भवन का एक कोना भी उन्होंने नहीं रखा था। एक पल में वे बेघर हो गए थे। भुवनेश्वरी ने सबसे प्रार्थना की, चालीस-पैंतालीस वर्ष विश्वनाथ बाबू इस घर में रहे हैं। उनकी तेरहवीं तो इस घर में होने दो, ताकि उनकी आत्मा को मुक्ति मिलेगी।

सभी ने इस बात को स्वीकार किया, जैसे वे बहुत बड़ा उपकार कर रहे हैं।

…जीवन और मृत्यु में कितना अंतर है। बाबूजी थे तो पूरे दत्त भवन में उनका

अधिकार था। अब मात्र आश्रित के रूप में जी रहे हैं। उनकी मृत्यु ने उनके अस्तित्व का एहसास दिलाया।'''नरेंद्र सोच रहा था।

'बिलू, तुम्हारे बाबूजी की मृत्यु को दो ही दिन हुए हैं। ऐसे दुःखद समय पर असीम धैर्य रखना है। परंतु मैं, जो किसी बात की चिंता नहीं करती थी, कदम-कदम पर लड़खड़ा रही हूँ। जानेवाला जाता है, यह कहने के लिए वापस नहीं लौटता परंतु जो इस दुनिया में रह जाता है, अनाथ होता है, दुःखी होता है।'

'तुम चिंता न करो माँ'''।'

भुवनेश्वरी को उसी की बात वापस मिल गई थी। दृढ़ विश्वास के साथ नरेंद्र के एक कमरे में ही योगींद्रबाला, किरणबाला, महेन, भूपेन, नरेन और भुवनेश्वरी तेरह दिन बंदी बन गए थे।

तेरह दिनों के बाद नरेंद्र नानी रघुमणी बोस के घर रहने गए। फिर भी खाने-पीने का प्रश्न सुलझाना था, क्योंकि रघुमणी अपने ससुर के सहारे रहती थीं। उन्होंने कहा, 'बिलू, मेरी बात मान। दत्त भवन तुम्हारे पिता ने बनाया, सँभाला, सभी को मालूम है। तुम अदालत का दरवाजा खटखटाओ, अपना हिस्सा माँगो। तुम्हारे सिर पर छत होनी चाहिए न?'

'मैं दत्त भवन नहीं छोड़ूँगा। परंतु फिलहाल वह असंभव है, नानी!'

'बिलू, अदालत के अॅटार्नी आए थे। तुम उनकी कन्या से विवाह करने के लिए राजी हो तो वे एक पैसा भी न लेते हुए दत्त भवन को दिलवा सकते हैं। बिलू, उनकी कन्या से विवाह करो न।'

'नानी, क्या तुम्हें यह सौदा ठीक लगता है? क्या जीवन भर मैं उनके अहसानों तले दबा रहूँ? और नानी, मैं मनःपूर्वक विवाह करना नहीं चाहता। नौकरी के लिए प्रयास कर ही रहा हूँ। नौकरी लगने पर घर के बारे में भी सोचूँगा। अचानक आसमान टूट पड़ा है। परंतु सब ठीक होगा।'

चार महीने दर-दर भटकने के बाद उसे अध्यापक की नौकरी मिल गई। पिता जाने-माने विधिज्ञ, समाज में प्रतिष्ठा-सम्मान, सच्चे मित्र—फिर भी दुर्भाग्य यह कि नौकरी के लिए उसे बहुत पापड़ बेलने पड़े। ईश्वरचंद्र विद्यासागर के जामाता महेंद्रनाथ गुप्त की सिफारिश से उसे यह नौकरी मिल गई थी, फिर छह महीने घर को सँवारने में लग गए। विश्वनाथ बाबू की ताई विश्वेश्वरी ने इस तरह प्रचार करके कि संपूर्ण दत्त भवन पर उसका अधिकार है, अपने बच्चों तथा पोते के नाम अदालत में मुकदमा दायर किया। उसे उत्तर देकर दत्त भवन वापस लेने का दायित्व नरेंद्र का था। अदालत में आरोप का खंडन करने जाना था। परंतु अब उसकी मानसिक तैयारी हो गई थी। आर्थिक समस्या में थोड़ी सी राहत मिली थी। कुछ अच्छे लोग उसकी सहायता के लिए आगे बढ़े थे।

विश्वनाथ बाबू के बैरिस्टर मित्र डब्ल्यू.सी. बैनर्जी ने नरेंद्र का केस अपने हाथ में लिया था, अतः नरेंद्र को बार-बार कोर्ट जाना पड़ता।

नरेंद्र की स्पष्टोक्ति, उसका उत्तर देने का तरीका देखकर न्यायाधीश ने प्रभावित होकर कहा, 'तुम उत्तम वकील हो सकते हो। फिलहाल तुम्हें दत्त भवन का कुछ हिस्सा अदालत ने दिया है। इसलिए तुम अपने घर में रह सकते हो।'

बहुत सारे प्रश्न सुलझ रहे थे। नरेंद्र ने वकालत की पढ़ाई शुरू कर दी। परंतु उसी समय मेट्रोपॉलिटन स्कूल के छात्रों ने महेंद्रनाथ गुप्त के कहने पर लिखित निवेदन दिया, 'यह अध्यापक हमें नहीं चाहिए।' अतः नरेंद्र को नौकरी से हटा दिया गया। वस्तुतः उन्हीं की वजह से उसे यह नौकरी मिली थी।

नरेंद्र बहुत बेचैन हो गया।

'बिलू, ऐसे हथियार क्यों डालते हो? अपने घर रहने आए हैं, दूसरी नौकरी भी मिल जाएगी। विवाह करो बिलू, तुम्हारा मन शांत होगा। पहले तो हवा पर सवार होकर भागा-दौड़ी करते थे, पैरों में चक्र लगा था। अब क्यों मुँह लटकाकर घूम रहे हो? डरो नहीं, हार भी मत मानना। जीत तुम्हारी ही होगी।'

अचानक ऐसा हुआ जैसे घने अँधेरे में बिजली कौंधी। क्यों न ठाकुरजी द्वारा काली माता से कहलवाकर नौकरी प्राप्त करें। इस विचार से वह स्वयं प्रभावित हो गया।

अनाज नहीं, नौकरी नहीं—भुवनेश्वरी जो पति के साम्राज्य में महारानी जैसी रहती थीं, अब दासी जैसी बन गई हैं। धीरज रखकर सभी की देखभाल करती हैं। तब भी चतुर्थी-एकादशी का व्रत रखती हैं। ऐसे संकट के समय क्या काली माता की सहायता नहीं लेनी चाहिए?

अन्यथा संन्यास लेकर हिमालय चला जाए। यह विचार अपने मन से उसने झट से निकाल दिया। जिम्मेदारी से मुँह मोड़कर कायर की भाँति भागना उसे स्वीकार नहीं था। अपनी माँ की तरह वह भी कई बार 'बाहर से भोजन करके आया हूँ', यह बहाना बनाकर भूखा ही रह गया था। उस सुदृढ़ हृष्ट-पुष्ट देह में बसे दिल को चोट पहुँची थी।

परंतु अब वह बड़े विश्वास के साथ ठाकुरजी के पास जा रहा था। चलते-चलते उसने गौर किया, जाने-अनजाने उसने अपना मन ठाकुरजी के अधीन किया है। मन-ही-मन प्रसन्न होकर मुसकराते हुए वह आगे बढ़ा।

: तीन :

मध्याह्न ढल चुका था। संध्या की छाया चोर कदमों से गंगा मैया पर उतरने लगी थी। शीतकालीन ठंडी हवा हलके-हलके गंगा की लहरों पर झूल रही थी। कहीं दूर से गंगा में तैरती नौका में बैठे नाविक का गीत सुनाई दे रहा था। वातावरण सुरम्य व प्रसन्न था।

लेकिन ठाकुरजी काली माता के मंदिर में ध्यानस्थ थे। उन्हें किसी बात का भान नहीं था। राखाल, शरद, सुखराम कई बार उन्हें देखकर गए। आजकल वे इस तरह कई बार ध्यानस्थ बैठते थे। वस्तुतः आजकल उनकी दिनचर्या में बदलाव आया था। वे ज्यादा कहीं बाहर नहीं जाते थे। उनके चेहरे पर यही भाव बार-बार उभरते कि मन-ही-मन वे कुछ सोच रहे हैं।

उनकी माताजी कामारपुकुर में बीमार थीं। शारदा माता उधर ही गई थीं। परंतु दो बार हृदयराम का संदेश पाकर भी वे नहीं गए थे। 'क्या सोच रहे हैं?' यही प्रश्न राखाल को भी बेचैन कर रहा था। एक अरसे के बाद आजकल उन्हें गुस्सा भी आता। पूरा दिन भोजन नहीं करते और किया भी तो बस, मुँह जुठारते या फिर एक प्याली दूध पर ही सारा दिन गुजारते। कभी सिसकियाँ भरकर रोते, जैसे कोई अनाम दुःख गला भर गया हो। कभी-कभी तो उठते भी नहीं।

राखाल, शरद, सुखराम और उनके अन्य शिष्य गण चिंतित हो गए। अपने ठाकुरजी को निश्चित रूप से क्या हुआ है, इसका कारण वे ढूँढ़ रहे थे। आपस में चर्चा करते, परंतु कुछ भी समझ में नहीं आता। अन्यथा प्रातःकाल में अपनी मधुर आवाज में गंगा स्नान करके लौटते समय वे श्लोक पठन करते, फूलों की माला गूँथते। राखाल द्वारा मंदिर समार्जित करने के बाद वे काली माता की षोडशोपचार पूजा करके उसके भोग के लिए स्वयं भोजन बनाते।

दोपहर होते ही दक्षिणेश्वर के मंदिर में उनके विचार सुनने के लिए, प्रवचन सुनने के लिए अनेक विचारवंत, बुद्धिमान विद्वान् भी आते। कभी-कभी उनसे चर्चा करते-करते संध्या ढल जाती। कभी वे गरीबों की बस्ती में जाकर उन्हें दवाइयाँ देते, सफाई रखने की शिक्षा देते। कभी किसी भक्त के निमंत्रण पर उसके घर जाते। सबकुछ सुचारु ढंग से चल रहा था। परंतु पिछले कुछ महीनों में आमूलचूल परिवर्तन हो गया था। चुपचाप वे पीपल के नीचे चबूतरे पर बैठे रहते, जैसे थकावट से चूर-चूर हो गए हैं। एक दिन साहस करके राखाल ने पूछा, तब मुसकराते हुए उन्होंने कहा, 'भई, मैं ठहरा दीवाना, सनकी, झक्की आदमी। जैसा मन करे वैसा जी लेता हूँ।'

'नहीं ठाकुरजी, नहीं। आपका एक जमाना होगा वैसा भी। परंतु अब आपको कभी वैसा नहीं देखा। सारे नित्यकर्मों से निबटकर आप समाज-प्रबोधन करते हैं।'

ठाकुरजी मुसकराए, परंतु उनकी मुसकराहट में हमेशा की खिली-खिली प्रसन्नता नहीं थी।

'ओ शरद बाबू, इतना कुछ तो मैं नहीं करता। मैं लोगों को वही समझाता हूँ, जो मैंने देखा, जिसका मैंने अनुभव किया, जो मैंने जाना-समझा। मैं तो अनपढ़ गँवार, मेरे लिए काला अक्षर भैंस बराबर है! भला मैं किसी को कैसे प्रबोधन करूँ? उनका प्रगाढ़

शास्त्राभ्यास।'''मैं तो वही बोलता हूँ, जो मुझे आता है।'

'फिर भी ब्राह्म समाज के केशवचंद्र सेन, विजय कृष्ण मोशाय तथा शिवनाथ मोशाय जैसे समाज-प्रतिष्ठित व्यक्ति आपके पास आपके विचार सुनने आते ही हैं न? केशवचंद्र, जो एक समय कट्टर अद्वैतवादी थे जब आपके जैसे काली माता को माँ कहने लगे। इतना बड़ा परिवर्तन उनमें आपकी वजह से ही आया।'

'देखो राखाल, कहीं-न-कहीं, किसी-न-किसी पर श्रद्धा किए बिना मनुष्य जी नहीं सकता। और आज के स्वार्थ से भरे विश्व में निरपेक्ष, निस्स्वार्थ एक ही निराकार शक्ति सगुण रूप में हम मानते हैं, उसे ही हम ईश्वर कहते हैं। उस देव प्रतिमा में हम अपने मन में समाया हुआ निराकार ईश्वर साकार करके उसकी पूजा करते हैं।'

'केशवचंद्र के इस मत-परिवर्तन के कारण समाज को अच्छा संदेश गया।'

'अर्थात्। भक्ति मार्ग ईश्वर तक पहुँचने का अति निकट मार्ग है। गुरुदेव देवेंद्रनाथ का 'आदिसमाज' और केशवचंद्र, विजयकृष्ण, शिवनाथ का 'भारत वर्षीय ब्राह्मसमाज' और उनके प्रचार कार्य को शह देने के लिए चल पड़ी 'हरि सभा', 'धर्म सभा'। परंतु इसमें कुछ तथ्य नहीं, ठाकुरजी। कोई भी जी-तोड़ मेहनत करना नहीं चाहता था। आखिर केशवचंद्र सेन के आपसे मिलने के बाद उनमें परिवर्तन तो हो गया, परंतु एक में भी यह कामना नहीं कि हिंदू धर्म की रक्षा के लिए कटिबद्ध हो। किसी में यह क्षमता नहीं। वस्तुतः मैं छोटा मुँह बड़ी बात कर रहा हूँ। मुझे क्षमा करें, ठाकुरजी। परंतु समाज में मत-मतों का कोलाहल मच रहा है। साधारण पीड़ित जनता मात्र भूख के मारे तड़प रही है। कोई भी नहीं जानता, जो आप जानते हैं, ठाकुरजी।'

'जो तुम कह रहे हो वह सत्य है। सारे आंदोलन मध्यवर्गीय तथा उच्चवर्गीय लोगों के लिए होते हैं और अपनी भूख मिटाने के लिए। साधारण जनता, जिसे धर्म से कोई लेना-देना नहीं होता, मिशनरियों के प्रचार का शिकार बनकर धर्मांतर करके अपने पेट की भूख शांत करती है। यह दृश्य बहुत विदारक है।'

'क्या इसी वजह से आप व्यथित हैं?'

'इस वजह से मैं उतना व्यथित नहीं जितना इस विचार से कि बंगाल की जनसंख्या में से धर्म की रक्षा के लिए एकाध श्रीकृष्ण का आविर्भाव क्यों नहीं हो रहा? मैं काली माता से कई बार यह प्रश्न पूछता हूँ, परंतु मुझे उत्तर ही नहीं मिलता। इस वजह से मैं व्यथित हूँ।'

ठाकुरजी इस बात से तो जरूर व्यथित होंगे कि समाज के दुःख को सँवारने, समाज में खंडप्राय हो रहे हिंदू धर्म को बचाने के लिए एक भी व्यक्ति इस समाज में नहीं है। परंतु यह बेचैनी क्यों? यह तो राखाल, शरद तथा सुखराम के लिए एक अनबूझ पहेली ही रह गई।

ऐसा नहीं था कि ठाकुरजी स्वयं नहीं समझ रहे थे। परंतु वे सोचते नरेन स्वयं वहाँ आए; अपनी अड़चनें, अपने दुःख उन्हें बताए। उसके पिता की मृत्यु की खबर सुनकर मन-ही-मन उन्होंने बहुत चाहा कि वहाँ उसके पास जाकर उसे सांत्वना दें, धीरज बँधाए। परंतु वे नहीं गए। वे सोचते, वह आकर कहे और वे उसे दिलासा देते हुए कहें, 'नरेन, मौत के कदम हमारे साथ ही चलते हैं, बेटे। कभी जीवन का आँचल उसमें अटकता है और देखते-देखते हम धराशायी होते हैं। यह निश्चित करनेवाले हम कौन होते हैं कि मृत्यु कब आएगी। सिर्फ जीवन में हमने क्या किया, इसका लेखा-जोखा जिस तरह चित्रगुप्त रखता है उसी तरह परिवार और समाज भी रखता है। अप्रत्याशित, अकल्पित मौत आती है। संसार आधा-अधूरा, दुःख सीमातीत और जीने के लिए कोई सहारा नहीं होता। परंतु वत्स, जीवन जीने का नाम होता है, जीवन सफलतापूर्वक जीना है। इसके लिए संघर्ष करना होता है, जो तुम्हें करना है। तुम्हें सब सँवारना है। मृत्यु सहज है, पर जीवन कठिन है। और जो-जो कठिन, असाध्य, असंभव प्रतीत होता है उसे ही सहज, संभव करने में पुरुषार्थ है।'

परंतु नरेन आया ही कहाँ था? उसके मित्र सुरेंद्र मित्र से उसके घर की स्थिति के बारे में जानकारी मिली। भुवनेश्वरी देवी अपने बच्चों को लेकर माँ रघुमणी के पास गई हैं और नरेंद्र नौकरी के लिए दर-दर भटक रहा है। ये खबरें भी उन्हें मिल गईं। तब वे काली माता के सामने जा बैठे। उन्होंने कहा, 'हे कालीमाते! तुम इतनी निष्ठुर कैसे हो गईं?'

'नरेन तुम्हें बहुत प्रिय है, इसलिए तुम उसके प्रति इतने भावुक हो गए हो। अरे, इस भारतवर्ष में कितने सारे बच्चे बिना खाए-पिए जी रहे हैं और एक दिन मर जाते हैं। उनके प्रति तुम्हारे मन में दया है, पर तुम उनके लिए क्या करते हो? बोलो।'

'तुम्हारा कहना ठीक है, काली माँ; परंतु नरेन को इस तरह भूखा-प्यासा दर-दर की ठोकरें खाता, भटकता हुआ देखकर कलेजा फटता है।'

'और सैकड़ों बालक 'पानी-पानी' करके मृत्यु के मुख में जाते हैं, उसका क्या? बोलो।'

'हे माते! मैं वृद्ध नहीं हुआ। परंतु यह दुःख देख-देखकर थक चुका हूँ। मेरे हाथ दुर्बल हैं।'

'किसने कहा, तुम्हारे हाथ दुर्बल हैं? तुम्हारे क्या मात्र दो ही हाथ हैं? तनिक अपने आसपास देखो, सैकड़ों हाथ तुम्हारे पास हैं। तुम सक्षम हो, समर्थ हो, और फिर कभी ऐसा मत कहना, क्योंकि तुम स्वयं भी भलीभाँति जानते हो कि तुम समर्थ हो।'

'परंतु नरेन के विषय में?'

'नरेन को कष्ट हो रहे हैं, वेदना हो रही है। उसे परिश्रम करने पड़ रहे हैं।

सबकुछ होने दो। यह उसकी परीक्षा है। इस परीक्षा में सफल होने के बाद बाकी परीक्षा देने के लिए उसका मन सिद्ध होगा।'

ठाकुरजी ने काली माता से अधिक वार्त्तालाप नहीं किया। उन्हें खबर मिली कि नरेन को मेट्रोपॉलिटन हाई स्कूल में नौकरी मिल गई है। यह सुनकर वे निश्चिंत हो गए।'''मुझसे मिलने नहीं आया तो क्या। वह सुखी रहे, यही मेरी कामना है।'''उनके अंत:करण को सुकून मिला, परंतु महेंद्रनाथ गुप्तजी उनके पास कभी-कभी आते हैं। उन्हीं के कहने पर नरेंद्र को नौकरी से हाथ धोना पड़ा, यह बात उन्हें नहीं जँची। परंतु ईश्वर उसकी परीक्षा लेना चाहते हैं तो भला हम क्या कर सकते हैं। महेंद्रनाथ गुप्त के सामने उसके लिए गिड़गिड़ाना अनुचित है।

फिर से एक बार वे बेचैन हो उठे; परंतु उसी समय यह सुनकर कि अदालत ने उन्हें दत्त भवन का कुछ हिस्सा, जिसमें वे रहते थे, दे दिया तो उन्हें थोड़ी-बहुत तसल्ली हो गई। परंतु नरेंद्र की अवस्था वे मात्र कल्पना से ही जान सकते थे। तथापि उसके घर जाना उन्हें उचित नहीं लगता था। जिस तरह गुरु के मन में अपने शिष्य के प्रति आस्था और लगन होती है उसी तरह शिष्य के मन में भी होनी चाहिए और अपने मन का संकल्प उसे बताना हो तो उसे स्वयं ही दक्षिणेश्वर आना होगा।

परंतु अभी तक वह नहीं आया था। ठाकुरजी को चैन नहीं था। उन्हें एक सज्जन ने अपने घर आमंत्रित किया था। वे इस पसोपेश में थे कि जाएँ या ना जाएँ, उन्हें लगा, हो सकता है नरेन से वहाँ भेंट होगी। हो सकता है, जितनी उत्कट भावना उनके मन में थी उतनी नरेन के मन में न भी हो। लेकिन वे तो मन:पूर्वक चाहते थे कि भेंट हो।

वे उस सज्जन के घर गए। अनेक भक्त वहाँ आए थे। घर के यजमान ने कहा, 'ठाकुरजी, आपकी अमृत वाणी सुनने के लिए सारे उत्सुक हैं।'

ठाकुरजी अपने मधुर कंठ से कहने लगे, 'हमारा मन बड़ा विचित्र होता है निरंतर उसे किसी-न-किसी का मोह होता है। हमेशा वह चाहता है, मुझे यह चाहिए, वह चाहिए। नहीं, उसका आग्रह ही होता है। मन पारे से भी चंचल, सागर के सदृश गहन गंभीर, दूर्वांकुर सदृश दृढ़, हरसिंगार सदृश हलका होता है। मन कभी बेताल, कभी संयमी होता है। परंतु यह संयम ढलने लगता है, उसकी सीमा समाप्त होती है। मन अधीर, उतावला, उत्सुक होता है। अपना इच्छित पाने की उसकी अधीरता बढ़ती जाती है। और ऐसे समय'''ऐसे समय'''

इतने में उन्होंने नरेंद्र को आँगन से घर में प्रवेश करते हुए देखा। उन्होंने अपना वाक्य पूरा किया, 'और ऐसे समय हमारी मनोकामना पूरी होती है। परंतु हमारा मन निरपेक्ष हो, उसमें स्वार्थ न हो''' ' वे कहते जा रहे थे। नरेंद्र आते-आते ही ठाकुरजी के निकट आ गया। आकर उसने उनके चरण कसकर पकड़े। उसके आँसुओं की लड़िया

उनके चरणों पर गिरने लगीं। उसके स्पर्श से ठाकुरजी के नेत्र भी भर आए। उन्होंने चाहा, उठकर नरेंद्र को दृढ़ आलिंगन में लें। परंतु संयमपूर्वक उन्होंने उसे उठाया। उसकी दयनीय अवस्था देखकर उनका मन दु:खी हो गया। कार्यक्रम समाप्त होते ही उन्होंने कहा, 'नरेन, दक्षिणेश्वर चलोगे?'

नरेंद्र गद्गद हो गया था। ठाकुरजी के ममतामयी नेत्र उसके प्रति प्रेम से लबालब भरे हुए थे। उसने कुछ भी नहीं कहा। क्या कहता?

अध्यापक की नौकरी छूटने के कारण पुन: उसे नौकरी के लिए दर-दर भटकना था। पर उसका मन किसी में भी नहीं लग रहा था। माँ, नानी, बहन-भाई, मित्र, पुस्तकें, संगीत—किसी में भी उसे चैन नहीं मिल रहा था। मन में आता, संन्यास लेकर घर से निकल जाए। यह विचार दृढ़ होते ही किसी को बिना बताए तैयारी की थी। दत्त भवन से संबंधित केस किस तरह लड़ना है? उसके लिए आर्थिक व्यवस्था कौन करेगा? उसके जाने के बाद घर में आमदनी कैसे होगी? इस संबंध में उसने लिखकर रखा। उसी में उसने अपनी माँ को लिखा—

'माँ, अंत:करण ने निश्चय किया है, शरीर ने उसे साथ दिया है, इसलिए मैंने वैरागी बनने का निश्चय किया है। मैं जानता हूँ कि मैं तुम्हारा ज्येष्ठ पुत्र हूँ। मुझ पर पारिवारिक दायित्व है और उन्हें मैं निभाना चाहता हूँ। परंतु…'

उसने वह पत्र अधूरा ही फाड़ दिया और वह ठाकुरजी से मिलने अपने मित्र के घर आया था। एक-दूसरे से बिना कुछ बोले ही दोनों एक-दूसरे की व्यथाएँ समझ चुके थे। 'दक्षिणेश्वर आओगे?' इस प्रश्नार्थ के वाक्य में छिपा आशय मन-ही-मन उसने समझ लिया था और उसने उनके पास जाने का निश्चय किया।

□

'ठाकुरजी।' नरेंद्र ने अकुलाते हुए कहा। दोपहर का समय। गंगा से आ रही हवा दक्षिणेश्वर के मंदिर स्थित मठ में कोमल बनकर आ रही थी। कलकत्ता में जैसे अंगार बरस रहे थे। सारे वातावरण में एक अजीब सी घुटन भरी थी। हर किसी का दम घुटा हुआ था। और सभी खुली साँस लेने के लिए उत्सुक थे।

चिलचिलाती दोपहर में नरेंद्र नंगे पैर दक्षिणेश्वर आया था। अभी-अभी पूजा-अर्चना से निवृत्त होकर ठाकुरजी अपनी कक्षा में लौट रहे थे। पसीने से तर-बतर, सुर्ख चेहरा, नेत्रों में अकुलाहट। देखकर ठाकुरजी उसके पास आ गए। उन्होंने उसका हाथ थामा। उसे एक पीढ़े पर खड़ा करके उसके पाँवों पर गंगाजल डाल मटके का पानी उसके सर पर डाला। अपने पास रखा उत्तरीय उसे देते हुए उन्होंने कहा, 'आओ नरेन। कहो, कैसे हो?' जल तथा पसीने से तर-बतर नरेन का अंत:करण भी सराबोर हो गया था।

'ठाकुरजी…' उसने व्याकुल कंठ से पुकारा। वह उनके चरणों के निकट बैठा

था। उन्होंने उसे अपने पास बिठाया। उसके कंधे पर हाथ रखते हुए उन्होंने फिर से पूछा—

'भालो आछे, नरेन?'

'किछू भालो ना।'

'आश्चर्य है नरेन। तुम्हारे जैसे युवक के लिए क्या यह कठिन थोड़े ही है! ऐसे युवकों की कमी थोड़े ही है, जो अपनी माँ की, अपने भाई-बहनों की जिम्मेदारी उठाते हैं! जिम्मेदारियों से घबरा गए? अचानक अमीरी से गरीबी में आने से तुम से बन नहीं पा रहा? मैंने कभी सोचा भी नहीं था कि तुम्हारा मन और तन इतना कमजोर है। तुम्हारी बलशाली बाँहें, मजबूत टाँगें, उन्नत मस्तक, प्रसन्न वदन और अन्य सैकड़ों गुण एकत्रित बना तुम्हारा शानदार व्यक्तित्व इतना निकम्मा हो, इस तरह मैंने सोचा नहीं था।'

'ठाकुरजी, वैसा कुछ नहीं जैसा आप कहते हैं। मैं पाँव में चक्र बाँधकर नौकरी के लिए घूम ही रहा हूँ। मुझे अपने आप पर बड़ा गर्व था कि मैं बहुत बुद्धिमान हूँ, सुंदर हूँ, कवि हूँ, गायक हूँ। मैं विविध वाद्य बजाने में पारंगत हूँ। मैं कलाकार हूँ। मैं धनवान्, सौंदर्यवान्, सामर्थ्य-संपन्न हूँ। परंतु ठाकुरजी, मेरे सारे अभिमान चकनाचूर हों, यही नियति की इच्छा है। अपमानित होकर मेट्रॉपोलिटन हाई स्कूल से बाहर निकल मैं समझ चुका हूँ कि मैं जीने के लिए या दूसरों को जीवित रखने के लायक नहीं हूँ। अब आपके पास आया हूँ, यही देखने के लिए कि आपकी काली माता मेरे लिए कुछ करती हैं या नहीं।'

'मेरी काली माता भला तुम्हारे लिए कुछ क्यों करेंगी?'

'क्योंकि वह आप पर प्रसन्न हैं और आप मुझसे प्रेम करते हैं।'

'किसने कहा, मैं प्रेम करता हूँ?'

'भला यह बताने की आवश्यकता है!'

'चलो, माना कि मैं तुमसे प्रेम करता हूँ।'

'मान लिया क्यों ठाकुरजी, प्रेम तो है ही। उस प्रेम की खातिर…'

'अर्थात् मेरे प्रेम की कीमत माँग रहे हो?'

'नहीं, ब्याज़ माँगता हूँ।'

'अर्थात् मेरे प्रेम की पूँजी आपके पास है। वह वैसे ही रहने दें और सूद के रूप में मुझे नौकरी दिलवा दें। काली माता से कहकर, अन्यथा मैं संन्यास लेकर कहीं चला जाऊँगा।'

'क्यों? परिवार की जिम्मेदारी नहीं लेना चाहते? और मुझे इस तरह धमकी…'

'नहीं ठाकुरजी, धमकी नहीं। मैं पूरी तरह से लाचार, बेबस तथा असहाय हो गया हूँ। घरेलू परिस्थितियों से संभ्रमित हो गया हूँ। पंद्रह रुपए की नौकरी भी मुझे नहीं मिल

रही, इसलिए मैं दु:खी हो गया हूँ। मैं सच कहता हूँ, आपके पास आया हूँ आपके द्वारा काली माता से नौकरी माँगने।'

ठाकुरजी प्रसन्नतापूर्वक हँसने लगे।

'नरेन्, आज तक मैंने काली माता से कुछ भी नहीं माँगा। उसने जो और जैसा भी जीवन दिया, उसको प्रसन्नतापूर्वक स्वीकार करता गया। सिर्फ उनका प्रत्यक्ष दर्शन हो, इसलिए जी-तोड़ मेहनत की। उसके ही दर्शन के लिए अपने आपको निष्ठुरतापूर्वक कष्ट दिए, परंतु उससे कुछ भी नहीं माँगा।'

'ठाकुरजी, कम-से-कम मेरे लिए तो…'

'नरेन, तुम्हारा काली माता पर विश्वास नहीं, पर मेरा है। मेरे लिए तुम बस इतना ही करो। मंदिर में जाकर प्रत्यक्ष ही काली माता से प्रार्थना करो और उनसे कहो, मैं ठाकुरजी की तरफ से आया हूँ। अभी मेरे पैरों में दर्द है। तुम जाओ, प्रार्थना करो। उठो, पहले उठो।'

विश्वास हो या अविश्वास, ठाकुरजी के शब्दों की खातिर नरेंद्र उठकर खड़ा हो गया। उसने ठाकुरजी की ओर देखा। उन्होंने कहा, 'माता की कृपा के बिना कुछ भी संभव नहीं, नरेन। आज मंगलवार है। उसे बताकर देखो तो सही।' उसे संदेह था, उस प्रस्तर की प्रतिमा से भला कुछ मिल सकता है। कम-से-कम ठाकुरजी के कहने पर एक बार अनुभव तो करें।

संध्याकालीन सुनहरी किरणें अब भागीरथी की लहरों पर जलक्रीड़ा कर रही थीं। पश्चिम से आ रहा शीतल समीर बहुत ही आह्लादक था। दिन भर का ग्रीष्म-दाह अब समाप्त हो गया था।

मंदिर में आरती प्रारंभ होने की शंख-ध्वनि वातावरण में गूँज रही थी। आरती एवं वाद्यों का सुमधुर स्वर मन प्रसन्न कर रहा था। सारा वातावरण गंधमय, नादमय हो गया था। श्री रामकृष्ण की कृपा से अपने सारे शारीरिक दु:खों तथा निर्धनता का अंत होगा, इस कल्पना से प्रसन्न होकर नरेंद्र काली माता के मंदिर की ओर बढ़ रहा था।

मंदिर में प्रवेश करते ही उसे अष्टभुजा काली माता का दर्शन हो गया। कृष्ण पाषाणमयी, जिह्वा बाहर, जिसने शुंभ-निशुंभ का वध किया, महिषासुर को यमलोक भेजा। काली माता विश्व-जननी का, जिसने दुरितों का तिमिर नष्ट किया, जो दैन्य दु:ख दूर करती हैं, जो अन्याय का प्रतिकार करती हैं…दर्शन करते ही उसके नेत्र भर आए।

पहले भी एक दिन वह यहाँ भूख-प्यास भूलकर ठाकुरजी की प्रतीक्षा करते रुका था, तब उसे सहज आनंद प्राप्त हो गया था। आज उसने माता का आश्वासक, स्नेहिल रूप देखा। वह धरती पर आलथी-पालथी लगाकर बैठा। अपने नेत्र मूँद लिये और उसके नेत्रों के सामने लावण्यमयी, कमलनेत्रा, चारुगात्री, सुहास्यवदना, ललितरूपी जगदंबा

प्रकट हो गईं। उसने हाथ जोड़कर प्रार्थना की, 'हे भगवती माँ अंबे! मुझे विवेक दो, वैराग्य दो, ज्ञान दो, भक्ति दो, जिससे मैं तुम्हें सदैव देख सकूँ।'

भावाकुल नरेंद्र ने अनजाने में सबकुछ माँग लिया, जिसमें सांसारिक ऐहिक सुख के लिए कुछ भी नहीं था।

नरेंद्र वापस लौटा। उसके मुख पर अत्यानंद का आलोक फैला हुआ था।

'नरेंद्र, क्या माँगा माता से?'

'अरे हाँ, मुझे बहुत कुछ माँगना था, वह सारा रह ही गया।'

'अच्छा, तो फिर से जाओ और जो माँगना है, माँगो।'

नरेंद्र पुन: मंदिर में आ गया। अब तो वह अधिक तेजस्वी प्रतीत हो रही थी। उसके अधरों पर प्रसन्न हास्य था। उसके अस्तित्व की आभा मंदिर के संपूर्ण गर्भ-गृह में फैली हुई थी। उसने अपने दोनों हाथ—जो वर देते हैं, अभय देते हैं—ऊपर उठाए थे। उसने पुन: धरती पर बैठकर आलथी-पालथी लगाई। हाथ जोड़कर पुन: प्रार्थना की, 'विवेक दे, वैराग्य दे, ज्ञान दे, भक्ति दे।...तेरा रूप-स्वरूप मेरे हृदय में बसे, माँ।' इस तरह तीन-चार बार जाकर भी नरेंद्र ने देवी माँ से यही प्रार्थना की। तब वह जान गया कि वही माँगा गया है जो उसका अंतर्मन चाहता है। प्रापंचिक अड़चनों से भी परे जाकर उसने कुछ माँगा था।

ठाकुरजी ने उसके मस्तक पर हाथ रखकर कहा, 'जब इतनी बार जाकर तुम एक भी सांसारिक बात नहीं माँग सके, लगता है तुम्हारे भाग्य में ऐहिक सुख नहीं है। तुमने प्रथम वैराग्य माँगा? नहीं, तुमने माँगा विवेक, जीवन में संतुलन, जीवन का संयम और इसके पश्चात् तुमने वैराग्य की माँग की। जीवन में संयम आते ही—अर्थात् मोह कम होते ही—वैराग्य आता है और एक बार विरक्ति प्राप्त होने से, ज्ञान प्राप्त होने से भक्ति का उदय होता है। तुमने वही माँगा जो तुम्हारे अंतस् के सातवें तल में था। नरेन, तुमने कहा है, इसलिए मैं भी माता से तुम्हारे परिवार के सुख की याचना करने का प्रयास करता हूँ।'

ठाकुरजी मंदिर में गए। नरेन मंदिर की सीढ़ी पर बैठा। उसी क्षण उसने सोचा—विरक्त होकर वैराग्य के साथ घर का त्याग करने के लिए मन को तैयार किया तो था, परंतु वह विवेकहीन कृति थी। क्योंकि मैंने यह सोचा भी नहीं था कि वैराग्य धारण करके क्या प्राप्त करना है। इसके बारे में भी नहीं सोचा था कि दत्त भवन तथा परिवार से दूर जाकर निश्चित रूप में मुझे क्या करना है। ज्ञान प्राप्त करने के पश्चात् ही मैं अपने नियोजित कार्य पर श्रद्धा रख सकूँगा। मानो काली माता ने अपने विचारों को आदेश ही दिया है।' इस विचार से वह प्रसन्न हो गया।

ठाकुरजी के मंदिर से बाहर आने की प्रतीक्षा न करते हुए उसने उठकर अपने दत्त भवन का रुख अपनाया। अब उसका मन शांत हो गया था।

काशीपुर का उद्यानगृह श्री रामकृष्ण से मिलने आनेवाले लोगों से भर गया था। राखाल, बाबूराम, शरद, शशी कोई भी अब ठाकुरजी को छोड़कर जरा भी इधर-उधर नहीं होते थे। ठाकुरजी की बीमारी की खबर सुनते ही दक्षिणेश्वर में उनसे मिलनेवाले लोगों का ताँता लग गया था। अतः ठाकुरजी के कक्ष में बहुत भीड़ होने के कारण काशीपुर का घर किराए पर लिया गया। उन्हें गले की बीमारी हो गई थी। खाना-पीना, बात करना मुश्किल हो गया था।

बीसवीं सदी के भोगवादी स्त्री-पुरुषों के सामने, जो अपनी सभ्यता पर बड़ा गर्व करते थे, जो संदेहशील होकर मूल धर्म-संस्कृति से दूर गए थे—अब एक आदर्श व्यक्ति अपने आचार-विचार और अपनी साधना द्वारा प्रत्यक्ष खड़ा था। बारह वर्ष की अखंड साधना तथा समाज से प्राप्त अनुभव और ज्ञान अपनी सुमधुर व ओजस्वी वाणी में कथन कर रहे ठाकुरजी के जीवन की संध्या अब स्पष्ट रूप में दिखने लगी थी।

ठाकुरजी को काशी-गृह में ले जाने की बात सुनते ही नरेंद्र ने अपने सारे काम-काज छोड़कर वहाँ ठाकुरजी की सेवा में जाने का निश्चय किया। उस सुबह उठते ही माँ भुवनेश्वरी से कहने का निश्चय करके वह बाहर आ गया। भुवनेश्वरी रसोई में खाली डिब्बे देख रही थीं कि किसी में दाल, चावल है या नहीं। एक डिब्बे में उसे चावल मिल गए। उसका चेहरा ऐसे खिल गया जैसे उसे भगवान् मिल गया हो।

नरेन को बहुत कुछ बताना था।

'माँ…' वह आकुलित हो गया।

'माँ, आज…'

'अरे नरेन, आज तुम्हें पैसे मिलने थे न?'

उस दिन ठाकुरजी के यहाँ से लौटने के बाद उसने कुछ पुस्तकों का अंग्रेजी में अनुवाद करके तथा ॲटार्नी ऑफिस में काम करके अपनी आर्थिक समस्या कुछ हद तक सुलझाई थी। फिर भी घर में डिब्बे खाली ही रहते थे। कभी घन घना, कभी मुट्ठी चना, कभी वह भी मना—इस तरह घर की अवस्था थी। पर अब तो उसने सर्वसंगपरित्याग करने का निश्चय जो किया था। भुवनेश्वरी देवी अपनी ही धुन में थीं। नरेन मन-ही-मन जल्दी मचा रहा था। भुवनेश्वरी एक वर्ष पूर्व ही दूध में नहाती थीं, ऐश्वर्य में रच-बस गई थीं। परिवार के लोग, अभ्यागत सभी की आवभगत करती थीं। वर्ष भर में ही निर्धनता के दिन काट रही थीं; परंतु कहीं भी झुँझलाहट नहीं, चिढ़ नहीं, क्रोध नहीं, भाग्य को कोसना नहीं। प्रत्येक प्रसंग का सामना धैर्य के साथ कर रही थीं, प्रसन्न हँसमुख रहती थीं। आज घर में चावल होने का उल्लास उनके मुख पर प्रकट हो रहा था। हाथ में चावल का डिब्बा थामे वह उसके पास आ गईं। डिब्बे में केवल दो दिन का ही बचा-खुचा चावल देखकर उसे संकोच हो गया। उसे समझ में नहीं आ रहा था, क्या बात करें। उसका मन भारी हो गया था।

'बेटे, कुछ चाहिए?'

'पानीऽऽ…'

डिब्बा रखकर वह भीतर जाकर पानी का लोटा और गिलास ले आईं।

'माँ गो…' उसे कहने में संकोच हो रहा था। फिर उसने एक ही दम में कह डाला, 'माँ, मैं सबकुछ छोड़कर ठाकुरजी की सेवा में जा रहा हूँ।'

माँ के हाथ का लोटा जमीन पर गिर गया। पानी धरती पर बिखर गया।

नरेंद्र ने चौंककर पूछा, 'क्या हुआ, माँ?'

'कुछ नहीं, बेटा। हाथ से लोटा गिर पड़ा। सारा पानी धरती पर बिखर गया। लोटे में पानी संकीर्ण था, अब उसने विस्तीर्ण रूप धारण किया—जैसे कोई झरना गंगा से मिले और वह संगम गंगा सागर हो।'

'माँ गो, मैं समझा नहीं।'

'कुछ नहीं, बिलू। घर-परिवार के लिए तुम्हारा जन्म नहीं हुआ है। तुम्हारा कार्यक्षेत्र विशाल है। वही कार्यक्षेत्र तुम्हें बुला रहा है। जाओ बिलू, जाओ। ठाकुरजी की सेवा करो। यहाँ की चिंता मत करो बेटे, यहाँ की चिंता मत करो।'

नरेंद्र के नेत्रों से सावन-भादों बरसने लगे। माँ के चरणों पर झुकते समय वह फूट-फूटकर रोने लगा। उसे खड़ा करते हुए माँ ने कहा, 'रो क्यों रहे हो बेटे? तुम्हें रोनेवालों के आँसू पोंछने हैं। रोती-बिलखती सूरत को हँसाना है। जाओ बिलू, जाओ।'

रोते-रोते अटकते नरेंद्र कमरे से बाहर निकला और भुवनेश्वरी बिलख-बिलखकर रोने लगीं। चारों ओर से आसमान टूट पड़ा था और उसके सामने स्थित मार्ग ही बह गया था।

□

रात्रि का पहला प्रहर समाप्त हो चुका था। काशीपुर के उद्यान की दूसरी मंजिल के एक कक्ष में ठाकुरजी शांत लेटे थे। गले का रोग बढ़ता जा रहा था। वे समझ चुके थे कि अब जीवन की कुछ ही घड़ियाँ शेष हैं। इस बीमारी के तीन-चार महीने में नरेंद्र उनके पास था। भले ही वे बोल नहीं सकते थे, फिर भी वे उसके साथ बोल रहे थे, उसके साथ बातें कर रहे थे। अपने विचार वे उसे बता रहे थे।

आज इस समय उनके कमरे में नरेंद्र के सिवाय दूसरा कोई नहीं था। नरेंद्र इस अवसर की ताक में था। वे दिन बीत गए, जब नरेन दर्शन से मुक्त, तार्किक एवं उलटे-सीधे प्रश्नों से उनकी नाक में दम करता। पश्चिमी दर्शन का मोहमय आवरण अब दूर हो चुका था। पश्चिमी दर्शन विज्ञान में अब-ही-अब वह अटका हुआ नहीं था। अब वह प्रगाढ़ श्रद्धा से उपनिषद्, अष्टावक्रसंहिता, पंचदशी, विवेकचूडामणि का अध्ययन कर रहा था।

जब ठाकुरजी बीमार पड़े थे तब से काशीपुर उद्यान गृह एक धार्मिक केंद्र ही बन गया था। अनेक शिष्यगण वहाँ रहते थे। जो मिलता वही खाते थे। बाहर के गृहस्थ शिष्यगण उनकी आर्थिक सहायता करते थे। अतः धर्मग्रंथों का पठन, शास्त्रार्थ साधना और योग में ही शिष्यवृंद का समय व्यतीत होता था। बिना संगठित की हुई संगठित बनी वह एक दृढ़ धर्मसभा ही बन गई थी। नरेंद्र तो सभी की आँखों का तारा था। उसका शब्द सभी झेलते थे। हो सकता है, इसका कारण ठाकुरजी का सबसे प्रिय शिष्य या सबसे अधिक ज्ञान-संपन्न अथवा उसकी मधुर वाणी हो। अब उसने भी शास्त्राभ्यास, धर्मग्रंथ पठन और ध्यान-साधना आरंभ की थी। इससे वह बहुत प्रसन्न था।

इस बात का दुःख था कि ठाकुरजी इस बीमारी से ठीक होने के कोई आसार दिखाई नहीं दे रहे थे। अतः अपना अधिक समय वह उन्हीं की सेवा में व्यतीत करता था। सभी को एहसास हो रहा था कि ठाकुरजी के गले की बीमारी बहुत बढ़ गई है।

आज नरेंद्र कुछ निश्चय करके ही आया था। उसे आते देख शरद, शशी, लाटूराम निश्चिंत होकर बाहर निकले। नरेंद्र उनके चरणों के निकट खड़ा था। ठाकुरजी ने नेत्र खोले।

इससे पहले कि नरेंद्र कुछ पूछता, ठाकुरजी ने ही क्षीण स्वर में कहा, 'नरेंद्र, कुछ चाहिए?'

'ठाकुरजी, मैं शुकदेव की तरह निर्विकल्प समाधि की सहायता से सच्चिदानंद का दर्शन करना चाहता हूँ, परमानंद उठाना चाहता हूँ।'

ठाकुरजी आश्चर्यचकित हो गए। कुछ ही वर्ष पहले यही नरेंद्र साधना की धज्जियाँ उड़ा रहा था, धर्मग्रंथों को आड़े हाथ लेते हुए कह रहा था, 'जो पुस्तकें मनुष्य को ही भगवान् कहने का उपदेश देती हैं, उन्हें पढ़ने की मुझे कोई जरूरत नहीं है। अपने आपको 'सोऽहम्' कहलाने जैसा दूसरा पाप नहीं।' वही नरेंद्र आज वेदांतोक्त सर्वोच्च अनुभूति के लिए तड़प रहा था। पूरे छह साल वह अपने ठाकुरजी के साथ, अपने आपसे संघर्ष कर रहा था। उसके हृदय को चैन नहीं था।

ठाकुरजी ने उसे फटकारते हुए कहा, 'धिक्कार! धिक्कार! शतबार धिक्कार हो तुम्हारा, नरेन। मैंने कभी सोचा भी नहीं था, तुम इतने स्वार्थी निकलोगे। सोचा था, तुम दीन-दुखियों के आँसू पोंछोगे, माँ-बहनों को दिलासा दोगे, उनकी रक्षा करोगे, पश्चिमी विद्या को ठुकराकर स्वधर्म का प्रसार करोगे, धर्म संगठन करने में सहायता करोगे और संगठन द्वारा अपनी मातृभूमि स्वतंत्र करोगे। अरे रे! शरम आती है मुझे तुम्हारी⋯तुम्हारे सोच की⋯

'जाओ, दूर हो जाओ मेरी नजरों से। मुझे नहीं चाहिए इतना स्वार्थी, मतलबी नरेन! जाओ⋯जाओ नरेन। सोचा था, तुम एक ऐसा वटवृक्ष बनोगे, जो धरती में दृढ़

रहकर इस आकाश तले अपनी शाखाओं से पल्लवित करेगा। शाखाओं का सहारा पाकर अनेक पंछी आएँगे। उन पंछियों का तुम सहारा बनोगे।

'परंतु नहीं! इस तरह का विचार भी तुम्हारे मन में नहीं आया। कितने स्वार्थी हो तुम! निजी मुक्ति, अपने परमानंद का ही प्रयास और आस्था। उन हजारों दुःखी-पीड़ितों का क्या होगा, इसकी चिंता नहीं। इतने क्षुद्र हो तुम?'

नरेन की आँखों से आँसुओं की झड़ी लग गई।

'ठाकुरजी...'

'ना, ना, आमी बोलो ना नरेन।'

'ठाकुरजी, मेरी बात तो सुन लीजिए। जब तक मैं निर्विकल्प समाधि का अनुभव नहीं करता, किसी भी बात में मेरा मन नहीं लग सकता, न ही चैन मिलेगा। और वह अनुभूति किए बिना मैं कुछ भी नहीं कर सकता।'

'तुम्हें क्या लगता है, तुम यह कर पाओगे? नरेन, जीवन का अर्थ अपना स्वार्थ नहीं। जीवन की स्वतंत्रता अपने लिए, स्वान्तःसुखाय नहीं होती। जो अपने लिए जीता है वह स्वयं मरता है। परंतु जो दूसरों के लिए मरता है, उसकी कभी मृत्यु नहीं होती। साधना से प्राप्त अपने सुख के लिए विष्वद्धी होती है तो दूसरे के लिए वह अमृतबद्धी तथा संजीवनी होती है। अपना शरीर कभी-ना-कभी मिट्टी में मिलनेवाला ही है। परंतु मेरी उस मिट्टी की तुम्हें सौगंध नरेन, इस तरह के विचार मत करना।'

नरेंद्र का संपूर्ण शरीर गद्‌गद हो गया था। उसकी उत्कट इच्छा थी, वे उसके मस्तक पर हाथ रखें।

'नरेन, मेरा जीवन अब घड़ी-दो घड़ी का ही है। अपने अनुभव से कहता हूँ, मैं अनुभूति करता रहा। मैं अनपढ़, गँवार। अब जीवन समाप्त होगा, पर समाज के लिए मैं कुछ भी नहीं कर सका। तुम ज्ञानी हो, तुमने अपना मार्ग भी शीघ्रतापूर्वक ढूँढ़ लिया। और अनेक मार्ग ढूँढ़ने के लिए संपूर्ण जीवन तुम्हारे सामने फैला हुआ है। अतः...'

बात करते-करते उनकी साँस फूल गई। वे चुप हो गए।

'ठाकुरजी, आपका एक-एक शब्द मेरे लिए वेद वाक्य की तरह है। बस, मेरी निर्विकल्प समाधि की इच्छा पूरी करो और इसके बाद मैं कभी भी उसकी ओर नहीं मुड़ूँगा। उसकी चाभी अपने पास रखें। ठीक है?'

अब नरेंद्र नहीं मानेगा और उसके बिना उसे चैन भी नहीं मिलेगा। यह सोच कर ठाकुरजी ने अपना हाथ अपनी छाती पर रखा और कुछ समय के बाद बड़ी मुश्किल से वह हाथ उन्होंने नरेंद्र के सिर पर रखा। उस अननुभूत, अलौकिक स्पर्श से नरेंद्र की बाह्य चेतना समाप्त हो गई। संपूर्ण विश्व एकत्र होकर अदृश्य हो गया। मन एक अज्ञात, अनाम विश्व के पीछे जाते-जाते स्थिर हो गया। देह का भान समाप्त हो गया और एक

निर्विकार, निराकार वातावरण उसके मन के सम्मुख आ गया।

बड़ी देर तक वह इस विश्व में था। एक अज्ञात, अगम्य, अगोचर अनुभूति उसने की, जो देह से परे, विश्व से परे और बाह्य सृष्टि से परे थी। एक असीम हर्ष से उसका मुख दमक रहा था।

'ठाकुरजी···' अत्यानंद से उसका मन भर गया। वह आगे कुछ भी नहीं बोल सका।

'नरेन, इसके बाद कभी याद रखो, समाधि लगाकर नहीं बैठना। तुम्हारा जन्म समाधि लगाकर बैठने के लिए नहीं। दूसरे के मुख पर प्रसन्नता व संतोष देखना, यही तुम्हारा मोक्ष है। तुम्हारे मन में ईश्वर के सत्य दर्शन का मोह है न, तो फिर तुम भारत-भ्रमण करो। निश्चित ही तुम्हें ईश्वर का सत्य दर्शन होगा। तुम्हें स्वयं अपनी राह मिलेगी।

'मुझे वचन दो, इस मार्ग से तुम विचलित नहीं होगे। संघर्ष की परिसीमा भले ही हो, तुम हार नहीं मानोगे। क्षत-विक्षत अवस्था में रहे धर्म का संगठन करते समय तुम्हें राष्ट्रधर्म का विस्मरण नहीं होगा। स्वधर्म के विशाल स्वरूप को दूसरे के सामने बखानते समय तुम्हारा मन धर्मांध व कर्मठ नहीं होगा।'

'ठाकुरजी···' उसने बीच में ही कहा। बात करते समय उन्हें हो रहे कष्ट वह देख रहा था। वह चाहता था, वे आराम करें। परंतु आज वे बहुत प्रसन्न थे, बीमार नहीं लगते थे। कई महीनों से उन्हें बुखार था। खाना-पीना लगभग नहीं के बराबर था। उनके गले की वेदना स्पष्ट दिखाई दे रही थी। परंतु इस पल में उनका कंठ खिला-खिला-सा लग रहा था और चेहरा भी प्रसन्न था।

'नरेन, मेरे हँसमुख व प्रसन्न चेहरे पर मत जाना। अब ठीक ऐसा ही हुआ है जैसे दीपक भरा तेल खत्म होते समय उसकी बाती एकदम बड़ी तथा प्रकाशमान होती है। मुझे तो ढेर सारी बातें करनी हैं।'

'भगवान् के लिए ऐसा मत कहें···'

'भला मृत्यु मेरे शब्दों से थोड़ी ही रुकेगी! उससे पहले यदि मैंने कुछ नहीं कहा तो मन की मन में ही रह जाएगी। आज समाज की अवस्था ठीक नहीं। आज के युग में संस्कृति, संस्कार, साधना कोई अहमियत नहीं रखते। मात्र रूढ़ियों से चिपके रहने से धर्म संकीर्ण हो गया है। बंगाल में आज अनेक पंथों का उदय हो चुका है।

'ऐसी स्थिति में तुम्हें समाज के सामने सनातन धर्म का स्वरूप स्पष्ट करना है। चिरंतन धर्म स्वरूप जो समय के प्रवाह में नष्टप्राय है, आज धुँधला गया है। उसे तुम्हें फिर से चमकाना है। नरेन, आज लोग विदेशी धर्म को खुशी-खुशी स्वीकार कर रहे हैं। तुम्हें ईश्वर का सत्य दर्शन, धर्म का सत्य दर्शन समाज में ही मिलेगा।'

उनका एक-एक अनमोल शब्द नरेन अपने मन में संगृहित कर रहा था। आज

तक पढ़ी हुई अनेक श्रेष्ठ पुस्तकों से अधिक तथा सुने हुए अनेक विद्वत्तापूर्ण व्याख्यानों से अधिक ठाकुरजी के वे शब्द जो आत्मीयता व विनम्रता से कहे जा रहे थे, उससे नरेंद्र कमाल का उत्तेजित हो गया था। मैं मात्र अपने परिवार के लिए ही नहीं, मुझे समाज का नैतिक दायित्व सौंपकर ठाकुरजी निश्‍चिंत हो गए थे। भोर का तारा चमक रहा था। आलोचन जागरण के बावजूद दोनों उत्साही तथा प्रसन्न थे।

सुबह होते ही नरेंद्र ने अपने गुरुबंधुओं से कहा, 'तप:साधना से शुचिर्भूत पवित्र दक्षिणेश्वर देखा, उसी तरह राजकुमार सिद्धार्थ ने जिस बोधिवृक्ष तले समाज चिंतन करके नए धर्म की स्थापना की, उसी पवित्र स्थल को देखने के लिए चलना है।' नरेंद्र, तारक और काली तीनों जन निकल पड़े। ठाकुरजी को इसकी भनक भी नहीं लगी।

सन् १८८६ का अप्रैल का महीना था। तीनों संन्यासी नदी में स्नान करके बोधिसत्त्व के मंदिर गए। काशीपुर उद्यान गृह में जब वे तीनों नहीं दिखाई दिए तब सभी चिंतित हो गए। ठाकुरजी ने कहा, 'चिंता मत करो, तीनों साथ हैं। वे कोई बच्चे नहीं, वापस आएँगे।' तीन दिन एक स्थान पर बैठकर ध्यान करने के पश्‍चात् नरेंद्र को जो एहसास हो गया उससे वह सोचने लगा। नए पथ पर चलते-चलते पग-पग पर हो रही परीक्षा का भान उसे हो गया था।

उसे देखते ही क्षीण स्वर में ठाकुरजी ने कहा, 'नरेन, इस तरह किसी को बिना बताए कहीं मत जाना। सारे लोग आँखें बिछाए तुम्हारी प्रतीक्षा कर रहे थे। तुम बुद्धिमान हो। सभी को तुमने संगठित किया है। इसी तरह यह संगठन कायम रखो। सभी को साथ लेकर आगे बढ़ो।'

'मुझसे गलती हो गई।'

'गलती नहीं, नरेन। आज तक तुम पर जिम्मेदारी नहीं थी। अब इन सारे बंधुओं का दायित्व तुम पर है। बात समझ में आई?'

'जी, ठाकुरजी। मैं आपको वचन देता हूँ। अपने इन सोलह बंधुओं को मैं कभी भी अपने से दूर नहीं करूँगा।'

'नरेन, तुम्हें सर्वस्व देकर अब मैं भिखारी बन गया हूँ।' ठाकुरजी ने कहा।

'ठाकुरजी, सागर कभी सूख नहीं जाता। कृष्ण मेघ कभी संकुचित नहीं होते। सभी का कहना है, आप दयाधन हैं।'

'पर तुम्हारे मन में मेरे बारे में संदेह है न? तुम यही पूछोगे न कि मैं कौन हूँ? अरे, जो राम, जो कृष्ण वही मैं—रामकृष्ण। वेदांत की दृष्टि से नहीं, प्रत्यक्ष।'

अब नरेंद्र का रहा-सहा संदेह भी दूर हो गया। ठाकुरजी ने कहा, 'अब तुम्हारे मन में संदेह नहीं हो, मेरी उक्ति तुम्हें स्वीकार हो तो क्या तुम संन्यास धर्म की दीक्षा लेने को तैयार हो?'

पल भर के लिए नरेंद्र सोच में डूब गया। उसे कंचन-कामिनी का मोह रत्ती भर भी नहीं था, परिवार का मोह भी नहीं था; तथापि अपने कर्तव्य का एहसास था। माँ भुवनेश्वरी से उसने कहा था कि 'मैं ठाकुरजी की सेवा में जा रहा हूँ। फिर भी, दो-चार बार वह घर जा रहा था। कोई अनामिक व्यक्ति प्रतिमास सौ रुपए घर भेज रहा था। भुवनेश्वरी देवी जो पहले प्रतिमास हजारों रुपए पानी की तरह बहाती थीं, आज बड़ी प्रसन्नता से महीना में तीस रुपए खर्च करती थीं। सौ रुपए उसे तीन महीनों के लिए लगते थे। कोई-न-कोई कुछ-न-कुछ दे देता था। शशी और राखाल मनःपूर्वक इस परिवार की सहायता करते थे—कभी प्रकट, कभी गुप्त रूप में।'

'दत्त भवन' का कब्जा पाने के लिए कोर्ट में केस चल रहा था। प्रमाण-गवाह पाना बहुत कठिन हो गया था। ऐसी स्थिति में माँ भुवनेश्वरी से 'मैं संन्यास ग्रहण करूँ', इस तरह पूछना भी उसे कठिन लग रहा था। दरअसल वह कुछ महीने पहले ही गुपचुप बैरागी बनकर गृह-त्याग करने का विचार कर रहा था। परंतु अब नरेन, राखाल, योगीन्, बाबूराम, निरंजन, तारक, शरद, शशी, काली, लाटू, हरिनाथ, गोपाल, शारदा, गंगाधर, सुबोध तथा हरिप्रसन्न सभी ने त्याग मंत्र की दीक्षा ग्रहण की है। उन्होंने अपने-अपने नाम भी धारण किए हैं।

नरेन मौन था। उसके हाथ पर अपना दुर्बल हाथ रखकर ठाकुरजी ने पूछा, 'तुमने काली माता के पास चार बार यही माँगा—विवेक, वैराग्य, ज्ञान और भक्ति। और आज…'

'ठाकुरजी, आप मुझे संन्यास दीक्षा दें।'

'मैं तुम पर जोर-जबरदस्ती नहीं कर रहा हूँ।'

'ठाकुरजी, यह सच है कि मुझे संस्कार देने में आपको अधिक समय लगा; परंतु आपका एक शब्द भी मैं व्यर्थ नहीं गँवाऊँगा। आप मुझे संन्यास दीक्षा दें।'

उस दिन सुबह के मंगल समय में उन्होंने उसे संन्यास दीक्षा देकर उसका नाम विवेक का आनंद—'विवेकानंद' रखा।

ठाकुरजी जैसे इसी प्रसंग की प्रतीक्षा में रुके थे। इसके बाद उनका स्वास्थ्य और भी ढल गया। नरेंद्र पल भर के लिए भी उनके पास से दूर नहीं हो रहा था। उनका बोलना बंद हो गया। गले के जख्म से खून आने लगा। नरेंद्र स्वयं बार-बार उनके जख्म पोंछ रहा था। ठाकुरजी टक बाँधे उसे निहार रहे थे। उनकी दृष्टि में प्रेम, विश्वास और श्रद्धा कूट-कूटकर भरी हुई थी।

जैसे-तैसे दिन बीत गया। संध्या हो गई। मंदिर में आरती प्रारंभ हो गई। नरेंद्र को आभास हो गया, ठाकुरजी कुछ कहना चाहते हैं। वह अपने कान उनके होंठों तक ले गया। तब उन्होंने कहा, 'आमी जाबो नरेन। सर्वे सुखिनः सन्तु। भले ही हम जा रहे हैं,

तुम्हारे शरीर में जीएँगे। हमारे लिए मृत्यु नहीं है। देखो, देखो, यह मैं आ ही गया तुम्हारे तन-मन में।'

उसके पश्चात् वे अखंड बोल रहे थे। परंतु कोई भी सुन नहीं पा रहा था। वे प्रसन्न थे, आनंदयात्री थे। जैसे उनकी सारी वेदनाओं के फूल हो गए थे। हाथ जोड़कर उन्होंने सभी को प्रणाम किया और तीन बार 'हे माँ काली...' इस तरह उच्चारण किया।...और...और देखते-देखते सभी ने सोचा, वे किसी अगम्य, गूढ़ प्रदेश के राही हो गए। परंतु नरेंद्र को एहसास हुआ कि उसकी काया में एक सनसनाती सौदामिनी ने प्रवेश किया है।

शरद ने अपनी डायरी में उनकी मृत्यु का समय लिखा—१५ अगस्त, १८८६; रात एक बजकर छह मिनट। सारा वातावरण शोकाकुल हो गया।

: चार :

श्री रामकृष्ण की मृत्यु हुए पाँच महीने हो रहे थे। सभी लोग अब काशीपुर का उद्यान गृह छोड़कर वराहनगर के एक घर में रहने आ गए थे। लोक-मानस में यह भय समाया हुआ था कि इस स्थान पर भूतों का डेरा है। इसलिए इसमें रहने के लिए कोई नहीं आता। अब वहाँ नरेंद्र (विवेकानंद), राखाल (ब्रह्मानंद), योगिन् (योगानंद), बाबूराम (प्रेमानंद), निरंजन (निरंजनानंद), तारक (शिवानंद), शरद (शारदानंद), शशी (रामकृष्णानंद), काली (अभेदानंद), लाटू (अद्‌भुतानंद), हरिनाथ (तुरीयानंद), गोपाल (अद्वैतानंद), शारदा (त्रिगुणातीतानंद), गंगाधर (अखंडानंद), सुबोध (सुबोधानंद) और हरिप्रसाद (विज्ञानानंद) रहने लगे।

इस प्रकार से सोलह जन वराहनगर के भूतों के उस खंडहर जैसे टूटे-फूटे घर में रहने गए। स्नान-संध्या, पूजा-अर्चना, ध्यान-धारणा, शास्त्राभ्यास, चर्चा तथा मंत्र पठन के कारण सारे भूत भाग गए। लोग उनसे मिलने आने लगे। लोगों की श्रद्धा हो गई कि उस भुतहा घर में (भूतखाने में) मंत्र-जागरण, वैराग्य का कठोर पालन होने के कारण देवी-देवता प्रसन्न हो गए हैं।

सुरेंद्र मित्र का दिखाया हुआ यह टूटा-फूटा घर अब विवेकानंद के अनमोल उपदेशों से संगठित रूप में कार्यरत हो गया था। नरेंद्र अब 'विवेकानंद' बन गए थे। उम्र थी मात्र तेईस वर्ष। अब उन्हें विश्राम नहीं था। ठाकुरजी के प्रत्येक शब्द का ग्रहण, मनन, चिंतन किया हुआ अर्थ अब सभी को कहना था। उसके लिए वे कटिबद्ध थे। अपने गुरु-बंधुओं से वे कहते, 'बंधुजनो, मनुष्य को जगाना ही हमारे जीवन का ध्येय है। व्यक्ति-व्यक्ति का आपसी विद्वेष, क्रोध दूर करके परस्पर प्रेम व आस्था-निर्माण करना, यह समय का तकाजा है। आज धर्म संकट में है। ध्यान रहे, धर्म संगठन से राष्ट्र

सशक्त बन गया है। 'स्व' का त्याग करें। जब तक आत्म विस्मरण नहीं होता, समाज-सेवा असंभव है।'

सोलह जनों ने भले ही कितनी भी मंत्र-साधना की तथापि जब तक देह-मंत्रणा सुस्थिति में न हो, यह असंभव था। ऐसे समय सुरेंद्रनाथ मित्र उनकी सहायता के लिए आ गए। अपने कार्य में व्यस्त रहने के कारण कई बार घर में अन्न-धान्य नहीं रहता। परंतु कोई भी इस विषय के संबंध में उन्हें सूचित नहीं करता।

एक दिवस सुरेंद्रनाथ ने कहा, 'विवेकानंद…'

'तुम्हारे लिए मैं तुम्हारा नरेंद्र हूँ, सुरेन्। मेरे लिए तुम इस तरह दूरस्थ मत होना।'

'ठीक है नरेन। परंतु तुमसे मेरी एक शिकायत है, भाई।'

'मुझसे?'

'हाँ। आज तुम सभी के पालक हो। तुम्हारा कर्तव्य है यह देखना कि सभी भोजन करते हैं या नहीं। परंतु इस कर्म की ओर तुम ध्यान ही नहीं देते। आज से मैं एक सेवक को, जिसका नाम गोपाल है, तुम लोगों की सेवा के लिए भेजता हूँ। किसी चीज की आवश्यकता हो, किसी चीज में कोई कमी रह गई हो तो वही आकर मुझे सूचित करेगा। तुम्हारी सारी समस्याओं का निवारण करना मेरा कर्तव्य है। ठीक है?'

…और अब वराहनगर स्थित उस टूटे-फूटे घर को एक पवित्र स्वरूप मिल गया। लोगों की आवाजाही बढ़ गई। कइयों की कई समस्याएँ वे युवा संन्यासी सहजतापूर्वक सुलझाने लगे। वे निरपेक्ष सेवा में तत्पर थे। परंतु कुछ आलोचक कहते, 'ये लोग मुफ्त की रोटियाँ तोड़ते हैं और बेकार के झमेले में पड़ते हैं। ये लोग ऐसे निरंकुश, खुले छोड़े गए जानवर हैं, जिन्हें किसी बात की चिंता नहीं है।'

विवेकानंद मुसकराकर कहते, 'सज्जनो, हमसे दूर ही रहें, अन्यथा हमारी संगत से बिगड़ोगे। जाओ, तुम्हें कनक-कामिनी मुबारक हो।'

'किसलिए इन झंझटों में पड़ते हो? जवान हो, सुंदर हो, उच्च शिक्षित हो। शादी-ब्याह करके आराम से रहो न।' किसी के ऐसे कहने पर विवेकानंद मुसकराकर कहते, 'आज हम ईश्वर का दर्शन नहीं कर पाते, इसलिए हम इंद्रियों का गुलाम बनकर जीवन व्यतीत करें? संन्यासी के महिमामय आदर्श से च्युत हो जाएँ? आप चाहे कुछ भी कहें, पर जब तक जान में जान है, हम अब गृहस्थाश्रम में वापस नहीं लौटेंगे। इसे पत्थर की लकीर समझें।'

जनवरी १८८७! सभी ने संन्यास दीक्षा ग्रहण करने का निश्चय किया। विवेकानंद ने अपने गुरु की प्रतिमा के चरणों में अपना शीश झुकाया।

इसके पश्चात् अनेक शिक्षित बालक-युवक वराहनगर के मठ में आने लगे। उन सभी को अलौकिक समाधान तथा प्रसन्नता मिलने लगी। एक दिन प्रेमानंद की माताजी

ने उन सभी को अपने खेतों पर निमंत्रित किया। उस रात भी विवेकानंद ने अपने बंधुओं से कहा, 'कुछ ही दिन पहले त्रिगुणातीतानंद—हमारा गुरुबंधु, जिसे दुनिया का कुछ भी अनुभव नहीं, एक चिट्‌ठी छोड़कर चला गया कि 'मैं पैदल वृंदावन जा रहा हूँ'। यह बात महत्त्वपूर्ण नहीं कि यह उचित है या अनुचित। परंतु अब मेरी समझ में आ गया है। मुझे ईश्वर के दर्शन का मोह था और अभी भी है। तब ठाकुरजी ने कहा था, 'तुम भारत-भ्रमण करो, तुम्हें ईश्वर अवश्य मिलेंगे।' उनके इस कथन का अनुभव मैं करना चाहता हूँ। उसी तरह आप सभी शिष्य भी अब वराहनगर में न रहते हुए जो-जो देशाटन करना चाहता है, वे सब अब बाहर निकलें। अदल-बदलकर बारी-बारी से इस वराहनगर के अपने मठ की व्यवस्था की जा सकती है।

'वैसे हम सभी स्वतंत्र होने पर भी कटिबद्ध हैं। देश, धर्म, संस्कृति तथा एक-दूसरे के लिए। हम सब गुरुबंधु हैं और यह रिश्ता कायम ही रहेगा। यदि हम हमेशा ही एक साथ रहेंगे तो चिंता, माया और मोह के बंधन में जकड़े जाएँगे। यह बंधन टूटना आवश्यक है।'

विवेकानंद का कथन सुनकर प्रत्येक जन सोचने लगा। ठाकुरजी की बीमारी से लेकर वे सारे एक साथ थे। अब बिछुड़ने का समय आया है, इस विचार से सभी के मन भर आए।

'यही तो मैं कह रहा हूँ। एक स्थान पर रहने से प्रेम और मोह दोनों का निर्माण होता है। अब हमें समाज को उसके दुःख में साथ देना है। संन्यास धर्म समाज के लिए आदर्श धर्म है। उसके अनुसार हमें व्यवहार करना है।'

विवेकानंद का कथन सभी को सही लगा। यह निश्चित हुआ कि वराहनगर के भूतहे घर से बाहर निकलना और बारी-बारी से मठ की व्यवस्था देखना। कार्य-दिशा मिलने का आनंद सभी के चेहरे पर था।

□

एक दिवस सुबह दत्त भवन के द्वार के पास एक युवा संन्यासी हिचकिचाते हुए खड़ा था। एक हाथ में यष्टि, दूसरे हाथ में कमंडलु, गेरुई कफनी और सिर पर गेरुआ साफा बँधा हुआ। भुवनेश्वरी हाथ में फूल की डलिया थामे पूजा की तैयारी में थी। बाहर एक संन्यासी खड़ा देख उसने कहा, 'भैया, घर में ही पूरा नहीं पड़ता तो तुम्हें कहाँ से दूँ? एक न शूद दो शूद। लेकिन तनिक रुको। आज तक इस दत्त भवन से कोई भी विमुख नहीं गया है। जो घर में होगा, वही तुम्हें देती हूँ। जाना मत।'

विवेकानंद की आँखों में नमी आ गई। वह भीतर आया और खड़ा रहा। एक समय का उसका पलंग—अब उस पर फटी-पुरानी मसहरी, उस पर मैली चादर, घर में पूरा कंगाली का राज था। समय इतना बदल गया, जैसे इस घर में कभी लक्ष्मी का बसेरा

था ही नहीं। कंगाली ने इतना जोरदार आक्रमण किया था कि उस ऐश्वर्य के निशान भी मिट जाए।

भुवनेश्वरी देवी हँसते-हँसते बाहर आ गईं। 'भई, तुम्हारे भाग्य में इस घर का दाना लिखा था। चावल नहीं होते तो मुझे पाप लगता।' उसे घर में आता हुआ देखकर भुवनेश्वरी ने उसके चेहरे की ओर देखा।

'बिलू, तुम?' आगे उनके शब्द ही अटक गए। उनकी आँखें डबडबाईं। मुँह फेरकर उन्होंने अपने आँसू पोंछे और मुसकराते हुए कहा, 'कैसे हो, बिलू?

विवेकानंद हिम्मत हारने लगे और निश्चयपूर्वक रोके हुए आँसू झरझराते हुए बहने लगे। वे एकदम उसके चरणों में झुक गए। भुवनेश्वरी को समझ में नहीं आया कि क्या करें। पर उसे इस बात का एहसास हो गया कि इस तरह विवश, बेबस होकर काम नहीं चलेगा।

'माँ, मैंने संन्यास ग्रहण किया है।'

'बिलू, संन्यास धर्म श्रेष्ठ धर्म है। माया-मोह जीतकर समाज-प्रबोधन का कार्य आज तक ऋषि, महर्षि, संन्यासी करते आए हैं। तुमने उचित मार्ग का चयन किया है।'

'माँ…' विवेकानंद बोल नहीं सके। उनकी अवस्था भाँपकर माँ ने कहा, 'बिलू, बहुत बड़ा सामाजिक-मानसिक दायित्व तुमने उठाया है। अत: उसके अनुसार आचरण करो। कभी हार नहीं मानना। संघर्ष की राह पर दुःखी मत होना। कभी मोह-वशीभूत मत होना।'

'माँ गो, आपत्ति, विपदाओं का पहाड़ तुम पर टूट पड़ा है। ऐसी स्थिति में…'

'बिलू, समय किसी के लिए नहीं रुकता। कभी प्रखर ग्रीष्म दाह की मार तो कभी तूफानी झंझा के प्रहार हम पर होते हैं, तो क्या हम मौत को गले लगाते हैं? कालचक्र ऐसे ही चलता है, चलता रहेगा। तुम दिल छोटा मत करो। दुर्गा माता मेरे पीछे हैं। महेन, भूपेन भी हैं न!…'

'माँ, मैं ज्येष्ठ पुत्र हूँ तुम्हारा…'

'बिलू, ऐसा कुछ भी नहीं सोचना। जिस धर्मपथ पर तुम निकल पड़े हो, उसे मेरा आशीर्वाद है। ज्येष्ठ पुत्र ही अन्यों को आदर्श देता है न!…'

'माँ, मैं भली-भाँति जानता हूँ, तुम इसलिए मुसकराती रहती हो, ताकि मैं दुःखी न रहूँ। पर अंतर्यामी तुम रोती हो। माँ, यहाँ मैं शांत नहीं रहता। मुझे तुम्हारी यातनाओं का एहसास है। पर यह अभागा पुत्र…'

'ना…ना बिलू, गलती से भी कभी ऐसा मत कहना। तुम्हारे जैसे सर्वगुण-संपन्न पुत्र की माता होने पर मुझे गर्व है।'

'माँ, मैं भारत-भ्रमणार्थ जा रहा हूँ। कब लौटूँगा…'

उनका वाक्य समाप्त होने से पहले ही वह भीतर चली गईं। अपने आँसुओं को रोका। मन को मजबूत किया। विवेकानंद भीतर आ गए। उनके कंधे पर हाथ रखकर उन्होंने कहा, 'मैंने तुम्हें कितनी पीड़ा दी है।'

अब उनके संयम का बाँध टूट पड़ा और वे रोने लगे। भुवनेश्वरी ने उन्हें चौकी पर बिठाया। भीतर जाकर वह फूलों से भरी डलिया ले आईं और उनके मस्तक पर चढ़ाए। उन्हें प्रणाम करते हुए उन्होंने कहा, 'विवेकपूर्ण आचरण करें। भला आपसे क्या कहें! अब आप हमारे नन्हे से बिलू नहीं हैं। आप संन्यासी महाराज हैं। अपने आपको सँभालें।'

'माँ, माँ गो, ऐसा कुछ मत बोलो। मैं तो तुम्हारा बिलू ही हूँ। माँ, भविष्य में इस तरह बहुवचन में मुझसे बात नहीं करोगी। माँ, मैं कहीं भी जाऊँ, तुम्हें कभी नहीं भूलूँगा। तुम्हारी चिंता मुझे हमेशा रहेगी। भले ही तुम न कहो, तब भी रहेगी। तुम्हारी वजह से तो मैं निकल रहा हूँ, तुमने रोका होता तो शायद नहीं भी जाता।'

'बिलू, संन्यास धर्म के अनुसार एक बार संन्यास ग्रहण करने के बाद एक स्थान पर अधिक समय तक न रहें। तुमने स्वानंद के लिए संन्यास ग्रहण किया है। उस धर्म का पालन करते समय अन्य लोगों को उससे परिचित कराओ। तुम्हारे हाथ से जन-कल्याण हो। पुत्र प्रसन्न रहे तो माता भी प्रसन्न रहती है। तुम्हें मन:शांति व संतोष मिले। और क्या कहूँ? बिलू, शुभास्ते पंथान: संतु। सदा सुखी भव, कल्याणमस्तु!'

'माँ, आज तुम्हारे हाथ की बनाई खीर खाऊँगा।'

माँ का मन भर आया। गले में सिसकियाँ अटकीं। चावल की खीर बनाकर उन्हें खिलाई। वे खीर खा रहे थे और माँ आँसू भरे नयनों से उन्हें निहारती रहीं। उनकी सुंदर छवि अपने नयनों में सँजोती रहीं।

: पाँच :

संध्या की सुरम्य बेला। मंद-मंद बहती सरयू के शांत तट पर विवेकानंद बैठे थे। सरयू नदी का विशाल पाट अस्ताचल पर विराजमान सूर्य की सिंदूरी किरणों से चमक रहा था। उन्हें अचानक अपनी गंगा मैया का स्मरण हो आया और साथ-साथ वराहनगर के घर में रह रहे अपने गुरु-बांधवों का भी स्मरण हो गया। सन् १८८६ के जनवरी महीने में वे कलकत्ता से बाहर निकले थे। अब अगस्त महीना शुरू था। इन आठ महीनों में उन्हें गुरुबंधुओं का कदा-चित् ही स्मरण हुआ था। परिवार का भी कभी स्मरण नहीं हुआ था। वे तीर्थक्षेत्र में निमग्न हो गए थे। उन्हें अपने आप पर विश्वास नहीं हो रहा था।

कलकत्ता के शिमुलिया इलाके के एक ऐश्वर्य-संपन्न परिवार का उच्च विद्या-विभूषित, विविध शास्त्र-संपन्न युवक जो मात्र निराकार का और उसके अनुषंग से वेदांत

का उपासक है, वह केवल श्री रामकृष्ण के सहवास से संपूर्ण ईश्वरधारी हो चुका है। यह कैसे संभव हो गया? यह तो एक असंभव घटना सत्य हो गई थी।

यह उनके तार्किक विज्ञान का अंत है और अब आरंभ हो गया है ज्ञान-विज्ञान से परे अध्यात्म की पटरी पर सत्य ही कुछ चमत्कार हो गया है।

विवेकानंद, जो बचपन में राम-सीता की पूजा करते, हनुमान से प्रेम करते थे, बीच में मूर्ति-पूजा के कट्टर विरोधी हो गए थे और आज इस अयोध्या नगरी में आने के बाद मन में खड़े रहे प्रभु रामचंद्र ही।

तरुणौ रूपसंपन्नौ सुकुमारौ महाबलौ।
पुण्डरीक विशालाक्षी चिरकृष्णाः जिम्बरौ॥

इस वर्णन से संपन्न प्रभु रामचंद्र। उन्होंने उन्हें मोह लिया था। उन्हें दत्त भवन तथा माँ और पिता का स्मरण हो आया। अंतिम विदाई का प्रसंग। उनकी आँखें भर आईं। इस समय माँ क्या कर रही होंगी? उन लोगों के पास अन्न-धान्य की सामग्री होगी कि नहीं? महेन, भूपेन क्या कर रहे होंगे? अनेक विचारों से वे बेचैन हो गए।

हो सकता है, बेचैनी का उन्हें अभिशाप ही हो। उसी तरह दूसरा अभिशाप होगा निद्रा-नाश का। एक के पीछे एक उमड़ रहे विचार निद्रा को उन तक पहुँचने ही नहीं देते। किसी-न-किसी की बेचैनी, छटपटाहट मन में भरी ही रहती है और रात भर आलोचन जागरण होता है। फिर मस्तक शूल उभरता है। चलता-फिरता दिन व्यतीत होता है तब एहसास नहीं होता। कभी त्वरित क्षुधाशांति होती है तो कभी बिलकुल नहीं। कहीं-न-कहीं आसरा मिला हो तो पेट बाँधकर सोना।

यह सब किसलिए? यह प्रश्न कई बार उनके मन में आया और उसी तेज गति से मन से निकल भी गया। राह में कई लोग मिलते, चलते-चलते उन्हें अपनी सैकड़ों समस्याएँ कहते। वे सोचते, वे कोई साधु-बैरागी हैं, जो भविष्य कथन करते हैं। परंतु अपना ही भविष्य वे नहीं जानते, वहाँ भला दूसरे को क्या कथन करते!

वराहनगर से निकलकर वे काशी आ गए थे। सैकड़ों वर्ष पूर्व भगवान् शिवजी ने विश्वकर्मा द्वारा काशी धाम का निर्माण करवाया था और वहीं पर कुछ समय व्यतीत किया था। काशी धाम तीर्थ क्षेत्र उसी तरह विद्वानों की नगरी के रूप में भी प्रसिद्ध था।

उस दिन वे काशी विश्वेश्वर मंदिर के पीछे बहती गंगा में स्नान कर रहे थे, तब कुछ साधु-बैरागियों ने उनसे पूछा, 'हे युवा संन्यासी! तुम इस तरह विरागी बनकर काशी क्षेत्र क्यों आए हो?'

'अपने गुरु की आज्ञा से देशाटनार्थ निकला हूँ।'

'भई, तुम्हारे गुरु भी कमाल हैं। किशोरावस्था में दीक्षा दी। तुम तो भले घर के लगते हो। विवाह की सलाह देने के बजाय यह क्या विपरीत!'

'सज्जनो, मैं मूर्ख शिष्य नहीं हूँ, जो किसी गुरु की आज्ञानुसार आचरण करूँ। मुझे सत्य-दर्शन की आस थी, ईश्वर-दर्शन की लगन थी, इसलिए मैं निकला हूँ। मेरी माता का इस सत्कर्म के लिए आशीर्वाद था। समाज की वेदनाएँ दूर करने का प्रयास करें और सभी के प्रति स्नेहभाव रखें, यही उनका कहना था। भला इसमें कोई गलती है! इसके अतिरिक्त मुझे 'अहं ब्रह्मास्मि', 'तत्त्वमसि', 'सर्वं खल्विदं ब्रह्म' इन तीन महावाक्यों का अर्थ समाज में ढूँढ़ना है।'

उनका मधुर एवं धाराप्रवाही भाषण सुनकर आगे किसी ने कुछ नहीं कहा। परंतु उन्होंने उससे कहा, 'ठंड बहुत है। तुम द्वारका दासजी के आश्रम में जाओ।'

उस आश्रम में आने के बाद भिक्षा से प्राप्त अन्न से क्षुधा-शांति, देवस्थानों का दर्शन, शासन चर्चा, जप-ध्यान, सत्संग—इन सभी में उनका समय अच्छी तरह से व्यतीत हो रहा था। संध्या समय गंगा तट पर बैठने के बाद अनेक मंदिरों से आ रहे आरती के स्वर, वाद्यों के निनाद, प्रत्यक्ष गंगा की आरती के समय नदी में तैरते सैकड़ों दीपक देखना उन्हें अच्छा लगता।

गंगा घाट पर गंगा की आरती के समय उनकी पंडित भूदेव मुखोपाध्याय से भेंट हो गई। तब उन्होंने भी चकित होकर कहा, 'तुम देशाटन हेतु निकल पड़े हो, परंतु पग-पग पर तुम्हें कष्ट होंगे। तुम इधर द्वारका दास के आश्रम में रहते हो। तुम्हारी प्रसन्न वाणी, तुम्हारा शास्त्राभ्यास, सनातन धर्म का तुम्हारा आकलन और इतने कम समय में तुम्हारे द्वारा प्राप्त किया वेदांत ज्ञान, दर्शन और समाज विषयक, राष्ट्र विषयक सद्‌भावना देखकर मैं स्वयं प्रभावित हूँ। काशी में अनेक विद्वज्जन हैं, ऐसे अनेक छात्र हैं, जो शास्त्राभ्यास करते हैं। अत: तुम यहीं पर ही वास्तव्य क्यों नहीं करते? मैं सभी तरह से तुम्हारी सहायता करूँगा।'

'आपने मुझे जो स्नेह दिखाया उसके लिए मैं आभारी हूँ। मुझे बहुत प्रसन्नता हुई। परंतु पंडितजी, मैं अपने समाज के लिए अथवा राष्ट्र के लिए कुछ कर सकूँ तो प्रथम समाज और राष्ट्र का ज्ञान भी होना चाहिए; अनुभूति भी चाहिए न!'

'एक तरह से सच है। परंतु यह प्रतिपादन करना कि प्रत्येक बात का अनुभव करना चाहिए, गलत है। हम खिड़की से देख सकते हैं न कि आकाश कितना है!'

'परंतु आकाश कितना असीम है, गहन गंभीर उदात्त है, शांत है जो हमें विचार करने पर प्रवृत्त करता है, यह देखने के लिए हमें आधी रात में गंगा घाट तो जाना होगा न! पंडितजी, ऋषि-महर्षियों के लिखे हुए वेदों, स्मृति, श्रुति, पुराणों के संदर्भ समाज में ढूँढ़कर उसका अर्थ तो लगाना होगा न?

'यह बावन तोले पाव रत्ती सत्य है। आज समाज का मन संकुचित व स्वार्थी हो गया है। वह खिड़की में से आकाश दिखाई दे रहा होगा, परंतु इसकी अनुभूति देशाटन से

ही मिलेगी कि वह अधिक सुंदर, अच्छा, उदात्त और भव्य होगा। मैं तुम्हें श्रीमान त्रैहंग स्वामी, जो श्री विश्वेश्वर की प्रतिमूर्ति हैं, से भेंट करवाऊँगा।'

अनेक से मिलते समय उन्हें भास्करानंदजी के गुणों की कीर्ति सतत सुनाई दे रही थी। उस दिन सुबह-सुबह विवेकानंद स्वामी भास्करानंद के दर्शन के लिए गए। तेजस्वी मुखमंडल, सामने भक्तगणों की भीड़ देखकर विवेकानंद को स्वयं यहाँ आने का संतोष मिला।

उस दिन भास्करानंद गुरु संदर्भ में थे। उन्होंने कहा, 'गुरु के लिए श्रद्धा, भक्ति, आदर होना चाहिए। कहते हैं—गुरु बिन ज्ञान नहीं, गुरु को भी शिष्यों के सत्कर्म विषयक जागरूक होना चाहिए। शिष्य अथवा भक्त के कुछ अनुचित करने पर गुरु उसे फटकारे। स्वयं गुरु भी कांचन-कामिनी का मोह न करे। गुरु के पास संयम व अपरंपार स्नेह हो। गुरु मेघ करुणा से ओतप्रोत हो, जैसे उमड़-घुमड़कर आए कृष्ण मेघों से ग्रीष्म दाह का अंत होता है।'

'यह ठीक है। तथापि कोई कांचन और कामिनी का संपूर्ण त्याग नहीं कर सकता।'

यह सुनने के बाद विवेकानंद से रहा नहीं गया। उन्होंने विनम्रतापूर्वक कहा, 'ऐसा कैसे कह सकते हैं, स्वामी महाराज? ऐसे अनेक ऋषि-महर्षि वर्तमान युग में हैं, साधु-संन्यासी भी हैं। क्योंकि कांचन-कामिनी का मोह जीतना ही संन्यासी का प्रथम लक्ष्य है। कम-से-कम मैंने तो ऐसा व्यक्ति देखा है, जो प्रत्यक्ष पत्नी को देवी मानकर पूजा करता है और कंचन को स्पर्श भी नहीं करता।'

'तुम युवा संन्यासी हो, वत्स। अभी तक इन सभी से परिचित नहीं हो।'

'प्रश्न यौवन का और वृद्धत्व का नहीं, मोह टालने का है।'

'मोह का टालना हर बात में संन्यासी के लिए भी असंभव है।'

'स्वामी महाराज, आप धन्य हैं। अजी, समाज कैसे प्रबोधन करते हैं आप! साधारण परिवार के पुरुष को भी अन्य मार्ग से आ रहे कांचन का मोह तथा पत्नी को छोड़कर अन्य स्त्री का टालना होता है। क्योंकि ये समाज की नैतिक मर्यादाएँ हैं। अनैतिक कार्य करने से समाज भ्रष्टाचारी व व्यभिचारी होता है।'

भास्कराचार्य जैसे लब्धप्रतिष्ठ स्वामी के विरुद्ध कभी किसी ने अभी तक एक शब्द भी नहीं कहा था और वह भी इतनी धाराप्रवाही सहज आलोचना-युक्त। उनके लिए इतना सनसनाता मुँह-तोड़ प्रत्युत्तर सुनने का यह पहला ही अवसर था। उनके चरणों में धनिक राजे-महाराजे भी विनम्र होकर शीश झुकाते। पल भर के लिए वे अवाक् हो गए। परंतु विवेकानंद का एक शब्द भी काटने का साहस उनमें नहीं था।

उपस्थित शिष्यों को संबोधित करते हुए उन्होंने कहा, 'इस युवक के मन में सत्य

का आलोक है। असत्य के लिए स्थान ही उसके मन में नहीं है। इसके अतिरिक्त वाणी में सहजता व मधुरता, फिर भी स्पष्टोक्ति है। इस ज्ञान-संपन्न गुरु की कथा हम इसी के मुँह से सुनते हैं।'

सरयू नदी के किनारे बैठे हुए विवेकानंद को सभी का स्मरण हो आया। उन्होंने सोचा, कुछ भी हो, अब प्रत्येक स्थान पर मुझे गुरु महिमा बखाननी ही चाहिए। उसके बिना मैं अधूरा हूँ।

गुरु, जो संपूर्ण जीवन को पूर्ण ईश्वर तक ले जाता है।

गुरु सकल ज्ञान का, सिद्धि का और इस जन्म का मोक्षदाता।

गुरु स्नेह का सागर, अपरंपार करुणा का आगर।

गुरु एक ऐसी कड़ी है, जो आत्मा-परमात्मा को जोड़ती है।

गुरु शुद्ध, सात्त्विक, संयमी, मधुर भाषी व हितैषी भी।

गुरु श्री रामकृष्ण ठाकुरजी की मृत्यु के पश्चात् आज पहली बार विवेकानंद उनके एक-एक शब्द का अर्थ संदर्भ के साथ जोड़ रहे थे। अब वराहनगर लौटने के बाद के (कलकत्ता) गुरु-बंधुओं को उनके एक-एक शब्द एवं कृति का अर्थ, जो उन्हें आकलन हो गया है कथन करना है—विवेकानंद ने मन-ही-मन सोचा। संन्यासियों के सहवास में श्रीराम संकीर्तन में समय व्यतीत करके विवेकानंद लखनऊ मार्ग से पैदल चलते हुए श्री वृंदावन धाम की दिशा में निकल पड़े।

जैसे-जैसे वृंदावन निकट आ गया, उनके मन में श्रीकृष्ण का बाल रूप साकार हो गया। श्रीकृष्ण, जिनका जन्म कारागृह में हुआ था, गोकुल में नंदराज के घर आकर वहीं के हो जाते हैं। गौएँ चराने ले जाता है; मित्र, गोप सखाओं के लिए दही, दूध, माखन चुराता है। साँवले-सलोने मनमोहन श्रीकृष्ण को उनके मामा कंस के कारण सतत संघर्ष का सामना करना पड़ता है।

अवतार के रूप में श्रीकृष्ण की ओर देखा तो यह सब सहज है, परंतु एक साहसी बालक के रूप में उनकी ओर देखें तो उनके द्वारा किया हुआ कालिय-मर्दन एक साहसपूर्ण व आदर्श घटना सिद्ध होती है।

किशोर अवस्था में ही श्रीकृष्ण को अपने सारे प्रियजनों, गोकुलवासियों को छोड़कर कंस के पास मथुरा जाना पड़ा और फिर दुष्ट कंस का संहार करके अपने नाना उग्रसेन को मथुरा का राज देना था। आगे चलकर श्रीकृष्ण ने भगवद्‌गीता का संदेश दिया, जो उनके संघर्षमय जीवन की अनुभूतियों का सारांश था। इसीलिए संभ्रमित, किंकर्तव्यमूढ़ अर्जुन से वे कहते हैं, 'यदि मेरे कथन किए हुए किसी भी उपदेश का तुम्हें आकलन न होता हो तो मुझ पर संपूर्ण विश्वास करके मेरी शरण में आ जा।' 'मामेकं शरणं व्रज'।

श्रीकृष्ण के जीवन की अनेक घटनाओं का स्मरण करते-करते विवेकानंद वृंदावन

जा रहे थे। उस समय उन्हें वाराणसी की एक घटना का स्मरण हो आया। दुर्गा मंदिर से वे बाहर निकले तो आठ-दस बंदर उनके पीछे पड़ गए। वे जोर से भागने लगे। बंदर भी उनके पीछे भागने लगे। एक वृद्ध संन्यासी ने, जो यह दृश्य देख रहा था, कहा, 'वत्स, भागने से क्या होगा? ऐसे ही चलता रहेगा, तुम भागोगे, वे भी भागते रहेंगे। इससे अच्छा है, एक स्थान पर खड़े रहकर उन्हें दिखाना, जो-जो अपने पास हैं। बंदर उनमें से वही लेंगे, जो वे चाहते हैं, यदि उनमें से कुछ नहीं चाहते होंगे तो छोड़ देंगे।'

विवेकानंद खड़े रहे। अपनी झोली नीचे रखी। बंदरों को झोली में कुछ भी नहीं मिला तो वे पीछे मुड़ गए। विवेकानंद ने उस वृद्ध संन्यासी को धन्यवाद देते हुए कहा, 'आज आपने मुझे बचाया।'

'भई, मैं कौन होता हूँ तुम्हें बचानेवाला? मैंने वही कहा, जो मैंने अनुभव से सीखा है। मेरा अनुभव यह भी कहता है कि जीवन में समस्या से दूर भागकर कुछ नहीं होता। समस्या से सामना करने में ही पुरुषार्थ है। संघर्ष करते हुए हमें अपना इच्छित प्राप्त करना है। उस घटना को पीठ दिखाकर भागने से हम स्वयं ही हार जाते हैं, पराजित होते हैं। संघर्ष से सामना करने पर कई बार वह समस्या सहज हो जाती है।'

उस वृद्ध संन्यासी के विचार विवेकानंद ने अपने अंत:करण में अंकित किए। उन्हें एहसास हो गया कि जब तक हम अनुभवों से समृद्ध नहीं होते, शास्त्र-वचनों की प्रत्यक्ष अनुभूति हमें नहीं होती, जीवन में हम किसी को भी मार्गदर्शन नहीं कर सकते।

वृंदावन अब निकट आ रहा था। सतत विचार तथा चलते रहने से उन्हें बहुत थकावट हो रही थी। इस क्षण उन्हें अपने घर का स्मरण हो गया, क्षुधा का स्मरण हो गया। इतने में उन्हें एक पेड़ के नीचे बैठकर चिलम पीते हुए एक आदमी दिखाई दिया। उन्हें बड़ा अच्छा लगा। उसके निकट जाकर उन्होंने उससे कहा, 'चलते-चलते बहुत थक गया हूँ। पीने के लिए थोड़ा पानी और चिलम के दो-चार कश पीने से अच्छा लगेगा। उन्होंने चिलम के लिए अपना हाथ आगे बढ़ाया। वह आदमी झट से उठकर पीछे हट गया।'

'महाराज, आप संन्यासी हैं। आपके चरण मैंने देखे और मैं धन्य हो गया। परंतु मैं मेहतर हूँ। मेरी चिलम आप नहीं पी सकते।'

संस्कारक्षम विवेकानंद ने अपना हाथ खींच लिया और चलने लगे। मन-ही-मन उन्होंने सोचा, 'मैं संन्यासी हूँ। मुझे भी जात-पात, धर्म-भेद मानना है और आनंद, संगठन, धर्म-रक्षण सबकुछ करना है। भला यह कैसे हो सकता है? ईश्वर ने जात-पात, धर्म को जन्म नहीं दिया। ईश्वर ने देश की सीमाओं का निर्माण भी नहीं किया। ईश्वर ने निर्माण किया एक सुंदर मनुष्य, एक सद्गुण-संपन्न मनुष्य और उसे सोचने-समझने के लिए विवेक बुद्धि दी। जात-पात का तो मनुष्य ने अपनी श्रेष्ठता के लिए निर्माण किया।

नहीं-नहीं, मैंने ठीक नहीं किया। हमें जैसे ठाकुरजी ने कहा है—मनुष्य को जगाना है। उन सारे संस्कारों को नष्ट करना है, जो जात-पात का पोषण करते हैं—और स्वयं मैं ही…?'

वे फिर पीछे मुड़ गए और उस आदमी के पास जाकर उन्होंने उसकी चिलम ली। उस आदमी के मुख पर उभरा आनंद, आश्चर्य और समाधान देखकर विवेकानंद को बहुत सुख मिला।

उसी प्रसन्नता व आनंद को लेकर वे वृंदावन पहुँच गए। लाल बाबू के कुंज में वे ठहरे थे। मंदिर, भक्त, गौओं का झुंड देखकर प्रथम उन्हें अच्छा लगा, परंतु बाद में उन्होंने अपने गुरु-बंधु को लिखा, 'न जाने वृंदावन में मैं परेशान हो गया। यहाँ मुझे खुला-खुला-सा बिलकुल नहीं लगता। इससे तो मुझे नंदीग्राम, बरसाना, गोकुल, राधाकुंड जैसे गाँव अच्छे लगे। गोकुल में तो वह हरी-भरी प्रकृति, वह कल-कल करती कालिंदी, कालिंदी तट पर लहलहाता कदंब वृक्ष। सारा वातावरण प्रसन्न तथा सुखद था। उस हरे-भरे लहलहाते चरागाह पर चरती हुई हृष्ट-पुष्ट गायें देखकर मन प्रसन्न हो गया।'

राधाकुंड में वे स्नान करने उतरे और अपने इकलौते वस्त्रों का जोड़ा धोकर तट पर सुखाने के लिए फैलाया। स्नान के बाद वे किनारे आ गए। देखा तो उनका एक भी वस्त्र वहाँ नहीं था। वे चकित रह गए और सोच में पड़ गए, अब क्या करें? लज्जा-रक्षणार्थ एक भी वस्त्र नहीं। उन्हें समझ में नहीं आ रहा था कि इस प्रसंग का सामना कैसे करें? उन्होंने सोचा कि इस राह पर आनेवाले राही की प्रतीक्षा करते हुए रुकें। जंगल में एक वृक्ष की ओट में एक पत्थर पर वे बैठ गए। सोचने लगे, उन गेरुए वस्त्रों का मोह किसे हो गया या अपनी लज्जा-रक्षणार्थ कोई वस्त्र उठाकर ले गया। इन विचारों से वे दुःखी हो गए। उस थोड़े से इलाके का उन्हें दर्शन हो गया और वे साधारण जनों की व्यथा से दुःखी हो गए। इतने में उन्होंने किसी की आवाज सुनी। आनेवाले व्यक्ति ने नए गेरुए वस्त्र और कुछ खाद्य सामग्री दी।

वस्त्र पाने से वे बहुत प्रसन्न हो गए। जल्दी-जल्दी वस्त्र परिधान करके वे उस व्यक्ति को देखने के लिए मुड़ गए। वहाँ तो कोई भी नहीं था। वे आश्चर्यचकित हो गए। वे पुनः उस कुंड तक गए तो उनके वस्त्र उसी स्थान पर सूख रहे थे।

उन्हें समझ में नहीं आ रहा था कि यह स्वप्न है या आभास। इस तरह के साक्षात्कार उन्हें बार-बार होते। क्या यही ईश्वर का दर्शन है? उन्हें एहसास हो गया कि जो चोंच देता है वह चारा भी देता है।

□

'स्वामीजी…' विनम्र स्वर सुनकर विवेकानंद ने अपने नेत्र खोले। दो दिन अखंड चलते रहने से जिस तरह वे थक गए थे उसी तरह भूख से भी उनके प्राण मुँह को आ गए

थे। वैसे अब वे दोनों के आदी हो गए थे।

'स्वामीजी, आज मुझे विष्णु रूप का दर्शन हो गया। आपके बंद नेत्र, आपका सात्त्विक सुंदर चेहरा और…'

'आपको कुछ चाहिए?'

'आज तक मैं गुरु की खोज में भटकता था, आज मुझे गुरु का दर्शन हो गया।'

विवेकानंद मुसकराए। उन्होंने कहा, 'एक ही समय मुझमें तुम्हें विष्णुदेव का रूप दिखाई दिया और गुरुदेव भी। भई, यह कैसे हुआ?'

'क्योंकि गुरुर्ब्रह्मा, गुरुर्विष्णुः…है उसी तरह। वह छोड़ दीजिए, मैं हाथरस स्टेशन का स्टेशन मास्टर हूँ। मेरा नाम है शरच्चंद्र गुप्त। आप मुझ पर अनुग्रह करें। मेरे घर भोजन के लिए चलें। आप मेरी प्रार्थना सुनें।'

'शरद बाबू, मैं एक संन्यासी हूँ, जो भिक्षा माँगकर अन्न भक्षण करता है।'

'संन्यासी भले ही हों, कहीं ऐसा संकेत तो नहीं है न कि संन्यासी गृहस्थ के घर का अन्न भक्षण न करें? इसके अतिरिक्त ऐसा भी नियम नहीं है कि आठ दिन उसके घर न रहें? तो चलें। स्वामीजी, ऐसा नहीं कि माया मोह क्या मात्र संन्यासी होकर ही जीतने होते हैं। संसार में रहकर भी परमार्थ साध्य किया जा सकता है। जैसे कर्दम कमल का जन्म-स्थान होने पर भी कमल उससे दूर रहता है।'

'अरे वाह, शरद बाबू! आप तो…'

'अहं। आगे कुछ मत बोलें। मैं तो एक अतिसाधारण, तुच्छ नौकरी-पेशा मनुष्य हूँ। मैं सत्संग चाहता हूँ। आप अब तो चलें। आपकी तरह मैं भी संन्यास ग्रहण करना चाहता हूँ।'

'ना-ना शरद बाबू, आप ही तो कहते हैं न कि संसार में रहकर भी…' दोनों मनःपूर्वक हँसने लगे। विवेकानंद को उनका व्यवहार, विचार, बोल-चाल सबकुछ अच्छा लगा और एक सुविचार भी बहुत जँचा। कीचड़ में पैदा हुए कमल को कीचड़ का स्पर्श नहीं होता अथवा कमल-पत्र स्थित ओस की बूँद सदृश संसार में रहकर भी उससे अलिप्त रहा जा सकता है।'

दूसरे दिन शरद बाबू ऑफिस में नहीं गए। विवेकानंद की ध्यान-धारणा समाप्त होने के बाद उन्होंने कहा, 'स्वामीजी, आप इस तरह विचारमग्न दिखाई देते हैं, इसका कारण क्या मैं समझ सकता हूँ? आपने इसलिए तो संन्यास ग्रहण नहीं किया न कि परिवार में कोई अघटित घटना घटी? आपके चेहरे से ही ज्ञात होता है कि आप उच्च्च कुलीन व धनवान हैं। आपकी बोल-चाल के संस्कार से ज्ञात होता है कि आप उच्च्च शिक्षित हैं। परंतु यह समझ में नहीं आता कि आप इतने उदास तथा विचारमग्न क्यों हैं।'

विवेकानंद शरद बाबू की बात करने की विलक्षण क्षमता, एक के पीछे एक प्रश्न

की झड़ी लगाने की भाग-दौड़ और सादगीपूर्ण सरल भाव से खुश हुए।

विवेकानंद ने उनकी पीठ पर हाथ रखकर कहा, 'शरद बाबू, ऐसा कुछ भी नहीं हुआ कि मुझे परिवार से भागकर संन्यास ग्रहण करना पड़ा। मुझे संन्यास धर्म का महत्त्व ज्ञात और स्वीकार हुआ, अपने कार्य का भान हुआ। इसका भी एहसास हो गया कि आगे क्या करना है। यह सब मेरे गुरु की कृपा से हो गया, इसलिए मैंने संन्यास धर्म की दीक्षा ली। बिलकुल आँखें खुली रखकर। और जो मैं उदास व विचारमग्न हूँ, इसका कारण मुझे एहसास हो गया कि मैं अकेला यह कार्य कैसे करूँ? अकेला चना भाड़ नहीं फोड़ सकता।'

'ऐसा कौन सा कार्य है, जो आप जैसे सुदृढ़ युवा संन्यासी नहीं कर सकते? कुछ सहयोग की आवश्यकता हो तो कहें।'

'शरद बाबू, ऐसे अनेक लोग हैं जो सरकारी नौकरी में हैं और ऐसे भी बहुत हैं, जो सरकारी नौकरी के लिए प्रशिक्षित हो रहे हैं। परंतु कोई भी ऐसा नहीं दिखाई देता, जो इस बात पर गौर करेगा कि शिक्षा से आत्म-विकास, समाज-विकास किस तरह होगा।'

'राष्ट्र स्वतंत्र हो, तभी समाज और राष्ट्र विकास संभव है न?'

'सोलह आने सही कहा आपने, शरद बाबू। पर इसके लिए किसी को प्रयास करने हुए देखा है भला! समाज में आज अन्न-वस्त्र इन दो चीजों की नितांत आवश्यकता है। यदि भूख ही नहीं मिटी तो अन्य विचार कहाँ से आएँगे भला!'

'अर्थात् पहले भूख मिटनी चाहिए। उसके लिए आलस झटककर कठोर परिश्रम करने होंगे। अर्थात् इसका ज्ञान होना चाहिए कि हमारी भूख मिटाने के लिए क्या करना होगा।'

'उसके लिए ज्ञान और शिक्षा की क्या आवश्यकता है? इतनी सारी जमीन पड़ी है, उसमें उगा लें अन्न-धान्य।'

'बिलकुल सही है। परंतु अज्ञान की खाई में जनता इतनी डूब गई है कि वह अपने आपको, अपने परिश्रम को भी भूल चुकी है। कल-परसों मैं काशी से आ रहा था। संध्या समय गाँव की एक कुटिया के पास रुका। उधर बैठी एक महिला ने कहा, 'अरे बाबा, घर में खाने के लिए अन्न का दाना नहीं।'... घर के मुखिया ने कहा—खेती-बाड़ी, जमीन साहूकार ने हड़प ली। कहाँ उगाएँ अनाज? ईश्वर का प्रकोप हो गया है हम पर।...'

'तो? आपके विचार से ऐसे प्रसंग में क्या किया जाए?'

'बताता हूँ, भाई। मैंने उससे कहा—तुम्हारी परिस्थितियाँ समझ में आ गईं। परंतु घर के आँगन में दस बेलाएँ खीरा, लौकी तथा करेले के तुम लगा सकते हो। उसमें थोड़ा-बहुत फसल पैदा कर सकते हो। पपीता के चार पेड़ लगाने पर तुम्हारी क्षुधा की व्यवस्था हो सकती है।...'

'यह सच है।'

'इसी के लिए अपने विचारों का एहसास होना चाहिए। इसके लिए शिक्षा की आवश्यकता है। आज धर्म का स्वरूप इतना संकीर्ण हो गया है कि हमारा धर्म चार पंडित व पुजारियों तक ही सीमित हो रहा है। इसका लाभ मिशनरी लोग उठाने लगे हैं। 'धर्म के अनुसार आचरण करें', इस वाक्य से भी लोग ऐसे सकपकाने लगे हैं जैसे उन पर आसमान फट पड़ा हो। इन सभी के लिए मुझे बहुत कुछ करना है। परंतु अकेला हूँ, समझ में नहीं आ रहा, कहाँ से श्रीगणेश करूँ। भारत को पुनः एक बार धर्म-शक्ति से संजीवन देना होगा। परंतु क्या करूँ, कैसे करूँ?

'आपने अभी-अभी कहा कि मुझे संन्यास धर्म को स्वीकार करना है। कहिए शरद बाबू, राष्ट्र-कार्यार्थ आत्मबलिदान दे सकते हैं आप? स्टेशन मास्टर की सरकारी नौकरी छोड़कर हाथ में भिक्षा-पात्र और कमंडलु थामकर घर से बाहर निकल सकेंगे आप? त्यागमय जीवन की कठोरता सह सकेंगे आप? बोलिए।'

'अवश्य स्वामीजी, अवश्य।··· यह सबकुछ मैं आपकी कृपा होने के बाद कर सकूँगा।' शरद बाबू ने तपाक से उत्तर दिया।

'शरद बाबू, आपके आतिथ्य का लाभ प्राप्त हो गया। विचार मंथन हुआ। अब यही उचित होगा कि मैं यहाँ से प्रस्थान करूँ। क्योंकि मैंने देखा, आपकी आतिथ्यशीलता हमें यहीं बाँधकर रखेगी।'

'स्वामीजी, मुझे शिष्य बनाकर आप मुझे यहाँ से ले चलें। आपके तीन दिन के सहवास से ही मन आपका शिष्यत्व स्वीकार कर रहा है।'

'आपको लगता है कि आपकी आध्यात्मिक क्षुधा का शमन मैं कर सकूँगा। परंतु मैं यह नहीं कह सकता कि किसी के गुरु होने की क्षमता मुझमें है या नहीं। हाँ, इतना निवेदन कर सकता हूँ कि ईश्वर पर निष्ठा रखो, सदाचार से समाज का कल्याण करो। यहाँ आने पर मैं बदरीनाथ जाने की सोच रहा था। अब निश्चित हुआ है। मुझे जाने की अनुमति दो, फिर कभी हाथरस आने का प्रयास करूँगा।'

'आप कुछ भी कहें, अपना शिष्य मानें या न मानें, मैं आपके पीछे अवश्य आऊँगा।'

'सत्य ही आपकी यही इच्छा है?'

'मैं सच कह रहा हूँ, स्वामीजी।'

'फिर ऐसा करें कि भिक्षा की यह झोली पकड़ो और अपने स्टेशन के कुली के पास से भिक्षा लेके आओ। कर पाओगे यह काम?'

शरच्चंद्र तुरंत झोली उठाकर भिक्षा माँगने बाहर निकले और मध्याह्न के समय झोली में भिक्षा लेकर आ गए। तब विवेकानंद का उन पर भरोसा व विश्वास हो गया और

उनके माता-पिता की अनुमति लेकर वे उनके साथ निकल पड़े।

चलते-चलते विवेकानंद को हिमालय की ऊँची-ऊँची चोटियाँ बुलाने लगीं। अभी बहुत दूरियाँ तय करनी थीं, परंतु मन से तो वे बदरीनाथ के मंदिर में पहुँच भी चुके थे। अलकनंदा का कल-कल निनाद करता प्रवाह और केदारनाथ की मंदाकिनी का प्रवाह, हरिद्वार-ऋषिकेश की गंगा उन्हें पुकारने लगी। उनका मन वहाँ पहुँचने के लिए अधीर हो गया।

प्रभु तुमि, प्राणसखा तुमि मोरे,
कभु देखि, तुमि आमि, आमि तुमि।

विवेकानंद 'गाइ गीत गुमाते तोमाय' शीर्षक कविता लिख रहे थे। लिखते-लिखते वे बहुत भावुक हो रहे थे। नेत्रों से झर-झर सावन-भादों बरसने लगे थे।

'ठाकुरजी, मैं कभी लड़कपन करता हूँ, कभी आपसे रूठकर भागने के प्रयास में रहता हूँ; परंतु रात में मैं आपको अपने सिरहाने बैठा हुआ देखता हूँ। आप मौन रहते हैं, परंतु आपके नेत्र मेरी अवस्था देखकर भर आते हैं। मैं तुरंत आपके चरण पकड़ता हूँ, परंतु आपसे क्षमा नहीं माँगता। तथापि आप रत्ती भर भी मुझसे नाराज नहीं होते। मैं आपका पुत्र हूँ, इसीलिए तो आप मेरी सारी उद्दंडता सहते हैं। अन्यथा मेरा इस तरह का आचरण क्या कोई सह सकता? आप मेरे गुरुदेव हैं, प्रभु हैं। आप ही मेरे प्राणसखा हैं। कभी-कभी तो मैं आप में इतना एकरूप हो जाता हूँ कि आपको मैं मैं ही समझने लगता हूँ।

'हे प्रभो! हे गुरुदेव! मेरा मार्गदर्शन करो। सचमुच ही मैं अज्ञानी हूँ और बावला भी हूँ। मुझमें समझ-ग्रहणशीलता कम है।' अब उन्हें लिखे हुए अक्षर दिखाई नहीं दे रहे थे। हाथ में धरी कलम हाथ से नीचे गिर गई थी। वे दीवार से पीठ टेककर बैठे, नेत्र मूँद लिये और उसी समय उनके सामने साकार हो गया था उस रात्रि का प्रसंग''।

पवहारी बाबा से विवेकानंद की अच्छी-खासी मित्रता हो गई थी। शास्त्र चाहे कोई भी हो, पवहारी बाबा उस पर उत्तर दे रहे थे। कभी वे उसे मानते तो कभी नहीं।

'सारी बातों को स्वीकार नहीं किया जाता। वही करें, जो अपने मन, सद्विवेक-बुद्धि को स्वीकार हो।'

'वाकई क्या ईश्वर है? इसी की खोज में मैं भटक रहा हूँ। मैं काशी से प्रयाग और प्रयाग से गाजीपुर आपके बारे में सुनकर आया हूँ। यहाँ पर मैं सतीशचंद्र मुखोपाध्याय के घर ठहरा हूँ और फिर आपका दर्शन करने आया हूँ।'

'मैं तुम्हारा नाम नहीं पूछूँगा। परंतु श्री रामकृष्ण के बारे में मैं जानता हूँ। उनका शिष्य होना यही तुम्हारा परिचय मुझे बहुत कुछ कह गया। उनकी उत्कट ईश्वर-भक्ति और उन्हें प्राप्त योग-सिद्धि के संबंध में मैं जानता हूँ। परंतु उस सिद्धि का प्रयोग करके

उन्होंने तुम्हें ईश्वर-दर्शन नहीं कराया। इसका अर्थ वे तुम्हें अनुभव कराके कुछ निश्चित सिखाना चाहते होंगे।'

'आपका विधान सोलह आने सही है। उन्होंने मुझसे कहा, तुम्हें ईश्वर जन-सागर में खड़े दिखाई देंगे। इसलिए मैं घूम रहा हूँ।'

'तुम्हें क्या लगता है, ईश्वर ऊपर आकाश में रहते हैं और वह मन में साकार प्रतिमा सदृश प्रत्यक्ष तुमसे आकर मिलेंगे? तुम्हें ही उसके सत्य-स्वरूप संबंधी ईश्वर से पूछना होगा, भई। तुम ही ईश्वर हो न, आकाशस्थ ईश्वर? ठीक है न?'

'फिर मुझे क्या करना होगा? क्या देखूँ, उनका स्वरूप कैसे ढूँढ़ूँ?'

'सहज है। चौदह ब्रह्म हैं। उनमें से एक है आनंद ब्रह्म। यदि कम-से-कम उसे पाओगे तो भी ईश्वर-प्राप्ति का आनंद मिलेगा।'

'अर्थात्?'

'तुम्हें इसकी अनुभूति होगी कि हमारी आत्मा को वही आनंद, वही सुख मिलता है, जो दीन-दुखियों के चहरे पर प्रकट होता है। अपना पसीना बहाकर उसमें से उपजे फसल का दर्शन होते ही श्रमिकों को होता है। ईश्वर दूसरा-तीसरा और कुछ नहीं, बस अपने मन का, अपने अंतःकरण का संपूर्ण समाधान है, संतोष है।'

'तो फिर हम योग-समाधि का आनंद क्यों उठाते हैं?'

'वह भी संतोष का ही एक हिस्सा है। तुम्हें अपने गुरु की आज्ञा का पालन करना होगा। उसी में तुम्हारा आनंद तथा संतोष है।'

विवेकानंद लौटे। उन्हें पवहारी बाबा का विधान सही लगा था। फिर भी मन-ही-मन उनकी इच्छा हो गई कि कम-से-कम एक बार समाधि का अनुभव करें, निर्विकल्प समाधि में मग्न हो जाएँ, अपने मन की बेचैनी दूर करें।

एक रात उनसे रहा नहीं गया। अतः वे पवहारी बाबा से मिलने निकल पड़े। उन्हें निर्विकल्प समाधि का अनुभव करना था। उठकर कमरे से बाहर निकल ही रहे थे कि उन्हें प्रत्यक्ष ठाकुरजी चटाई पर बैठे हुए दिखाई दिए। उनके मन में ऐसा विचार भी नहीं आया कि यह आभास है या प्रत्यक्ष।

'मैं पवहारी बाबा के पास समाधि का अनुभव करने जा रहा हूँ।'

उन्होंने कहा, 'मैंने तुमसे कहा था नरेन, मैंने तुम्हें एक बार वह अनुभूति भी कराई और उस मार्ग की तालाबंदी करके चाबी मेरे पास रखी है।'

'परंतु ठाकुरजी, पिछले कई महीनों से मैं दर-दर भटक रहा हूँ। समझ में नहीं आ रहा, मैं क्या करूँ। मैं बहुत बेचैन हूँ।'

'वत्स, तुम्हारी समझ में नहीं आ रहा कि तुम समझना नहीं चाहते?'

'ऐसा कैसे कह रहे हैं ठाकुरजी, आज्ञा का मैं पालन कर रहा हूँ न!'

'आज्ञा-पालन करना है, इसलिए नहीं नरेन। आँखें खोलकर सावधानी से देखो, जाति-पाँति में विद्वेष चरम सीमा तक पहुँच चुका है। धर्म का स्वरूप मात्र ब्राह्मणों तक ही संकुचित हो गया है। मिशनरी अपना धर्म-प्रसार कर रहे हैं। ऐसी स्थिति में तुम्हारे जैसे प्रज्ञावंत युवक का निर्विकल्प समाधि लगाकर बैठना कहाँ तक उचित है? तुम्हें इस बात का एहसास है या नहीं कि देश परतंत्रता में है? क्या मुझे बार-बार एक ही बात दुहरानी पड़ेगी तुम जैसों को क्या करना चाहिए?'

उस रात वे राष्ट्र-स्थिति, धर्म-स्थिति पर चर्चा करते रहे और बड़ी सहजता पूर्वक विवेकानंद पवहारी बाबा के पास जाना भूल गए। दूसरे दिन मन में अति उत्कटता भर आने से उन्होंने सोचा—सिर्फ एक बार जाएँगे; परंतु उस दिन भी वैसा ही हुआ। उसके पश्चात् सतत इक्कीस दिन वही अनुभव उन्होंने किया। ठाकुरजी रोज आकर उन्हें समाज की अनेक घटनाएँ बताकर करके उन्हें जाग्रत् करते।

आखिर विवेकानंद ने कहा, 'मुझसे भूल हो गई। मैं मोहवश हो गया। निर्विकल्प समाधि का मोह मुझे चैन से बैठने नहीं दे रहा था। परंतु अब आप ही कभी उस मार्ग की चाबी मुझे दें। आपके चरणों की सौगंध स्वामीजी, इस मार्ग का रुख मैं नहीं अपनाऊँगा।'

'जैसे मैं रामकृष्ण, वैसे मैं पवहारी बाबा भी हूँ। वे भी तुमसे यही कहेंगे। अतः तुम अपना अनुभवों से प्राप्त ज्ञान अखिल विश्व को दे सकोगे।'

उसके बाद विवेकानंद की निर्विकल्प समाधि की इच्छा ही समाप्त हो गई। उन्होंने शरद गुप्त का नाम 'सदानंद' रखा और बदरी-केदार के लिए निकले। परंतु शरत्चंद्र बीमार पड़ने के कारण हाथरस लौटे और वहाँ से वराहनगर आ गए। सभी गुरु-बंधुओं से मिलने का आनंद अपूर्व था। एक ओर वेदांतशास्त्र, ध्यान-धारण, योग समाधि तो दूसरी ओर भारतीय समाज की दुर्गति और उसके लिए क्या किया जा सकता है, इसका चिंतन करने में विवेकानंद का समय व्यतीत हो रहा था। बिहार और संयुक्त प्रदेश के गाँवों में फैले भयंकर अज्ञान एवं निर्धनता का उन्हें एहसास हो गया था। उसमें से उन्हें बहुत अनुभव प्राप्त हो गए। एक दिन एक सज्जन के अपनी झोंपड़ी में आग्रहपूर्वक निमंत्रित करने पर वे उसके घर गए।

उस घर की स्त्री ने बाहर न आते हुए भीतर से ही कहा, 'बस, खाने के लिए इतना ही है। ये कंद भून के दिए हैं।'

परंतु उन्हें पता चला, शरीर पर पूरे वस्त्र न होने के कारण यह नारी बाहर नहीं आई थी। ऐसी कथाओं, घटनाओं का वे बार-बार अनुभव कर रहे थे। कलकत्ता के वराहनगर मठ में तथा कलकत्ता के बाग बाजार स्थित बलराम बसु के घर दोनों जगह मिलकर वे साल भर तक रहे थे। कई बार उनका मन करता, घर जाकर माँ से मिलें। वैसे केस के सिलसिले में वे अदालत जाते ही थे। घर जाकर माँ से मिलने के लिए उनका मन

अधीर हो उठता। मन पर संयम रखकर वे चुप रहते।

काशी में प्रमदादास बाबू ने उन्हें 'अष्टाध्यायी' तथा वेदांत पर लिखे कई ग्रंथ दिए थे। उन्हें अपने गुरु-बंधुओं को पढ़ाने में व्यस्त रहकर माँ को भूलने में वे कुछ समय तक सफल भी होते। उन्होंने पत्र-लेखन काम में भी अपने आपको व्यस्त रखा। उन्होंने प्रमदादास बाबू को लिखा—आपकी दी हुई पुस्तकों का यहाँ अच्छा-खासा उपयोग हो रहा है। पुस्तक रूप में आपने जैसे सुवर्ण दान ही किया है। आजकल मन में विचारों का ताँता लगने से कई बार नींद नहीं आती। एक के पीछे एक विचार आते ही रहते हैं। परंतु आजकल मैं एक अलग रोग से ग्रस्त हूँ। जिस तरह ईश्वर पर मेरी अटल निष्ठा है, उसी तरह शास्त्रों पर भी मेरा अटूट विश्वास है। परंतु लगता है, ईश्वर मेरी परीक्षा ले रहे हैं; क्योंकि पिछले छह-सात वर्ष मैं घर के लोगों तथा मन में उमड़ते विचारों से संघर्षरत हूँ। मुझे आदर्श शास्त्र मिल गया, आदर्श पुरुष भी मिल गया, फिर भी मुझे संतोष नहीं मिला। इसी बात का मुझे दुःख है।

'मुझे वराहनगर वापस लौटते हुए एक वर्ष हो गया। मुझे नहीं लगता, यहाँ रहकर मेरे हाथ से कुछ होगा। मेरी माँ और दोनों बंधु कलकत्ता में ही रहते हैं। पहले हमारी स्थिति वैभव-संपन्न थी, परंतु पिताजी की मृत्यु के पश्चात् पासा पलट गया और घर की स्थिति बहुत ही खराब हो गई। कभी-कभी तो उन्हें भूखा ही सोना पड़ता। तिस पर अंत:कलह ने बुरे दिनों का मौका पाकर घर से निकालने की नौबत लाने में कोई कसर नहीं छोड़ी। परंतु हाई कोर्ट के चक्कर काटकर घर का कुछ हिस्सा मिल गया। इसके लिए जो भी पास बचा था, उससे भी हाथ धोना पड़ा।

'इसी कारणवश कलकत्ता में रहने से घरवालों की दुर्दशा देखकर मेरा मन घर में ही अटका रहेगा। संन्यासी होने पर भी आखिर इनसान ही हूँ न। अत: मेरा मन सतत बेचैन रहता है। इसीलिए कोर्ट केस तथा घर का बंदोबस्त करके मैं सदा के लिए कलकत्ता से विदा लेना चाहता हूँ। आप मुझे आशीर्वाद दें कि मेरा अंत:करण मजबूत हो और सभी तरह की माया-मोह मेरे मन से दूर-दूर निकल जाए।'

परंतु निश्चय करके भी तुरंत कलकत्ता छोड़ना असंभव हुआ। गुरु-बंधु योगानंद पर सीतला देवी का प्रकोप हो गया। लेकिन उसके बाद विवेकानंद काशी से प्रयाग और वहाँ से गाजीपुर आ गए।

गाजीपुर से उन्होंने प्रमंदादास बाबू को लिखा, 'मेरा अहोभाग्य ही है, जो मुझे पवहारी बाबा का दर्शन हो गया। अहो आश्चर्यम्! नास्तिकता, अश्रद्धा के इस युग में उत्कट भक्ति का साक्षात्कार हो गया है।'

गाजीपुर में पवहारी बाबा से मिलने की उत्कट इच्छा से भले ही वे गए थे, तथापि रायबहादुर गगनचंद्र राय से भेंट होने पर उन्होंने हर हफ्ते विवेकानंद की एक धर्म सभा

आयोजित करने की योजना बनाई। विवेकानंद ने उसको स्वीकार किया। उन्होंने सोचा, यह तो सुयोग ही प्राप्त हुआ है। प्रत्येक सप्ताह में नए-नए विषयों की चर्चा करते। इतने दिनों के चिंतन को प्रकट करने का आयाम मिल गया था। कभी वे अपने सुमधुर कंठ से गीत गाते, कभी एक विषय लेकर बात करते। समाज-सुधार से संबंधित बातों में उन्होंने कहा—

'समाज के माथे सारी गलतियों का ठीकरा फोड़कर, उठते-बैठते, सोते-जागते उसे पानी पी-पीकर कोसने पर, उस पर कड़ी-से-कड़ी आलोचना करते रहने से कुछ भी साध्य नहीं होगा। लाश आग से भला क्यों डरेगी! इसमें किसी भी प्रकार का सुधार नहीं होगा। अत्यंत निकटता से, समाज के अंत:करण में प्रवेश करके उसके मन में बसी धर्म-विषयक दहशत दूर करना संभव है। शिक्षा का महत्त्व उसके अंत:करण पर, दिमाग पर अंकित करते हुए शिक्षा का प्रसार करने से राष्ट्र-जागृति का तथा उसके बाद विकास का कार्य सुलभ होगा। हिंदू धर्मांतर्गत महान् तथा सर्वजनीन आदर्श दृष्टि के सामने रखकर ही शिक्षा का प्रसार करना होगा। यह कार्य सहज सुलभ नहीं और तत्काल होनेवाला भी नहीं। इसके लिए दीर्घकालीन प्रयत्नों की आवश्यकता है।

'पश्चिमी दृष्टिकोण से हमारे हिंदू धर्म की ओर नहीं देखें। हमें ही स्वयं इस धर्म का सम्यक् आकलन करना होगा। यह जानना व समझना होगा कि हिंदू जाति के जीवन का उद्देश्य क्या है तथा धर्म की जीवन-शक्ति किसमें है। परंतु खेद है, हमारे समाज में कई लोग पश्चिमी रहन-सहन, शिक्षा तथा उनकी स्वतंत्र विचारधारा से मुग्ध हैं। इसी कारणवश उन्हें भारत की व्यापक जीवन-दृष्टि, सर्व-समावेशकता तथा शाश्वत मूल्य, आदर्श दिखाई नहीं देते। आजकल के समाज-सुधारकों का यही प्रमुख दैन्य है कि आध्यात्मिक नींव पर प्रतिष्ठित हिंदू सभ्यता का सच्चा स्वरूप देखने की दृष्टि ही वे खो बैठे हैं।'

विवेकानंद की धर्मसभा के भाषणों की चर्चा गाजीपुर में होने लगी और अनेक लोग आस्थापूर्वक वहाँ उपस्थित रहने लगे। रायबहादुर गगनचंद्र राय को भी कल्पनातीत प्रसन्नता हो गई।

विवेकानंद बोल रहे थे। उनके मन में आ रहा था, 'मुझे सच्ची श्रद्धा जाग्रत् करनी होगी। इसके अतिरिक्त किसी व्यक्ति के दिलो-दिमाग से लिंग-भेद, जाति-भेद, रंग-भेद, जन्मजात-भेद जाने के लिए अपना आचरण एक आदर्श उदाहरण बनाना होगा। आज शुद्ध अंत:करण की आवश्यकता है। परंतु वह कैसे प्राप्त होगी? विराट् की पूजा कौन और कैसे करेगा? यह मात्र धर्म से संभव होगा। जो धर्म शक्ति की प्रेरणा नहीं देता उसे धर्म नहीं कहा जा सकता। वेदांत ही दर्शन का सार है। यह तत्त्व ज्ञान सहज सुलभ शैली में कथन करना होगा। इसमें संदेह नहीं कि यह वेदांत ही न केवल भारतीयों को,

बल्कि अखिल विश्व को सुख-शांति व संतोष देगा।

'यह सब ऐसे ही चलता रहेगा, जब तक मनुष्य को यह नहीं ज्ञात होता कि सत्य क्या है।' सोचते-सोचते उन्होंने कागज-कलम उठाई। उन्होंने प्रमदा बाबू को लिखा, 'गाजीपुर में एक धर्म सभा है। उसमें मैंने कुछ भाषण दिए। मैं जब वराहनगर में था तब शांकर भाष्य और उपनिषदों का अध्ययन करते समय अर्थ समझ लेने के लिए मैंने कई बार पत्र लिखे, जिसका फायदा यहाँ हो गया। वस्तुतः साध्वी शारदा माता से कामारपुकुर जाकर मिला, तब साक्षात् जगन्माता का मुझे दर्शन हो गया। उनसे विदा लेकर तथा घर की व्यवस्था करके ही मैं घर से बाहर निकला हूँ। परंतु अभी-अभी ज्ञात हुआ, बलराम बाबू का निधन हो गया और ठाकुरजी के गृहस्थ शिष्य सुरेंद्रनाथ मित्र भी कालवश हो गए हैं। आज तक उन्होंने वराहनगर मठ की व्यवस्था सँभाली थी।

'फिर से एक बार मुझे कलकत्ता जाना पड़ेगा। लगता है, मेरे जीवन में समस्याएँ कभी समाप्त ही नहीं होंगी। हो सकता है यही मेरे जीवन का विधान हो।'

□

भागीरथी के तट पर ही एक छोटा सा सौ झोंपड़ियों का गाँव, नाम—घुसुडी। उस समय वहाँ पर शारदा माता का प्रवास था। विवेकानंद उनसे मिलने गए।

उनका मनःपूर्वक स्वागत करते हुए शारदा माता ने कहा, 'आमी तुमारि प्रतीक्षा करिवे नोरेन।'

'कैसे, माताजी?'

'क्योंकि जानती थी, तुम आओगे। अब तुम चिंता न करो।'

'माँ, वराहनगर की, घर की सारी आर्थिक व्यवस्था की है। परंतु यहीं पर अटका रहा तो मुझे चैन नहीं मिलेगा।'

'तुम्हारा कहना सही है। भई, उसे कैसे रोका जा सकता है, जिसमें चारों दिशाओं को अपनी भुजाओं में लेने की शक्ति है, दसों दिशाओं को प्राणों की बाजी लगाकर हिलाने की शक्ति है? झंझा को भला कोई रोक सकता है? सागर को कोई बंधन में बाँध सकता है? नरेन, तुम्हारी मनोदशा मैं जानती हूँ। जाओ, वनराज की तरह मुक्त विहार करो। जाओ नरेन, मेरे आशीर्वाद तुम्हारे साथ हैं।' इतना कहकर उन्होंने विवेकानंद के मस्तक पर हाथ रखा।

उस स्नेहिल स्पर्श से उनमें नवचेतना का संचार हो गया। उन्होंने कहा—

'माँ, तुमी मेरी शक्ति, तुमी मेरे देवता। अब लाख विपदाओं, समस्याओं का सामना क्यों न करना पड़े, मैं उनका डटकर सामना करूँगा, माँ। कितने भी संकट आएँ, मन में संदेह निर्माण होने पर भी अब मैं पीछे नहीं हटूँगा। अब मैं मृत्यु से भी नहीं डरता। साक्षात् मृत्यु भी मुझे मेरे संकल्प से नहीं डिगा सकती। माँ, अब मुझे कुछ नहीं चाहिए।'

□

हरिद्वार में हिमालय के शिखर धुँधले से दिखाई दे रहे थे, वही ऋषिकेश में अब स्पष्ट दिखाई देने लगे। हरिद्वार से पैदल चलकर आने से विवेकानंद के पगों में सूजन आ गई थी। संध्या हो गई थी। गंगा घाट के मंदिर में आरती शुरू हो गई थी। श्रद्धालु जन दोने में दीप रखकर गंगा को अर्पण कर रहे थे। दीपों की पंक्तियाँ पानी में तैर रही थीं।

वे वहीं पर रुक गए। कुछ देर के बाद उन्होंने अपने पग गंगा में डुबोए। हिमालय की कोख से जन्म लेने के कारण भरपूर ठंडक वह अपने संग ले आई थी। उस सुखद ठंडक से उनके कदमों की सूजन उतर गई। उन्होंने मन-ही-मन कहा, 'हे शिवजी, हे भोले शंकर! स्वर्गस्थ मंदाकिनी पृथ्वी पर लाते समय भगीरथ को कष्ट न हो, इसलिए तुमने उसे अपनी जटाओं में धारण किया। उसी मंदाकिनी का आवेग देखकर जह्नु ऋषि ने उसे अपने कान से निकाला और वह जाह्नवी बन गई। कितनी लंबी, प्रदीर्घ यात्रा। कैलास से सीधे बंगाल के उपसागर तक। कभी अल्हड़-चंचल-नटखट कन्या, कभी किशोरी का ललितरम्य रूप तो आगे-आगे प्रौढ़-प्रगल्भ गंगा-भागीरथी और बंगाल में साक्षात् लोकमाता। हे जलदायिनी! मुझे शक्ति दो, मुझे मार्ग दिखाओ।'

बहुत देर तक वे ऋषिकेश के घाट पर बैठे थे। दो दिवस आश्रम में रहकर वे रुद्रप्रयाग, देवप्रयाग मार्ग से केदारनाथ की तलहटी स्थित गौरीकुंड के समीप आ पहुँचे। उस समय संध्या तो नहीं हुई थी, परंतु दोपहर में ही सर्वत्र गहरा अँधेरा छा गया था। मंदाकिनी का अल्हड़, चंचल प्रवाह गर्जन-तर्जन के साथ अबाध गति से भाग रहा था।

गौरी कुंड में सुस्नात होकर वे प्रात:काल में ही निकल पड़े। चमचमाते चाँदनियों के बड़े-बड़े लोलक आकाश में लटकन जैसे दिखाई दे रहे थे। आसमान धुँधला सा था। आकाश गहरा नीला था। एकांतप्रिय साधना द्वारा सिद्धि प्राप्त करके बहुजन सुखाय दान कर रहे भगवान् शिवजी से मिलने वे अधीर, उत्सुक होकर गए थे। हरिद्वार के कनखल में पार्वती से विवाह रचाकर इस महान् योगी के तप-साधना में इस एकांत स्थान पर निमग्न होते ही सारे विश्व का भान ही खो गया। शिवजी युग-युग के यात्री हैं। हिमालय का संपूर्ण परिसर छान मारकर वे उस भोलेनाथ से मिलने के लिए हिमालय चढ़ रहे थे, जिसका भूतनाथ, गणनाथ के नामों से गौरव किया जाता है। रामपाड़ा के बाद वर्षा भर आई। अँधेरे की गहरी छाया स्फटिक सदृश हिमालय पर पड़ने लगी। नीचे मंदाकिनी का गहरा प्रवाह, ऊपर चढ़ाई की ओर जा रहा पर्वतमाथा। श्री शंकराचार्य यहाँ कैसे आए होंगे, वह भी केवल सोलह साल की उम्र में? उन्होंने ही हिंदू धर्म की ध्वजा संपूर्ण भारत में फहराई।

वे सोच में डूबे थे और उनके नेत्र रौद्र भीषण आसमान देख रहे थे। वे केदारनाथ पहुँच गए। तब मार्ग में लगभग डेढ़ फीट की बर्फ की दीवारें खड़ी थीं। कहीं रावटी में

भस्म लगाकर बैठे संन्यासी दिखाई दे रहे थे। उनकी धूनी के सामने बैठकर विवेकानंद शिवशंकर के व्यक्तित्व पर सोच रहे थे।

दो दिनों के बाद वे गौरी कुंड से रुद्रप्रयाग आए और बदरीनाथ के लिए चल पड़े। कभी किसी युग में यहाँ बदरी (बेर) का वन होगा, परंतु अभी तो एक भी वृक्ष नहीं था। उन्हें स्मरण हो गया, बौद्ध धर्म का प्रसार करते समय अलकनंदा में श्री विष्णु की प्रतिमा फेंक दी गई थी। उस बर्फ बनी अलकनंदा से उस प्रतिमा को निकालकर उसकी पुन:प्रतिष्ठापना शंकराचार्य ने की। विवेकानंद को उनका स्मरण हो गया। बदरीनाथ का दर्शन करके वे एक संन्यासी के पास आश्रयार्थ आ गए। उसने कहा, 'हे युवक संन्यासी! हिमालय की इन दो पर्वतश्रेणियों में यदि तुम्हें नीलकंठ पर्वत का दर्शन हो गया तो तुम बहुत ही भाग्यशाली हो।'

'अच्छा!' उन्हें कुतूहल हो गया। उन्होंने पूछा, 'परंतु वह कब दिखाई देता है?'

'यह नहीं कहा जा सकता। रात के समय कभी भी दिखाई देता है।'

रात यौवन पर थी। विवेकानंद प्रतीक्षा कर रहे थे। आखिर श्रमातिरेक से उनकी आँखें लग गईं। मध्य रात्रि के समय अचानक मधुर घंटानाद हो गया, जिससे उनकी आँखें खुल गईं। हिमालय की दो धवल पर्वतश्रेणियों में बीचोबीच नीले वर्ण का नीलकंठ खड़ा था। उसका स्वरूप ऐसा था जैसे शिवशंकर की प्रतिमा का आभास हो। गले में सर्पमालाएँ, मस्तक पर जटाजूट बँधा हुआ, उस पर गंगा और उस जटाजूट के मध्य में चंद्रकला। उस पर ठसकेबाज रोहिणी चंद्रमा के साथ…

प्रकृति के सान्निध्य में निरंकार का यह नयनरम्य रूप देखकर उनका मन आनंद से भर गया। उन्होंने सोचा, इसके बाद आगे कुछ भी देखने की आवश्यकता नहीं। उनकी मनोदशा ठीक वैसी ही हो गई जैसे श्रीकृष्ण का मनमोहक रूप देखकर राधा के नेत्रों में सर्वत्र वही रूप दिखाई दे रहा था।

यह ज्ञान होते ही कि गुरुबंधु तुरीयानंद ने कर्णप्रयाग में भागीरथी के तट पर आश्रम बसाया है, विवेकानंद तुरंत वहाँ गए। एक-दूसरे से मिलकर दोनों प्रसन्न हो गए। एक दिन उन्होंने तुरीयानंद से कहा, 'बंधो, एक ही स्थान पर बैठकर ध्यान धारधा और शास्त्र-चर्चा करके कुछ भी नहीं मिलेगा। आध्यात्मिक उन्नति तभी होती है जब भूख मिटाने के लिए अन्न मिलता है। शास्त्र-चर्चा तभी होती है जब पेट भरा रहता है। खाली मन शैतानों का अड्डा बनता है। उसी तरह खाली पेट अन्न के दाने के लिए भी तरसता है।

'आज धर्म-पंडितों ने धर्म को जैसे संकीर्ण करके रखा है। धर्म धन ऐंठने का साधन बनाया गया है। पूँजीपतियों ने, राजनीतिकारों ने, लक्ष्मीपुत्रों ने स्वार्थ के लिए ही धर्म का प्रयोग किया है। इसीलिए निर्धन अधिक दरिद्र होकर आखिर उसके पीछे भाग

रहा है, जो उसे अन्न-धान्य देगा, पेट भर भोजन कराएगा। बित्ता भर पेट की आग बुझाने के लिए धर्मांतर होने लगे हैं।

'यदि ऐसा ही होता रहा तो कुछ ही समय में यह भारत अपना अस्तित्व ही खो बैठेगा। अपना सनातन धर्म तथा अपनी प्राचीन संस्कृति का उसे विस्मरण होगा।'

'सच है। परंतु हम अकेले क्या कर सकते हैं भला? अकेला चना भाड़ नहीं फोड़ सकता।'

'मैं भी यही सोचता हूँ। परंतु यदि हर कोई ऐसा कहकर हाथ-पर-हाथ धरे बैठे तो कैसे चलेगा? कहीं-न-कहीं से तो श्रीगणेश करना ही चाहिए। हाँ, यह तो तय करना होगा कि यह शुरुआत कहाँ से और कैसे करें। बंधो, चलो, हम उत्तराखंड यात्रा के लिए निकलते हैं।' विवेकानंद ने ऐसा कह तो दिया, परंतु इस दीर्घ भ्रमण से वह भी पैदल, पहले से ही थककर चूर हुई उनकी देह कंठरोहिणी (गले का एक संक्रामक रोग डिप्थीरिया) की बीमारी के की वजह से तथा प्रचंड ज्वर से और ही अधिक थक गई। इसकी सूचना मिलते ही अनेक गुरुबंधु वहाँ आ गए। उनकी अवस्था देखकर सभी भयकंपित हो गए। इस आशंका से सभी धीरज खो बैठे कि इस बीमारी से वे बचेंगे भी नहीं। ईश्वर की प्रार्थना के साथ अनेक उपाय करते-करते दिन बीत रहे थे, परंतु रत्ती भर भी आराम नहीं था। सभी को एहसास हो गया कि अब सबकुछ समाप्त…

सभी संचित होकर बैठे थे कि अचानक विवेकानंद बिस्तर से उठकर बैठ गए।

'अरे, इस तरह रोते क्यों हो? आमी भालो आछे।'

'नोरेन, तुमी…'

'आमी…आमी…' आगे उनसे बोला नहीं गया।

तीन-चार दिनों के बाद ठीक होने पर उन्होंने कहा, 'आप लोग बातें कर रहे थे, तब एक वृद्ध साधु ने आकर मुझसे कहा—अरे, ऐसे सोते रहने से काम कैसे होगा? उठो! मरना तो सभी को है; परंतु उससे पूर्व तुम्हें अपने गुरु का सौंपा हुआ कार्य पूरा करना है। उठो।… उन्होंने मुझे स्पर्श किया, उसके बाद अपने हाथों से उठाकर बिठाया। जाते-जाते कहा—प्राचीन तथा आधुनिक भारत का अध्ययन करके तुम नया वेदमंत्र तैयार करो। उससे न केवल भारत, बल्कि सारे विश्व को सुख-शांति मिलेगी। इस कार्य के इस कर्मयज्ञ में भले ही तुम्हारी आहुति गिरे, परंतु पीछे नहीं लौटना। रोग इस शरीर को होते हैं। मन मुक्त तथा स्वर रोग-मुक्त होता है, अतः शारीरिक ताप सहन करो। परंतु मानसिक ताप कभी नहीं होने देना।

'बंधु हरिनाथ, इस वचन का बोध मुझे अगले तीन-चार दिनों में हो गया। विश्व-मानवता, विश्व-बंधुत्व तथा विश्व-प्रेम इस त्रयी के लिए मुझे मार्ग ढूँढ़ना होगा, जो मुझे अभी तक नहीं मिला। पर उससे मैं निराश, हताश अथवा संदेहवादी नहीं, परंतु बेचैन हूँ।'

विवेकानंद, जो कल-परसों प्रचंड ताप तथा गले की बीमारी से बोल नहीं सकते थे अब प्रत्येक शब्द सोच-विचार करके अपनी नित्य की मधुर आवाज में धाराप्रवाह शैली में बोल रहे थे।

यह चमत्कार किसने किया?

उस वृद्ध ने, जो चुपके से आश्रम में प्रविष्ट हो गया था?

कौन था वह वृद्ध?

सभी संभ्रमित थे। तथापि उनके स्वस्थ होने की प्रसन्नता सभी के चेहरे पर झलक रही थी। आलोकमय होती आभामयी पूर्वा की ओर देखकर विवेकानंद प्रसन्न थे।

: छह :

रायबहादुर मंगलसिंह की रियासत अलवार—गुण तथा गुणग्राही जनों के लिए विख्यात। रियासत के दीवानजी भी उतने ही गुणग्राही। उन्होंने विवेकानंद की कीर्ति सुनकर महाराज के सामने प्रस्तुत करने का प्रयास किया। विवेकानंद ऐसे अवसर की प्रतीक्षा में ही थे। उनका विश्वास था कि इन रियासतों के राजाओं ने, जागीरदारों ने, धनिकों ने थोड़ी सी मात्रा में क्यों न हो, अपना धन निर्धनों की शिक्षा के लिए, उनके निर्वाह के लिए बाँटा तो भारत आज की दुरवस्था से ऊपर उठ सकता है।

'अब हाथ-पर-हाथ धरे बैठने से नहीं चलेगा, मधुर वाणी में चिकनी-चुपड़ी बातें करके लोकरंजन करना व्यर्थ है। अब प्राणों की बाजी लगाकर पांचजन्य फूँकना होगा, सिंह-गर्जना करनी होगी। संकोच-सौजन्य, लिहाज, लाचारी का प्रदर्शन न करते हुए स्पष्ट, खरे-खरे विचाए प्रस्तुत करने होंगे। प्रसंगवश आचार्य की कठोर भूमिका के रूप में कान भी उमेठने होंगे। भय किस बात से?'

किसी ऋषि-महर्षि के समान संपूर्ण शक्ति के साथ हमें मंत्रों का उद्‌घोष करना होगा—

'शृण्वन्तु विश्वे अमृतस्य पुत्राः आ ये धामानि दिव्यानि तस्युः।
वेदाहमेतं पुरुषं महानां आदित्यवर्ण तमसः परस्तात्।
तमेन विदित्वाऽति मृत्युमेति मान्य, पंथा विद्यतेऽयनाय।'

—हे विश्वासी अमृत-पुरुष के पुत्रों! हे दिव्यधामनिवासी देवताओं! सुनो, अज्ञानांधकार से परे उस सूर्यसदृश तेजस्वी महापुरुष को मैंने जाना है। उसे जानकर ही हम मृत्यु को जीत सकते हैं। इसके अतिरिक्त मृत्युंजय होने का अन्य कोई भी मार्ग नहीं।

मैं सिंह-पुरुष हूँ, मैं अमृत-पुत्र हूँ, मैं मंत्र-दृष्टि से ऋषिकुलीन हूँ, मैं आचार्य कुल का हूँ, ये सारी भावनाएँ एकत्र होकर देदीप्यमान् आदित्य की तरह विवेकानंद अब काम में जुट गए थे। तिस पर अब रियासत के महाराज की भेंट का अवसर मिल रहा था।

संध्या की बेला। रायबहादुर मंगलसिंह का राजमहल नई-नवेली दुलहन की तरह सजा-धजा था। सर्वत्र दीपावली जैसे दीपक जगमगा रहे थे। इरानी-कालीन, बहुमूल्य कलाकारी से राजमहल सुशोभित था। सर्वत्र एक मनमोहक सुगंध महक रही थी, जैसे इत्र के दीपक जलाए हों। अप्रतिम नक्काशी के झाड़-फानूस छत पर लटक रहे थे।

विवेकानंद का स्वागत करते हुए रायबहादुर ने कहा, 'अनेक के मुख से आपका परिचय मिला। प्राच्य व पाश्चात्य शास्त्रों का अध्ययन, विशेषत: यौवन की दहलीज पर संन्यास-ग्रहण, यह सब विशेष प्रतीत हो गया। आप कौन हैं, कहाँ रहते हैं, आपका नाम क्या है, इस तरह के अनेक प्रश्न आपके दर्शन के बाद मन में खड़े रहे।'

विवेकानंद मुसकराए। अपनी घन-गंभीर आवाज में उन्होंने कहा, 'मैं कौन हूँ? मेरा जन्म किसलिए? मेरा गंतव्य स्थान कौन सा है? सच कहूँ महाराज, इसके विषय में मैं कुछ नहीं जानता। मैं स्वयं इन प्रश्नों की सतत खोज कर रहा हूँ। अभी तक मुझे निश्चित उत्तर नहीं मिला।'

'आपका नाम?'

'आप मुझे भारतीय कह सकते हैं, मुझे हिंदू कह सकते हैं। नाम में क्या धरा है? अपने हाथों से कुछ विधायक कार्य हुआ, तभी नाम का अर्थ होता है, अन्यथा शून्य।'

'आप कहाँ से आए हैं, स्वामी?'

'आपने मुझे 'स्वामी' संबोधित किया—अर्थात् अनजाने में आपने मुझे एक जिम्मेदारी सौंपी—समाज-प्रबोधन का दायित्व।'

'वह कार्य तो आप कर ही रहे हैं। इसीलिए तो आपकी कीर्ति हमने सुनी है।'

बीच में ही दीवानजी ने कहा, 'सन् १८९१ का फरवरी महीना। आप अलवार स्टेशन पर उतरे थे और आपके आसपास हिंदू-मुसलमान युवकों की बड़ी भीड़ थी। डॉक्टर बाबू गुरुचरण लस्कर और उनके मित्र मौलवी साहब ने आपकी सारी व्यवस्था की। मैं सबकुछ जानता हूँ। प्रतिदिन प्रात:काल हिंदू-मुसलमान युवकों की अपार भीड़ प्रारंभ हो गई, संध्या समय आपके धर्म-विषयक उदार वचन सुनकर ही समाप्त होती।'

'आपने मेरी पूरी जानकारी रखी है। कहीं आप खुफिया विभाग में तो नहीं हैं?'

'क्योंकि आपके एक भाषण के समय मैं उपस्थित था।'

'यदि आप वहाँ थे तो मुझे दिखाई कैसे नहीं दिए?'

'आपके चारों ओर की भीड़—यही कारण है। लेकिन मैं बताता हूँ। उस दिन आपके प्रवचनों के बाद एक व्यक्ति ने आपसे पूछा—बाबाजी, आप काषाय वस्त्र क्यों हैं?...आपने तुरंत उत्तर दिया—इसलिए कि ये वस्त्र भिखारी के हैं। साधारण मनुष्य की तरह वेशभूषा की होती तो यदि कोई मुझसे दान माँगता तो मैं दे नहीं सकता। अब ठीक है न? मैं स्वयं ही भिखारी हूँ, याचक हूँ, मेरे पास एक कौड़ी भी नहीं, यह वेश देखकर

कोई भी मुझसे कुछ माँगने का साहस नहीं कर सकता।...'

'अब विश्वास हो गया, आप वहाँ उपस्थित थे।' विवेकानंद ने मुसकराते हुए कहा।

रायबहादुर ने मुसकराकर कहा, 'आप प्रकांड विद्वान् पंडित हैं। चतुरस्त्र वक्ते हैं, धर्मज्ञानी हैं। भिखारी का वेश धारण करने से अथवा संन्यासी के काषाय वस्त्र धारण करने से आपके गुण छिपते नहीं। मेरे सामने भी प्रश्न है ही। चाँदी काटने की, चाँदी करने की क्षमता और संभावना होने पर भी आपने इस तरह 'भिक्षां देहि' वृत्ति को स्वीकार क्यों किया, स्वामीजी?'

विवेकानंद ने हँसते हुए कहा, 'अपनी रियासत का कारोबार छोड़कर आप अंग्रेज साहब के साथ शिकार खेलने क्यों जाते हैं?'

दरबार में उपस्थित मंत्रीगण अवाक् रह गए। उन्हें विश्वास ही नहीं हो रहा था कि ऐसा भी कोई व्यक्ति होगा, जो महाराज के सामने उन्हीं पर इस तरह आरोप कर सकता है। इस भय से कि जब महाराज उनका अपमान करेंगे, सभी के प्राण सूख गए। महाराज ने संयमपूर्वक कहा, 'यह सत्य है कि मुझे शिकार का शौक है।'

'और यह भी सत्य है कि मुझे भिक्षावृत्ति तथा संन्यासी होना अच्छा लगता है।'

महाराज गुणग्राही थे, विद्वान् थे। एक क्षण में ही उन्हें ज्ञात हुआ कि यह संन्यासी सहज, सरल नहीं है। यह स्पष्टवादी, निडर तथा सत्यनिष्ठ है।

उन्होंने कहा, 'स्वामीजी, प्रश्न के उत्तर के रूप में प्रश्न ही पूछने की आपकी पद्धति मुझे अच्छी लगी।'

दरबार का तनावपूर्ण वातावरण सहज हो गया। दीवानजी, मंत्री और महाराज मंगलसिंह उनसे अनेक प्रश्न पूछ रहे थे। वे भी नर्म विनोद शैली में सहज उत्तर दे रहे थे। उनका हाजिर जवाबी मजाक देखकर महाराज प्रसन्न हो गए।

बातों-बातों में महाराज ने कहा, 'स्वामीजी, मैं मूर्तिपूजा पर बिलकुल विश्वास नहीं करता।'

'आप मजाक तो नहीं कर रहे, महाराज?'

'ना-ना, मजाक नहीं, मैं सच कह रहा हूँ। काष्ठ, मिट्टी, पत्थर, धातु-युक्त मूर्ति में ईश्वर हो, इस पर मेरा विश्वास नहीं। मुझे नरक में भी जाना होगा, मेरी दुर्गत बनेगी, परंतु मेरी क्या भूल हुई?'

'आपकी कोई गलती नहीं। ऐसी उपासना करने से जो आपको स्वीकार है, भला नरक में क्यों जाना होगा? आपने मूर्ति-पूजा नहीं की तो कुछ भी नहीं बिगड़ता।'

वस्तुत: दरबारी लोगों को आश्चर्य हो गया। आज वही विवेकानंद कह रहे हैं, मूर्ति में ईश्वर नहीं, जो ईश्वर के दर्शनार्थ घंटों आकुलित रहते हैं। अपने प्रवचनों में

उसकी महिमा बखानते हैं और प्रतिमा के सामने विनम्रतापूर्वक नतमस्तक होते हैं। ऐसा क्यों? मन में संदेह का कीड़ा कुलबुलाने पर भी दरबारी लोग शांत थे।

बातों-बातों में विवेकानंद ने दरबार हॉल की दीवार पर टँगी एक तसवीर निकालने के लिए कहा। सभी संभ्रमित हुए थे।

'स्वामीजी, यह मेरी ही तसवीर है। एक कुशल चितेरे ने बनाई है।'

'बहुत अच्छे। दीवानजी या अन्य कोई भी इस तसवीर पर थूक दें।'

एक भी व्यक्ति आगे नहीं बढ़ा। सभी के छक्के छूट गए थे।

'स्वामीजी, आप लोगों को यह क्या करने के लिए कह रहे हैं? यह मेरी तसवीर है।'

'परंतु महाराज, इस तसवीर पर कोई भी आगे बढ़कर थूकने के लिए तैयार नहीं। मेरी तो समझ में नहीं आ रहा, इसमें स्वयं आप नहीं, आपका चित्र उकेरा हुआ मात्र कागज का एक टुकड़ा है। उस पर थूकना अनुचित क्यों लगता है?'

'स्वामीजी···' अब दीवानजी आगे बढ़े।

'महाराज, लोग इसलिए थूकने से घबराते हैं, क्योंकि वह आपकी तसवीर है। वैसे देखा जाए तो वह कागज पर उकेरा हुआ अस्तित्वहीन चित्र है। परंतु दूसरी ओर से देखा जाए तो उसमें लोगों की आपसे संबंधित भावनाएँ हैं। उन भावनाओं ने आपका अस्तित्व स्वीकार किया है। ठीक है न?'

रायबहादुर मंगलसिंह अब पूरी तरह से चकरा गए।

विवेकानंद ने हँसते हुए कहा, 'पत्थर की, काठ की, धातु की मूरत में हम अपनी मंगल भावनाएँ उड़ेलते हैं। ये भावनाएँ ही उसमें ईश्वर का अस्तित्व ढूँढ़ती हैं।'

राजदरबार के सारे लोग चकित हो गए।

'स्वामीजी, आज मुझे एक अनोखी, अपूर्व प्रसन्नता मिली। मेरा यह अहंभाव कि मैं मूर्ति-पूजक नहीं हूँ, गिर गया। भावना का अस्तित्व ज्ञात हो गया। आप कुछ दिन के लिए यहाँ ठहरें तो मेरी अनेक अहं भावनाओं को तिलांजलि मिलेगी।'

'महाराज, आप गुणग्राही, रसिक, उदार मतवादी हैं। यही उदार दृष्टिकोण बहुजनों की ओर मुड़ जाए तो···'

'मैं उस ओर अपने आपको निश्चित मोड़ लूँगा, जहाँ आप कहें, स्वामीजी।'

स्वामी विवेकानंद के कुछ महीनों के अलवार प्रवास में अनेक युवकों ने उनकी दीक्षा ग्रहण की। कोई भी विवेकानंद का सान्निध्य छोड़ने के लिए राजी नहीं था। आखिर अलवार से आठ मील स्थित पांडुपोल के हनुमान मंदिर में आने के बाद स्वामी विवेकानंद ने उस युवक को संबोधित करते हुए कहा, 'मित्रो, आज कई दिनों से गाँव-गाँव घूमते-घूमते मेरी दृष्टि के सामने प्राचीन, आधुनिक तथा भावी भारत का उज्ज्वल चित्रपट

खुलता जा रहा था। विश्व मानव का एक स्पष्ट रूप मेरे सामने साकार हो गया। मेरे अंतरंग में सनातन वैदिक भारत जाग्रत् हो गया, उन असंख्य देवी-देवताओं का भारत जो पुराणों में, इतिहासों में, लोक-मानस में छिपा बैठा है, समता, मित्रता तथा स्वतंत्रता का संदेश दे रही संस्कृति का प्रतीक भारत, वह महान् भारत जो आर्य, द्रविड़ जैसी अनेक संस्कृतियों का समावेश है। वह भारत जो इतिहास पूर्व काल से आज तक जाति, वर्ण, धर्म को अभय देता है। बार-बार मैं इसी भारत का दर्शन करता हूँ।

'मित्रो, ईश्वर भूत मात्रों में हैं। अनंत रूप से वह आपके सामने खड़े हैं। उन प्राणिमात्रों को छोड़कर आप ईश्वर को कहाँ ढूँढ़ते फिरते हैं? ईश्वर की सेवा उसी के भाग्य में होती है, जो जीवमात्र से प्रेम करता है।'

स्वरचित कविता का अर्थ विवेकानंद ने स्पष्ट किया। उन्होंने सभी को हाथ जोड़कर प्रणाम किया और अलवार लौटने का आदेश दिया। परंतु कोई भी उन्हें छोड़कर जाने के लिए तैयार नहीं था।

'गुरुदेव, हम आपको छोड़कर नहीं जाएँगे।'

'ऐसा मत करें। हम सभी का गुरु वही हैं। वही आपका मार्गदर्शन करेंगे।'

'आप ही हमारे गुरु हैं।'

प्राप्तं यद्वै त्वनदि निधनं वेदोदधि मथिता।
दत्तं यस्य प्रकरणे हरिहरब्रह्मादि देवैर्वलम्।
पूर्ण सन्तु प्राणसारैर्भौम नारायणम्।
रामकृष्णस्तनुं धत्ते तत्पूर्ण मात्र मिदं भोः॥

विवेकानंद ने घन-गंभीर स्वर में श्लोक पठन किया। कुछ देर रुककर उन्होंने कहा, 'अनादि, अनंत वेद रूपी सागर का मंथन करके जिस अमृत की प्राप्ति हो गई है, उसमें ब्रह्मा, विष्णु, महेश आदि देवताओं ने अपना तेज डालकर यह अमृत अधिक प्रभावशाली किया है। वह गुरुदेव श्री रामकृष्ण अवतीर्ण हो गए हैं, जो उस अमृत का पूर्ण कुंभ ही हैं। गुरुदेव मेरे तथा आपके गुरुदेव। हम उन्हें वंदन करके यहीं पर विदा लेते हैं।'

बार-बार आदेश देने के बाद युवक पीछे वापस लौटने के लिए तैयार हो गए। विवेकानंद ने कहा, 'नाराज मत हो, मित्रो। मैं आप लोगों से रूठकर तो नहीं जा रहा हूँ। इस अथाह समाज-जीवन में मुझे अपने आपको सँभालना तथा समझना-सीखना है। आप एक काम करें, 'जहाँ-जहाँ जाएँ वहाँ आनंद निर्माण करें। अज्ञान दूर करें, धनिकों के नेत्रों पर बँधी पट्टी निकाल दें।'

सभी से विदा लेकर अलवार तथा पांडुपोल से निकल पड़े। निष्काम, निरीह भावना से वे विशाल समुदाय का एक हिस्सा बनकर चलने लगे।

□

विशाल भारत की पवित्र भूमि पर उनके पद-कमल उभर रहे थे, मिट रहे थे। स्पृश्य-अस्पृश्य, धनिक-निर्धन, महल-झोंपड़ियाँ उनके लिए सारा एक समान था। अलवार से पहले वे पंचनद (पंजाब) के इलाके में घूम रहे थे। रावी, चिनाव, सतलुज, व्यास तथा सिंधु नदियों के प्रवाहों से उर्वरा बना भारत का सुजलां, सुफलां इलाका। क्षितिज तक दोनों तरफ फैले हुए हरे-पीले लहलहाते खेत। वे हृष्ट-पुष्ट पंजाबी शूरवीर लोग, वैसी ही सुदृढ़ सुंदर ललनाएँ। प्रेम तथा वीरता का संगम उन्हें इधर दिखाई दिया। यहाँ तो सबकुछ स्वस्थ एवं सुदृढ़ था। प्रकृति यौवन में थी। कल-कल करती नदियाँ, सुंदर हृष्ट-पुष्ट गो-धन। गोकुल, वृंदावन के बाद इतना विपुल गो-धन उन्होंने कहीं नहीं देखा था।

और उन्हें श्रीकृष्ण का स्मरण हो गया। गोकुल, वृंदावन का उसका छुटपन। मथुरा से द्वारका तक सुदूर जाकर द्वारका नगरी बसाना। आठ रानियों में ज्येष्ठ महारानी रुक्मिणी के लिए विदर्भ जाना और कृष्ण का मध्यस्थता के लिए हस्तिनापुर जाना, पुनः द्वारका, फिर कुरुक्षेत्र, संभ्रमित अर्जुन को उपदेश देना। कितना भ्रमण—जैसे चरणों में चक्र बाँधा है। कहाँ से कहाँ। विश्व के एक सिद्धि-साधक की भ्रमंती। विश्व का सर्वाधिक ज्ञान भ्रमण करने से ही प्राप्त होता है। श्री शिवजी का भ्रमण, श्रीरामचंद्र का चौदह वर्ष अरण्य वाचन, श्रीकृष्ण का समाज नाचन—इसमें उन्हें प्राप्त ज्ञान को पहचानकर ही हमारे ठाकुरजी ने 'देशाटन करो, समाज को पढ़ो, अरण्य देखो, अनुभव करो'—इस तरह उपदेश किया। विवेक से उन्हें सारा आकलन हो चुका था। कुरुक्षेत्र का महाभारत। पुनः हो सकता है, ऐसा महायुद्ध नहीं भी होगा। अठारह अक्षौहिणी सेना अठारह दिनों में नष्ट होकर केवल आर्त विराणियाँ शेष रहे और जीवन की संध्या में श्रीकृष्ण के मुख पर विलसित हास्य अस्तगत हो—यही थी उस महापुरुष के जीवन की त्रासदी।

सोचते-सोचते ही वे पंजाब से अलवार आ गए। कलकत्ता, उत्तर प्रदेश, हिमाचल प्रदेश, मध्य प्रदेश का भ्रमण हो चुका था। अंटी में अनुभवों का अंबार बाँध चुके थे। उनमें से वे अनुभूति भी कर रहे थे और कभी-कभी तो ईश्वर को गुहार भी रहे थे। साधारण मनुष्य वर्तमान परिस्थितियों में बुरी तरह से पीस रहा था। साधारण जनों का हीन-दीन जीवन देखकर कई बार वे रो भी पड़े थे। उनका कलेजा छलनी हो गया। देश का आम आदमी देश की रीढ़ होता है। राजनीतिक हस्तियों को इसकी बहुत चिंता करनी होती है, इसे सँभालना होता है, ताकि ये रीढ़ कभी न लड़खड़ाएँ। राजे-रजवाड़ों, धनिकों को, राजनीतिक धुरंधरों को इसका विस्मरण हो गया है। नर-नारायण की सेवा का भी विस्मरण हो गया है।

गरमी, हवा, वर्षा सभी मौसमों में उनका भ्रमण हो रहा था। उस दिन वे एक कुटिया के पास रुके। उस कुटिया में चार महिलाएँ थीं। घर के कर्ता-धर्ता पुरुष का स्वर्गवास हो चुका था। वृद्ध सास, एक युवा बेटी और एक वयस्क कन्या। बेचारी माता

क्या करें? इसलिए अपनी बेटियाँ नजरों से ओझल न हों, माँ ने अपने आपको भी कैद करके रखा था। 'भिक्षां देहि' की पुकार सुनकर वृद्ध सास बाहर आई।

सारी हकीकत सुनकर उन्होंने पूछा, 'क्या खाती हो? बाहर कब निकलती हो?'

उसने कहा, 'तड़के बाहर निकलती हूँ, इधर-उधर के फल उठाकर लाती हूँ। कभी धान्य मिलता है। महाराज, यह चोरों का इलाका है।'

विवेकानंद को समझ में नहीं आ रहा था, क्या कहें। जिस देश में नारी का सम्मान नहीं होता, उसे चुराया जाता है, जहाँ वह निर्भयतापूर्वक विचरण नहीं कर सकती वह देश स्वस्थ, निर्भय नहीं हो सकता।

'जहाँ पूरा राष्ट्र ही बंदी बनाकर रखा गया है, वहाँ ये चार महिलाएँ ऐसे ही रहेंगी? नहीं-नहीं, इन अबलाओं को सबल होना पड़ेगा।' उन्होंने उस वृद्ध स्त्री से कहा, 'हाथ में कुल्हाड़ी पकड़कर बाहर निकलो। घबराती क्यों हैं? आप इस तरह सहमी-सहमी घबराती रहेंगी तो समाज आपको और डराएगा, धमकाएगा। युवा कन्या का ब्याह रचाओ और आवश्यकता हो तो शत्रु से डटकर मुकाबला करो। इस तरह अँधेरे में सहमी-सहमी मत बैठो। तुम आदि-शक्ति, आदि-माता हो, रण-रागिणी हो।'

पता नहीं उनकी बात कहाँ तक उसके पल्ले पड़ी। हाँ, परंतु 'शत्रु से लड़ो', इस वाक्य का उसे बोध हो गया। उसने अपनी जवान विधवा बहू को और दोनों पोतियों को बाहर बुलाया। विनम्र, सहनशील, स्वरूप-सुंदर महिलाओं की ओर देखकर विवेकानंद ने कहा, 'घबराओ मत, जो डरा सो मरा। रात समाप्त होने की प्रतीक्षा न करते हुए हाथ में प्रकाश थामे बाहर निकलो, समझीं?'

सभी के नेत्र हर्ष, अभिमान तथा वीरता से भर आए। विवेकानंद संतोष से उस कुटिया से निकले।

□

ऐसी ही एक राजस्थान के खेतड़ी (खत्री) के रियासतकारों की नाममात्र की रियासतें थीं। सत्ता नहीं थी, परंतु ऐश्वर्य और विलास में कोई कमी नहीं थी। अंग्रेजों के हाथ उनकी बागडोर थी। खेतड़ी रियासत के महाराज अजित सिंह अभी तक अपनी वीरश्री के बलबूते पर स्वतंत्र थे। वे भी गुणग्राही तथा रसिक थे। उनकी रियासत में अनेक गुणवान् व्यक्तियों का आदर-सत्कार किया जाता था।

हाथ में प्रकाश ज्योति थामे निकल पड़े। विवेकानंद की जानकारी जयपुर में ही उनके दीवानजी को मिल गई थी। अलवार से विवेकानंद जयपुर और वहाँ से माउंट आबू पहुँच गए थे। प्रत्येक मार्ग पर एक-एक ज्ञान ज्योति रखकर आगे बढ़ना इस प्रकार यात्रा चल रही थी। कभी पैदल, कभी बैलगाड़ी से, कभी घोड़े से, कभी ऊँट पर सवार होकर तो कभी किसी रईसजादे की घोड़ागाड़ी से भी। मन-ही-मन विवेकानंद कह रहे थे।

अभी तो कितना विशाल भारत देखना है। अभी तो कितने सारे अँधेरे मार्गों से आगे बढ़ना है। हाथ में थामी जलती ज्योतियाँ कम तो नहीं पड़ेंगी? जैसे उस राजा ने कहा था—उतनी जमीन तुम्हारी जितना तुम चलोगे। बेचारा चलता ही रहा, चलता ही रहा। परंतु रत्ती-भर भी उपभोग ले नहीं सका। चलते-चलते चल बसा। इस कथा के अनुसार हाथ में दिअली थामे मैं चलता रहूँगा और इसी तरह ही एक दिन··· । पल भर के लिए वे उदास हो गए, परंतु दूसरे ही पल मुसकराते हुए उन्होंने कहा, 'भई, हद हो गई। मुझे न सही, पर मेरे पीछे आ रहे पथिकों को क्या नहीं मिलेगी। मैं वह जमीन, जो मैं चलकर आया हूँ। मैं हर स्थान पर एक ज्ञान ज्योति रखूँगा ही। अँधेरे में से आ रहे राही को मार्गदर्शन तो होगा। चाहे मैं रहूँ या न रहूँ।' इस विचार से वे चलते रहे। मन अब प्रसन्न था, परंतु माउंट आबू पहुँचने के बाद उन्हें पेट की बीमारी ने घेर लिया। कहीं बेहद गरमी तो कहीं चिल्ले का जाड़ा, कहीं रिमझिम बरसात तो कहीं गोलाधार बरसना। वे इतनी जल्दी-जल्दी प्रदेश बदलते जा रहे थे कि प्रकृति के साथ संतुलन रखना कठिन हो गया था। जयपुर में तो अंगार बरस रहे थे। जैसलमेर, बीकानेर में दिन में रेत बहुत गरम होती तो रात में सर्दी का जोर बढ़ता। रेत की आँधी-तूफान उठता। माउंट आबू में वातावरण ठंडा था। वहाँ हरी-भरी वनश्री थी। प्रकृति के सारे परिवर्तन हजम करके वे अखंड चल रहे थे।'

जयपुर के राजप्रासाद में उनका यथोचित सत्कार किया गया। प्राच्य और परिश्रमी दर्शन में पारंगत, अंग्रेजी और संस्कृत के प्रगाढ़ अभ्यासक देखकर दरबार के लोग प्रसन्न हो गए थे। वैसे भी विवेकानंद की सुदृढ़ देहयष्टि, बड़े-बड़े तेजस्वी नेत्र, उन्नत माथा तथा भाषण में विनम्रता व मधुरता जैसे फूल झड़ रहे हैं। देखकर कोई भी तुरंत मोहित हो जाता। गुणी व्यक्ति तो उनके गुणों से प्रभावित होता और सोचता, इतनी कम उमर में संन्यास ग्रहण करने का कारण क्या हो सकता है? या जन्मजात प्रखर वैराग्य के साथ ही इस युवक का जन्म हुआ है।

जयपुर के दरबार में एक पंडित व्याकरण के ज्ञाता थे। प्रमदादास बाबू से ली हुई 'अष्टाध्यायी' फिर एक बार उस पंडित से सीखना शुरू किया। दो-तीन बार पढ़कर भी विवेकानंद एक भी सूत्र का भाष्य आत्मसात् नहीं कर पा रहे थे। तब पंडित ने कहा, 'क्षमा करें, तीन दिनों में मैं आपको एक भी सूत्र ठीक तरह से सुलझाकर पढ़ा नहीं सका।'

एक पंडित को मुझसे क्षमा माँगनी पड़ रही है। वस्तुतः मैं स्वयं ही समझ लेने की मानसिक स्थिति में नहीं था। यह मेरा दोष है। कुछ भी हो, मुझे सूत्र का स्पष्टीकरण तथा अर्थ विशद करना आना ही चाहिए।'''इस निश्चय के साथ उन्होंने पुस्तक उठाई, मन एकाग्र किया। उन्होंने दो हफ्तों में 'अष्टाध्यायी' के सारे सूत्रों का अध्ययन मन लगाकर किया। मन संपूर्ण एकाग्र किया। मन में उत्कटता हो तो कुछ भी कठिन नहीं होता। परंतु

कई बार मन इधर-उधर भटकता रहता है, बेचैन रहता है। मन की संपूर्ण शक्ति संगठित करके किसी विषय पर एकाग्र करने से इस विश्व में कुछ भी असंभव नहीं।

जयपुर के प्रधान सेनापति सरदार हरि सिंह के साथ विवेकानंद हमेशा धर्म-चर्चा करते। दोनों को उसमें विशेष रुचि थी। परंतु सरदार हरि सिंह मूर्ति-पूजा के विरोधी थे। वे कहते, 'मैं निराकार धर्म तथा निराकार ईश्वर मानता हूँ।'

विवेकानंद मुसकराकर कहते, 'निराकार अन्य वस्तु क्यों मानते हैं?'

'वे साकार वस्तु हैं, स्वामीजी।'

'अपने मन को आप मानते हैं। वह दिखाई नहीं देता, फिर भी आप उसे दूसरों पर थोपते हैं। धर्म का स्वरूप प्रत्यक्ष में पूजा के रूप में देखते हैं। सिर्फ मूर्ति में ईश्वर नहीं मानते। ठीक है न?'

'जी हाँ।'

'परंतु उसमें भावनाओं को मिलाया जाए तो उन भावनाओं का साकार रूप होता है। वह होती है देव प्रतिमा। हम उन्हें सजीव करते हैं, उन्हें भक्तिभाव अर्पण करते हैं।'

सेनापति हरि सिंह मौन रहे। मनो-मन उन्होंने उसे मान लिया था।

विवेकानंद ने आगे कहा, 'सेनापतिजी, ऐसी कई बातें हैं जिनका हम अनुभव करते हैं। वे दिखाई न देने पर भी आप उन्हें मानते हैं। राष्ट्रभक्ति निराकार है, हवा निराकार है, सुगंध निराकार है। उनका अस्तित्व हम मानते हैं। उनका अनुभव करते हैं। उसी तरह एक बार मूर्ति-पूजा श्रद्धापूर्वक करके तो देखें।'

इस प्रकार के अनेक प्रश्न सभी स्थानों पर उनसे पूछे जाते। अनेक विषय, अनेक समस्याएँ प्रस्तुत की जातीं और विवेकानंद भी मनःपूर्वक वे समस्याएँ दूर करने का प्रयास करते।

अजमेर में कोटा दरबार के एक मौलवी ने उन्हें अपने घर में आश्रय दिया और उनसे सहृदयतापूर्वक व्यवहार किया। विवेकानंद मन-ही-मन प्रसन्न हो गए। उन्हें ऐसा मौका मिला, जिसे वे ढूँढ़ रहे थे। समाज-धारणा थी कि अन्य धर्मियों के घर रहने से, खान-पान करने से अपना धर्म डूब जाता है। अब उन्हें धर्म-पंडितों से पूछना था कि मुसलमान मौलवी के घर रहकर धर्म कैसे डूबेगा। सभी की रगों में बहता खून क्या जाति, पंथ, वर्ण, धर्म के अनुसार विविध रंगों का होता है? ईश्वर ने मनुष्य को जन्म देते समय कौन सी जातियाँ, धर्म निर्माण किए थे? फिर ये जाति-पाँति, धर्म के बंधन किसलिए? किसलिए धर्म से भय?

सोचते-सोचते वे सो गए। उसी समय खेतड़ी के महाराज अजित सिंह के सचिव मुंशी जगमोहन लाल उनका नाम सुनकर उन्हें खेतड़ी आने के आमंत्रित करने आ गए। एक मुसलिम मौलवी के घर मजे से सोए हुए विवेकानंद को देखकर उन्हें आश्चर्य हुआ।

'स्वामीजी हिंदू संन्यासी हैं। मौलवी के घर खान-पान में हाथ लगकर ईश्वर जाने धर्म का क्या होगा?' परंतु उनके मन के विचार विवेकानंद ने पढ़ लिए।

उन्होंने मुसकराते हुए कहा, 'मैं यह नहीं कहूँगा कि मेरी खटिया पर आप बैठें, क्योंकि आपका संकुचित धर्म तुरंत डूब जाएगा। मैं एक संन्यासी हूँ। विरागी होना, सभी के प्रति समभाव होना और ईश्वर का दर्शन करना मैं मानता हूँ। मुझे मेहतर को छूने से कुछ फर्क नहीं पड़ता। उससे मेरा मनोधर्म नहीं डूबता। आप अपने धर्म की चिंता करें। मेरे पास कोई भेद नहीं।' उन्होंने अनुभव किया, प्रत्यक्ष ब्रह्म उनके सामने साकार हो गया है और वह धर्म व ईश्वर की विराट् भूमिका स्पष्ट करता है।

उन्होंने विनम्रतापूर्वक कहा, 'मैं एक साधारण मनुष्य हूँ। मुझे थोड़ा-बहुत ही समझ में आता है, ज्यादा नहीं। परंतु आप सम्मानपूर्वक हमारे महाराज के पास चलें। मेरी इतनी सी प्रार्थना मान लें।'

'मैं प्रसन्नतापूर्वक आपके साथ चलता हूँ।'

और वे खेतड़ी के महाराज अजित सिंह के दरबार में सम्मानपूर्वक आसनस्थ हो गए। महाराज का रूप-स्वरूप निहारकर विवेकानंद ने पूछा, 'महाराज, आप सुखी हैं न?'

इस तरह का अप्रत्याशित प्रश्न सुनकर महाराज पल भर के लिए संभ्रमित हो गए।

'आपका शुभ नाम?'

'मेरे प्रश्न का क्या यह उत्तर है?'

'ऐसा नहीं। सुख से संबंधित बताऊँ तो भौतिक सुख में कहीं भी कोई कमी नहीं है। वह तो लबालब भरा हुआ है। इसके अतिरिक्त साहित्य, संगीत, नृत्य का दरबार में बहुत सम्मान किया जाता है। वैसे देखा जाए तो इन सारे सुखों का तथा वैभव का मैं अधिकारी भी हूँ।'

'सुख अधिकार से मिलता है या स्नेह से?'

अब की बार महाराज पूरे चकरा गए।

विवेकानंद ने मुसकराकर कहा, 'साधारण मनुष्य के लिए भौतिक सुख अर्थात् रुपए-पैसों से प्राप्त सुख बहुत महत्त्वपूर्ण होता है। उसे ही वह सुख समझता है। आप अपने मन से ही पूछिए, क्या आप सुखी हैं। इस प्रश्न का जो उत्तर मिलेगा वही सच होगा।'

महाराज ने कहा, 'जैसे हमें भूत, वर्तमान तथा भविष्य का ज्ञान होता है, उसी तरह मन की बात का भी ज्ञान होता है।'

विवेकानंद और महाराज दोनों खुलकर हँसने लगे। उस दिन से दरबार में प्रसन्नता की धूप खिल गई। दरबार के तथा महाराज के सामने सत्ताईस-अट्ठाईस वर्षीय रूप

सुंदर, सुदृढ़, कांतिमान् युवक खड़ा था। उन्होंने पूछा, 'स्वामीजी, जीवन का अर्थ क्या है?'

'इस तरह एकदम जीवन की परिभाषा तक क्यों आ गए, महाराज?'

'हो सकता है, वह जीवन ही नहीं होगा, जिसे मैं जीवन समझता हूँ।'

'देखिए महाराज, शक्तियाँ दो प्रकार की होती हैं। एक अंतरंग स्थित शक्ति और दूसरी होती है बाह्य सृष्टि स्थित शक्ति। भीतर की शक्ति बाहर आने के लिए, अंतरंग में छिपा हुआ रहस्य मुखर करने के लिए लालायित होती है, उत्कंठित होती है, परंतु बाह्य शक्ति उसे संयमित करती है और रोकती है। यही प्रक्रिया निरंतर चलती रहती है। इसी का नाम जीवन है।'

उनके उत्तर से महाराज अजित सिंह प्रभावित हो गए।

'आपने अपना नाम नहीं बताया?'

'आप मुझे कुछ भी कह सकते हैं। अपने वर्तमान जीवन में मैं नाम का मोह भी करना नहीं चाहता। आगे चलकर कभी-न-कभी आप जान ही जाएँगे। और नहीं जाना तो क्या फर्क पड़ता है? एक कार्य-शून्य जीवन को भला क्या नाम देंगे!'

'ऐसा क्यों कहते हैं? आप तो कार्य कर ही रहे हैं।'

'मन की बेचैनी सतत बाहर निकलती है। बाह्य शक्ति उसका साथ नहीं देती, फिर मन से सतत संघर्ष-ही-संघर्ष।'

'स्वामीजी, जीवन में मोक्ष होता तो?'

विवेकानंद खिलखिलाकर हँसने लगे।

'महाराज, किसने कहा कि मरणोपरांत मोक्ष मिलता है? सत्कार्य का आलेख बढ़ने से जीवन की संध्या में मोक्ष-प्राप्ति की पूरी संभावना होती है, ठीक है न? स्वार्थ में से परमार्थ साध्य करना और मोक्ष मिले तो मरणोत्तर, सच है न महाराज?'

'अर्थात्। सत्कर्म करने के पश्चात् मृत्यु के समय मोक्ष द्वार खुलता है और हमें स्वर्ग की प्राप्ति होती है। पुनः जन्म लेने की आवश्यकता नहीं पड़ती।'

'महाराज, मृत्यु के पश्चात् स्वर्ग किसने देखा है? इसी जन्म में हम स्वर्ग देख सकते हैं और मोक्ष-प्राप्ति का आनंद उठा सकते हैं।'

'वह कैसे? उसके लिए कुछ साधना, व्रत है?'

'महाराज, किसी गरजमंद की सहायता करें, किसी विधवा नारी को जीने का भान दें, दीन-दुखियों की सहायता करें, अनाथों के नाथ बनें। यह सब करते समय आपको स्वर्ग-प्राप्ति से भी अधिक आनंद मिलेगा। मोक्ष का अर्थ है मुक्ति, मोक्ष आनंद है, मोक्ष समाधान है। जीवन का आनंद इस तरह के कार्य से प्रस्तुत करते रहें, महाराज, तब आपका मन आनंद सागर में आनंद तरंग बनकर समाधानी होगा। यही है हमारी भारतीय

संस्कृति, सभ्यता का संदेश।'

जीवन में पहली बार महाराज अजित सिंह ने इस तरह के उदात्त विचार सुने थे। वे बहुत प्रभावित हो गए। उन्होंने कहा, 'सत्य ही आपने मुझे विवेक से भरपूर ज्ञान प्रदान किया। आनंद का एक आयाम दिया। आप साक्षात् स्वामी विवेकानंद हैं।'

अचानक महाराज के मुख से 'स्वामी विवेकानंद' का नामोच्चारण सुनकर वे चौंक पड़े। इतनी दीर्घ यात्रा में वे स्वयं ही अपना नाम भूल गए थे। वे सोचते—मैं लोगों को विवेक देता हूँ, परंतु अभी तक कहीं भी, कुछ भी ठीक नहीं हुआ। कमजोर माता के शिशु को दूध नहीं मिलता, विधवा को आसरा नहीं, सर्वत्र गरीबी, कंगाली, अन्नान्नदशा है। धरती ही फट गई है। सारी छाया सूरज निगल गया है। रत्नमहल में सुवर्णासन पर विराजमान होकर भी उनका चेहरा विदीर्ण हो गया था।' अचानक बात करते-करते वे रुक गए।

□

प्रभु मोरे अवगुण चित न धरौ।
समदर्शी है नाम तिहारो, चाहे तो पार करौ॥

नर्तकी गा रही थी। विवेकानंद एक ही स्थान पर बुत बन गए। महाराज अजित सिंह ने विवेकानंद के लिए खास दरबारी शैली से नृत्य का आयोजन किया था। नर्तकी के राजदरबार में प्रवेश करने से पहले ही विवेकानंद ने कहा, 'महाराज, मेरे जैसे संन्यासी को नारी का नृत्य देखना शोभा नहीं देता। मुझे यह मोह टालना ही होगा।'

'इसमें विशेष क्या है? आप मोह पर विजय तो पा ही चुके हैं। सिर्फ एक कला-पारखी के रूप में आप देखें।'

'जाने दीजिए, मैं नहीं चाहता।' विवेकानंद के वचन का सम्मान करते हुए उस नर्तकी को संदेशा भेजा गया। उसने कहा, 'साधु महाराज को मेरा गीत सुनने में तो कोई आपत्ति नहीं है न? चिलमन की ओट से मैं गीत सुनाऊँगी।'

उसका प्रति-संदेशा सुनकर भी वे दरबार से बाहर निकलने के इरादे से उठ गए। इतने में उनके कानों में नर्तकी का आर्त, अकुलाया हुआ स्वर पड़ गया। वे रुक गए। वह स्वरों में अपना दिल उड़ेलकर गा रही थी—

इक लोहा पूजा में राखत, इक रहत व्याध घर परो।
पारस के मन द्विधा नहीं है, दुहू इक कांचन करो॥

उसका भावार्थ उनकी समझ में आ गया। यदि तुम समदर्शी हो, संन्यास धर्म अखिल मानव जाति को समान रूप में देखने का तुम्हारा धर्म है तो मेरे अवगुण छोड़कर मेरी भावना तो समझ लो। लोहे का एक टुकड़ा पूजा के लिए होता है, एक कुल्हाड़ी के लिए होता है। परंतु पारस दोनों को सुवर्ण बनाता है। और तुम?

इक नदिया, इक नार (नाल) कहावत मैलो नीर भरो।
जब मिलो दोनों इक वरण (वर्ण) भयो सुरसरि (गंगा) नाम परो॥
इक माया इक ब्रह्म कहावत सूरदास झगरो।
अज्ञान से भेद होवे, ज्ञानी काहे भेद करो॥

विवेकानंद के मन पर पड़ा अज्ञान, संदेह तथा संभ्रम का परदा हट गया। उन्होंने उठकर चिलमन को एक तरफ करके उस युवा, रूप सुंदर राजनर्तकी के चरणों पर झुकते हुए कहा, 'हे माँ! मैं तुम्हारा अज्ञानी बालक हूँ। माया को जीतने के बजाय मैं तो उससे दूर भाग रहा था। जीतने की मैं आवश्यकता नहीं समझ रहा था। अब मेरी समझ में आया, टालकर या भागकर कुछ नहीं होता। माते, आज तुमने मेरे नेत्रों में प्रत्ययकारी अंजन डाला है। मैं तुम्हारा ऋणी हूँ।'

सारा दरबार चकित। महाराज अजित सिंह के मन में उनके प्रति आदर और भी बढ़ गया।

कुछ दिनों के प्रवास के पश्चात् जब विवेकानंद प्रस्थान के लिए तैयार हो गए तब महाराज अजित सिंह गद्गद हो उठे। उनकी इच्छा थी, विवेकानंद हमेशा यहीं रहें।

'स्वामीजी, आपको रोक कैसे सकता हूँ? परंतु आपका वियोग भी कैसे सहूँ? मैंने कभी सोचा भी नहीं था कि मेरे जीवन में ऐसा कुछ होगा, मेरे जीवन में विलक्षण परिवर्तन होगा, मेरा जीवन विषयक दृष्टिकोण ही बदलेगा। आज आपने मुझे राजनीतिक दृष्टि के साथ-साथ सामाजिक दृष्टि भी दी।'

जब आप यहाँ आए तब आपने मुझसे पूछा, 'क्या आप सुखी हैं?' मैंने उत्तर दिया था, 'इतने अपार ऐश्वर्य के होते मैं सुखी ही हो सकता हूँ न?' स्वामीजी, आपने मेरे अंतरंग की पीड़ा को पहचाना था। मुझे भी यह ज्ञात हो गया था। परंतु भरे दरबार में सबके सामने मैं उसे प्रकट नहीं कर सका। आज मैं उसे प्रकट करता हूँ।

'स्वामीजी, मैं निपुत्रिक हूँ। प्रजा पर पुत्रवत् प्रेम करने की शिक्षा आपने दी। मैंने उसे सिर आँखों पर रखा। परंतु गृहस्थाश्रम में कर्ता-धर्ता पुरुष का पुत्रहीन होना उसके अधूरेपन का लक्षण है। आप अपनी उत्कट सदिच्छा से मुझे पुत्र-प्राप्ति का आशीर्वाद दें।'

विवेकानंद ने उन्हें मन:पूर्वक आशीर्वाद देते हुए कहा, 'महाराज, कुछ वृक्षों को फल लगने में समय लगता है। चिंता न करें, ऋतुओं की आवा-जाही चलती रहेगी। तथापि आपको पुत्र-प्राप्ति अवश्य होगी।'

महाराज अजित सिंह तथा उनके प्रजाजनों के उत्कट अकृत्रिम प्रेम बंधन से मुक्ति पाकर प्रस्थान करना विवेकानंद के लिए कठिन ही हो गया था।

'महाराज, मैं कहीं भी जाऊँ, आपका प्रेम सदैव मेरे साथ रहेगा।'

'स्वामीजी, एक वचन दें, कोई भी दिक्कत हो, कोई भी विपदा आए तो मेरे पास आने में जरा भी संकोच नहीं करेंगे।'

'ऐसा ही करूँगा।'

विवेकानंद के कदमों ने राजमार्ग से अब अरण्य का रुख अपनाया था।

: सात :

अचानक विवेकानंद की नींद खुल गई। उत्तर रात्रि का शांत समय। चराचर में चाँदनी की बरसात करते हुए प्रौढ़ चंद्रमा पश्चिम की ओर मार्ग क्रमण कर रहा था। आँगन में पड़ी एक खटिया पर वे सोए थे। ऊपर अनंत नक्षत्रों से खचाखच भरा रत्नजड़ित आकाश। सुदूर से सागर की धीमी शांत लय से आवाज आ रही थी।

वे सोचने लगे—मेरी ऐसी अचानक नींद कैसे खुल गई? किसने मुझे छूकर जगाया? रात्रि-अपरात्रि में पोरबंदर के पास एक छोटे से गाँव में मुझे जगानेवाला कौन है?...

इस कुटिया में तो कोई भी नहीं। किसी पड़ोसी ने बताया कि यह कुटिया छोड़कर इसमें रहनेवाले लोग कहीं गए हैं। उस पड़ोसी ने ही साग-रोटी खिलाई। आँगन में खटिया तो पड़ी ही थी, उस पर वे लेट गए। मंद-मंद समीरण की लहरों ने उनकी पलकों को स्पर्श किया था। कब आँखें मुँद गईं, उन्हें पता भी नहीं चला।

सर्वत्र सन्नाटा छाया हुआ देखकर उन्होंने फिर से अपनी आँखें मूँद लीं। उनके अंजर-पंजर ढीले पड़ गए थे, अब जरा चैन मिला। कुछ ही समय में उन्हें आभास हो गया कि कोई उनके पग दबा रहा है। वे आँखें खोलना तो चाहते थे, परंतु बेचारी आँखें बहुत थकी हुई थीं, सो खुल ही नहीं रही थीं। उनका मन जग गया।

'इतनी रात में कौन है यहाँ? और आप मेरे पग क्यों दबा रही हैं?'

मधुर हास्य की ध्वनि, हाथ की चूड़ियों की खनक। मृदु आवाज में उसने कहा, 'बचपन में लुका-छिपी खेला करते थे न, आँखें बंद करने पर भी पहचान जाते थे। बूझो तो मैं कौन हूँ।'

'आपकी आवाज मधुर है, शब्द मृदुकर हैं। लेकिन आप मेरे लिए बिलकुल अजनबी हैं। मुझे कुछ स्मरण नहीं हो रहा। किसी भी स्त्री ने मुझे कभी स्पर्श नहीं किया। कट्टर संन्यासी। मैंने कठोर, निष्ठावान वैराग्य का पालन किया है।'

वह खुलकर हँसने लगी।

'स्मरण करो।' उसने फिर से कहा, 'तुम्हें निश्चित स्मरण होगा।'

'फिलहाल मुझे बहुत नींद आ रही है। आँखें खोलने तथा किसी का मन जानने-समझने के लिए मैं तैयार नहीं हूँ। थोड़ी देर में भोर होगी। नए गाँव का रुख अपनाकर मुझे

पैदल जाना है।'

'कहाँ जाओगे?'

'वैसे कुछ भी मैंने निश्चित नहीं किया है। मैं तब तक चलूँगा जब तक राह समाप्त नहीं होती।'

'अरे, इस तरह कितना चलोगे? तुम्हारे पग देखो तो, कैसे धूल से सने हुए हैं। खून जम गया है। पैरों में बिवाई फट गई है। इसीलिए तो तुम्हारे पग दबा रही हूँ।'

'परंतु तुम्हें मेरी इतनी चिंता क्यों? कौन हो तुम?'

'बार-बार तुम यह क्यों पूछ रहे हो? वस्तुतः अब तक तुम्हीं को मुझे पहचानना चाहिए था। जाने दो। कहाँ-कहाँ इतना घूम रहे हो? अथक पथिक के रूप में ही तुम जीना चाहते हो? अपनी भ्रमण गाथा तो नहीं लिखनी? अथवा अनुभवों का संबल लेकर कुछ साध्य करना है?'

'मेरे गुरुदेव ने कहा है…'

'केवल घूमते रहो…बिना किसी उद्‌देश्य के? कहीं तुम्हारे गुरुदेव खानाबदोश जाति के तो नहीं थे?'

'अपने गुरुदेव के संबंध में मैं ऐसी-वैसी बात बिलकुल नहीं सुनूँगा।'

'तुम अति अभिमानी हो। क्या तुम्हारे गुरुदेव भ्रमण करते थे?'

'जी नहीं। संपूर्ण आकाश देखने के लिए एक नेत्र भी पर्याप्त है; उसी तरह एक ही स्थान पर बैठकर उन्होंने अनुभूति, साधना दृष्टि तथा स्पर्श से बहुत कुछ जाना। उन्होंने महान् साधना की। उन्होंने मुझसे कहा, प्रथम सत्य ज्ञान प्राप्त करो, अपने ईश्वर को ढूँढ़ो। तपस्या से प्राप्त ज्ञान तुम्हारे परमानंद के लिए, आत्म-विकास के लिए होगा। परंतु समाज में आनंद का निर्माण करते समय ऐहिक व पारलौकिक सुख की प्राप्ति तुम्हें होगी। इस स्वार्थी जगत् में तुम निस्स्वार्थी रहो। और उन लोगों का प्रवाह स्वार्थ की ओर से निस्स्वार्थ दिशा से जाने दो। सत्य ज्ञान प्राप्ति के पश्चात् तुम्हें ज्ञात होगा कि अपने लिए जीना है या औरों के लिए? स्व-हित या समाज-हित?'

'बहुत बड़ी जिम्मेदारी तुम्हें सौंपकर वे मुक्त हो गए।'

'नहीं, वे मुक्त नहीं हुए। शरीर की मृत्यु होने के बाद उन्होंने अपना मन मुझमें डाल दिया। वे मुझमें जी रहे हैं।'

'यह कुछ अभिनव कल्पना है। गुरु के शिष्य में मन डालकर जीना, यह कल्पना ही बड़ी मजेदार है। अच्छा, तुम घूम ही रहे हो?'

'जी हाँ। अभी तक संपूर्ण भारत-दर्शन कहाँ हुआ?'

'अर्थात् 'भारत-दर्शन', 'सत्य-दर्शन', 'आत्म-दर्शन'—ये हेतु तो नहीं तुम्हारे?'

'जी हाँ।'

'अर्थात्, तुम क्या भ्रमण ही करते रहोगे? उससे क्या साध्य होगा? तुम्हें यह पता नहीं—जैसे कन भर वैसा मन भर होता है? तुम्हारे गुरु ने एक ही स्थान पर बैठकर संपूर्ण ज्ञान प्राप्त किया और क्या तुम पूरा जीवन घुमक्कड़ बनोगे? इसमें क्या साध्य करोगे?'

'देखो, मैं बहुत थक गया हूँ। मेरा स्वास्थ्य भी ठीक नहीं। पेट में दर्द है। मुझे सोने दो।'

'सो जाओ न, मैंने कब रोका है! बल्कि मैं इसलिए तुम्हारे दुखते पैर दबा रही हूँ, ताकि तुम्हें अच्छी नींद आ जाए। अभी-अभी तुम ही कह रहे थे न कि तुम्हारे गुरु के शरीर की मृत्यु हो गई, परंतु मन से वे जीवित हैं। उसी तरह देह से तुम सो जाओ, परंतु मन से मेरे साथ बातें करो। अब तो ठीक है?'

'ठीक है। परंतु क्या मैं देह और मन अलग-अलग करके जी सकूँगा?'

'तुम ही तो लोगों को उपदेश करते हो न कि अनहोनी को होनी करो, असंभव को संभव करो।'

'भई, तुम हो कौन? तुम्हें मेरी इतनी जानकारी कैसे और क्यों?'

वह मुसकराई—दसों दिशाओं में से उसकी हँसी का मधुर निनाद उभरा, 'फिर तुम मुझे प्रत्यक्ष ही देखोगे।'

'सच?'

'सोलह आने सच। एक बात पूछना चाहती हूँ। तुम तो राजे-रजवाड़ों में रहते हो, धनिकों के संग तुम्हारा उठना-बैठना है। तुम्हें तो कोई चिंता नहीं होगी, बल्कि तुम्हारी पाँचों उँगलियाँ घी में होंगी। बड़े ठाट होंगे तुम्हारे।'

'नहीं। मुझे तीव्र दुःख होता है। जिस आर्यावर्त की भूमि सुवर्णभूमि के रूप में गौरवान्वित थी। जहाँ दूध-घी की नदियाँ बहती थीं और जहाँ वेदमंत्रों के उद्घोष से संपूर्ण मानव जाति के कल्याण का विश्वास दिया जाता था, वहाँ आज सर्वत्र शोषण होते हुए देखकर कलेजा छलनी होता है। अनेक आक्रमणों से लड़खड़ा रही समाज व्यवस्था की बागडोर आज ब्रिटिशों के हाथों में है। वे परकीय हैं। अनाचार, अत्याचार, अन्याय, भ्रष्टाचार, बलात्कार से मेरी भारत माता काँप उठी है, तड़प रही है। उसकी संतानों का आज कोई त्राता नहीं। धनी-मानी लोगों की सोहबत में रहकर भी मैं संन्यासी हूँ, इसका मुझे भान है। मैं इन धनिकों का ध्यान निर्धन, पीड़ित लोगों की ओर आकर्षित करता हूँ। युवकों को जाग्रत् करता हूँ। सच कहूँ देवीजी, अभी तक मुझसे कुछ भी नहीं बन पड़ा है। इसलिए मन को चैन नहीं।'

'इसलिए राह की खोज में घूम रहे हो?'

'जी हाँ। मेरे पास जो ज्ञान है वह मैं दूसरों को देता हूँ।'

'अर्थात् तुम संपूर्ण ज्ञानी हो।'

'नहीं-नहीं, इस गलतफहमी में मैं नहीं हूँ; बल्कि जहाँ-जहाँ कुछ सीखने का मौका मिलता है, वहीं से मैं कुछ-न-कुछ ज्ञानार्जन करता हूँ। खेतड़ी के महाराज के दरबार में एक विद्वान् हैं, जिनका नाम पं. नारायणदास है। उनसे मैंने पतंजलि का 'महाभाष्य' अवगत करने का प्रयास किया।'

'तुम्हारी विनम्रता मुझे भा गई। तुम एक अलौकिक प्रतिभा-संपन्न युवक हो, इसका मुझे एहसास है।'

'अरे, मेरे बारे में तुम्हें इतनी सूक्ष्म जानकारी कैसे? तुम भूत हो या बेताल?'

'मैं भूत हूँ, वर्तमान हूँ, और मैं प्रतीक्षा भी करती हूँ कि भविष्य के सपने साकार होंगे। 'मैं कौन', इसका विचार करने की अपेक्षा इस बात पर सोचो न कि तुम कौन हो।'

'मैं कौन? कोऽहम्? यह प्रश्न तो मैं अपने आपसे बार-बार करता हूँ। पंडित नारायणदास ने कहा, 'मेरे पास जो ज्ञान था, वह सब मैंने तुम्हें दे दिया। तुम्हारी प्रतिभा देखकर मैं प्रसन्न हो गया हूँ। मेरी विद्वत्ता का पुराण जाने दो। खेतड़ी के महाराज से विदा लेकर मैं गुजरात का रेतीला प्रदेश पैदल कुचलता हुआ अहमदाबाद, लिंबडी, जूनागढ़, भुज, वेरावक तथा प्रभास के तीर्थ क्षेत्र पहुँच गया। कण्व मुनि ने भी अपनी मानस कन्या शकुंतला के उज्ज्वल भविष्य के लिए यहाँ तपस्या की थी। भगवान् श्रीराम ने भी इस तीर्थ को महत्त्व दिया था। इसके पश्चात् मैं सोमनाथ आ गया। मुहम्मद गोरी सोलह बार सोमनाथ मंदिर पर आक्रमण करके अकूत संपत्ति लूटकर ले गया। अवशेष देखकर दु:ख हुआ।

'पोरबंदर के विख्यात विद्वान् शंकर पांडुरंग पंडित से पुन: एक बार पंतजलि का 'महाभाष्य' पढ़ लिया।'

'परंतु तुम्हारी प्रतिभा का निकष कभी लगा कि नहीं?'

'लगा न। पोरबंदर के प्रवास में ही गोवर्धन मठ के शंकराचार्य आए थे। उस समय उनकी अध्यक्षता में लिंबडी के राजभवन में शास्त्रार्थ के लिए एक पंडित सभा आयोजित की गई थी। पं. शंकर शास्त्री ने मुझसे भी चलने का अनुरोध किया। चर्चा में हम दोनों सहभागी रहे। आश्चर्य की बात यह कि मैंने अनेक कूट प्रश्नों के उत्तर दिए। उस समय ऐसा अनुभव किया कि प्रत्यक्ष आचार्य ठाकुरजी ही मेरे मुख से बोल रहे हैं। मेरी युवावस्था का भी सभी पर परिणाम हो गया।' 'असाधारण प्रतिभा', 'अलौकिक बुद्धिमत्ता', 'अद्वितीय प्रज्ञा' तथा 'मनमोहक विनम्र व्यक्तित्व' इस तरह अनेक सुंदर आकर्षक विशेषण मुझे प्रदान किए गए।'

'तब तो गर्व से तुम्हारी छाती चौड़ी हुई होगी, सिर ऊँचा हुआ होगा न?'

'नहीं। उस समय मुझे अपनी माँ भुवनेश्वरी का स्मरण हो गया और मेरी आँखें भर आईं। विपदाओं का पहाड़ टूटने पर भी उसने मुझे संन्यास ग्रहण करने के लिए

अनुमति दी। अन्यथा मैं यहाँ तक पहुँच ही नहीं पाता।'

'नहीं रे, तुम स्वयं ही इतने उतावले हो रहे थे।'

'मैं बेचैन था।'

'आज भी तुम बेचैन ही हो।'

'उस समय अधिक था। संन्यास धर्म की दीक्षा ग्रहण करके, घर की समस्याओं से दूर जाकर अपनी जिम्मेदारी से कतराने का मेरा उद्देश्य नहीं था। आज भी परिवार की ओर मेरा ध्यान है। यह सच है कि मेरी माँ के हम तीन बेटों के होते, एक बेटे के जाने से उसे दुःख होगा। परंतु इस बात का उसे संतोष होगा कि बेटा जीवित है, पूछता है, तिस पर दो बेटे साथ हैं।'

'तुम कहते हो, माँ की, परिवार की चिंता करता हूँ; परंतु कलकत्ता में थे तब सिर्फ एक बार मिले। अब कितने लोगों को सतत पत्र लिखते हो, पर माँ को एक पत्र भी नहीं लिखा।'

'क्योंकि...क्योंकि...' अचानक विवेकानंद सुबकने लगे। सारा शरीर गद्गद हो उठा। कुछ देर के बाद उन्होंने कहा, 'मैं अपनी माँ से बहुत प्यार करता हूँ। इतना प्रेम मैंने अन्य किसी से नहीं किया। यह बात वह जानती है। मेरी भावनाओं को व्यक्त करने के लिए विश्व में एक भी शब्द नहीं है। मेरी भावनाएँ शब्दातीत हैं।'

'तुम्हें दुःख देने का मेरा उद्देश्य नहीं था। परंतु पति के निधन के बाद अकेली माता को सहारा न देते हुए तुमने संन्यास ग्रहण किया, इसलिए पूछा।'

'अब तो कहो, कौन हो तुम?'

'मेरी बात छोड़ो। उस शास्त्र-चर्चा के बाद तुम पंडितों के साथ जाना चाहते थे?'

'मात्र शास्त्रार्थ करने में ही मैं अपना जीवन व्यतीत करना नहीं चाहता। इस घड़ी में मुझे पूरी तरह से आकलन नहीं हुआ है, तथापि घने अँधेरे में एक किरण शलाका उभर रही है। मार्ग दृष्टि-पथ में आएगा। प्रश्न बस इतना ही रहेगा, मार्ग तो मिल गया, परंतु संभव-असंभव करने की मेरी क्षमता है या नहीं।'

'यह सारा कैसे सोच लिया तुमने?'

'मन में मार्ग तो थे, परंतु निश्चित आकलन हुआ शंकर शास्त्री के कथन के कारण। उन्होंने कहा, 'मुझे नहीं लगता कि अपने ही देश में धर्म-प्रचार करके अथवा भूखे लोगों को धर्म-संगठना का उपदेश देके फिलहाल कुछ लाभ होगा। संस्कृति का सर्वसमावेशक भाव, व्यापक उदात्त दृष्टिकोण कम-से-कम आज यहाँ के लोगों को समझाने में कोई तुक है। कहते हैं न, भूखे भजन न होइ गोपाला। अतः अपनी शक्ति का, बुद्धि का उपयोग यहाँ न करते हुए पश्चिमी देशों में जाओ। आज उनका पेट भरा हुआ है। आपकी बात वे सुनेंगे, धर्म की श्रेष्ठता वे मान जाएँगे। और धनिक देशों से आज निर्धन बने लोगों की सहायता होगी।'

'और एक महत्त्वपूर्ण लाभ होगा कि हमारे देश के आज के युवक पश्चिमी विचारधारा से प्रभावित हैं। ऐसे समय पश्चिमी लोगों द्वारा हमारे विचार यहाँ आ गए तो उन्हें उनका महत्त्व स्वीकार होगा। पश्चिमी विद्या पर हमारी संस्कृति की रोशनी बिखरेगी न, तब आज की युवा पीढ़ी जाग्रत् होगी।'

उस दिन, पोरबंदर के किनारे पर खड़ा था तब अस्ताचल पर जा रहे सूर्यदेव ने भी मुझसे कहा, 'प्रकाशमान बनो। कुछ समय के लिए मैंने यहाँ से विदा ली, तथापि कल पुनः नए तेज से, नवचैतन्य से मैं आऊँगा। तुम भी इसी तरह पश्चिमी देशों में जाकर उन्हें अपनी संस्कृति का आलोक दे दो। तुम ज्ञान सूर्य हो, तुम धर्म सूर्य हो, तुम चैतन्य सूर्य हो। समस्त विश्व अपने प्रकाश से चमकाओ। इन वचनों को मैंने जतन किया है। मेरा पूरा शरीर चैतन्य से सरसरा रहा है।'

'अर्थात् अब तुम भव्य-दिव्य सपने पश्चिमी देशों में जाकर पूरे करोगे। अर्थात् पर-ग्रह से पृथ्वी को प्रकाशमान् करोगे।'

'नहीं-नहीं, ऐसा कुछ नहीं। इस पल में शरीर में चैतन्य का संचार हो गया। परंतु जिसके हाथ में फूटी कौड़ी नहीं वह वहाँ कैसे जा सकेगा?'

'जाओगे वत्स, अवश्य जाओगे। परंतु मुझे भूल तो नहीं जाओगे? तुम्हारे बिना मैं अधूरी हूँ। तुम्हारे लिए मैं तड़प रही हूँ। तुम्हारे चले जाने के बाद मैं पलक पाँवड़े बिछाकर तुम्हारी प्रतीक्षा करूँगी। अब मैं तुमसे विदा लेती हूँ। परंतु अब सोना नहीं। पूर्वाचल पर अरुणोदय हो गया है।'

'मेरी नींद अभी पूरी नहीं हुई। कब से आँखों में जमा हो रही है। रात-रात जागकर थककर चूर हो गया हूँ।'

'चिता से चिंता बुरी होती है। परंतु उपाय न करते हुए चिंता करना, यह तो उससे भी बुरा है। इच्छा होते हुए भी अब तुम्हारा सोते रहना ठीक नहीं। उठो अब।'

नींद में ही उन्होंने गौर किया, उनके पगों पर फिर रही उँगलियाँ अब फिर नहीं रही हैं। वे उठकर बैठ गए। पूर्वाचल पर अरुणोदय हो गया था। दृष्टि के सामने क्षितिज तक हरित वरुण, शस्य-श्यामल वसुंधरा का सुंदर रूप था। पास ही मंद-मंद बहती सरिता थी।

वही थीं···वही थीं, जो रात भर उनके पग दबा रही थीं। वही, उनकी भूमाता, वसुंधरा, सुकेशा, मधुरभाषिणी, चारुगात्री, सुहास्य वदना भारत माता। वही उनके पैर दबा रही थीं। उन्होंने कहा, अब घोड़े बेचकर सोने से नहीं चलेगा। चलो, उठो, कार्य-तत्पर हो जाओ। इस तरह संकेत भी किया। उन्होंने पैरों में खड़ाऊँ डाली (काँठ की बनी खूँटीदार खुली पादुका) और कंधे पर झोली लटकाकर चलने लगे। सूरज उनके पीछे-पीछे आ रहा था।

□

सन् १८९२ का सितंबर महीना। पोरबंदर से द्वारका, मांडवी, पालीताना, घूमकर विवेकानंद बड़ौदा आ गए थे। बड़ौदा के दीवान मणिभाई के घर रहकर वे खंडवा गए। बंबई में बैरिस्टर सेठ रामदास छबीलदास के यहाँ कुछ दिन ठहरकर वे पूना जाने के लिए तैयार थे। मराठों का इतिहास यहीं पर लिखा गया। ऐतिहासिक तथा सांस्कृतिक दृष्टि से समृद्ध शहर पूना उन्हें देखना था।

वे रेल के दूसरे दरजे के डिब्बे में बैठे थे। उनके सामने कुछ महाराष्ट्रियन युवक बैठे थे। एक संन्यासी सेकंड क्लास में यात्रा कर रहा है, यह बात उन्हें अखरी। वे आपस में अंग्रेजी में बातें करते हुए उनकी खिल्ली उड़ाने लगे। उसी डिब्बे में उग्रदल के बाल गंगाधर तिलक भी थे जो हमेशा सरकार पर स्पष्ट, खरा-खरा टीकास्त्र छोड़ते थे। समाचार-पत्र पढ़ते-पढ़ते उन्होंने उनका संभाषण सुना।

'वाकई कितना सुंदर, सुदृढ़ है, तिस पर युवा भी है।'

'आजकल संन्यास एक बिजनेस बन गया है।'

'सच है भाई, संन्यास गुड जॉब है। नौकरी के लिए कहीं भी निवेदन-पत्र लिखने की आवश्यकता नहीं, हाँ जी-हाँ जी करने की जरूरत नहीं, न किसी की लल्लो-चप्पो। सम्माननीय तथा प्रतिष्ठित व्यवसाय है संन्यासी होना। न घर की जिम्मेदारियाँ, न पत्नी के ताने, न बच्चों की कीटकीट सुनो। जब जी चाहे उठो, चलते बनो, जी चाहे आराम फरमाओ, भूख लगने पर भिक्षा पात्र आगे बढ़ाओ। तुरंत सम्मानपूर्वक भिक्षा से झोली भरती है। न परिश्रम, न मेहनत की जरूरत, न किसी बात की चिंता। सत्य ही संन्यास ग्रहण करना अच्छी बात है।'

लोकमान्य तिलक सुन रहे थे। उन्होंने युवकों से कहा, 'आप उस युवा संन्यासी के बारे में कुछ भी नहीं जानते। तिस पर वह शांत, चुपचाप बैठा है। आप लोग व्यर्थ ही उसके पीछे क्यों पड़े हैं?'

'देखो मिस्टर, उसकी साइड मत लेना। हम जो कह रहे हैं, वह बावन तोला पाव रत्ती सच है और उसे कहाँ हमारा संभाषण समझ में आ रहा है। वह चुपचाप बैठा है, क्योंकि उसे अंग्रेजी नहीं आती। आप उसकी तरफदारी न करें।'

'बिलकुल सही है। उसका पक्ष लेने की भला आपको क्या पड़ी है! क्या लगता है वह आपका?'

'एक सभ्य, शिष्ट व्यक्ति की तरह वह शांत बैठा है। और भला आप क्या जानते हैं संन्यास-धर्म के विषय में? प्रथम संन्यास-धर्म जान लें।'

'देखो मिस्टर, हमारे घर के पास एक दत्त मंदिर है। वहाँ हर रोज महिलाओं की भीड़ रहती है। हर रोज कोई-न-कोई साधु-संन्यासी वहाँ आता है, प्रवचन देता है। हमारे

देश का जो विनाश हो रहा है न, इसका कारण ये मुफ्तखोर संन्यासी ही हैं। देखिए न, कैसे सेकंड क्लास में ठाट से बैठा है विदाउट टिकट।'

'माय फ्रेंड्स···' गहन-गंभीर आवाज से वे युवक चौंके।

'आय ॲम यंग, हैंडसम ॲन्ड बेगर संन्यासी···भिखमंगा साधु···'

युवकों की तो बोलती बंद हो गई। वे एक-दूसरे की ओर देखने लगे। उस संन्यासी की धाराप्रवाह अंग्रेजी से वे चकित हो गए। विवेकानंद ने आगे कहा, 'मित्रो, मेरे पास सेकंड क्लास का टिकट है।' अपनी कफनी की जेब से टिकट निकालकर उन्होंने दिखाया। युवकों के सारे शब्द गले में अटक गए।

'दोस्तो, इस विश्व में अति प्राचीन संप्रदाय है संन्यासियों का। माया-मोह दूर करके, जो मिलेगा वही भक्षण करते हुए, भूख पेट में रखकर सो रहे व्यक्ति को संन्यासी नहीं कहा जाता।'

समाचार-पत्र पढ़ने में मग्न लोकमान्य तिलक के कानों में ये शब्द पड़ते ही अखबार को तह करके रखकर वे सुनने लगे। विवेकानंद कह रहे थे, 'आज तक इन संन्यासियों ने ही समाज को जीवित रखा है, धर्म अबाधित रखा है, समाज को ज्ञान प्रदान किया है। हमारे ऋषि-मुनि संन्यासी ही थे। उन्होंने कठोर साधना करके सिद्धि प्राप्त की, अनुभूति से विज्ञान को समझा और उसे समाज को दिया। ऋषि-मुनियों ने वेदों का निर्माण प्रगाढ़ अनुभूति से ही किया। आद्य शंकराचार्य भी तो संन्यासी ही थे। प्रत्येक युग में हर समय संन्यासी वर्ग मानव के कल्याणार्थ अपना जीवन समर्पित करता रहा; समाज को सामर्थ्य, ज्ञान, भक्ति और कर्म की शिक्षा देता रहा है।'

'आपका परिचय?' लोकमान्य तिलक ने पूछा।

'मैं—माता का पुत्र, गुरु का शिष्य, भारत माता का संन्यासी पुत्र।'

'गुरु का शिष्य? कौन से गुरु का?'

विवेकानंद मुसकराते रहे।

लोकमान्य तिलक ने कहा, 'मेरी जानकारी के अनुसार श्री रामकृष्ण परमहंस के शिष्य भारत के लिए निकले हैं। इंदौर में ही यह खबर मिली थी। आप वही तो नहीं? मैं···मैं बाल गंगाधर तिलक।'

वह नाम सुनते ही युवा मंडली चौंककर गाड़ी में ही खड़ी रही और विनम्रतापूर्वक प्रणाम करते हुए उन्होंने कहा, 'आप बाल गंगाधर तिलक अर्थात् लोकमान्य तिलक हैं? हम आपके क्षमा प्रार्थी हैं।'

'मुझसे क्यों क्षमा माँग रहे हैं? इस युवा संन्यासी से क्षमा माँगो।'

'स्वामीजी, कुछ दिनों के लिए आप मेरे घर में प्रवास करें। आप रामकृष्ण के शिष्य हैं। आपका आतिथ्य करने में मुझे बड़ी प्रसन्नता होगी।'

'मैं आपके घर नहीं रह सकता। संन्यासी के लिए यह सब वर्जित है।'

'स्वामीजी के लिए घर, राजमहल और वनवास एक समान ही है। अत: आपके साथ बैठकर चर्चा करने में मुझे बड़ी प्रसन्नता मिलेगी। पूना स्टेशन आ रहा है⋯आप यदि यहाँ उतर गए तो⋯'

'मैं अवश्य आता हूँ।' विवेकानंद ने कहा।

उन युवकों ने विवेकानंद से क्षमा माँगी।

विवेकानंद ने मुसकराते हुए कहा, 'मित्रो, किसी को भी कम न समझना। जो गुण तुम लोगों में हैं, हो सकता है वह मुझमें नहीं हो, अन्य लोगों में न हो। इसका अर्थ वे आपसे कम, न्यून नहीं हैं। सारे एक ईश्वर की तो संतान हैं—यही भावना मन में रखें।'

लोकमान्य तिलक के साथ विवेकानंद पूना स्टेशन पर उतर गए। तिलक सदृश चतुरस्त्र, असीम राष्ट्रभक्त व्यक्ति से चर्चा करते समय विवेकानंद बहुत प्रसन्न हो गए थे।

धर्म, दर्शन, भगवद्‌गीता में श्रीकृष्ण का विराट् स्वरूप दर्शन, वेद-वेदांत, धर्म, चिकित्सा, इतिहास, व्याकरण, गणित, तर्क इस तरह विविध विषयों का जिक्र उनके वार्त्तालाप में किया जा रहा था। हर रोज नए-नए वर्तमान विषयों पर तिलक चर्चा करते, तब वे अंग्रेजों पर कसकर आलोचना करते। उस समय वे ज्वालाग्राही बनते, धधकती मशाल बनते तो वहीं भारतीयों के अज्ञान, निर्धनता, गरीबी का जिक्र करते समय वे अत्यंत भावुक बनते। एक ही व्यक्ति के दो रूप अनोखे थे। विवेकानंद के लिए यह अनुभव अनोखा था। तिलक, जिन्हें उत्कट राष्ट्रभक्ति और हिंदुत्व का जाज्वल्य अभिमान था। विवेकानंद के मन में एक नया स्फुलिंग प्रज्वलित कर रहे थे। वर्तमान जीवन, सुनहरा अतीत तथा उज्ज्वल भविष्य की कामना हो तो कार्य में उत्कटता होनी चाहिए। राष्ट्र के प्रति समर्पित भाव चाहिए। शास्त्राभ्यास की आवश्यकता है। इसका उन्होंने विवेकानंद को एहसास दिलाया।

तिलकजी के घर महीना भर प्रवास करके वे महाबलेश्वर के लिए निकल पड़े। महाबलेश्वर की सड़क पर विवेकानंद चले जा रहे थे कि लिंबडी के महाराज की फोर्ड गाड़ी अचानक उनके पास आकर रुकी। सोच में डूबने के कारण वे चौंके और अपने स्थान पर खड़े रहे। गाड़ी से लिंबडी के महाराज उतरे।

'गुरुदेव, यहाँ कैसे? और ऐसी अवस्था में?'

'महाराज, हिमाचल प्रदेश से मध्य संयुक्त प्रांत, राजस्थान सबकुछ देख लिया। अब दक्षिण भारत का रुख अपनाया है और मैं ठीक हूँ।'

'अब मैं आपकी एक नहीं सुनूँगा। कृपया मेरे साथ चलें। मुझसे आपकी यह अवस्था देखी नहीं जाती। पैरों में खड़ाऊँ भी नहीं। सतत भ्रमण न करें। आपका स्वास्थ्य ठीक नहीं रहेगा। देह भले ही हृष्ट-पुष्ट, सुदृढ़ हो, लेकिन उसकी भी कुछ सीमाएँ हैं न! मेरे साथ चलें, गाड़ी में बैठें।'

'महाराज, आपके अटूट प्रेम का मुझे एहसास है। मेरे प्रति आपके मन की चिंता भी मैं समझ सकता हूँ। एक तो मैं ठहरा संन्यासी। अलिखित नियम है कि संन्यासी एक ही स्थान पर न रहे। उससे मोह निर्माण होता है। दूसरी बात यह है कि मेरे गुरुदेव श्री रामकृष्ण मुझे एक जिम्मेदारी सौंपकर गए हैं। जब तक उसे पूरी नहीं करता, राजमहल के ऐशो-आराम भी मुझे सुकून नहीं देंगे। मुझ पर ऐसा ही स्नेह रखें। जितना मुझसे प्रेम है उतना ही निर्धनों से भी करें।'

महाराज गद्गद हो उठे। उनका चरण स्पर्श करते हुए उन्होंने कहा, 'इतना निस्स्वार्थी तथा समाज-हितैषी योगी पुरुष मैंने आज तक नहीं देखा।'

महाराज को गाड़ी में बैठना अच्छा नहीं लगा। विवेकानंद ने मुसकराते हुए कहा, 'आप यहीं पर रुकें। मैं पैदल आगे बढ़ता हूँ, ताकि आपको संकोच न हो।'

और विवेकानंद बेलगाव की ओर चलने लगे। अभी बहुत चलना है। काफी दूर आने पर उन्होंने एक घर में भिक्षा माँगी और रात के लिए आसरा। इस तरह कितने गाँव, कितने लोग। कहाँ-से-कहाँ तक फैला हुआ है यह भारत। विशाल भारत, मेरा भारत। यह वसुंधरा मेरी, यह नीला आकाश मेरा, यह हरित सृष्टि मेरी, ये दसों दिशाएँ मेरी, यह झिरझिराता मंद-मंद गंधित समीर मेरा, ये सरिताएँ भी मेरी, सबकुछ मेरा—सब मेरा…

और मैं कौन? मैं किसका? मैं रक्षक हूँ, अत: इस वैभव की रक्षा करूँ, इसका जतन करूँ या दीन हीन पद दलित? मैं संन्यासी हूँ, जो हाथ में कमंडलु और दंड थामता है या मैं धर्मज्ञानी हूँ? मैं केवल पथिक ही हूँ, जो यह कहता फिरता है कि मुझे धर्म-ज्ञान है? मैं मात्र साधक हूँ। मुझे शास्त्र-ज्ञान है, यह कहता फिरता है। यह ज्ञान चार लोगों को देकर क्या होगा? फिलहाल पेट में अन्न का दाना नहीं। ऐसे भूखे-प्यासे लोगों के लिए मैं क्या करता हूँ? इसका विचार कब करूँगा कि यह सुंदर सुललित वसुंधरा, यह धरती माता मुझसे क्या चाहती है?

राज्य-क्रांति करने की मुझमें शक्ति है?

धर्म संगठन की कुशलता मुझमें है?

मेरे पास इतनी फुरसत, इतना समय है कि मैं अनपढ़, अशिक्षित को सुशिक्षित करूँ?

मेरे पास कुछ ऐसे उपाय हैं, जिनसे राष्ट्र सुगठित तथा संपन्न हो? या केवल घुमक्कड़ बनता फिरता रहूँ?

कहाँ तक और कितना भ्रमण करना है मुझे?

समय अमर्यादित है, परंतु मेरे जीवन की तो मर्यादा है, इसका भान रखकर ही जीना चाहिए न!

सोचते-सोचते हमेशा की तरह भोर होते-होते उनकी आँख लग गई।

: आठ :

संध्या की धुँधली छायाएँ वातावरण में थीं। पश्चिमी क्षितिज पर विविध रंगों का बिखरना समेटकर अब रविराज पश्चिम की ओर अस्तगत होने की तैयारी में जुटे थे। शेष बची किरणों को भी उन्होंने समेटा और वह सागर में कूद पड़े। इतनी जल्दी से कि विवेकानंद देखते ही रह गए और पलक झपकने की देरी थी कि चंद्र सागर पर तैरता हुआ दिखाई देने लगा।

प्रगल्भ सूर्य के जीवन के आलेख के साथ अस्त तो उसी समय एक प्रगल्भ महापुरुष चंद्र का उदय कितना रोमांचकारी। वसुंधरा को किसी चीज की कमी ना रहे, इसकी प्रकृति को कितनी चिंता है और उसी वसुंधरा को मानव द्वारा अपार दुःख मिल रहा! यह दुःख नियति-प्रणित नहीं, कर्मभोग का संचित दुःख नहीं तो मानव ने ही मानव का सुख नोच-खसोटकर ले लिया। यह सामंतशाही का स्वार्थी आवरण। विवेकानंद सोच रहे थे। सागर का प्रचंड नर्तन शुरू था। सृष्टि की यशोगाथा के आवर्तन शुरू थे। महाकाय लहरें उभर रही थीं और किनारे से टकरा रही थीं। वसुंधरा का वह किनारा, वह आवेग सहते हुए स्थितप्रज्ञ सदृश खड़ा था।

कल ही विवेकानंद कन्याकुमारी पहुँच गए थे। कन्याकुमारी के उस गाँव में प्रचंड गरीबी थी। खाने के लिए रोटी नहीं, ओढ़ने के लिए कपड़ा नहीं, रहने के लिए मकान नहीं। अज्ञान का गहरा अँधेरा। उन झुग्गियों में चलती-फिरती लाशें घूम रही थीं। यह देखकर विवेकानंद तड़प उठे।

कन्याकुमारी गाँव में घूमते-घूमते वे एक झुग्गी के पास रुक गए। भिक्षा पात्र आगे बढ़ाने का निश्चय करके भी उनका हाथ आगे नहीं बढ़ा। झुग्गी में तीन छोटे-छोटे बच्चे मिट्टी के कटोरे में रखे चावल के पसाव के लिए आपस में लड़ रहे थे। एक काली, अस्थिपंजर, दुबली-पतली स्त्री हीन-दीन स्वर में उनसे कह रही थी कि 'झगड़ा मत करो।' उसकी क्षीण आवाज किसी को भी सुनाई नहीं दे रही थी और एक जीवंत अस्थिपंजर देह एक कंबली पर लेटी थी। कहीं आखिरी साँस तो नहीं गिन रहा था?

दिन भर वे घूम रहे थे, जैसे पाँव में शनीचर हो। जंगलवासियों, वनवासियों की यह दयनीय अवस्था। अब तक किसी प्रकार की रोशनी उन तक नहीं पहुँची थी। गाँव में स्थिति मिशनरी लोगों के कारण काबू में आई थी। उन्होंने ग्रामवासियों को ईसाई धर्म दिया था। भूख से तड़प रहे इनसान को हिंदू धर्म में रहने से अधिक ईसाई धर्म को अपनाना स्वीकार था। जगह-जगह पर ईसाई केंद्र थे।

सात समंदर पार करके भारत पर शासन कर रहे अंग्रेजों की कल्पकता, बुद्धिमत्ता, धर्म-प्रसार करने की लगन से वे चकित हो गए। उनके साहस की दाद देने की उन्हें इच्छा हो गई।

पूरा दिन कन्याकुमारी घूमते-घूमते वे भूख-प्यास भूल गए। वे संध्या समय एक पेड़ के नीचे बैठे थे। उसी समय एक मल्लाह की झुग्गी से एक स्त्री बाहर निकली। संध्या हो गई थी। उसने सोचा, बाहर कोई भी नहीं है, इसलिए वह अल्प वस्त्रों में बाहर आई और विवेकानंद को सामने देखकर वापस लौट ही रही थी कि विवेकानंद उठ गए। उन्होंने अपने मस्तक पर बाँधा फेंटा खोलकर उस वस्त्र को उसके कंधों पर डाला।

वह स्त्री उनके चरणों में झुक गई। भाषा बिना संवाद एक-दूसरे ने समझ लिया। विवेकानंद ने उसकी डबडबाई हुई आँखों को देखकर कहा, 'अम्मा!' उस एक अर्थपूर्ण शब्द से वह गद्गद हो उठी। संकेत से उसने अपनी झुग्गी में बुलाया। उस स्त्री का पति शराब पिए धुत पड़ा था। उसे बिलकुल होश नहीं था। उसका दस-बारह साल का बेटा बुखार से तप रहा था।

विवेकानंद उस बालक के पास आ गए। सूखकर काँटा बने उस बालक का बदन गीले कपड़े से पोंछते ही उसका बुखार उतर गया। वह बालक आँखें खोलकर मुसकराया। उसका बुखार फिर से बढ़ने लगा। सुबह तक उसका बुखार उतरा। उसने विवेकानंद का हाथ पकड़कर, कसकर पकड़ रखने का प्रयास किया। विवेकानंद मुसकराए। उसके होंठों पर भी क्षीण मुसकान उभरी और फिर उसने अपनी आँखें बंद कर लीं—हमेशा-हमेशा के लिए।

सारा तनाव असहनीय होकर वे फूट-फूटकर रोने लगे। उस बच्चे की माँ अपनी भाषा में उन्हें समझा रही थी। परंतु विवेकानंद के लिए सबकुछ असहनीय हो गया था। वह मनुष्य अब जग गया था। अपने बेटे की मौत देखकर वह दहाड़ें मारकर रोने लगा। विवेकानंद उठकर बाहर आ गए। वह भी उठकर बाहर आ गया। उन्हें बार-बार हाथ जोड़कर जाने से मना कर रहा था, परंतु अब उनसे रहा नहीं गया। वे चलने लगे।

दोपहर हो गई। कल से उन्होंने भोजन नहीं किया था। चलते-चलते पैरों में दर्द होने लगा था। बहुत ही मनस्ताप होने से सिरदर्द होने लगा। दुःख, दुःख अपार, असीम, अनंत दुःख। उस दुःख से वे व्यथित हो गए थे।

घूमते-घूमते वे कन्याकुमारी के सागर तट पर आ गए। यह कुमारी कन्या, जो श्री शिवशंकर की आराधना करती थी, पति के रूप में जिसका वरण किया—वह कुमारी कन्या अंत तक कुमारी ही रही। श्री शिवशंकर साधना से कभी मुक्त नहीं हुए, न उन्होंने कभी उस कुमारी कन्या की ओर ध्यान दिया।

भारत की अंतिम सीमा। इसके बाद अनंत-अथाह सागर का अधिराज्य। सुदूर स्थित रावण की लंका और उससे परे अनंत देश, सागर में ही खड़े भूभाग। वे भारत की ओर मुँह करके खड़े रहे। उन्हें प्रत्येक भाग दिखाई दिया। प्रत्येक प्रदेश, प्रत्येक रियासत का स्मरण हो गया। संपूर्ण भारत विशाल होने के एहसास से वे प्रसन्न हो गए। उन्हें

साथ-साथ इस बात का भी एहसास हो गया कि इसी भारत में विशाल दुःख है, अनेक समस्याएँ हैं, अनेक अनचाही रूढ़ियाँ, परंपराएँ हैं, अनेक धर्म हैं और सारा वैभव-संपन्न, आत्मविस्मृत इतिहास यहाँ पर है।

किनारे पर घूमते-घूमते ही कुछ दूरी पर उन्हें विशाल शिलाखंड दिखाई दिया। अनेक लहरों की टकराहटें सहते-सहते यह स्थिर हो गया है, शांत हो गया है। परंतु भारत की अनेक परिस्थितियों का अवलोकन करते-करते वे बेचैन हो गए। किनारे पर दो-तीन नौकाएँ लहरों के साथ हिलोरें खा रही थीं। आसपास माँझी नहीं दिखाई दे रहा था। अब उसका मन आतुर हो गया। उन्होंने कमंडलु तथा दंड किनारे पर रखा और पानी में कूद पड़े। पानी कितना गहरा है। पानी में मगरमच्छ हैं, मछलियाँ हैं, मूँगे की चट्टानें हैं आदि बातों का विचार भी उनके मन में नहीं आया।

उन्हें सागर में कूदते देखकर किनारे पर स्थित झुग्गी से मल्लाह भागा-भागा आ गया और चिल्लाकर उन्हें रोकने का प्रयास करने लगा। पूर्णिमा का दिन होने के कारण सागर में प्रचंड ज्वार उमड़ा था। कोई भी नाविक पानी में अपनी नैया छोड़ने के लिए तैयार नहीं थे। ऐसे समय विवेकानंद पहने हुए वस्त्रों सहित अपने आपको पानी में झोंकते हुए उस शिलाखंड के निकट पहुँच गए और पानी, क्षार तथा हवा से नुकीली बनी कंदरा को पकड़कर ऊपर चढ़ गए। हाथ-पाँव छिल गए। उस पर सागर के जल का स्पर्श होते ही कटे हुए हिस्से में बहुत जलन होती; परंतु उन्हें किसी बात की भी परवाह नहीं थी। ऊपर उस शिलाखंड का चट्टान बहुत ही समतल तथा प्रशस्त था। प्रचंड गति से उमड़ती लहरों का गर्जन-तर्जन, सागर से आ रही खारी व गीली हवा से सारे बदन में कँपकँपी आती। परंतु उन्होंने ठान ली थी कि जब तक उन्हें स्वस्थ शांत मार्ग नहीं मिलता तब तक नीचे नहीं उतरूँगा और उनका यह दृढ़ निश्चय था।

उस माँझी की आवाज से अन्य झुग्गियों के नाविक भी तुरंत बाहर निकले। उन्हें कभी ऊँचाई पर तैरते विवेकानंद दिखाई देते, कभी वे लहरों के नीचे गायब हो जाते। बहुत देर तक वे दृश्य देखते रहे। आखिर संध्या हो गई तो वापस लौटे।

कल से उनके पेट में अन्न का दाना नहीं था। अब तो यहाँ पानी भी नहीं, परंतु उन्हें किसी की परवाह नहीं थी।

हे ईश्वर! तुम निराकार हो और सृष्टि रूप में साकार हो। जल में, स्थल में, काष्ठ में, पाषाण में मुझे तुम्हारी प्रतिमाएँ दिखाई देती हैं। तुम मेरे साथ चल रहे हो। तो फिर तुम वह दुःख क्यों नहीं देखते, जो मैं देख रहा हूँ? मेरी भूमि का सुवर्ण इतिहास आज कहाँ गायब हो गया? भ्रष्ट, भोगी, विलासी लोगों के कारण देश का वर्तमान सड़-गल गया है। भविष्य, वातावरण में भर रहे अँधेरे के समान मेरे चारों ओर से जमा हो रहा है। कहीं प्रकाश रेखा नजर नहीं आ रही। बस, अँधेरा-ही-अँधेरा…।

हे भगवान्! तुम्हारे वचनों की आस लगाए बैठा था। तुम ही कहते थे न—

यदा यदा हि धर्मस्य ग्लानिर्भवति भारत।
अभ्युत्थानमधर्मस्य तदात्मा सृजाम्यहम्॥
परित्राणाय साधूनां, विनाशाय च दुष्कृताम्।
धर्म संस्थापनार्थाय संभवामि युगे युगे॥

फिर अपने शब्दों को तुमने घूमजाव आदेश दिया? या इस कलियुग में तुम आना नहीं चाहते? कलियुग में ही हर व्यक्ति की मति मारी जाती है न? फिर तुम उन्हें सीधा क्यों नहीं करते? उन्हें सही रास्ते पर क्यों नहीं लाते? आज राजे-महाराजे भोगी विलासी हो गए हैं, धनिक धन के पीछे भाग रहे हैं। सरकार शोषण कर रही है और सामान्य जनता पीसी जा रही है। वे लोग, जो अज्ञान की खाई में, गहरी निराशा-हताशा में जी रहे हैं, अब जीवित लाश बन गए हैं।

धर्म शतखंड तो नहीं हुआ, परंतु धर्म का स्वरूप संकीर्ण हो गया है। पाप-पुण्य की कठोर परिभाषा करने में तथा धर्म का अपने स्वार्थ के अनुरूप अर्थ निकालने में धर्म पंडित मग्न हैं।

युवा पीढ़ी, जो राष्ट्र की रीढ़ है, चार अंग्रेजी कक्षाएँ पढ़-लिखकर अंग्रेजों की गुलामी, हाँ जी, हाँ जी करने में अपने आपको धन्य समझ रही है और मेरी भारत माता पराधीन है। मेरी सैकड़ों-लाखों माताएँ आक्रोश कर रही हैं। हे ईश्वर! तुम कहाँ हो?

भारत का यह चित्र बार-बार उनकी आँखों के सामने आ रहा था। देखते-देखते रात हो गई। अभी-अभी रंगारंग हो रहे सतरंगी आकाश को अब अँधेरा स्पर्श होने लगा था। सागर का पहले का इंद्रधनुषी रंग, बाद में केसरिया रंग अब बदलकर कलझवाँ हो गया था। सागर की लहरें एक लय पकड़कर मंद-मंद थिरक रही थीं। दूसरी आवाज कहीं भी नहीं थी। शिलाखंड से कन्याकुमारी का किनारा दस मील भी दूर नहीं था, पर उसे भी उस काले-कलूटे अँधेरे ने निगल लिया। उस प्रचंड एकाकी, गूढ़ वातावरण में विवेकानंद बैठे थे। परंतु वे निर्भय थे। एक बार मृत्यु का भय जीत लिया, फिर बाकी भय ही काहे का?

यह अवस्था केवल चंद घड़ियों की थी। थोड़ी ही देर में आकाश में ऊपर-ऊपर चंद्रमा चढ़ रहा था। गहरे नीले आकाश में चमचमाते नक्षत्रों की भीड़ लगी थी और संपूर्ण वातावरण चंदेरी रंग में रँग गया था। सागर की लहरें चमचमाने लगीं। वातावरण में ठंड बढ़ने लगी। शरीर में कँपकँपी आने लगी। उस निर्जन शिलाखंड पर किसी प्रकार के अस्तित्व का निशान नहीं था।

उन्होंने आँखें मूँद लीं। बाह्य संज्ञा खोने लगी थी। चित्त एक अनोखे ही विश्व में

चला गया। मन, जो निराकार की राह पर चल रहा था सजग व सतर्क था। वह भारत के भविष्य के सुनहरे सपने देखने में दंग था। वह इसकी खोज में था कि वर्तमान में परिवर्तन लाने की शक्ति कैसे प्राप्त होगी।

बीच-बीच में आह भरते हुए वे कहते, 'हे भगवान्! कलकत्ता से गुरुदेव की आज्ञा से भारत का सत्य दर्शन करने निकल पड़ा। उत्तर भारत, मध्य भारत, पश्चिम भारत देखा; पूर्व भारत देखा। बेलगाम से मैसूर आ गया। मैसूर के महाराज ने मेरी भूरि-भूरि प्रशंसा की। वस्तुतः पश्चिमी दर्शन की जीवन-धारा का अध्ययन मैंने कॉलेज में ही किया था। पदवी तक शिक्षा ग्रहण की थी। ठाकुरजी के चार वर्षों की संगत में आध्यात्मिक जीवन निकट से देखा। योग, साधना, समाधि का अनुभव किया था और लगभग सात-आठ वर्ष से मैं सतत भ्रमण कर रहा हूँ।

'अनेक गाँव, मनुष्य स्वभाव के कई नमूने, अनेक प्रसंग, अनेक अनुभव मेरे पास इकट्ठे हो गए हैं। परंतु सर्वाधिक एहसास हुआ दुःख, निर्धनता, गरीबी, अज्ञानता, निरक्षरता, कर्मण्यता, पराधीनता और दूसरी ओर प्रचंड धन, स्वार्थ के लिए धन की विपुलता और धन पाने की बेहद आस।

'हे ईश्वर! धनिकों का धन वे समाज को प्रदान करें इसके लिए प्रयत्न किया। मैसूर के महाराज द्वारा मुझे उपहार में दिए गए उन अमूल्य रत्नों का समाज हिताय प्रयोग करो—यह भी मैंने कहा। महाराज से यह भी कहा—मेरी सेवा मत करो, दीन-दुःखी लोगों की सेवा ही मेरी सेवा समझो।'''

'मैसूर के महाराज ने एक दिन विद्वानों की सभा आयोजित की। अनेक विद्वान् धर्मपंडित भी वहाँ उपस्थित थे। संस्कृत का मेरा अध्ययन देखकर उन्होंने कहा कि आप अंग्रेजी भी उत्तम बोलते हैं, संस्कृत के भी अभ्यासक हैं। आपके धर्म विषयक सिद्धांत सुनने के लिए हम बहुत उत्सुक हैं।'

मैंने उनसे पूछा, 'धर्म का अर्थ क्या है?'

तुरंत दूसरा प्रश्न पूछा, 'धर्म का दृश्य स्वरूप क्या है?'

उनमें से एक ने कहा, 'हम आपसे पूछ रहे हैं और आप हमसे पूछते हैं, क्या है इसका अर्थ?'

'धर्म का अर्थ शास्त्र, पुराण, स्मृति, श्रुति, वेदोक्त ज्ञान?' मेरा प्रश्न।

'अर्थात्। इन सभी द्वारा दी हुई जीवन आचार-संहिता ही धर्म है।'

'क्या धर्म का अर्थ यही है कि परंपरा, रूढ़ि तथा ग्रंथोक्त नियमों का पालन करना?'

'अर्थात्! ऋषि-मुनियों के दिए हुए आचार-नियम ही धर्म हैं।'

'परंतु आज वही स्थिति, वही जमाना नहीं है जब ऋषि-मुनि रह रहे थे। उस युग

में त्रिकाल-बाधित सत्य नियम उन्होंने किए थे, तथापि उन नियमों का मूल्य कायम रखकर अर्थात् चित्र कायम रखकर क्या हम चौखट बदल नहीं सकते? धर्म लचीला हो। धर्म शाश्वत मूल्यों, नैतिक मूल्यों की अलिखित आचार-संहिता है।'

'धर्म का दृश्य स्वरूप समाज संगठन है। समाज-विकास पर्याय से राष्ट्र-विकास क्या आज होता है?'

मेरा प्रश्न सुनकर विद्वान् सभा सोच में पड़ गई। यह सभा, जो अभी तक धर्म डुबोनेवाले लोगों के संबंध में बात कर रही थी, शांत हो गई। मैंने कहा, 'देश में आज अन्नान्न दशा है। वे किस धर्म का पालन करें? देश में करोड़ों रुपए हैं, परंतु उसकी चाबियाँ अंग्रेजों के हाथ में हैं। शोषणकर्ताओं को दूर हटाना छोड़कर हम कह रहे हैं कि धर्म इस वजह से डूब गया, क्योंकि आचार रूढ़ि का पालन नहीं हो रहा।

'धर्म पंडितो, आपको बुरा लगेगा, परंतु सत्य कहे बिना मुझसे रहा नहीं जाता। पहले अपना देश स्वतंत्र करो, भूख से पीड़ितों को अन्न दो, ज्ञान दीप जलाओ, फिर अपने परंपालन का अनुरोध करो। धर्म वही है, जो समाज को धारण करता है, उसे संगठित रखता है। हे भगवान्! मैंने कुछ गलत तो नहीं कहा। हर जगह मेरे विचार सभी को सही लगे। मुझे शब्दों की सहानुभूति मिल गई। मुझे लोगों का आदर मिला, सम्मान मिला। पर इससे समाज का कहाँ भला हुआ?

'हे भगवान्! इन पंडितों के कर्मठ व निष्ठुर व्यवहार के कारण लोगों की धर्म-श्रद्धा खो गई है। उनके मन में आशा नहीं, न आज की, न कल की। नैतिक बल नहीं। खाली पेट धर्म का आकलन नहीं होता। कहते हैं न, भूखे भजन न होय गोपाला। शिक्षित, पढ़े-लिखे लोग इनसे दुराव के साथ, कटकर रहते हैं और वे नए-नए पंथ तथा समाज-स्थापन करने में व्यस्त हैं और धर्म पंडित धर्म के ठेकेदार बनकर अपने ही कोष में मग्न हैं। परिणामतः आज संपूर्ण भारत श्मशानवत् हो गया है।

'आज आवश्यकता है शिक्षा की, शिक्षा प्रसार की, अन्न-वस्त्र की, धर्म के विशाल हृदय की। परंतु यह होगा कैसे? मैं अकेला क्या करूँगा? अकेला चना भाड़ नहीं फोड़ सकता। पहले मनुष्य बल चाहिए, फिर धन की शक्ति। एक ही समय मनुष्य बल तथा धन का बल मिले तो सोने पे सुहागा।'

मेरी विद्वत्ता का प्रदर्शन करने के लिए मुझे हर जगह मौका मिल रहा था। परंतु हे ईश्वर! समझ में नहीं आ रहा, इससे क्या साध्य होगा? परंतु मन प्रसन्न हो रहा था। यहाँ पर तो ज्यादा ही प्रसन्नता मिली। कालिदास, स्पेंसर, शेक्सपियर, डार्विन का विकासवाद, अनेक धर्मों का इतिहास, आर्य सभ्यता, वेद, मुसलिम व ईसाई धर्म—इस तरह अनेक विषयों पर चर्चा हो गई। मैं उन्नीस पर बीस निकला। मुझे गर्व हो गया कि चर्चा में मैंने सभी पंडितों को हराया। परंतु दूसरे ही दिन मेरा अभिमान चूर-चूर हो गया।

एक सड़क से गुजरते समय किसी मिशनरी ने एक हिंदू से कहा, 'तुम्हारे धर्म ने, तुम्हारे धर्म के लोगों ने तुम्हें क्या दिया?'

'सच है। मेरी बेटी को पहनाने के लिए पूरे कपड़े भी नहीं थे, आपने दिए, सबकुछ आपने दिया। अपनी खाल भी उतारकर दूँ, तभी आपके एहसान चुका नहीं पाऊँगा।…'

…और मैं यह सब सुन रहा था, देख रहा था, मन पिघल रहा था; परंतु मैं विवश था, लाचार था। बदन पर पहने कपड़ों के अतिरिक्त मेरे पास कुछ भी नहीं था। सिर्फ थे झर-झर बहते आँसू—कभी न रुकनेवाले आँसू…।

मदुरा के प्रवास में रामनद के राजा सेतुपति से परिचय हो गया। उन्होंने मेरा शिष्यत्व ग्रहण किया और साधारण जनता की शिक्षा तथा कृषि विषय की ओर ध्यान देने का वचन देने के बाद मुझसे उत्सुकतावश पूछा, 'स्वामीजी, आप तो संन्यासी हैं। इस विषय में आप इतना ध्यान क्यों दे रहे हैं।'

क्या उत्तर दूँ? मैंने कहा, 'मोक्ष ही संन्यास जीवन का ध्येय तथा मर्म है, तथापि मेरे गुरुदेव ने कहा है—अपने देश की उन्नति हो, साधारण जनता सुखी हो, इसके लिए प्रयास करना भी इस जन्म का मोक्ष ही है।'

भगवान्, गुरुदेव से मुझे स्मरण हुआ है, तुम्हारे दर्शन के लिए मैं बावला बना था। निर्विकल्प समाधि की धुन मुझ पर सवार हुई थी। संन्यास ग्रहण करके नरीकंदर में जाकर तपस्या करने की मेरी आंतरिक इच्छा थी। परंतु मेरे गुरुदेव ने कहा, 'वत्स, पगला गए हो? राष्ट्र दैन्यावस्था में है, धर्म संकट में है, समाज खाई में गिर रहा है और तुम हो कि स्वर्गारोहण की आस धरे बैठे हो?' उन्होंने मुझे तीखे शब्दों में धिक्कारा।

आज मैंने पूरे भारत भर का भ्रमण किया। ठेठ उस श्रीरामेश्वर तक भी पहुँचा, जहाँ श्रीरामचंद्र ने लंका जाते समय शिवजी की पूजा की थी। परंतु हे ईश्वर! मुझे कहीं भी चैन नहीं मिला। मुझे मनुष्य बल तथा धन-बल चाहिए, जिसे मैं अपने देश के लिए खर्च कर सकूँ।

ठाकुरजी, आपने कहा था कि मुझे सत्य-दर्शन होगा, वह हो गया। मुझे वास्तव का भान हो गया। परंतु इस चिंता का बोझ कि धन कैसे प्राप्त होगा—ढोते-ढोते ही मैं यहाँ तक पहुँचा। पर मैं एक असहाय, विवश संन्यासी हूँ। मैं क्या करूँ? इस सागर में कूद पड़ूँ? इन लहरों पर सवार होकर आप तक पहुँचूँ? ठाकुरजी, मेरे लिए जीना एक बोझ बन गया है। मैं यह सब नहीं देख सकता। मुझे यहाँ से मुक्ति दो। मुझे यहाँ से ले चलो।

दो दिन, दो रातें इन्हीं विचारों में बीत गईं। उनका योगासन अडिग था। आँखें भी बंद थीं। सिर्फ बंद आँखों से सतत सावन-भादों की झड़ियाँ बह रही थीं।

'नोरेन…' धीर-गंभीर आवाज उभरी, जैसे यह स्वर दसों दिशाओं में से प्रकट हो गया हो।

'ठाकुरजी…' अत्यानंद से विवेकानंद ने पूछा।

'हाँ, मैं ही हूँ। मैंने सपने में भी नहीं सोचा था कि तुम इतने संवेदनशील, विवश, दुर्बल तथा कर्तृत्वहीन होगे। अपने आप में सारी शक्तियाँ होती हुई भी तुम्हें खबर नहीं थी? आश्चर्य है। लगता है, तुम विश्व-दर्शन करते-करते आत्म-दर्शन करना भूल गए।'

'ठाकुरजी…'

'नोरेन, उठो। अपने आपको पहचानो। यह विशाल सागर पार करके, इन लहरों पर सवार होकर मेरे पास मत आना। पश्चिमी देशों में जाओ। धनिकों के आधुनिक देश में जाओ, उस देश में जाओ जहाँ शिक्षा का प्रसार हुआ है। ऐसे ऊँचे स्थान पर खड़े रहो, जहाँ सारा विश्व तुम्हारे चरणों में होगा। अपने धर्म का सामर्थ्य एवं अस्तित्व अखिल विश्व को ज्ञात होने दो। उठो अब। यह समाधिस्थ होने का अथवा चिंतन का समय नहीं है। प्रभात का सूर्य नई रोशनी, नई चेतना लेकर आया है।'

'अब चिंतन नहीं, अब आवश्यकता है कार्य की दिशा में जाने का मार्ग ढूँढ़ना।'

'क्या मैं यह सारा कर सकता हूँ?'

'क्यों नहीं? तुझमें क्या कमी है?'

'फिर भी…'

'उठो, कार्य का श्रीगणेश करो। मार्ग तो सहजतापूर्वक ही मिलेगा। किसी भी प्रकार की चिंता नहीं करना। तुम्हारे हाथ से ही यह सब होनेवाला है। मैं बिलकुल सच कह रहा हूँ।'

विवेकानंद ने आँखें खोलीं। वे आश्चर्यचकित हो गए। उस शिलाखंड पर दो व्यक्ति उनके नेत्र खोलने की प्रतीक्षा में थे।

'हम नाविक हैं। दो दिन हो गए। सवेरे आते हैं, शाम को वापस गाँव में लौटते हैं। दो दिन पहले आपने अपने आप को पानी में झोंक दिया था न? हमने सवेरे बहुत ढूँढ़ा तो आप दिखाई दिए।'

विवेकानंद ने प्रसन्न हास्य बिखेरा।

दोनों केले के पत्ते में चावल और मछली की शोरबादार कढ़ी बाँधकर लाए थे। तीन-चार दिनों से विवेकानंद ने खाना नहीं खाया था। उन्होंने उस नाविक के हाथों से चावल ले लिया। अपने हिस्से के थोड़े से भोजन से एक कौर क्यों न हो, बाँट लेने की शिक्षा दे रही भारतीय संस्कृति पर उन्हें गर्व हो गया। ठाकुरजी के शब्द मन में प्रकट हो गए।

विवेकानंद ने उन दोनों को भी अपने पास बिठाकर खिलाया। तब वे दोनों खुशी से रो पड़े।

विवेकानंद ने पांडिचरी में प्रवेश किया, जो फ्रांसीसी आधिपत्य में था। उन्होंने

अपने विदेश गमन से संबंधित भूमिका लोगों के सामने विशद की। शिक्षित युवकों ने उसका सहर्ष स्वागत किया और सभी तरह से सहायता करने का वचन दिया। इस बात की खबर जब कुछ पंडितों के कानों में पड़ी तो वे अंगारों पर लोटने लगे। 'सागर-यात्रा शास्त्र में निषिद्ध है।' यह सिद्ध करने के लिए उन्हें एड़ी-चोटी का पसीना एक करते हुए देखकर विवेकानंद ने शांत चित्त से कहा, 'धर्म तो मेरा डूबेगा न? परंतु अपने नियोजित विचार साकार हो गए तो राष्ट्र का लाभ होगा। राष्ट्र और धर्म मिलकर राष्ट्र-धर्म होता है। इस राष्ट्र-धर्म में समुद्र-यात्रा निषिद्ध नहीं है।'

परंतु धर्म पंडित टस से मस नहीं हुए। वे अपनी ही जिद पर अड़े रहे।

तब उन्होंने उनसे हाथ जोड़कर कहा, 'क्षमा करें धर्मपंडितो, एक बार आप शास्त्रों में छानबीन करें। मैं प्रस्थान की तैयारी में लग जाता हूँ।' जैसे यह कहकर उन्होंने आग में घी डाला। धर्म पंडित फौं-फौं करने लगे। आखिर वहाँ संगठित हुए शिक्षित युवकों को संबोधित करते हुए उन्होंने कहा, 'धर्म के नाम पर प्रचलित रूढ़ियाँ वस्तुत: धर्म में हैं या नहीं, इसका सत्य संशोधन का दायित्व तुम्हारा है। आजकल की प्रचलित पुरानी रूढ़ियों की संकुचित सीमा से बाहर निकलकर हमें अब वर्तमान प्रगतिशील विश्व की ओर नजर डालनी होगी। ये निष्प्राण रूढ़ियाँ अकारण रोड़े अटका रही हों तो इन्हें परे हटाना होगा और जितनी शीघ्रतापूर्वक इस पर अमल किया जाए उतनी तीव्र गति के साथ विकास के कदम आगे बढ़ेंगे।'

सारी युवा पीढ़ी, जो जीवन में पहली बार ऐसे विचार सुन रही थी, नवीन चेतना से अभिभूत हो गई। इस भावना से कि उसे राष्ट्र के लिए कुछ निश्चित करना है, ठोस कदम उठाना है, वह खिल-खिल उठी।

विवेकानंद प्रत्येक के चेहरे पर चमक रहा हर्ष, उत्साह, आशा निहार रहे थे। वस्तुत: वे भारत-भ्रमण से थककर चूर हो गए थे। उन्हें आराम की जरूरत थी। परंतु अब वे उत्साह, उमंग तथा एक नई ऊर्मि लेकर भ्रमण करने का विचार कर रहे थे।

: नौ :

प्रात:काल की रमणीय वेला। कोलाहल, भीड़-भड़क्के से भरा मद्रास का राजमार्ग, फूलों की राशियाँ तथा पुष्पमाला विक्रेताओं का शोर, घंटियों का निनाद, सुस्नात होकर गीले वस्त्रों सहित, मंत्रोच्चारण करते मंदिर में जा रहे श्रद्धालु, भक्तों की संख्या अधिक। इसी भीड़ में दो-तीन कुत्ते, तीन-चार गौएँ और कुछ महिलाएँ भी। विवेकानंद ने कई शहरों में भ्रमण किया था, परंतु मद्रास का यह प्रात:कालीन उत्साह-ऊर्जा से भरा सन-सन करता भक्ति रूप उन्होंने अन्यत्र कहीं नहीं देखा था। मस्तक पर, भुजाओं पर, सीने पर चंदनगंध लगाए कई श्रद्धालु, भक्त कमर पर धोती लपेटकर मंदिर की ओर आवाजाही

कर रहे थे। मद्रास शहर की श्रद्धा, भक्ति-भाव देखकर विवेकानंद प्रभावित हो गए।

पूना से कोल्हापुर, बेलगाम, मामीगोवा, मैसूर, कोचीन, रामेश्वरम, त्रिवेंद्रम् से वे मद्रास आए थे। अनेक धार्मिक स्थान उन्होंने देखे, परंतु प्रात:काल पूजा के लिए मंदिर जा रहे श्रद्धालुओं की तरह का अनुभव उन्होंने यहीं किया। वे रुक-रुककर चल रहे थे। भक्तों के हाथ में पानी का लोटा था। उसमें से पानी का प्रेक्षण करते-करते ही भक्त आगे जा रहे थे।

इतने में एक घंटी की आवाज आई। वह मंदिर की घंटी नहीं थी। उन्होंने सोचा, कोई घंटी बजाकर आ रहा है। सभी लोग शीघ्रतापूर्वक चले गए। जो रह गए, वे जल्दी से आसपास के घरों के पास रास्ते की ओर पीठ करके खड़े रहे। भीड़-भड़क्के से भरा मार्ग क्षणार्ध में खाली हो गया। विवेकानंद को आश्चर्य हुआ। वे संभ्रमित अवस्था में खड़े रहे। किसी से पूछें तो रास्ते पर खड़े सभी लोग भाग गए थे। घंटी की आवाज अब निकट आ रही थी।

और पीछे की गली से एक मनुष्य गले में घंटी बाँधकर हाथ में झाड़ू पकड़कर रास्ता बुहार रहा था। इसका अर्थ तो यह है कि इस मनुष्य के गले की घंटी की आवाज से यहाँ भागम-भाग हो गई। यह भी सच है कि स्नान करने के बाद रास्ते की धूल न उड़े। परंतु उनकी समझ में यह नहीं आया कि लोग रास्ते की ओर पीठ करके क्यों खड़े रहे? बुहारते-बुहारते वह आदमी विवेकानंद के कदमों के पास आ गया और थरथर काँपता झुककर खड़ा रहा।

'आप जो चाहे मुझे सजा दे दो। मेरा ध्यान ही नहीं गया।'

'मेरी तरफ देखो।'

'मुझे सजा दो, सजा दो। मुझसे पाप हुआ है।'

'अरे भाई, तुम कैसी बात कर रहे हो! मुझे पता तो चले।'

वह थरथर काँपता हुआ सीधा खड़ा रहा। सामने संन्यासी विवेकानंद को देखकर वह और भी गिड़गिड़ाकर कहने लगा—

'आप जैसे साधु पुरुष को…'

'अरे, पर तुमने किया क्या?'

'आपकी नजरों में आ गया। आपके चरणों के पास आ गया। मेरे हाथों से घोर पातक हुआ।'

वह बार-बार सिर झुका रहा था। उसकी आँखें डबडबाईं, शरीर गद्‌गद हो गया। भले ही उसकी भाषा समझ में नहीं आई, पर उनकी समझ में यह आ गया कि उससे कुछ गलती हो गई है और इसीलिए वह बार-बार अपने कान पकड़ रहा है।

इतनी देर तक चल रहे संभाषण से एक धर्म पंडित ने टूटी-फूटी अंग्रेजी में बताया

कि वह अछूत है, अत: उसकी परछाईं भी हमारे लिए निषिद्ध है। हमने इसीलिए उसके गले में घंटी बाँधी है, ताकि हमें पता चले कि वह आ रहा है।

विवेकानंद की आँखें भर आईं। उन्होंने उस मनुष्य को गले लगाकर रुद्ध कंठ से कहा, 'हे भगवान्! यह घोर अन्याय है! एक अस्थि-मांस का व्यक्ति इसलिए कि सिर्फ उसने अछूत जाति में जन्म लिया, उससे ऐसा पशुतुल्य व्यवहार। अरे रे! मनुष्य की कैसी अधोगति, कैसी दुर्दशा!'

हे ईश्वर! इस तरह के कई प्रसंगों के कारण मैंने आँसू बहाए हैं। परंतु मैं उनके लिए कुछ भी नहीं कर सका। व्यर्थ है मेरा जीवन! हे माते! मुझे राह दिखाओ। मुझसे यह बरदाश्त नहीं हो रहा।

उस अछूत को कसकर सीने से लगाकर वे रो रहे थे और यह दृश्य आने-जानेवाले राहगीर चकित होकर ठिठककर देख रहे थे। अब तक परंपरागत चलती आई इस घटना को किसी ने तूल नहीं दिया था।

कुछ समय के बाद एक धर्मपंडित चिल्लाया, 'यह कैसी मूर्खता! उसे छूने से आपका धर्म डूब गया न!'

'आपका धर्म डूबा होगा, क्योंकि वह हलका है। परंतु मेरा संन्यास धर्म सभी को एक समान आगे बढ़ाता है। वह कभी नहीं डूबेगा।'

'इस जोगी-जोगड़े को ही पत्थर मारो। न जाने कहाँ से आया है।' लोगों ने पत्थर उठाए। इतने में मद्रास के डिप्टी एकाउंटेंट जनरल मन्मथनाथ भट्टाचार्य अपनी सरकारी गाड़ी से कहीं जा रहे थे। विवेकानंद को देखते ही उन्होंने गाड़ी रोकी। नीचे उतरकर वे उनके पास गए।

'क्या हुआ? लोग पत्थर क्यों मार रहे हैं? यह इतनी भीड़ किसलिए?'

'बाबू मोशाय, मैंने इस अछूत आदमी को अपने सीने से लगाया, इसलिए इन लोगों का धर्म डूब गया है। सोच रहा था, पांडिचेरी में आपसे मुलाकात हुई थी। आपने अपना पता भी दिया था। आपके पास आकर बंगाली भोजन मिलेगा, परंतु अब यह असंभव है। मैं भी अछूत हो गया हूँ।'

मन्मथनाथ भट्टाचार्य ने उनके कंधे पर हाथ रखकर सभी लोगों को संबोधित करते हुए कहा, 'यह पंडितों का पंडित, शास्त्रों का प्रगाढ़ अभ्यासक, वेदों का अनन्य उपासक, इस समय का महर्षि, पश्चिमी विद्या-विभूषित, अनेक कलाओं का मर्मज्ञ—यह भले ही अछूत हो, मुझे कोई आपत्ति नहीं। अरे मूर्खो, नादान लोगो! क्या ईश्वर कभी अछूत हुआ है? यह वर्तमान समय का भगवान् है।'

लोगों ने हाथों से पत्थर फेंक दिए। मन्मथनाथ भट्टाचार्य उन्हें साथ लेकर गाड़ी में बैठ गए। इससे पहले कि लोग कुछ समझें, उन्हें लेकर गाड़ी चली गई थी।

मद्रास शहर! सनातन, कर्मठ शहर के रूप में प्रसिद्ध। वहाँ के देव-स्थान, वहाँ के पुजारी, सारे शास्त्राभ्यासक साधक, धर्म के रक्षक उन धर्मरक्षकों का मान-सम्मान भी महान्। एक ओर कर्मठ धर्मपंडितों का कठोर पक्ष समाज को अनेक बातों के लिए रोक-टोक करता तो स्कूल-कॉलेजों में शिक्षा ग्रहण कर रही नई युवा पीढ़ी आधुनिक विचारों से अभिभूत। ऐसे समय मद्रास के ईसाई कॉलेज के विज्ञान के प्राध्यापक सिंगरावेलू मुदलियार नास्तिक थे। अपने छात्रों द्वारा जब उन्हें पता चला कि विवेकानंद, जो विश्वविद्यालय के स्नातक हैं, आस्तिक हैं और उन्होंने गुरुदेव की आज्ञा से संन्यास ग्रहण किया है, वे मन-ही-मन मुसकराए, 'पदवी प्राप्त करके आराम से घर-गृहस्थी का सुख भोगने के बजाय यह युवक संन्यासी भारत-भ्रमण करते-करते यहाँ किसलिए आया है? भला किसलिए अपनी युवा देह को कष्ट दे रहा है? उसे समझाना होगा।' इस तरह सोचकर वे अपने कुछ छात्रों के साथ मन्मथनाथ भट्टाचार्य के घर गए।

उस समय विवेकानंद वेदांत पर भाष्य पढ़ रहे थे। मन्मथनाथ ने उनसे परिचय कराने के पश्चात् मुदलियार से कहा, 'आज विज्ञान इतना आगे बढ़ गया है कि मनुष्य चाँद पर भी रहने जाएगा और कल सारे ग्रह-तारों को अपने नियंत्रण में रखेगा। आज विज्ञान ही महाशक्ति है।'

'आपने सोलह आने सच कहा। विज्ञान की और भी प्रगति होगी ही।'

'फिर आज भी हम ५,००० वर्ष पूर्वकालीन वेदों में से वर्तमान जीवन का अर्थ ढूँढ़ रहे हैं। एक तरफ हम आगे भाग रहे हैं तो एक तरफ पीछे भाग रहे हैं। इसी कारणवश आज भी हम अन्य देशों से पिछड़े हुए हैं।' मुदलियार ने कहा।

'हम कभी भी पीछे नहीं भागे। जब शेष जगत् पिछड़ी हुई अवस्था में था, अविकसित था अथवा अस्तित्व में ही नहीं था, उस समय विभिन्न अस्त्रों का निर्माण हमने किया, ब्रह्मास्त्र बनाया।'

'सौ फीसदी सही है, स्वामीजी। परंतु उसी ब्रह्मास्त्र ने महाभारत में विनाश का खेल खेला। उसका सदुपयोग कभी हुआ ही नहीं था। तिस पर मंत्र-तंत्र, जादू-टोना, अंध श्रद्धा के कारण उस समय भी भारत अपना विकास नहीं कर सका था। तब अब उन मंत्रों का क्या फायदा?'

'विज्ञान मनुष्य को बहुत कुछ दे सकता है, आध्यात्मिक सुख भी दे सकता है; परंतु मन:शांति देने में विज्ञान असमर्थ है। हमारे मन में अनेक सुंदर भावनाएँ हैं। उन भावनाओं को विज्ञान न कम कर सकता है, न ही बढ़ा सकता है। विज्ञान की सहायता से विश्वामित्र प्रतिसृष्टि निर्माण करना चाहते थे, पर कर न सके।'

'वे पुराणों के समय के बैंगन हैं।'

'प्राध्यापक महाशय, आज रात के समय चंद्रोदय को विज्ञान रोक सकता है? पूर्व

के बदले पश्चिम में सूर्योदय करवा सकता है? नक्षत्रों से भरा आकाश पृथ्वी पर फैला सकता है? महासागर को आकाश में ले जा सकता है? मनुष्य के शरीर में पुनश्च चैतन्य डाल सकता है? मृत्यु से परे क्या है? विज्ञान दे सकेगा इसका उत्तर? महाशय, ऐसी कितनी सारी बातें हैं, जो एक निराकार शक्ति के हाथों में है। वहाँ विज्ञान पहुँचेगा, तब प्रलय की स्थिति आई होगी।'

'विज्ञान कुछ भी कर सकता है।'

'महाशय, जिस पर अपना बस नहीं चलता और जो नियमित होता है वह एक शक्ति द्वारा ही होता है। उसे ही हम सगुण रूप में ईश्वर कहते हैं। परंतु यह सृष्टि विज्ञान नष्ट कर सकता है। परंतु इसे उभारने के लिए निराकार शक्ति ही काम आती है। जाने दीजिए महाशय। मानता हूँ, इस विज्ञान ने भौतिक सुख के द्वार खोले हैं। मैं भी विज्ञान-निष्ठ मनुष्य हूँ। फिर भी प्रचंड बाढ़, सैलाब, महामारी, अवर्षण-अतिवर्षण, भूकंप, तूफान इनमें से एक भी प्राकृतिक आपदा विज्ञान नहीं रोक सकता।'

'तो फिर आपका ईश्वर रोक सकता है?'

'जी नहीं।'

'फिर आपको ईश्वर की लगन क्यों लगी?'

'ये बातें प्रकृति, सृष्टि के अधिकार में होने पर भी मनुष्य संगठित होकर इन सभी से सामना कर सकता है। और सब एक मानव-धर्म से संगठित होते हैं। यह मानव धर्म विश्व धर्म हो जाए तो विगत घटनाओं के लिए मानव किसी को दोष न देते हुए वर्तमान हैं। और कर्म करते समय वह सहज ही ईश्वर पर श्रद्धा रखकर सुख-शांति पाता है।'

'मैं आपसे सहमत नहीं हूँ।'

'प्राध्यापक महाशय, मैं ब्राह्म समाज का सदस्य था। ईश्वर से संबंधित ऐसी ही कुछ बातें करता था। फिर ठाकुरजी के पास चला गया। उनका सहज-सरल व्यवहार, सात्त्विक आचरण, देवी के प्रति उत्कट भक्ति, साधना, दीन-दुखितों को ईश्वर मानकर सेवा करना—ये और ऐसी ही अनेक बातों का अनुभव किया और मैं सहजतापूर्वक उनकी राह पर चलने लगा। मैंने अनेक तर्क-वितर्क करते हुए उन्हें निरुत्तर करने का प्रयास किया, बिलकुल आपकी तरह।'

सिंगरवेलू मुदलियार मुसकराए। परंतु चार-पाँच दिनों के बाद उन्होंने कहा, 'स्वामीजी, आज मैं आपके पास आया हूँ।'

'आस्तिक-नास्तिक विषय से संबंधित और विज्ञान का गुणगान करने न?'

'नहीं स्वामीजी, आज मैं अपना शिष्यत्व प्राप्त करने आया हूँ। आप मुझे न मत कहें। आप मुझे शिष्य के रूप में स्वीकार करें।'

विवेकानंद मुसकराए। उन्होंने कहा, 'आप सच कह रहे हैं?'

'बिलकुल सच। आपके चरणों की सौगंध। स्वामीजी, इन चार-पाँच दिनों में ऐसा एक पल भी नहीं गया, जब आपके शब्द मुझे याद नहीं आए। जैसा आप कह रहे हैं वैसे पश्चिमी देशों में हमें जाना चाहिए। हम आपकी जितनी भी बन पड़े, सहायता करने के लिए तैयार हैं।' यह कहते हुए मुदलियार को बड़ी प्रसन्नता हो रही थी।

कन्याकुमारी में ठाकुरजी ने विवेकानंद को पश्चिमी देश की ओर जाने का निर्देश किया था। नए उत्साह, नई उमंग के साथ वे पांडिचरी से मद्रास आए थे। वे सतत अभिभूत होकर बोल रहे थे और मुदलियार अपने छात्रों को उनकी पश्चिमी दिशा की यात्रा की जानकारी दे रहे थे और उसका महत्त्व तथा आवश्यकता उनके गले उतार रहे थे। एक दिन छात्रों ने पैसे इकट्ठा करके ५०० रुपए उनके हाथ में थमा दिए। उनकी आँखें भर आईं।

उसी समय उन्हें हैदराबाद का आग्रहपूर्वक आमंत्रण आया। उनके पश्चिमी देशों में जाने के संबंध में अब सर्वत्र चर्चा होने लगी थी। वे हैदराबाद स्टेशन पर उतर गए। तब प्रचंड जन-समुदाय उनके स्वागत के लिए जमा हो गया था। वे चकित हो गए। यह समझने के बाद कि मन्मथनाथ बाबू के कारण यह चमत्कार हो गया, वे अधिक गद्गद हो उठे।

राजा श्रीनिवास राव, महाराज रंभा राव, पंडित रतनलाल, शमसूद उलेमा सय्यद अली बिलग्रामी, नवाब इमादजंग बहादुर, नवाब सिकंदर निवाजजंग बहादुर, राय हुकुमचंद, एम.ए.एल.एल.डी., सेठ चतुर्भुज, सेठ मोतीलाल—इस तरह अनेक नामवर, गण्यमान्य लोगों को देखकर विवेकानंद के आश्चर्य की सीमा नहीं रही।

मद्रास आने से पहले उनके कानों में एक वार्त्ता आई थी—'अमरीका के शिकागो शहर में सर्वदेशीय प्रचंड प्रदर्शन हो रहा है और उसके एक हिस्से के तौर पर सर्वदेशीय धर्म परिषद् का भी आयोजन किया जाएगा।' यह समाचार सुनकर ठाकुरजी की इच्छा, उनके आशीर्वाद का स्मरण हो गया। जब इन गण्यमान्य लोगों ने यह खबर सुनी होगी और मेरे जाने की व्यवस्था हो गई तो विश्व के इतिहास में भारत का नाम मैं स्पष्ट ठोस रूप में प्रस्तुत करूँगा। मैं कहीं भी उन्नीस नहीं रहूँगा। वे मन-ही-मन कह रहे थे।

नवाब साहब से बात करते समय उन्होंने कहा, 'मैंने सुसंस्कृत, सभ्य जगत् के सामने वेदांत की सहायता से धर्म के समन्वय का प्रसार करने का संकल्प किया है। मेरा पूरा विश्वास है कि भविष्य में सभी तरह के धार्मिक कलह समाप्त होकर एक विश्व-धर्म तैयार होगा। इसके अतिरिक्त परस्पर स्नेह-भाव रखकर अपने-अपने धर्म का पालन करना संभव होगा।'

नवाब साहब ने तुरंत १,००० रुपए दे दिए।

उन्हें विनम्रतापूर्वक नकारते हुए विवेकानंद ने कहा, 'नवाब साहब, मैसूर के राजे

साहब तथा रामानंद के महाराज ने इससे पहले भी मुझे पश्चिमी देशों में जाने के लिए कहा था। वे आर्थिक सहायता करने के लिए भी तैयार थे। परंतु मैं यह सहायता तब तक नहीं ले सकता जब तक मेरी अंतरात्मा नहीं कहती। उचित समय आने पर मैं सूचित करूँगा ही।'

विवेकानंद सोच रहे थे। अनेक समस्याएँ सुलझ रही थीं, परंतु अब तक मन तैयार नहीं था।

'सागर का उल्लंघन शास्त्रसम्मत न होते हुए अंत:करण के आग्रह पर मैं जा रहा हूँ। निश्चित ही मुझे अपने मन को पूरी तरह से तैयार करना होगा। जिन-जिन लोगों ने मेरी सहायता की उनका सिर मेरे कारण गर्व से ऊँचा होना चाहिए। भारत लौटने के बाद यह विश्वास भी प्राप्त करना होगा कि मैं भारत को निश्चित दिशा दे सकूँ।' अनेक विचारों के कोलाहल में उनका मन एक तरफ जाने के लिए आग्रही तो दूसरी ओर बेचैन हो गया था।

□

'कृष्णम्माचारी, आज तुम्हारे साथ जाकर जब सच्चिदानंद स्वामी का दर्शन किया तब मुझे पूरी तरह से विश्वास हो गया कि जिसके जन्म की मैं कामना करता था यही महापुरुष हैं।' अलसिंग अपने भाई से कह रहा था।

'तुम सच कह रहे हो। मैं जब मन्मथनाथ भट्टाचार्य के घर उनका नाम सुनकर गया तब स्वामीजी पद्मासन में ध्यानस्थ बैठे थे। उनका तेजस्वी, सात्त्विक चेहरा, विशाल नेत्र और अधरों पर निरीह मुसकराहट। मुझे आभास हो गया कि मैं साक्षात् विष्णुदेव का दर्शन कर रहा हूँ। इसीलिए तो मैंने तुम्हें अपने साथ चलने के लिए कहा।'

'उनके दर्शन से मैं वाकई धन्य हो गया। मैंने उनके साथ भारत की अवनति विषयक चर्चा की। उन्होंने अपने विदारक अनुभव कथन किए, जो भारत-भ्रमण में उन्होंने किए थे। और मैंने देखा कि भारत के संबंध में, भारत के लोगों के संबंध में उनके भी वही विचार व भावनाएँ हैं, जो मेरी हैं। मेरा उनके प्रति आदर भाव दुगुना हो गया।'

'अजी, मेरी भी ऐसी ही अवस्था हो गई। मैं जानता हूँ, तुम हमेशा यही सोचते हो कि गृहस्थधर्मी होने के कारण हमारा कार्य सीमित हो गया है।'

'बिलकुल सच कहा तुमने। पाचिअप्पा स्कूल में जब अमेरिका स्थित शिकागो शहर में धर्म परिषद् है—ऐसी सूचना मिली, तब सभी ने मेरा नाम सुझाया। पल भर के लिए मैं भी बहुत खुश हो गया, परंतु दूसरे ही पल मुझे घर की सारी स्थिति मेरी आँखों के सामने आ गई और मैं चुप बैठा। अब तो मेरी सारी आशाएँ इस सच्चिदानंद नामक संन्यासी के रूप में साकार होंगी।'

'हाँ, यह तो सच है।'

'कृष्णम्माचारी, स्वामीजी कह रहे थे—भारत द्वारा प्रतिपादित अद्वैत दर्शन न केवल भारत का बल्कि समूचे विश्व का उद्धारक और तारक मंत्र है। सारे समाज को यह समझाने के लिए हजारों युवकों की आवश्यकता है। त्याग और सेवा भारत के श्रेष्ठ आदर्श हैं। उसको यदि भारत के नवयुवक स्वीकार करेंगे तो भारत समूचे विश्व के गुरु स्थान पर विराजमान होगा।' जब मैंने यह सुना, मुझे ऐसा प्रतीत हुआ कि मेरे ही अंत:करण की भावनाएँ उनके मुख से शब्दरूप लेकर बाहर निकल रही हैं। आज मैं धन्य हो गया।'

कृष्णम्माचारी अपने ज्येष्ठ भ्राता अलसिंग की ओर देखते रहे। जब से प्रो. विलियम मिलर से सर्व धर्म परिषद् के आयोजन का समाचार सुना तब से ही अलसिंग बहुत अभिभूत हो गए थे। परंतु यह जानकर कि उनके लिए जाना असंभव है, वे दु:खी हो गए थे। लेकिन अब इस विचार से वे प्रसन्न हो गए थे कि ईश्वर ने ही विवेकानंद को उनके पास भेजा है। परंतु प्रश्न यह था कि विवेकानंद से कैसे पूछा जाए।

एक दिन बातें करते-करते विवेकानंद ने कहा, 'हिंदू धर्म में इतनी योग्यता है कि वह पूरे विश्व का धर्म बन सकता है।'

'आपका कहना उचित है, परंतु आपके विचार विश्व के सामने कौन प्रस्तुत करेगा?'

'शिकागो में धर्म परिषद् है। परंतु वहाँ जाएगा कौन? वेदांत का अध्ययन अलग और उसे दूसरों को समझाना अलग। यह कौन कर सकता है भला?'

'क्यों, कोई भी जाने के लिए तैयार नहीं?'

'हर कोई एक ही रट लगाए बैठा है—किसी-न-किसी को जाना होगा। परंतु यह किसी को अर्थात् कौन? स्वामीजी श्रीराम सागर यात्रा करके ही लंका गए थे न! प्राचीन काल में हिंदू संस्कृति चीन, जापान, ब्रह्मदेश, जावा, सुमात्रा, बोर्नियो इतना ही नहीं, सात समंदर पार मेक्सिको तक गई थी। वह सागर पार करके ही न? स्वामीजी, उस समय समुद्रोल्लंघन मान्य था तो फिर अब क्या हुआ? स्वामीजी, इस विचित्र रूढ़ि से हाथ लगा सुनहरा अवसर क्या हम यूँ ही खो देंगे?'

'अलसिंग…'

'आप मुझे बहुवचन से संबोधित न करें, स्वामीजी। यह मेरी प्रार्थना है।'

'फिर क्या कहूँ?'

'कुछ भी कहें, परंतु बहुवचन से नहीं।'

'ठीक है, मैं तुम्हें 'अचिंगा' करके बुलाऊँगा। 'अचिंगा' नाम मुझे अच्छा लगा।'

दोनों खुलकर हँसने लगे। विवेकानंद ने उनके दोनों हाथ पकड़कर कहा, 'माय डियर अचिंगा, मैं इसी तरह ही चिट्ठी लिखूँगा।'

'ओ.के., ओ.के.।' अलसिंग ने कहा।

'देखो अचिंगा, भारत से बाहर जाना ही होगा। हिंदू धर्म की श्रेष्ठता और सर्वसमावेशकता सारे विश्व को विशद करने के लिए शिकागो विश्व के लिए व्यासपीठ है। भारत-भ्रमण करते समय गाजीपुर के जिला न्यायाधीश पेनिंगटन, पोरबंदर के पांडुरंग शास्त्री, जूनागढ़ रियासत के पंडप्पा, इनके अतिरिक्त कई लोगों ने कहा कि मेरे विदेश जाने से दो बातें साध्य होंगी।'

'कौन सी दो बातें?'

'पहले तो विदेशियों का यह भ्रम दूर होगा कि भारत आदिवासियों का देश है। दूसरी बात यह कि जो यह अपप्रचार करते हैं कि मिशनरी धर्म ही श्रेष्ठ है, उन्हें पता चलेगा कि हिंदू धर्म क्या हैं। और…' बात करते-करते विवेकानंद रुक गए।

'और क्या, स्वामीजी?'

'कन्याकुमारी के उस शिलाखंड पर मेरे गुरुदेव ने यही कहा कि नरेन, बार-बार आ रही सूचनाएँ वही अवसर हैं, जो तुम्हारे द्वार पर दस्तक दे रहे हैं। अचिंगा, उन्होंने मुझे हाथ पकड़कर उठाया और पश्चिमी देशों की ओर जाने का संकेत किया।'

'और यह सब अनुकूल होते हुए आप क्या सोच रहे हैं, स्वामीजी? मैं अकेला होता, मुझ पर जिम्मेदारियाँ नहीं होतीं तो मैं इस निमंत्रण को अवश्य स्वीकार करता। मेरी भी उत्कट इच्छा है कि अपने भारत के लिए मैं कुछ करूँ।'

'अचिंगा, सारी जिम्मेदारियाँ छोड़कर मैं संन्यासी बन गया हूँ।'

माँ की याद से उनका मन भर आया।

'मुझे सतत खेद होता है, मैं अपने आपको अपराधी समझता हूँ कि मैं अपने परिवार का दायित्व पूरी तरह से उठा नहीं सका।'

'ऐसे अनेक वीरों की यही कथा है, जो भारतभूमि के लिए आत्म-बलिदान करते हैं। स्वामीजी, मेरे जैसे अनगिनत लोग हैं, जो घर-गृहस्थी सँभालते हैं; परंतु ऐसे लोग जो मन पर पत्थर रखकर एक भावनिक खाना बंद करते हैं, बहुत कम हैं।'

इतने वर्षों के बाद विवेकानंद ने पहली बार अपनी पूरी कहानी और अपना वास्तविक नाम तथा संन्यासी ग्रहण करने के पश्चात् धारण किया नाम बताया।

'अचिंगा, पिछले आठ-दस वर्षों से मैं भारत-भ्रमण कर रहा हूँ, वह इसलिए कि मुझे अपने नाम का मोह नहीं चाहिए था और मुझे अपने देश को समझना था। अब तुम इतने दिल से कह रहे हो तो रात में कुछ ठोस निर्णय लेता हूँ।'

'अब सबकुछ निश्चित ही समझें, स्वामीजी। बस आप सिर्फ 'हाँ' कहें, आगे की सारी जिम्मेदारी मेरी। तुरंत आर्थिक व्यवस्था की तैयारी में लगता हूँ।'

विवेकानंद ने कुछ भी नहीं कहा। उस रात वे बहुत ही बेचैन थे। मन अभी भी

डाँवाँडोल था। अपने आप पर हो रहा संदेह कष्ट दे रहा था। उत्तररात्रि में उन्होंने देखा, माँ बहुत बीमार हैं। वे चटाई पर उठकर बैठे। उन्हें घर की याद सताने लगी।

सुबह होते ही अलसिंग पेरुमल उनसे मिलने आ गए। विवेकानंद का उतरा हुआ चेहरा देखकर उन्होंने पूछा।

विवेकानंद ने कहा, 'मैंने सपने में देखा, मेरी माँ बहुत बीमार हैं।'

'स्वामीजी, आज भारत माता बीमार है। उसके लिए...'

विवेकानंद मौन थे। अलसिंग बहुत देर तक बातें कर रहा था। आखिर विदा लेते हुए उसने कहा, 'स्वामीजी, आपका विश्वास हो या न हो, मैं आपको एक जगह ले जाऊँगा। प्लीज 'ना' मत कहें।'

संध्या समय अलसिंग उन्हें मद्रास के प्रसिद्ध तांत्रिक के पास ले गए। विवेकानंद उन बातों पर जरा भी विश्वास नहीं करते थे। परंतु अलसिंग की भावनाओं को चोट पहुँचाना उन्हें अच्छा नहीं लगा। तांत्रिक से स्वप्न कथन करते ही उसने कहा, 'स्वामीजी, आप स्वयं जानते ही होंगे कि मृत व्यक्ति सपने में दिखने से उस व्यक्ति की आयु बढ़ती है। आपकी माताजी का जीवन आपसे अधिक है।'

फिर भी विवेकानंद को सुकून नहीं मिला था। अलसिंग ने कलकत्ता टेलिग्राम भेजकर माँ के स्वास्थ्य से संबंधित पूछताछ की।

विवेकानंद ने कहा, 'अचिंगा, मैं मनोरथ से तो माँ के पास पहुँच ही गया था, परंतु मेरे शरीर को वहाँ पहुँचने में कम-से-कम एक हफ्ता लगता। मेरे लिए तुम्हारी तत्परता व चिंता देखकर दिल को सुकून मिला।'

उसके बाद वे जाने के बारे में सोचने लगे। फिर भी शारदा माता तथा गुरु बंधुओं को सूचित करना आवश्यक था। विवेकानंद ने जल्दी-जल्दी शारदा माता को पत्र लिखा। अनुज्ञा माँगी। ऐसा ही एक पत्र उन्होंने माँ भुवनेश्वरी को लिखा—

'मेरी प्रिय माँ,

'तुम्हें क्या लिखूँ? गुरु की आज्ञा से भारत-भ्रमण करता रहा। जब-जब पेड़ के नीचे खुली हवा में सोया, जब-जब भिक्षा नहीं मिली, तब तुम्हारी बहुत-बहुत याद आई। किसी झुग्गी-झोंपड़ी में शिशु को सुलाते समय कोई माँ जब लोरी गुनगुनाती तब मेरी आँखों से सावन-भादों की झड़ियाँ बहने लगतीं। कोई माँ अपने नटखट नन्हे को लिये कहती, 'स्वामीजी, इसे तनिक धमकाओ तो', तब मुझे अपना बचपन याद आता कि मैं कितना नटखट, चंचल, चुलबुला था और तुम्हें कितनी तकलीफ देता था।

'माँ, तुम्हारी याद में मैंने कई रातें बिताई हैं। निद्रा-नाश का विकार दृढ़मूल हो रहा है। माँ, जी चाहता है, तुम्हारे हाथों से चंदन का लेप लगवाकर आराम से लेट जाऊँ। सुनहरा प्रातःकाल, सुरम्य संध्या अपने दत्त भवन की अटारी पर बैठकर देखूँ और एक

सुंदर कविता रचना तुम्हें सुनाऊँ। मेरी कितनी सारी कविताओं की तुम श्रोता थीं। तुम्हारी आँखों में उभरे कौतुक व प्रशंसा का मैं आज भी अनुभव कर रहा हूँ। आज, इस पल प्रसन्नवदना तुम मेरे सामने साकार हो।

'जब-जब मुझे तुम्हारी याद आती है, मैं ही अपने आपको अपराधी समझता हूँ। मैं तुम्हारा ज्येष्ठ पुत्र हूँ। पिता के निधन के बाद परिवार की जिम्मेदारी उठाना मेरा कर्तव्य था, परंतु मैं घर छोड़कर चला गया। तुम्हारी अनुमति ली, परंतु बाद में कई बार सोचा, तुमने मुझे संन्यास ग्रहण करने की अनुमति तो दी, परंतु मन-ही-मन कितनी फूट-फूटकर रोई होंगी। घर में खाने के लिए अन्न का एक दाना भी नहीं था। मैं ही तुम्हारे द्वार पर भिक्षा माँगने आ गया। कैसा लगा होगा तुम्हें? अपने हिस्से का भोजन तुमने मुझे दिया। माँ···

'माँ गो, न जाने मैं कैसा हूँ; परंतु तुम मुझे हमेशा अच्छा कहती, अपने आँख का तारा समझती होंगी। मुझसे तुम सबसे अधिक प्रेम करती हैं। पर मैंने क्या किया तुम्हारे लिए? बस इतना ही कि अदालत से दत्त भवन का कुछ हिस्सा तुम्हारे नाम करवाने में मुझे सफलता मिली। मैं इस विचार से भी दुःखी होता हूँ कि तुम लोगों के भोजन की व्यवस्था किसने-किसने और कैसी-कैसी की।

'माँ, कैसा है री तुम्हारा यह स्वार्थी पुत्र! अब पुनः तुमसे विदेश जाने की अनुमति माँग रहा है। माँ गो, क्या करूँ? गुरु आज्ञा, जनादेश की वापसी? नहीं, मेरा इस तरह वापस लौटना तुम्हें अच्छा नहीं लगेगा। परंतु मैंने कब अच्छा व्यवहार किया, जो तुम्हें अच्छा लगता?' ···विवेकानंद का गला भर आया। ना, माँ को कष्ट नहीं देना चाहिए। इतने बरसों से वह मेरे न होने की आदी हो गई हैं।' उन्होंने उस लिखे हुए पत्र को चिंदी-चिंदी फाड़ दिया और चटाई पर लेट गए।

☐

उस दिन सुबह-सुबह ही महाचार्य का पता ढूँढ़ते-ढूँढ़ते मद्रास में खेतड़ी रियासत के दीवानजी जगमोहन आए थे। उन्होंने कहा, 'आपके आशीर्वाद से महाराज अजित सिंह को पुत्र-रत्न प्राप्त हो गया है, अतः नवजात शिशु को आशीर्वाद देने तथा उसका नामकरण विधि करने के लिए आप चलें। मैं आपको लेने आया हूँ।' उसी समय अलसिंग पेरुमल भी आए थे। उन्होंने जल्दी-जल्दी कहा, 'स्वामीजी को हम अमेरिका के शिकागो में धर्म परिषद् के लिए भेज रहे हैं। घर-घर जाकर हमने उनके लिए पैसे इकट्ठे किए हैं। अतः कृपा करके···'

'आप निश्चिंत रहें, स्वामीजी को हम रोकेंगे नहीं। मैं राजपूत हूँ। राजपूत का वचन कभी असत्य नहीं होगा। अतः मैं उन्हें ले जाता हूँ और वहीं पहुँचाऊँगा जहाँ आप कहें।'

सभी को विश्वास हो गया कि दीवानजी वैसा ही व्यवहार करेंगे जैसा वे कहते हैं। नियत समय पर विवेकानंद को बंबई पहुँचाना निश्चित हो गया। विवेकानंद उनके साथ राजस्थान में खेतड़ी के महाराज अजित सिंह के पास चले गए। तब मन्मथनाथ भट्टाचार्य ने अलसिंग पेरुमल से कहा, 'अलसिंग, अब हमें और भी अधिक परिश्रमपूर्वक धन इकट्ठा करना होगा। हमें इस बात की जानकारी नहीं कि विदेश में कैसा और कितना खर्च करना होता है। इसीलिए रामनंद, मैसूर, हैदराबाद से भी युवकों का आह्वान करके पैसा इकट्ठा करना होगा, ताकि हमारे स्वामीजी को आगे चलकर कहीं भी कष्ट नहीं हो। यदि उन्हें कष्ट होगा तो दुःख तो हमें ही होगा न!'

'सच है। मैं सारी व्यवस्था करता हूँ। ३१ मई के दिन हम उन्हें बंबई से भेजेंगे, ताकि सितंबर की सर्व धर्म परिषद् में वे उपस्थित रह सकें।'

'सच है। हमारे हाथ में केवल अप्रैल महीना है।'

'आप निश्चिंत होकर बंबई जाने की तैयारी करें। सब ठीक होगा।'

दोनों संतुष्ट होकर मुसकराए। आम्रतरु पर कोयल कुंजन हो रहा था।

: दस :

ठीक मध्याह्न के समय संपूर्ण आकाश को उमड़-घुमड़ रहे काले मेघों ने घेर लिया था। हवा भी न जाने कहाँ खो गई थी। समूचे वातावरण में भरी बेचैनी स्वामी विवेकानंद के मन में भर गई थी। वे पी. एंड ओ. कंपनी के 'पेनिन शुलर' नामक जहाज के डेक पर खड़े थे। किनारे पर भट्टाचार्य, उनका प्रिय अचिंगा, दीवानजी जगमोहन और कुछ युवा जन उन्हें विदा करने के लिए खड़े थे। विवेकानंद ने कभी सपने में भी नहीं सोचा था कि ३१ मई, १८९३ का दिन उन्हें कभी भारत से दूर ले जाएगा।

सबकुछ अचानक हो गया था। भारत-भ्रमण करते-करते वे मद्रास क्या आते हैं, पचिअप्पा विद्यालय के अलसिंग पेरुमल से परिचय क्या होता है, सर्व धर्म परिषद् के लिए आमंत्रण क्या आता है और पूरी आर्थिक जिम्मेदारी अपने ऊपर लेकर अलसिंग ने उन्हें इस किनारे तक लाकर छोड़ा—यह सबकुछ अगम्य, अकल्पनीय, अप्रत्याशित था। भविष्य का यह पृष्ठ आज उनके सामने खुला था।

दीवानजी जगमोहन अपने वचन का पालन करते हुए खेतड़ी रियासत से उन्हें बंबई ले आए थे। मन्मथनाथ भट्टाचार्य तथा अलसिंग पेरुमल मद्रास से बंबई में कुछ अन्य युवकों के साथ आए थे। प्रत्यक्ष डेक से जहाज में पहले दरजे के केबिन में सामान रखने तक सबकुछ ठीक हो गया था। विवेकानंद ने मुसकराते हुए कहा, 'अजी, संन्यासी की वेशभूषा—बस एक कौपीन और यह कमंडलु। आज महाराज द्वारा भेजे गए ये महावस्त्र, मद्रास से आया सामान और बंबई में खरीदा सामान—अचिंगा, अरे, मैं इतना

सामान सँभालने का आदी नहीं हूँ भाई। आप लोगों ने कितना कुछ किया!'

'नहीं! मैंने जो कुछ किया, अपने भारत के प्रतिनिधि के लिए किया।' अलसिंग ने कहा।।

भट्टाचार्य ने कहा, 'यह सच है कि भारत का प्रतिनिधि सब तरह से योग्य है, इसलिए यह सब किया गया। अत:…'

'कम-से-कम अब मुझे योग्य बनना पड़ेगा। मैं वचन देता हूँ कि मैं प्रयास करूँगा।'

'भारत का कोहिनूर ही हम भेज रहे हैं।' दीवानजी ने कहा। जहाज का कर्ण-कटु भोंपू जोर से बजने लगा, तब सारे डेक पर से उतरकर किनारे जाकर खड़े रहे। जाते-जाते अलसिंग ने झुककर उनके चरण छुए। उसे अपने सीने से लगाकर रुद्ध कंठ से विवेकानंद ने कहा, 'कितने कम समय में तुम मेरे प्रिय शिष्य बन गए। आज मैं अपना हृदय तुम्हारे पास छोड़कर जा रहा हूँ।' इसके बाद दोनों कुछ नहीं बोल सके। एक-दूसरे की बाँहों में वे गद्‌गद हो गए थे।

अलसिंग ने उनकी कलाई पर घड़ी बाँधी।

'अमरीका में लोग समय का महत्त्व जानते हैं। वे लोग समय के बड़े पाबंद होते हैं। आपको कहीं भी देरी न हो, इसलिए… !'

विवेकानंद ने कुछ भी नहीं कहा। एक लिफाफा उनके हाथ में थमाते हुए अलसिंग ने कहा, 'इसमें कुछ डॉलर्स हैं और १९० डॉलर्स के सिक्के हैं। कम पड़ने पर हमें सूचित करें।'

'अचिंगा…'

'कुछ मत कहें, स्वामीजी!' वे डेक से नीचे उतरे।

विवेकानंद का कंठ भर आया। त्यागमयी भारत से वे भोगवादी देशों की ओर जा रहे थे—सर्व धर्म परिषद् में भाग लेने के लिए। अपनी मातृभूमि से, आप्त जनों से, उनसे उत्कट प्रेम कर रहे मित्रों से विदा लेकर निकल पड़े थे किसी अनजान, अज्ञात देश की ओर! क्या मैं अपनी यह प्रिय मातृभूमि मैं फिर देख सकूँगा?

जहाज ने लंगर उठाया और किनारा छोड़ा। धीरे-धीरे किनारे से दूर होते-होते किनारा धुँधला पड़ गया। उस पर खड़े लोग धुंधले हो गए और आकाश से रिमझिम-रिमझिम वर्षा होने लगी। आकाश खुल गया, वातावरण खुल गया। ऊपर से बरसती जलधाराएँ सागर की लहरों पर थिरक रही थीं। मेघों से झाँक रहे सूरज की मखमली किरणें उन पर प्रेम की वर्षा कर रही थीं। क्षितिज तक सागर-ही-सागर फैला हुआ था।

विवेकानंद अभी भी वहीं खड़े थे—मेरी भूमि, मेरा आकाश, मेरे देश की हवा, मेरे लोग और उनकी अनगिनत यादें अनुभव करते, सहलाते हुए वे डेक पर खड़े थे।

संध्या हो गई। क्षितिज के मनोहर रंग सागर में उतरे। अब केवल रंग-बिरंगी सागर लहरों के अतिरिक्त कुछ भी नहीं था। उसे देखते समय भी मन में असंख्य यादें तैर रही थीं।

कई बार दक्षिणेश्वर जाते समय गंगा को न जाने कहाँ से इतना आवेग आ जाता। परंतु उन ऊँची-ऊँची लहरों पर से नैया आगे बढ़ाना साहसपूर्ण काम होता। उनका एक नाविक दोस्त पैसों के लिए यह साहस करने पर उतारू होता। वहाँ पहुँचने के बाद ठाकुरजी कहते, 'नोरेन, इतनी आँधी-तूफान में क्यों आए?' वे उनके माथे, सिर पर हाथ फेरते। उस स्नेहिल स्पर्श का अनुभव करना उन्हें खूब भाता। आज वे नहीं हैं, पर उनके स्पर्श के एहसास से उनका शरीर रोमांचित हो गया।

वे डेक पर खड़े थे। संध्या ने जाते-जाते अपना जगमगाता सतरंगी आँचल सँवारा था। अब साफ आकाश में सितारे टिमटिमा रहे थे। पूर्वा की घाटी चढ़कर चंद्रमा का अभी-अभी क्षितिज पर आगमन हुआ था। नक्षत्रों की शोभा देखते समय भारत-भ्रमण की कई रातें उन्हें याद हो आईं, जो उन्होंने किसी झुग्गी के बाहर आँगन में पेड़ों के नीचे बिताई थीं। नक्षत्रों से खिला हुआ आकाश, सुदूर लता-वल्लरियों पर खिले फूल तथा वह वसुंधरा भारत माता, जिसके अंक पर आश्वस्त होकर वे निद्राधीन होते थे।

उन्होंने अपने भरे हुए नेत्र पोंछकर मन-ही-मन कहा—अब तुम्हारी यादों में मैं आँसू नहीं बहाऊँगा। भले ही मैं आज दूर जा रहा हूँ, परंतु मैं पुनः आ जाऊँगा। तुम्हारी अस्मिता, तुम्हारे स्वाभिमान का एहसास, तुम्हारी सभ्यता व संस्कृति का भान, तुम्हारे सर्वसमावेशक सनातन धर्म का भान तथा वेदांत का भान मैं अमेरिका में सभी को दूँगा। मैं हीन-दीन बनकर नहीं जाऊँगा। तुम्हारे पुत्र के रूप में सम्मानपूर्वक जाऊँगा। तुम्हारे सम्मान के लिए अपनी देह के पलक पाँवड़े बिछाऊँगा।...

माते, आज तुम पराधीन हो, आज तुम अपमानित हो, परंतु रुको, बरसों से तुम सहती आई हो, परंतु अब सुनहरा भविष्य तुम्हारा होगा—तुम्हारा ही होगा। माते, इसे पत्थर की लकीर समझो। हे भारत माते! मुझे आशीर्वाद दो, विदेश में तुम्हारा पुत्र कहीं भी तुम्हें नीचा नहीं दिखाएगा।

वे सोच में डूबे थे कि उनके कंधे पर किसी ने हाथ रखा। उन्होंने मुड़कर देखा।

'मैं जमशेदजी टाटा। कुछ काम के सिलसिले में जापान जा रहा हूँ। मैं कब से देख रहा हूँ, आप सागर की ओर टक बाँधे खड़े हैं। ऐसे क्या देख रहे हैं?'

'सागर की लहरें स्मृतियों का खजाना मेरे सामने खोल रही थीं।'

'मेरे केबिन में चलिए।' उनका हाथ थामकर वे उन्हें भीतर ले गए।

कई विषयों पर उनकी बातें हुईं।

बातें करते-करते विवेकानंद ने पूछा, 'आप जापान किसलिए जा रहे हैं?'

'यही सवाल मैं आपसे करनेवाला था। आप अमेरिका क्यों जा रहे हैं?'

'अमेरिका के शिकागो शहर में सर्व धर्म परिषद् है। भारत के प्रतिनिधि के रूप में मैं जा रहा हूँ।'

'आपकी बातचीत से स्पष्ट होता है कि आप विद्वान् हैं, साधक हैं, जबकि भारत के प्रतिनिधि बनकर जा रहे हैं तो जाहिर है, धर्म के अध्ययन में आपकी गहरी पैठ है। परंतु अगर मैंने आपसे एक प्रश्न पूछा तो बुरा मत मानें। धर्म पर भाषण देकर भारत की आर्थिक स्थिति में सुधार कैसे होगा?'

'नहीं, निश्चित ही मैं बुरा नहीं मानता। आर्थिक स्थिति में सुधार होने के लिए प्रथम लोक संगठन की आवश्यकता है। लोक संगठन धर्म से हो सकता है। आज धर्म संकीर्ण हो गया है। मिशनरियों का प्रचार-प्रसार दिन दूना, रात चौगुना हो रहा है। अत: धर्म का स्वरूप विश्व के सामने प्रस्तुत कर प्रथम धर्म का पक्ष मजबूत करके फिर पश्चिमी लोगों की उद्यमशीलता, सचोटी, आयात-निर्यात पर अध्ययन करके मैं भारत के सम्मुख प्रस्तुत करूँगा। आजकल का युवक भोगवादी बन गए हैं। उन्हें मैं भारत माता की स्वतंत्रता के लिए ललकारूँगा।'

'आपकी संकल्पना तथा योजना मुझे पसंद आई। परंतु हमारे युवकों को रोजगार चाहिए, खाने के लिए अन्न चाहिए। वह देने के लिए मेरी योजना है। मैं कुछ छोटे कारखाने शुरू करने की सोच में हूँ, जिनके जरिए भारतीय मजदूरों को दो जून की रोटी मिलेगी। अपनी सूत की मिल की नई योजना के सिलसिले में मैं जापान जा रहा हूँ। मेरे विचार से, धर्म की आवश्यकता मनुष्य को है ही, परंतु सब से मूलभूत आवश्यकता भोजन है।'

'आपके विचार सही हैं। अन्न प्राथमिक आवश्यकता है। परंतु मात्र क्षुधा-शमन से कुछ नहीं होगा। आज पाताल में गड़े, रसातल गए हिंदू धर्म के जागरण की नितांत आवश्यकता है। देश को स्वतंत्रता की आवश्यकता है।'

'विदेशियों की भारत से संबंधित अत्यंत भ्रामक धारणाएँ हैं। उन्हें दूर करना आवश्यक है। भारत को वैज्ञानिक दृष्टिकोण देना भी आवश्यक है। उन लोगों को, जिन्होंने पश्चिमी सभ्यता की जगमगाहट की चकाचौंध से चौंधिया गए भारत को आस्थाहीन बनाया है, भारतीय धर्म का स्वरूप समझाना नितांत आवश्यक है।'

'आपका कहना भी सही है। क्षुधा प्राथमिक आवश्यकता होने पर भी वह जंगली, असभ्य न हो। भारत आस्थाहीन न हो। भारत अपना उज्ज्वल धर्म कभी छितरा-बिथरा न होने दे, यह मैं भी चाहता हूँ।'

'मेरे विचार से, भारत का आध्यात्मिक सत्यरल सारे विश्व के सामने उजागर करे और भारतविषयक उनकी धारणा ही आमूलचूल बदल दे। भारतीयों में जब इस तरह का

प्रखर एहसास जाग्रत् होगा कि वे हीन-दीन, पद-दलित, पिछड़े हुए नहीं हैं तब कई प्रश्न सुलझेंगे। एक बार मनुष्य शारीरिक भूख सह सकता है, परंतु उन भारतीयों को बचाना मैं अत्यावश्यक समझता हूँ, जिन्हें मानसिक खाई में ढकेला गया है।'

उस युवा योगी के चेहरे पर दमकता आत्मविश्वास, उत्कट धर्म-प्रीति तथा राष्ट्रभक्ति देखकर जमशेदजी टाटा ने कहा, 'वैसा ही होगा जैसा आपने सोचा है। भारत विश्व का आध्यात्मिक गुरु बनेगा और ऐसा समय भी आएगा कि आप उसके प्रवर्तक होंगे। मैं आपको मन:पूर्वक आशीर्वाद देता हूँ। भारत विषयक मेरे मन में भी उत्कट निष्ठा है, परंतु इस पहलू से मैंने कभी सोचा नहीं था।'

'अब भोजन के लिए चलें? अभी बहुत दिन हम यहाँ साथ-साथ हैं।'

दोनों खुलकर हँसने लगे और भोजन कक्ष की ओर जाने लगे।

□

'प्रिय अचिंगा,

'भारत भूमि का किनारा छोड़ते समय अपने दिल में तुम्हें बसाया, भर दिया। वस्तुत: इस भारत-भ्रमण में अनेक से मेरा गहरा परिचय हो गया। कई स्थानों पर लोगों के अनुरोध पर मैं छह-छह महीनों तक ठहर भी गया। अनेक राजा-महाराजाओं ने मेरा शिष्यत्व स्वीकारा। बहुत प्रेम, स्नेह मिला, परंतु अचिंगा, तुम्हारे समान तुम ही हो। तुम बेजोड़ हो। मात्र चार-पाँच महीनों के सान्निध्य में पूर्वजन्म का नाता तुमने बताया और वर्तमान में मुझे अपने अटूट प्यार के बंधन में दृढ़तापूर्वक बाँध लिया। तुम्हारे जैसे जो अपने सिर पर गुरु का बोझ उठाते हैं, वैसे शिष्य बहुत विरले होते हैं। तुम्हारे और मेरे रिश्ते का संदर्भ अर्थ का रूप लेकर प्रकट होते हैं, तब मन-मयूर हर्षोल्लास से नाचने लगता है।

'आज मैं तुम्हें जापान से पत्र लिख रहा हूँ। बंबई का समुद्र किनारा छोड़ने के बाद सात दिनों में कोलंबो आ गया। कोलंबो सिलोन की राजधानी। यही है रावण की लंका। सिद्धार्थ गौतम बुद्ध द्वारा प्रस्थापित बौद्ध धर्म का प्रसार यहीं पर आकर संघमित्रा ने किया—वह बौद्धधर्मी देश। जहाज के बंदरगाह पर आते ही भाषा की कठिनाई आई। मैंने टैक्सी से शहर की सैर की। भाषा न समझने के कारण बहुत सारी जानकारी नहीं मिल सकी। बौद्ध मंदिर, विहार, मठ देखे। महानिर्वाण के समय शय्या पर निद्रिस्त अवस्था में भगवान् बुद्ध की विशाल मूर्ति देखी। यहाँ की भाषा सिंहली है। लोग सरल, सीधे-सादे, बुद्धदेव के पूजक। सिलोन चारों ओर से समुद्र से घिरा हुआ है, अत: जंगल भी बेशुमार हैं।

'सिलोन के बाद जहाज हिंद महासागर से राह निकालता हुआ आगे बढ़ रहा था। मलाया द्वीपकल्प में पेनांग तथा सिंगापुर देखा—पर्वतों से सुशोभित हरा-भरा। प्राकृतिक

सौंदर्य से संपन्न सुमात्रा देखा। फिर सिंगापुर से हांगकांग। हांगकांग में जहाज दो दिन एवं रुका और मैंने सीक्यांग नदी एवं दक्षिण चीन की राजधानी कंटन देखी। उधर भी अनेक बड़े-बड़े बौद्ध मंदिर हैं। आश्चर्य की बात है न, उस समय अर्थात् ख्रि.पू. के समय बौद्ध धर्म का प्रसार भारत के बाहर समुद्रोल्लंघन करके ही किया गया था और कितनी दूर-दूर तक प्रसार हुआ था।

'चीन में प्रचंड गरीबी का दर्शन हुआ। पश्चिम का साम्राज्यवाद तथा उस साम्राज्य को अक्षुण्ण, अबाधित रखने के लिए परकीय व्यापारियों के किए हुए शोषण का एहसास जगह-जगह पर हो रहा था। वस्तुतः भारत और चीन प्राचीन संस्कृति के पुजारी। परंतु जिस तरह भारत में आज संस्कृति का, प्राचीन सभ्यता का अवमूल्यन हुआ है, उसी तरह वह यहाँ भी हुआ है। इसका मुख्य कारण गरीबी और अज्ञान ही है। जब वह दूर होगा तभी चीन अवश्य महाराष्ट्र होगा। यहाँ गरीबी है, परंतु भारत की तरह ही चीन भी प्राकृतिक वैभव से समृद्ध है, उसी तरह जापान भी।

'जापान की अनुपम सुंदरता से मैं मुग्ध हो गया। चीन और जापान के बीच का फर्क देखकर मैं चकित हो गया। चीन में बेहद गरीबी व अज्ञान तो जापान में समृद्धि, वैभव और उद्यमशीलता; सुंदर, सुडौल, प्रमाणबद्ध घर, रास्ते और प्रसन्न व हँसमुख लोग; कृत्रिम जलाशय और मानव निर्मित सौंदर्य शिल्प। नागासाकी, कोबी बंदरगाह, याकोहामा, ओकामा, कियाटो, टोकियो सारा कुछ देख रहा था। फिर मैंने गौर किया, समय का तकाजा जापान ने पहचाना है। उसने समझ लिया है कि उद्योग व व्यवसाय ही गरीबी की संजीवनी हैं। यहाँ के बौद्ध धर्म का स्वरूप प्रौढ़ एवं प्रगल्भ है।

'वाकई अचिंगा, जापान का विकास और उन्नति देखकर मैंने दाँतों तले उँगली दबाई। फटी-फटी आँखों से मैं सब देख रहा था। जापानी लोगों के संबंध में मेरी अब निश्चित धारणा हो गई कि इस तरह भारत को विकासशील राष्ट्र बनाना हो तो सागर पार करके युवकों के झुंड-के-झुंड यहाँ आने चाहिए—बिलकुल हर साल, ताकि वे चीन-भारत और जापान में समझेंगे कि क्या फर्क है।

'विशेष यह है कि उन्हें भारत के प्रति अत्यंत आदरभाव है। यहाँ मैंने देखा कि भारत विषयक उन्हें प्रगाढ़ श्रद्धा है, क्योंकि भारत गौतम बुद्ध की जन्मभूमि है। जापान देखकर हम सोचने पर मजबूर होते हैं कि आज तक हमने किया ही क्या है? बस, व्यर्थ बकवास। इन लोगों की उद्योगप्रियता, रसिकता, जिंदादिली देखनी चाहिए। भारत की वर्तमान दुर्दशा देखकर शर्म के मारे मुँह छिपाने को जी चाहता है। देश छोड़कर बाहर जाने से हमारा धर्म डूब जाता है। इस विषय पर सभा-संगोष्ठी में चर्चा करने में ही हम अपनी विद्वत्ता तथा कार्य-कर्तृत्व का प्रदर्शन करते हैं। मूर्खतापूर्ण, खूसट धारणाओं ने हमें कसकर जकड़ लिया है। शास्त्रों के संदर्भ जोड़ते समय ही हम अपनी शक्ति दाँव पर लगा

रहे हैं। परंतु यूरोपीय देशों के विकास का विचार हमारे दिमाग में कभी नहीं आया।

'आज भारतीय युवक तीस रुपल्ली के लिए अंग्रेजों की किरानीगिरी करने में अथवा ज्यादा-से-ज्यादा वकील होने में धन्यता मानते हैं। भारतीय युवकों का आकाश ही इतना ठिंगना है।

'मैं तो कहता हूँ अचिंगा, आओ, मनुष्य बनो। उन सनातनी कर्मठ पंडितों को बहिष्कृत करो। उनके दिमाग में शास्त्रों की पंक्तियों के तोता-रटंत के अतिरिक्त कुछ भी नहीं घुसेगा। उनका मन भी खाली-खाली तथा हृदय-शून्य हो गया है। उसका विकास-विस्तार कभी भी होने की संभावना नहीं है। सौ-सौ सदियों की भ्रामक व मूर्खतापूर्ण धारणाओं में उनका जन्म हुआ है और वह व्यर्थ जा रहा है। पहले उन्हें दूर हटाना होगा। आओ, मनुष्य बनो।

'अपने संकीर्ण तथा अँधेरे बिल से बाहर निकलने पर ही विश्व का प्रकाश मार्ग दिखाई देगा न! यह देखने के लिए कि अन्य धर्म और जाति किस तरह उन्नति की राह पर आगे बढ़ रहे हैं—दूर जाना होगा न!

'मैं तो कहूँगा अचिंगा, आप मनुष्य से प्रेम करते हैं न, देश से प्रेम करते हैं न? तो फिर आगे बढ़ो, आओ। हम सबकुछ भला होने के लिए जान की बाजी लगाएँगे। पीछे मुड़कर न देखें। सामने चलें, आगे बढ़ें। भारत माता को इस तरह के विचार रखनेवाले कम-से-कम एक हजार युवकों की आवश्यकता है, जो अपनी माता के लिए आत्मसमर्पण करेंगे। हमें ऐसे नौजवानों की जरूरत है, जो देश के लिए आत्मसमर्पण करेंगे, बलिदान देंगे; न कि हमें पशु चाहिए।

'अचिंगा, जापान देखने के बाद मन बड़ा बेचैन हो गया। गरीबी व भूख से पीड़ित भारतीय जनता की बार-बार याद आने लगी। कैसा क्षुद्र, तुच्छ जीवन है हमारे देशवासियों का। इसके लिए आत्मसंशोधन करना होगा, आत्मविस्मृत इतिहास देखना होगा। आज किसी श्रीकृष्ण के अवतार की आवश्यकता है। उसे कहना होगा, 'उठो! बैठे-ठाले कुछ नहीं होगा, काम में लग जाओ। संभ्रमित मत होना। तुम्हें अपने हाथों से हो रहे कार्य का दर्शन कराता हूँ। विश्वास करो, यह विराट् कार्य तुम्हारे ही हाथों से होगा। उस पर विश्वास नहीं है तो मुझ पर विश्वास करके कर्म-तत्पर हो जाओ। मैं तुम लोगों से वह विराट् कार्य करवाऊँगा।'

'परंतु अचिंगा, वह श्रीकृष्ण, जो सत्यधर्म के लिए, मानव कल्याणार्थ, नवयुग के लिए कार्य तत्पर करता है—आज कहाँ खो गया है?'

डबडबाई आँखों से हस्ताक्षर के साथ उन्होंने पत्र पूरा किया। कितनी देर तक वे भारत के बारे में सोचते रहे। सोचते-सोचते जब उनकी आँख लगी तब भोर का तारा निस्तेज हो रहा था।

□

'कौन हैं आप?' पिछले दो दिनों के बाद विवेकानंद से प्रश्न किया, जो राजपथ पर एक आलीशान कोठी के पास बैठे थे। उनका मन इतना सुन्न हो गया था कि यह समझने में उन्हें विलंब लगा कि प्रश्न उन्हीं से पूछा गया है। उनके मैले काषाय वस्त्रों की ओर—मुरझाए, परंतु फिर भी विद्वत्ता की गवाही दे रहे मुख की ओर देखकर उस महिला ने पूछा—

'आप कौन हैं?'

'मैं भारतीय हूँ।'

'यहाँ क्यों बैठे हो, अंदर आ जाओ।'

सर्दी से हाथ-पाँव जमे हुए। शरीर में एक कदम चलने की शक्ति नहीं। भूख की पीड़ा से देह आकुलित और ऐसी स्थिति में देवदूत समान वह महिला आ गई। वह प्रौढ़ अमेरिकन महिला किसी आए हुए मेहमान को उसकी गाड़ी तक विदा करने आई थी; लौटते समय उसका ध्यान राजपथ पर उसके घर के पास बैठे विवेकानंद की ओर गया। यह व्यक्ति नीग्रो नहीं, अमेरिकन नहीं, अतः कोई परदेशी होगा, यह उसने समझ लिया था।

'कृपया भीतर आएँ।' वह आगे बढ़ी।

मजबूर होकर विवेकानंद भी उसके पीछे चलने लगे। घर में आने के बाद उसने उन्हें बिठाया। वे संकोच से एक सोफे पर बैठ गए। उस महिला ने भीतर से एक कंबल लाकर उन्हें ओढ़ने के लिए दिया और उनके हाथ में कॉफी का मग थमा दिया।

'थैंक यू मैडम…थैंक यू।'

'अब बताएँ, आप यहाँ क्यों आए हैं? आपका उद्‌देश्य क्या है?'

'मैडम, मेरा नाम विवेकानंद है। भारत के प्रतिनिधि के तौर पर सर्व धर्म परिषद् में भाग लेने आया हूँ। परंतु इस क्षण मैं अत्यंत निराश हो गया हूँ।'

'व्हाय जेंटलमैन, व्हाय?'

'क्योंकि, परसों बोस्टन से आया। कड़ाके की सर्दी थी। तिस पर इतने पैसे नहीं थे कि होटल में रहूँ। भिक्षा माँगते हुए मैं घूम रहा था, परंतु दिन भर में मुझे किसी ने भिक्षा नहीं दी। मैं भूखा था। स्टेशन पर सोया। कल दिन भर भूखे रहने के कारण चार कदम चलने की भी शक्ति नहीं थी। इतने में इतनी सर्दी में बर्फ गिरने लगी। मैंने रेल के एक डिब्बे में पड़े एक पिटारे में बैठकर रात बिताई। सवेरे उठकर वही अनुभव करते घूम रहा था। थका-हारा आपके घर के पास बैठा था।'

'अरे रे। एक परदेसी को अमेरिका में इतना कष्ट सहना पड़ा, सो सॉरी।'

'मैडम, भूख का दुःख नहीं है। दुःख इस बात का है कि सर्दी से हाथ सुन्न पड़

गए थे, अत: परिचय-पत्र हाथ से गिर गया। कल उस ऑफिस को ढूँढ़ने की कोशिश की, परंतु पता ही भूल गया। बहुत घूमा, परंतु कोई फायदा नहीं हुआ।'

'डोंट वरी, स्वामीजी। मैं आपको सर्व धर्म परिषद् में ले जाऊँगी। ओ.के., नाउ रीलेक्स।'

विवेकानंद की समझ में नहीं आ रहा था कि क्या बात करें। इस पल उस महिला के अनंत उपकार उनके ऊपर थे। उसने कहा, 'चलिए, आपका कमरा दिखाती हूँ। आराम करें। कुछ खाने के लिए लाती हूँ। वे भी उसके पीछे-पीछे गेस्ट रूम में गए।'

पलंग पर लेटे-लेटे उन्हें सबकुछ याद आ गया। कल की रात तो वे जिंदगी भर नहीं भूल सकते। उनकी संवेदनाएँ सुन्न पड़ी थीं। एक मालगाड़ी के मालवाहक पिटारे में बैठने के बाद उन्होंने भगवान् की दुहाई करना शुरू किया।

'हे भगवान्! परदेस में मैं मरने के लिए तो नहीं आया? मन्मथनाथ भट्टाचार्य, अलसिंग पेरुमल और अनेक ने दर-दर घूमकर अपमान, जिल्लत, भद्दे मजाक सहकर चंदा इकट्ठा किया, वह क्या इसलिए कि यहीं पर मुझे मौत आ जाए?

'हे भगवान्! मैं मौत से नहीं डरता। मुझे एहसास है कि मृत्यु अटल है, वह किसी भी पल आ सकती है। और उसे आना ही है तो यहाँ विदेश में क्यों? अपनी भारत-भूमि के अंक पर ही मुझे मौत आ जाए।

'आज मैं जीना चाहता हूँ। निश्चित ही मुझे जीना है। हे मृत्यु, शीघ्र ही आ जाओ। परंतु जिस कार्य के लिए मैं सैकड़ों लोगों की सदिच्छाएँ लेकर आया हूँ, उसे मटियामेट मत होने दे।'

याकोहोमा से प्रशांत महासागर में जब जहाज ने प्रवेश किया, तभी हे भगवान्! तुम्हारा स्मरण करते हुए मैंने कहा था—अब मैं उस अमेरिका की ओर जा रहा हूँ जो भोगवादी, विलासी परंतु स्वतंत्रता-प्रेमी है और जो द्रुतगति से उद्योग और सर्वांगीण विकास साध्य करता है। मुझे साहस दो। अमेरिका के विराट् साम्राज्य में नन्हे से, छोटे से भारत की धर्मध्वजा मुझे गाड़ने दो।

वैंकूवर बंदरगाह में जब हमारा पेनिनशुलर जहाज रुका, तब मुझे दूरस्थ भारतमाता का स्मरण हो गया और मैंने मन-ही-मन कहा, 'हे माँ! दु:खी मत होना, जी छोटा मत करना। तुम पर यश-पुष्पों की माला चढ़ाऊँगा। तुम अकुलाती हुई मेरी प्रतीक्षा कर रही होगी। हो सकता है, तुम्हारे मन में संदेह भी होगा। परंतु अब तुम्हारा समर्थ पुत्र अमेरिका में कदम रख रहा है न, इसलिए निश्चिंत रहो।'

रेल से कनाडा की तीन दिवसीय यात्रा के बाद शिकागो शहर में आ गया। इस देश के लोगों के द्वारा किया हुआ प्रचंड विकास देखकर अवाक् रह गया। मैं एक अजनबी था। यहाँ किसी को मेरे प्रति सौजन्य प्रदर्शित करने की गुंजाइश नहीं थी। यह विशाल

नगर संपन्न था। लोग अपनी-अपनी सवारियों में बैठकर आते-जाते थे। मेरी समझ में नहीं आ रहा था कि कहाँ जाऊँ। किसी से कुछ पूछूँ तो हर कोई जैसे घोड़े पर सवार। मैं दिशाहीन-सा इधर-उधर भटक रहा था।

तथापि मैं एक दर्शनीय वस्तु बन गया था। शरीर पर काषाय कौपीन, मस्तक पर फेंटा। मेरा यह रूप लोग मुड़-मुड़कर देख रहे थे, एक-दूसरे को दिखाकर बता रहे थे और हँस रहे थे। परंतु किसी ने मेरे पास आकर नहीं पूछा। शायद मैं ही असमंजस में पड़ गया था। मैंने भी किसी से कुछ नहीं पूछा।

और एक घटना घटी। अमेरिकी लोग लाल, गोरे। उनकी तुलना में मैं काले लोगों में गोरा। इसी कारणवश नीग्रो-द्वेष्टी अमेरिकी लोगों ने मुझे नीग्रो समझा। वे मेरे साथ बात करने के लिए तैयार नहीं थे। उस रास्ते से जा रहे युवा-युवतियाँ मेरी ओर देखकर खिल्ली भरी हँसी हँस रहे थे। बस, इतना ही बाकी था कि वे मुझे पत्थर नहीं मार रहे थे, सिर्फ चिढ़ा रहे थे। यह मेरे संयम की परीक्षा थी।

वैंकूवर से मेरी लूटमार शुरू हो गई। किसी ने मेरा सामान लूटा, किसी ने ज्यादा कीमत बताकर पैसे लूटे। आखिर जैसे-तैसे होटल में पहुँचा। तब कहीं मुझे सुकून मिला। कम-से-कम वह रात तो ठीक-ठाक कट जाएगी। आखिर मैंने एक काले रंग का कोट खरीदा। गेरुए वस्त्रों में ही धर्म परिषद् जाना निश्चित किया।

'दूसरे दिन विज्ञान-प्रदर्शनी देखने गया और फिर एक बार चकित हो गया। उस प्रदर्शनी में शिल्प, कला, विज्ञान की अनेक कृतियाँ, सौंदर्यपूर्ण वस्तुएँ थीं। अमरीकी मनुष्य के मन, विकास तथा परिश्रम का वहाँ प्रदर्शन था। उस प्रदर्शनी में एक परिचित व्यक्ति से भेंट हुई। उनका नाम वरदा राव था। यह समझने के बाद कि मैं भारत से आया हूँ, प्रदर्शनी में उपस्थित समाचार-पत्रों के प्रतिनिधियों ने मेरा रुख किया।

हे भगवान्! फिर एक बार तुम्हारा स्मरण प्रकर्ष से हो गया।

वरदा राव ने पूछा, 'आप इतनी जल्दी कैसे आए?'

'अर्थात्?'

'क्या है कि सर्व धर्म परिषद् तो सितंबर में है।'

'सच कह रहे हैं?'

'जी हाँ। आठ दिन पूर्व हुई एक मीटिंग में ही यह निश्चित किया गया। इस परिवर्तन के कारण हैं।'

'परंतु अन्य देशों को सूचित किया गया था?'

'अर्थात्, उससे पहले ही आप निकल चुके होंगे।'

'जी हाँ। मैं ३१ मई के दिन जुलाई के आखिर में हो रही सर्व धर्म परिषद् के लिए निकल पड़ा।'

'खैर, अब यहीं आराम से रहें। मजे में रहो। और एक बात। आप भारत से सर्व धर्म परिषद् के लिए आए हैं, इसलिए परिचय-पत्र तो आपके पास होगा न; क्योंकि उसके बिना आप भाग नहीं ले सकेंगे।'

मेरा मन धक हो गया—हे भगवान्! मैं तो इस तरह का कोई परिचय-पत्र नहीं लाया था और यहाँ प्रार्थना-पत्र भरकर प्रतिनिधि के रूप में समाविष्ट होने की तारीख भी निकल चुकी थी। मेरी सारी आशा-आकांक्षाएँ चकनाचूर हो गईं, मेरे सारे सपने टूट गए। मेरी समझ में नहीं आ रहा था कि क्या करूँ। हाथ-पैर सुन्न पड़ गए। दक्षिण के जिन लोगों ने, खेतड़ी के महाराज ने मुझे अत्यंत आत्मविश्वास के साथ अमरीका भेजा था, उनके प्रति यह जबरदस्त विश्वासघात था। ऐसा लगा, मैं व्यर्थ ही अमेरिका आ गया। इस बात पर गौर करके मैं हताश हो गया कि इस धनवान् देश में अपने टुटपुँजी पैसों से कुछ भी नहीं होगा।

धर्म परिषद् शुरू होने में अभी एक-डेढ़ महीने की अवधि है, तब तक कुछ-न-कुछ हो जाएगा, इस तरह की मूर्खतापूर्ण कल्पना मन में हो आई। अब यहीं पर मुझे मौत आ जाए, क्योंकि क्या मुँह लेकर भारत जाऊँ? भगवान्, तुमसे यही माँग रहा हूँ। तुम ही अब कर्ता-धर्ता हो। तुम पर मेरा पूरा विश्वास है। आखिर मैं क्या करता।

उसी रात २० अगस्त, १८९३ को उन्होंने अलसिंग को खत लिखा। वह ऐसी ही उद्विग्न मानसिक अवस्था में—

'प्रिय अचिंगा,

'यहाँ आने से पहले मैंने जो सपने सँजोए थे, वे अब टूट चुके हैं। यहाँ सभी कुछ हमारी कल्पना से बहुत महँगा है। पास जो पैसा था वह खत्म हो रहा है। परंतु मैंने ठान लिया है, चाहे कुछ भी हो, यहाँ से हिलना नहीं। धर्म परिषद् के दिन तक प्रतीक्षा करूँगा। जब तक जीवित रहूँ, अपने ध्येय से विचलित न होऊँ। मैंने मृत्यु से कहा है, अभी नहीं आना।

'यदि यहाँ की जानलेवा ठंड से, किसी बीमारी से या भूख से मेरी मौत हो गई तो आप अपना कार्य हिम्मत से आगे बढ़ाएँ। अगर हो सके तो मुझे पैसे भेजो। यदि मेरे रहने के लिए आवश्यक पैसे नहीं भेज सकते तो भारत में वापस आने के लिए जहाज के टिकट के तो पैसे भेज सकोगे?'

हे भगवान्! कितना उलटा-सीधा खत लिखा मैंने। अलसिंग—पचिअप्पा विद्यालय का एक अध्यापक। बेचारा कहाँ से लाएगा इतने पैसे? परंतु आगे-पीछे कुछ भी न सोचते हुए पत्र लिख डाला। खैर, अब तीर हाथ से निकल गया था। मुझे पूरा विश्वास था, वह पैसे अवश्य भेजेगा।

और शिकागो जैसा महँगा शहर छोड़कर मैं बोस्टन आ गया। बस में एक महिला

से परिचय हो गया। मेरी विचित्र पोशाक देखकर उसने कुतूहलवश मुझसे पूछताछ की और घर आने का निमंत्रण दिया। अंधा क्या चाहे, दो आँखें। मैं तो यही चाहता था। इससे होटल का खर्चा जो बच जाता।

मैं उसके घर गया और तुमसे कहता हूँ भगवान्, उसने तो मेरी नुमाइश ही करनी शुरू कर दी। वह एक सामाजिक कार्यकर्ता थी, अतः घर में बहुत आने-जाने वाले थे। हर एक को वह मेरे बारे में कहती, मैं धर्म परिषद् के लिए आया हूँ। इसका आस्थापूर्वक उल्लेख करती।

संयोगवश हो या हे भगवान्, तुमने ही उन्हें भेजा होगा।

परंतु हार्वर्ड विश्वविद्यालय के ग्रीक भाषा के प्राध्यापक जे.एच. राइट आए। उस महिला ने उनसे मेरा परिचय कराया। उन्होंने कहा, 'स्वामी विवेकानंद, मैं जानता हूँ, भारतीय संस्कृति उतनी ही प्राचीन है जितनी ग्रीक संस्कृति। काल-प्रवाह में भी यह संस्कृति शान से खड़ी है और आज वह नष्ट न हो, इतना ही नहीं उस संस्कृति का परिचय सभी को हो, इसलिए प्रयास कर रहे हैं। अतः आप अवश्य धर्म परिषद् में जाएँ। आपसे किए हुए वार्त्तालाप से मैं समझ गया। स्वामी, आपकी प्रशंसा में कुछ कहना सूरज को दीपक दिखाना है। फिर भी, मैं आपको परिचय-पत्र देता हूँ।'

दूसरे ही दिन अलसिंग द्वारा भेजे ११०० रुपए तथा बॅरोल सर को लिखा पत्र मिल गया और पंद्रह दिनों के बाद मैं वह परिचय-पत्र, पैसे, थोड़ा सा सामान तथा बॅरोल सर को दिया हुआ पत्र लेकर, उन्हीं के दिए हुए टिकट के साथ बाहर निकला। उस महिला ने तथा प्रो. राइट ने ही मुझे संकट से उबारा। इतना ही नहीं, उन्होंने शिकागो तक पहुँचने की व्यवस्था भी की।

परंतु हाय, मैं ही कितना अभागा। ठंड से ठिठुरते हुए हाथों में थामा सारा सामान कब और कहाँ गिर गया, पता भी नहीं चला और इतनी दुर्गत बनी। भगवान् तुम्हारी कृपा से यह महिला शिकागो में मिली, अन्यथा क्या होता, सोच भी नहीं सकता।

वह महिला एक प्लेट में गोश्त के अनेक व्यंजन तथा डबल रोटी लेकर आई। विवेकानंद ने अपनी सारी रामकहानी उसे सुनाई। उसने कहा, 'आप चिंता न करें। मैं आपको वहाँ ले जाऊँगी और प्रतिनिधि के रूप में आपका नाम भी दर्ज करवाऊँगी।'

'थैंक यू मैडम।' उन्होंने संकोच से कहा।

'मेरा नाम श्रीमती जॉर्ज डब्ल्यू. हेल है। आपका नाम?'

'स्वामी विवेकानंद।'

'इसका अर्थ क्या है?'

उन्होंने कभी सोचा भी नहीं था कि अमेरिका में कोई उनसे 'विवेकानंद' शब्द का अर्थ पूछेगा। वे मुसकराए तो वह भी मुसकराई। अब विवेकानंद के चेहरे पर संतोष की मुसकराहट खिली थी।

: ग्यारह :

'अमेरिकावासी मेरे भाइयो और बहनो…'

दो मिनट तक तालियों की अखंड गड़गड़ाहट। तालियों की गूँज से सारा वातावरण रोमांचित हो उठा। इस संबोधन ने चमत्कार किया। उस युवा संन्यासी के मुख से निकले इस आत्मीयता से, आस्था से ओत-प्रोत संबोधन ने लाखों अमेरिकी श्रोताओं का दिल जीत लिया।

सुबह से 'आर्ट पैलेस' स्थित भव्य सभागृह में विश्व के अनेक देशों के धर्म प्रतिनिधि वहाँ उपस्थित थे। इसके अतिरिक्त उस सभागृह में पाँच से छह हजार दर्शक उत्सुकतावश वहाँ आए थे। सुबह उनकी रीति के अनुसार मंत्रोच्चारण तथा संगीत से इस धर्म परिषद् का ताम-झाम के साथ उद्घाटन हो गया। मंच पर ईसाई, यहूदी, जैन, हिंदू, बौद्ध, कन्फ्युशिअस, सिंतो, इसलामी, पारसी धर्म के प्रतिनिधि उपस्थित थे।

इतना ही नहीं, ब्राह्म समाज के प्रतापचंद्र मजूमदार, बंबई के नगरकर, जैन समाज के प्रतिनिधि वीरचंद्र गांधी, थियोसोफिकल सोसाइटी की एनी बेसेंट, चक्रवर्ती भी उपस्थित थे। सभी के अत्यंत अभ्यासपूर्ण भाषण संपन्न हुए। प्रत्येक ने अपने-अपने धर्म की विशेषताएँ विशद् करके अपना धर्म ही श्रेष्ठ है, इस तरह प्रतिपादन किया। सबसे आखिरी में युवा संन्यासी विवेकानंद का नाम पुकारा गया।

सुदृढ़ शरीरयष्टि, लंबा कद, उच्च व्यक्तित्व, धीर-गंभीर, भारतीय गौर वर्णीय विवेकानंद। उनका नामोच्चारण होते ही दृढ़तापूर्वक एक-एक कदम आगे बढ़ाते हुए व्यासपीठ पर चढ़ गए। एक बार सामने नजर डाली, ईश्वर का स्मरण किया और गंभीर स्वर में कहा—

रुचीनां वैचित्यात् ऋजुकुटिल नानापथ जुषाम्।
नृणत्रं एकोगम्यः त्वमसि पयसाम अर्णव इव॥

अनेक नदियाँ भिन्न-भिन्न दिशाओं से बहती हुई एक महासागर से मिलती हैं, उसी तरह अनेक धर्म अपने-अपने मार्ग से ईश्वर तक जाते हैं, उसी तरह सारे धर्म एक ही मानव धर्म में समा जाते हैं। भगवद्गीता में भगवान् श्रीकृष्ण कहते हैं—

ये यथां मा प्रपद्यन्ते तान् तथैव भजाम्यहम्।
मम वर्त्मा नुवर्तन्ते मनुष्याः पार्थ सर्वशः॥

कोई किसी भी भावना के साथ मेरे पास क्यों न आए, मैं सदा-सर्वदा ही उन पर अनुग्रह करता हूँ। हे अर्जुन! अनेक मार्ग अंत में मेरे तक आकर मिलते हैं। यदि यही भाव सर्वत्र हो तो सुख-शांति का लाभ होगा।

इसके बाद सभी धर्मों का आदर करते हुए उन्होंने हिंदू धर्म का महत्त्व विशद किया।

उन्होंने कहा, 'विश्व के सबसे नूतन देश को विश्व के अति प्राचीन वैदिक संन्यासी संप्रदाय की ओर से मैं अभिवादन करता हूँ। इसी वैदिक धर्म ने सारे विश्व को सहिष्णुता एवं सर्वसमावेशकता का सिद्धांत सिखाया।

'धर्म से उत्पन्न सभी तरह के कलह बंद हों। व्यक्ति-स्वातंत्र्य के मोहक नाम पर हो रहा स्वेच्छाचार बंद होना चाहिए। राष्ट्र-प्रेम के नाम पर दूसरे को लूटने-खसोटने की प्रवृत्ति का त्याग करते हुए किसी भी राष्ट्रीय, धार्मिक तथा सामाजिक स्वतंत्रता पर आँच न आने देते हुए परस्पर विचारों का आदान-प्रदान हो। संकुचित प्रवृत्ति का त्याग करते हुए हर कोई यथाशक्ति दूसरों की ऐहिक आध्यात्मिक उन्नति के लिए प्रयत्नरत रहे। इसी में संपूर्ण मानव जाति का कल्याण है।'

विवेकानंद ने अपने छोटे, परंतु सारगर्भित भाषण में जैसे गागर में सागर भर दिया और व्यासपीठ से नीचे उतरे। तालियों की अखंड गड़गड़ाहट तब तक हो रही थी जब तक उन्होंने अपना स्थान ग्रहण नहीं किया था। वे स्वयं जैसे सपना देख रहे थे। किस अवस्था में वे यहाँ तक पहुँचे, इसकी एक चित्रमालिका ही उनके नेत्रों के सामने साकार हो गई। इस धर्म परिषद् तक पहुँचते-पहुँचते सारे देवी-देवताओं का स्मरण हो गया था। उन्हीं देवताओं ने आज मेरी रक्षा की। अन्यथा कहाँ का नरेंद्र दत्त और कहाँ का संन्यासी विवेकानंद।

गद्गद होकर उन्होंने मन-ही-मन कहा, 'ईश्वर, तुम...तुम्हारा अस्तित्व है...अस्तित्व है...।'

दूसरे दिन सभी अखबारों ने नवयुगाचार्य स्वामी विवेकानंद की प्रशंसा के पुल बाँधे। रातोरात स्वामी विवेकानंद विश्व-नायक बन गए। मन-ही-मन उन्होंने कहा—'मैंने क्या किया? कुछ भी तो नहीं। मैंने केवल चंदन की शीशी में बंद सुगंध लोगों तक पहुँचाई, अर्थात् मैंने केवल दूत का काम किया। भव्य, उदात्त, महन्मंगल तथा सत्यं, शिवं, सुंदरम् वेदांतसार मैंने अत्यल्प शब्दों में लोगों के सामने प्रस्तुत किया।'...

उस दिन मिसेज हेल ने कहा, 'स्वामीजी, आप भारत के प्रतिनिधि के रूप में आए हैं, यह ज्ञात होते ही न जाने क्यों मुझे ऐसा प्रतीत हो गया कि आप सारी सभाएँ जीत लेंगे। और ठीक वैसा ही हुआ।'

'मिसेज हेल, प्राचीन भारतभूमि में ऋषि-महर्षियों द्वारा अनुभव से सिद्ध सत्यज्ञान जो लोगों को प्राप्त हुआ, उसका संक्षिप्त रूप ही मैंने प्रस्तुत किया है। भारतीय वेदांत ही सर्व समावेशक है, जो विश्व को सन्मार्ग की ओर ले जाएगा।'

'स्वामीजी, इसीलिए 'हेरॉल्ड' जैसे समाचार-पत्र ने लिखा है—'स्वामी विवेकानंद का व्याख्यान सुनने के बाद ज्ञात हो गया कि भारत जैसे ज्ञान-संपन्न देश में ईसाई धर्म का प्रसार करना कितनी मूर्खता है।'

'मैडम, अब स्थिति ऐसी है कि बेचारी हिरनी सोचती है कि कस्तूरी की सुगंध जंगल में है, इसलिए वह उसके पीछे बेतहाशा भागती रहती है; लेकिन उसे कल्पना भी नहीं होती कि वह सुगंध उसकी नाभि में है। आज भारत को भी सभी का विस्मरण हो गया है। उन्हें मिशनरियों का धर्म भला लगने लगा है।'

'अब इसमें कोई संदेह नहीं कि भारत जाग्रत् होगा।'

'ऐसा ही होना चाहिए।'

'होगा, होगा, ऐसा ही होगा। हृदय से निकला निरीह निष्कपट विश्व-प्रेम और सत्य की वाणी से वहाँ उपस्थित सारे विद्वानों, अभ्यासकों तथा रसिकों का मनोमालिन्य दूर हो गया। किसी भी विशेष संप्रदाय, धर्म अथवा विशिष्ट देवता का दर्शन आपने नहीं कराया। आपने सर्वमंगल विराट शक्ति का दर्शन कराया। मैं भी धन्य हो गई। स्वामीजी, आज मुझे गर्व है कि…'

'मैडम, उस दिन यदि आप नहीं होतीं तो मैं राजपथ पर मृतावस्था में होता और एक लावारिस लाश समझकर मुझे कहीं भी दफना दिया जाता।'

'ऐसा मत कहें, स्वामीजी। कम-से-कम आज तो ऐसी अशुभ बात न सोचें। यह देखिए, सारे विख्यात समाचार-पत्र। सभी ने आप पर स्तुति-सुमनों की बौछार की है। ईश्वर भी मनुष्य की सतत परीक्षा लेता है।'

'अब तो परीक्षा समाप्त हुई कि नहीं?' विवेकानंद ने मुसकराते हुए पूछा।

'अब मेरी परीक्षा है। आपसे मिलने लोग आएँगे, उनके स्वागत की तैयारी करनी है।' बात करते-करते मैडम हेल भीतर गईं।

विवेकानंद अपने फोटो तथा समाचार-पत्रों में दी हुई प्रतिक्रिया देख रहे थे।

□

'मिसेज हेल।' विवेकानंद जल्दी-जल्दी घर में आए।

मिसेज हेल एप्रन उतारते हुए बाहर आईं।

'आज के समाचार-पत्र देखे? जितना मेरा प्रचार हुआ उतना ही अधिक अपप्रचार करनेवाले लोग आगे बढ़े हैं। मुझ पर बहुत बुरी तरह से टूट पड़े हैं।'

'ऐसा ही होता है, स्वामीजी। जितनी लोकप्रियता अधिक, उतने ही अधिक शत्रु हम तैयार करते हैं। आप शांत रहें। सत्य तो सत्य ही होता है न!'

विवेकानंद मौन रहे। वे ऐसे अंदाज में उन्हें समझा रही थीं जैसे माँ अपने बच्चे को समझाती है। उन्होंने कहा, 'चिंता न करें स्वामीजी, सब ठीक होगा।'

हाथ में समाचार-पत्र थामे विवेकानंद अपने कमरे में चले गए। जिन अखबारों ने उन्हें सिर-आँखों पर बैठाया था, उन्हीं अखबारों ने उन पर कठोर शब्दों में आलोचना की थी। उन्हें समझ में नहीं आ रहा था कि क्या किया जाए। उन्हें प्रत्युत्तर दें, या मुँह में ठेपी

धरें। किसी से कुछ कहें, पूछें तो कोई भी निकट नहीं था। वे अकेले ही तो भारत से अमेरिका आए थे।

उन्हें इस बात का विशेष एहसास हुआ, ये आलोचक भारतीय विद्वान् थे। और आरोप क्या कम थे? उनके पास परिचय-पत्र नहीं था, यह पहला आरोप। उसके लिए प्रयास करना चाहिए था। उन्होंने तुरंत कागज-कलम उठाया और अलसिंग को पत्र लिखना आरंभ किया—

'प्रिय अचिंगा,

'आठ दिन पहले समाचार-पत्रों में हिंदू धर्म का उदात्त स्वरूप मैंने विश्व के सामने प्रस्तुत किया, इसलिए मुझ पर स्तुति सुमनों का वर्षण किया गया। अर्थात् यह ईश्वर-कृपा और गुरुजनों का आशीर्वाद था, अन्यथा मेरे जैसा संन्यासी इस तरह भाषण नहीं कर सकता।

'परंतु आज के अखबारों में मुझ पर अनेक आरोप लगाए गए। जो मैंने कथन किया वह हिंदू धर्म ही नहीं, मेरे पास परिचय-पत्र नहीं, इसका मतलब मैं पाखंडी व झूठा दावेदार हूँ। मुझे रत्ती भर भी ज्ञान नहीं। इत्यादि, इत्यादि। अब एक काम करो अचिंगा, वहाँ सभा करके मेरे दिए हुए भाषण के विचार लोगों को स्पष्ट करके उन्हें बताना, हमारे हिंदुस्तान के प्रतिनिधि स्वामी विवेकानंद ने वेदांत का ज्ञान विश्व के सामने प्रस्तुत किया। अखबारों में इस तरह की खबर आते ही उसकी कतरन त्वरित यहाँ भेज देना।'

पत्र पूरा करने के बाद उनका ध्यान और एक आरोप की ओर आकर्षित हुआ। वह ऐसा गंभीर आरोप था, जो उनके चरित्र पर धावा बोल रहा था। संन्यासी होकर भी यह युवक राजसी ठाट से रहता है और वह भी एक महिला के घर और अब तक वहीं रहता है, अर्थात् इस संन्यासी का चरित्र व शील शुद्ध नहीं है।

विवेकानंद मिसेज हेल से डर गए। वे यह जानने के लिए उत्सुक थे कि यह पढ़ने के बाद उनकी कैसी प्रतिक्रिया होगी। थोड़ी ही देर में मिसेज हेल अपने काम से निबटकर उनके सामने अखबार पढ़ने बैठ गईं। विवेकानंद का हृदय धौंकनी की तरह धड़क रहा था। अखबार पढ़ते-पढ़ते वे खिलखिलाकर हँसने लगीं।

'क्या हुआ, मैडम?' विवेकानंद ने पूछा। अखबार में एक भी मजेदार बात नहीं थी।

'स्वामीजी, समस्या यह रही कि आप जैसा एक संन्यासी मेरे घर आ गया। दरअसल आप संन्यासी नहीं होते तो आप पर इस तरह चरित्र-हनन के आरोप वे नहीं लगाते और मेरा भी फायदा होता। और संन्यासी ने ऊपर संन्यास और भीतर से गृहस्थाश्रम स्वीकारा होता तो भी कोई सवाल नहीं उठता। लोगों को बोलने दो स्वामीजी। उनका तो यही काम होता है। आप चिंता न करें, मैं मुँह-तोड़ जवाब दूँगी। वैसे तो आप निडर हैं,

फिर भी आप डर गए?'

'नहीं। मैं किसी भी आरोप का समर्थ रूप से उत्तर दे सकता हूँ, परंतु अपना स्पष्टीकरण देना मुझे मान्य नहीं। मैं इसलिए डर गया था कि आप क्या सोचेंगी!'

'स्वामीजी, मैं डरपोक स्त्री नहीं हूँ। अन्यथा आपको घर में ही क्यों रखती? और ऐसे मामूली, ऊटपटाँग विषय की ओर ध्यान मत देना।'

विवेकानंद एक-एक अनुभव करते जा रहे थे—कुछ अच्छे, कुछ बुरे।

एक महिला ने उनका हाथ कसकर पकड़कर कहा, 'आपके हाथ बहुत ही सुंदर हैं।' एक स्त्री ने उनका माथा चूमकर कहा, 'काश, ऐसा पुत्र मेरा होता।' उनके सुंदर रूप से, उनके घने काले घुँघराले बालों से, सुदृढ़ देहयष्टि से तथा धीरोदात्त मधुर वाणी से सब मोहित होते। सर्व धर्म परिषद् में भाषण होने के बाद हर रोज उनसे मिलने कई लोग आते रहे। उनमें पत्रकार थे, अभ्यासक साधक थे, जानने-समझने की दृष्टि से आए थे। मिसेज हेल सभी की मनःपूर्वक आवभगत में लगी रहतीं।

उस दिन कुछ अभ्यासक मंडली उनके पास आई थी। उनमें कुछ आलोचक भी थे। एक ने पूछा, 'आपका धर्म अत्यंत प्राचीन है। साढ़े सात हजार वर्ष पूर्व का इस धर्म का संस्थापक कौन है?'

'आज विद्यमान सभी धर्मों की स्थापना किसी-न-किसी महामानव ने की है। उसके सिद्धांत किसी धर्मग्रंथ में लिखे गए हैं। आगे चलकर अनेक ने उस धर्म ग्रंथ के अनुसार आचरण किया जैसे कि ईसा मसीह और उनका बाइबिल। परंतु हिंदू धर्म का किसी एक ने स्थापन नहीं किया। सृष्टि से प्राप्त डिवाइन थॉट्स (दिव्य विचार) ऋषि-मुनियों ने जान लिये, उनका अनुभव किया और लोगों को स्पष्ट किए। उन विचारों में से जीवन जीने की एक अलिखित संहिता तैयार हो गई। वही जीवन धर्म हो गया।'

'आपके यहाँ तो सैकड़ों देवी-देवताओं को माना गया है। उसका अर्थ क्या है?'

'हिंदुओं ने डिवाइन पॉवर (ब्रह्म शक्ति, निराकार शक्ति) को आद्य देवता माना, फिर उसे विविध स्वरूपों में, विविध कार्यों में प्रयोग में लाया गया। उस शक्ति को ही गॉड एंड गॉडेसेस अर्थात् देवी-देवता माना गया। उनके गुणों को पुनः प्रत्यय अर्थात् अवतार-डिवाइन इनकॉरनेशंस माना गया। इस तरह की नित्य चल रही रचना ही हिंदू धर्म की विशेषता है। इसीलिए तो इतने आक्रमण होकर भी हिंदू धर्म शाश्वत है।'

'अर्थात् आज भी आप उसी समय के सिद्धांत मानते हैं?'

'यह ठीक वैसा ही है जैसे किसी व्यक्ति का मूल फोटो कायम रखकर उसकी फ्रेम बदली जाती है। धर्म का स्वरूप वही होता है। कालक्रमानुसार उसमें सुविधाएँ की जाती हैं।'

'हर धर्म का देवता एक, आपके अनेक, तो क्या आप कन्फ्यूज नहीं होते?'

'प्रत्येक के माता-पिता अलग, सबके इकट्ठे होने से भी हम अपने ही माता-पिता को स्वीकार करते हैं न!'

उपस्थित जन प्रश्नोत्तर का आनंद ले रहे थे। प्रत्येक प्रश्न का उत्तर विवेकानंद शांत चित्त से दे रहे थे। चेहरे पर प्रसन्न भाव था। उन्होंने कहा, 'समय के अनुसार ब्रह्म-शक्ति भिन्न-भिन्न स्वरूप व आकार में अवतीर्ण होती है। कभी वह विज़ुअल होती है तो कभी एनर्जेटीक (अदृश्य कार्यशील) होती है। इसी कारणवश हिंदू धर्म स्टॅग्नन् नहीं गतिशील है, सक्रिय है।'

'परंतु आपके देवता ३३ कोटि और धर्मग्रंथ १,७६०। यह कैसे?'

'किसी विषय का ज्ञान आकलन करके अन्य जनों का कथन करने की शक्ति अधिक, तो उसमें धर्मग्रंथ ही नहीं, अन्य साहित्य की भी विपुलता होगी न!'

'सुना है, हिंदू शब्द इतना प्राचीन नहीं है।'

'जिन्होंने सुना है, उनका यह अज्ञान है। उसके लिए संस्कृत का व्याकरण सीखना होगा। वैदिक वेदांत के निरुक्त के अनुसार, सकार का हकार रूप में भी उच्चारण किया जाता है। जैसे सरित-हरित, सरस्वती-हरस्वती, सिंधू-हिंदू। भविष्य पुराण, कालिकापुराण मेरुसंत्र, रामकोश, अद्भुत कोश, हेमंत कवि कोश, बृहस्पति आगम, माधव दिग्विजय इस तरह के अनेक ग्रंथों में 'हिंदू' शब्द आया है। पुराण आजकल के समय का धर्मग्रंथ होने पर भी बाइबिल से पहले का है।'

आगे किसी ने भी कुछ नहीं कहा। उनका अध्ययन व ज्ञान देखकर सभी साधक संतुष्ट हो गए, पत्रकार प्रसन्न हो गए और मिसेज हेल का मस्तक गर्व से ऊँचा हो गया।

एक पत्रकार हिचकिचा रहा था। उसका संकोच देखकर विवेकानंद ने उससे कहा, 'विचारों की बदहजमी न होने दें। कह डालो, जो कहना है।'

'पूछने में संकोच हो रहा है।'

'निर्भय होकर पूछो।'

'आप पर अनेक आरोप हैं। आपने सर्व धर्म परिषद् में कहा था कि हिंदू धर्म आजकल प्रचलित नहीं है। आज के हिंदुओं को वह ज्ञात नहीं। क्या यह सच है?'

'असत्य वक्तव्य है। आगे बोलो।'

'क्या है कि १९ सितंबर के दिन 'हिंदू धर्म' पर जो आपने अस्खलित भाषण दिया, उसके बाद यह प्रतिक्रिया हो गई कि आपने सूक्ष्म तर्क बुद्धि का आसरा लेकर मूर्ति-पूजा पर सात्त्विक भाष्य करते हुए पाश्चात्य बुद्धिमान लोगों की आँखों में धूल झोंकने का प्रयास किया। इस पर आपका क्या कहना है?'

'कुछ भी नहीं। मैं तो यही कहूँगा, जो कहा वह सत्य ही कहा।'

'और एक गंभीर आरोप आप पर है। आप अत्यंत हीन कुलीन, जाति-बहिष्कृत,

समाज-बहिष्कृत, उपेक्षणीय व्यक्ति हैं। अतः आपको परिषद् से बाहर निकाला जाए। यह कुछ लोगों का कहना है। आप क्या उत्तर देंगे?'

'मैं हीन कुलीन, जाति तथा समाज-बहिष्कृत होकर यदि इतना ज्ञान आपको दे सकता हूँ तो भारत के उच्च कुलीन व्यक्ति कितने ज्ञानी हो सकते हैं, इसकी आप कल्पना कर सकते हैं। वस्तुतः यह भी सत्य नहीं है। आपके सामने यदि महानदी दिखाई दे रही हो और उसका शोध लेना हो तो मनुष्य को उसके उद्‍गम तक जाना होगा न!'

अब किसी के भी मन में कोई प्रश्न, संदेह नहीं रहे और सभी को विश्वास हो गया कि विवेकानंद जो कह रहे हैं, वह सत्य है।

□

२७ सितंबर, १८९३। आज सर्व धर्म परिषद् के अधिवेशन के समापन का दिन। ११ सितंबर के दिन अपना संक्षिप्त भाषण देने के बाद वहाँ के अखबारों ने विवेकानंद अर्थात् पर्याय से हिंदू धर्म के विचारों को प्रसिद्धि दी।

विवेकानंद द्वारा अपना भाषण देने के लिए खड़े रहने के बाद उस दिन की तरह उत्साह से भरपूर तालियों की गूँज उठीं। ११ सितंबर के भाषण के बाद उन्हें कई जगहों पर व्याख्यान के लिए आमंत्रित किया गया। उन पर अनेक आरोप लगाए गए। परंतु एक भी आरोप का खंडन न करते हुए वे अपना ही विषय बार-बार प्रस्तुत कर रहे थे। १९ सितंबर के दिन 'हिंदू धर्म' विषय पर दिए गए व्याख्यान के बाद तो उन पर आरोप बढ़ते ही गए। पत्रकार उन पर प्रश्नों की झड़ी लगाकर उन्हें परेशान करने का प्रयास कर रहे थे। फिर भी, २२ सितंबर के दिन उन्होंने वर्तमान हिंदू धर्म का वेदांत से जुड़े संबंधों के विषय में स्पष्ट किया और २५ सितंबर से 'हिंदू धर्म' की विशालता सप्रमाण सिद्ध की। इस भाषण में चार-पाँच हजार की संख्या में लोग उपस्थित थे। चर्चा करते-करते उन्होंने कहा, 'सभी धर्म के एक ही ईश्वर को, उस निराकार विराट् पुरुष को आधारभूत मानकर सार्वभौमिक विश्व धर्म हो सकता है—इस तरह का विधान मैंने वेदांत के अध्ययन के अनुसार ही किया था। मुझ पर कई आरोप लगाए गए हैं, उनका स्पष्टीकरण करना मैं नहीं चाहता। परंतु यहाँ एकत्र लोगों में से कितने लोग हिंदू धर्म जानते हैं, बताएँ। वे लोग अपना हाथ ऊपर उठाएँ, जिन्हें हिंदू धर्म की जानकारी है।' सिर्फ सात-आठ हाथ ऊपर उठे।

विवेकानंद ने मुसकराकर कहा, 'फिर भी आप मैं जो कुछ कहता हूँ, उसे असत्य मानते हैं? और मैं यहाँ असत्य कहने के लिए नहीं आया हूँ, न ही आपसे किसी बात की अपेक्षा करता हूँ।'

और उसके पश्चात् सर्व धर्म परिषद् के समापन प्रसंग में सात हजार दर्शकों को संबोधित करते हुए धीर-गंभीर स्वर में उन्होंने कहा, 'इस सर्व धर्म परिषद् ने विश्व को

पवित्रता, शुद्धता तथा दयालुता ये तीन अनमोल बातें दीं। ये तीन बातें किसी एक संप्रदाय की या धर्म की नहीं। यह किसी एक का एकाधिकार अथवा संपत्ति नहीं है, क्योंकि सभी धर्मों में मानवता का संदेश देते समय इन तीन तत्त्वों का आस्थापूर्वक उल्लेख किया गया है। प्रत्येक धर्म में उदात्त चरित स्त्री-पुरुषों का जन्म हुआ है। अतः कोई यह दावे के साथ कहता हो कि अन्य धर्मों से उसी का धर्म श्रेष्ठ है और सर्व धर्मों का विनाश होकर केवल उसी का एकमेव धर्म जीवित रहेगा तो यह भ्रांत धारणा है। ऐसे लोगों पर तरस आता है।

'मैं यहाँ पर स्पष्ट शब्दों में कहना चाहता हूँ कि ऐसे लोग चाहे लाख रोड़े अटकाएँ, राह में बाधाएँ खड़ी करें, तथापि उनकी रत्ती भर भी परवाह न करते हुए प्रत्येक की धर्म-ध्वजा पर यही लिखना होगा कि 'युद्ध नहीं चाहिए। परस्पर प्रेम करो। विनाश नहीं, सहयोग दो; कलह नहीं, मित्रता, शांति-अमन हो।'

विवेकानंद की वाणी अनवरत झर रही थी और वहाँ उपस्थित प्रत्येक व्यक्ति उनकी भाषा, उनके विचार मनःपूर्वक आत्मसात् करना चाहता था। ऐसा प्रतीत हो रहा था जैसे आकाशस्थ कोई देवता की वाणी है, आकाशवाणी हो रही है। हर कोई आत्मिक आनंद लूट रहा था।

अंत में उन्होंने कहा, 'आपके इस विशालकाय देश में मैं एक छोटे से देश के प्रतिनिधि के रूप में कोई महान् संदेश देने नहीं आया; क्योंकि मैं तो अपनी मिट्टी का एक अदना सा इनसान हूँ। तथापि वेदांत की वैश्विक वाणी का मैं उच्चारण कर रहा हूँ। मुझे इतना आकलन हो गया है। वेदांत सागर में तैरता हुआ मैं एक मीन हूँ। भारत में गरीबी है, अज्ञान है; परंतु वह बहुमूल्य अनमोल पारमार्थिक संपत्ति का अधिकारी है। धर्म के क्षेत्र में वह जगद्गुरु बन सकता है। मैं यहाँ यह अंकित करने के लिए नहीं आया कि हिंदू धर्म विशाल, विस्तृत तथा सर्वसमावेशक है। मैं तो उस धर्म का परिचय कराने के लिए यहाँ आया हूँ। आपने मेरे विचार सुने, इसलिए मैं अत्यंत आभारी हूँ। परिषद् आयोजकों का और आप सभी का धन्यवाद।'

दूसरे दिन हाथ में अखबारों का गट्ठर लेकर मिसेज हेल स्वामी विवेकानंद के कमरे में आ गईं। तब वे ध्यानस्थ बैठे थे। उनसे रहा नहीं गया। उन्होंने उन्हें पुकारकर जगाया।

'सॉरी स्वामीजी, आपको मैंने मेडीटेशन से जगाया। परंतु क्या करती? खबरें देखिए न, कितनी अच्छी-अच्छी हैं।'

उन्होंने पेपर पढ़ना शुरू किया। 'न्यूयॉर्क हेरॉल्ड' पेपर कहता है—'शिकागो की सर्व धर्म परिषद् में उपस्थित सर्वश्रेष्ठ व्यक्ति हैं स्वामी विवेकानंद।' सुन रहे हैं न स्वामीजी? आगे सुनें। 'द प्रेस ऑफ अमेरिका' पेपर लिखता है—'स्वामी विवेकानंद जो हिंदू दर्शन और विज्ञान में पारंगत हैं—उपस्थित सर्व धर्म प्रतिनिधियों में अग्रगण्य हैं।

उन्होंने अपनी वाणी और ज्ञान से सभी को सम्मोहित किया। प्रचलित प्रत्येक ईसाई धर्म के अभ्यासक व प्रचारक वहाँ उपस्थित थे; परंतु उनका कुछ प्रभाव नहीं पड़ा…' और अब…,'

'नहीं मिसेज हेल, मैं इस तरह के स्तुति-सुमनों का आदी नहीं हूँ। कृपया मुझे वह सारा मत सुनाइए।'

'यह कैसे हो सकता है स्वामीजी। उस दिन आप ही ने कहा था न, निंदा और प्रशंसा मुझे एक समान ही प्रिय हैं। तो फिर अब स्तुति श्रवण करने में कैसी आपत्ति? आप प्रशंसा से डरते हैं?'

'ऐसा नहीं है, मिसेज हेल, वाकई मुझे नहीं अच्छा लगता।'

'आप आज सुन तो लें। 'पायोनियर' शीर्षक अखबार में शिकागो विज्ञान परिषद् के अध्यक्ष श्रीयुत स्नेल ने उपक्रम की संपूर्ण जानकारी देने के बाद जो कहा है, वह सुनिए स्वामीजी। वे लिखते हैं—'इस सर्व धर्म परिषद् पर तथा साधारण लोगों पर भी हिंदू धर्म का जितना प्रभाव हुआ उतना अन्य किसी भी धर्म का नहीं हो सका। हिंदू धर्म के एकमात्र प्रतिनिधि स्वामी विवेकानंद ही सर्वानुमत से सबसे अधिक लोकप्रिय, प्रभावशाली व्यक्तित्व सिद्ध हो गए थे। उन्होंने परिषद् के व्यासपीठ तथा विज्ञान शाखा की सभाओं से कितने सारे भाषण दिए। ईसाई अथवा अन्य किसी भी वक्ता को इतना उत्साहपूर्वक स्वागत का लाभ नहीं हुआ जितना उनका स्वागत हो गया।'

'मिसेज हेल, अब बस भी करें।'

'स्वामीजी, सर्व धर्म परिषद् जाने से पहले आप मेरे यहाँ ठहरे, पर उसके बाद रात में बस सोने के लिए, कभी वह भी नहीं। ऐसे में जब भी आप आते हैं, तब मुझे जी भरकर कहने की इच्छा होती है। मुझे हमारे अमेरिकी लोगों पर बड़ा आश्चर्य होता है। बेचारे अपने ही खोल में बंद रहने के कारण अन्य लोगों को कुछ नहीं समझते हैं। अपने आपको तीसमार खाँ समझकर दूसरों को कभी महत्त्व नहीं देंगे। वही कट्टर धर्मी लोग चर्च में भी आपको भाषण देने के लिए निमंत्रित कर रहे हैं। वे लोग जो आपसे प्रत्यक्ष मिले हैं, पूरी तरह से हिप्नोटाइज हो गए हैं। क्या सचमुच आप हिप्नोटाइज करते हैं?'

विवेकानंद मुसकराए और दोनों हाथ जोड़कर उन्होंने कहा, 'एक प्याली कॉफी मिलेगी?'

'व्हाय नॉट! परंतु उत्तर नहीं दिया?'

'सच कहूँ, मैं हमेशा सत्य बोलता हूँ। खास किसी की खातिर सत्य से समझौता कभी नहीं करता। सूर्य का आलोक किसी को रास आता है तो किसी को नहीं। हिप्नोटिज्म मैं नहीं जानता।'

'उस दिन तो आप ईसाई धर्म पर आलोचना करते समय जरा भी नहीं डरे, न ही झिझके।'

'मैडम, मेरे जैसे संन्यासी का न घर-बार, न कोई ठौर-ठिकाना। यहाँ से भगा दिया तो और कहीं जाऊँगा। न मृत्यु से भय। फिर असत्य क्यों बोलूँ?'

'यह भी सही है। वाकई आज के आधुनिक अमेरिकी लोगों की तो यही धारणा थी कि आज भी भारत पिछड़ा हुआ देश है। लोग नंगे बदन घूमते हैं, नरमांस भक्षण करते हैं। इस भ्रांत धारण को बदलते समय आपने भारत के रीति-रिवाज, आचार-व्यवहार, धार्मिक-सामाजिक व्यवस्था, इतना ही नहीं, संस्कृति-सभ्यता, परंपरा तथा धैर्य का विस्तृत विवेचन किया। आपके चेहरे पर उभरे सत्य भाव सभी को भा गए। परंतु ईसाई लोगों के संबंध में, ईसाई धर्म से संबंधित आपने जो वक्तव्य दिया उससे आपने अनेक से दुश्मनी मोल ले ली है।'

'मैं किसी से दुश्मनी नहीं मोल लेना चाहता, मिसेज हेल। मैंने उनसे पूछा कि 'आप इतने धर्म के दीवाने हैं तो बाइबिल के अनुसार आप आचरण करते हैं? ईसा को समझा है? स्वार्थपरक जीवन-संग्राम में विनाश के इस अविरत प्रयास में आप के ईश्वर यीशू का स्थान कहाँ है? क्या एक बार चर्च में जाने से धर्म का सही आचरण हो जाता है?'

'तो फिर, यही प्रश्न आपसे भी पूछा जाए तो?'

'हमारी धारणा है, हमारा विश्वास है कि जीवन की हर साँस में राम हैं। जिन साँसों में स्थित राम समाप्त हो जाए तो जीवन की भी इतिश्री हो गई, जीवन समाप्त हो गया।'

'इसका अर्थ, प्रत्येक स्थान पर आपका अलग ईश्वर है?'

'श्रम-विभाजन द्वारा प्रत्येक के परिश्रम अलग-अलग होते हैं, उसी तरह मनुष्य वही है जो यह डिवाइन पॉवर प्रत्येक कार्य के अनुषंग से प्रयोग में लाता है। न केवल देवी-देवताओं की बल्कि भारतीय संस्कृति ने तो सूर्य-चंद्रमा, वृक्ष-लता, पशु-पक्षी, नदियाँ, सागर, भू-माता, वायु रूप चैतन्य, अग्नि—जो-जो अस्तित्व में है और मानव के लिए उपयुक्त है, उन सभी की पूजा की है, उसका ऋण माना है।'

'इट्स सिंपली ग्रेट। स्वामीजी, आपसे यह सब सुनकर लगता है, मैं भी हिंदू धर्म स्वीकार कर लूँ।'

'मैडम, उसके लिए आपको अपना धर्म छोड़ने की आवश्यकता नहीं। अपने-अपने देवताओं की, धर्मग्रंथों की पूजा करते हुए भी आप हिंदू धर्म के पूजक हो सकते हैं।'

मिसेज हेल अभिभूत हो गई थीं—अच्छा किया, उस दिन मैंने राजपथ पर बैठे इस युवक को घर में पनाह दी। इसी कारणवश तो मुझे इस भाग्य का लाभ हो गया। मुझे स्वामीजी के ही किसी-न-किसी देवता ने यह सद्‌बुद्धि दी होगी। हिंदुओं का कौन सा

देवता होगा, जो इस तरह की सद्बुद्धि देता है?''' यह प्रश्न मन में आते ही उन्होंने पूछा—

'स्वामीजी, कौन सा देवता बुद्धि देता है?'

मिसेज हेल जब फुरसत मिलती तब विभिन्न प्रश्न पूछती थीं। उनका समाधान करते हुए उन्हें आनंद मिलता था।

'मिसेज हेल, बुद्धिदाता के रूप में गणेशजी को माना जाता है। सृष्टिकर्ता ने मानव की निर्मिति करते समय ही उनके दिमाग में बुद्धि डाली। यह तो उस मनुष्य की प्रवृत्ति पर निर्भर करता है कि उस बुद्धि का उपयोग वह किस तरह करता है। अब देखिए न, उस दिन मैं आपके घर के सामने बैठा था। उससे पहले शिकागो में मैं मारा-मारा फिरता था। किसी ने मुझे अनाज का दाना भी नहीं दिया। वे सारे लोग बुद्धिहीन नहीं थे। परंतु आपने मुझे अपने घर में बुलाया तब साहस, विवेक, बुद्धि, आतिथ्यशीलता, दयालुता ये सारे भाव आपके मन में जाग्रत् हो गए। यहाँ न गणेशजी थे, न ही ईसा। ये तो आपकी सद्भावनाएँ थीं। अपनी बुद्धि का उपयोग आपने इस तरह किया।'

मिसेज हेल चकित हो गईं। वे समझ गईं कि दूसरे के मन की बात अचूकता से पहचानने की शक्ति भी इस युवक में है।

'एक बात का दुःख होता है।'

'अब किस बात का दुःख है?'

'आपके अपने ही लोग, आपके ही देश के ब्राह्म समाज के प्रचारक, जो एक नामचीन रेवरंड हैं, आपके खिलाफ जहर फैलाने का प्रयास कर रहे हैं फिर आप चुप क्यों हैं?'

'उनका काम उन्हें करने दें, मैं अपना काम कर रहा हूँ।'

'आपको गुस्सा नहीं आता?'

'आपको भर्तृहरि का एक श्लोक सुनाता हूँ—

चाण्डालः किमयं द्विजातिरथवा शूद्रोऽथवा तापसः,
किं वा तत्त्वविवेक पेशलमति योगीश्वरः कोऽपि किम्।
इत्युत्पन्न विकल्पजल्पमुखरैः सम्भाष्यमाणाः जनैः
न क्रुद्धाः पथिनैव तुष्ट मनसो यान्तिः स्वयं योगिवः॥

अर्थात्—'कोई चांडाल, कोई ब्राह्मण, कोई शूद्र, कोई तपस्वी, कोई दार्शनिक्र, कोई पंडित, योगीश्वर इस तरह भाँति-भाँति के लोग अपनी-अपनी बुद्धि के अनुसार कहते ही रहते हैं। परंतु योगी न रुष्ट होता है, न ही तुष्ट; क्योंकि निंदा और स्तुति उसके लिए समान ही होती हैं।'

विवेकानंद बोल रहे थे। बोलते-बोलते उन्होंने आँखें मूँद लीं। अखंड व्याख्यान,

अखंड प्रश्नोत्तर देते-देते वे थककर चूर हो गए थे। भिन्न-भिन्न आबोहवा, खान-पान भिन्न-भिन्न। इससे उनका स्वास्थ्य भी तनिक गिर गया था। मिसेज हेल ने आगे कुछ नहीं कहा। परंतु उठते-उठते उन्होंने सोचा, 'स्वामीजी को आराम की आवश्यकता है। एक बार डॉक्टर से उनका चेकअप कराना भी जरूरी है। यह काम मुझे ही करना होगा।'

विवेकानंद दीवार से सिर टेककर सो गए थे। मिसेज हेल अपने काम में लग गईं। फिर भी विवेकानंद के स्वास्थ्य विषयक चिंता उनके मन में थी।

: बारह :

घंटी बज रही थी। इतनी जल्दी मिस्टर एंड मिसेज राइट वापस तो नहीं आए यह सोचते हुए घर के नौकर ने दरवाजा खोला। दरवाजे पर किसी अजनबी को देखकर नौकर ने कहा, 'दोनों चर्च गए हैं। अगर समय हो तो आप रुक सकते हैं।'

'मैं जॉन डी. रॉकफेलर।'

'अर्थात् आप ही हैं अमेरिका के सर्वाधिक धनवान् व्यक्ति?'

'हाँ, मैं ही वह जॉन डी. रॉकफेलर हूँ। तुम्हारे मालिक से मेरी अच्छी-खासी दोस्ती है।'

'सर, तशरीफ रखें, मैं कॉफी लेकर आता हूँ।' उसने उनसे कुरसी की ओर संकेत किया।

जॉन डी. रॉकफेलर ने इधर-उधर टोह लेते हुए कहा, 'वह इंडियन स्वामी तुम्हारे घर ही है न या कहीं और चला गया?'

'इधर ही हैं, सर। इस समय वे कुछ लिखने में व्यस्त हैं। आप उनसे मिलना चाहते हैं? मैं उन्हें इन्फॉर्म करता हूँ।'

'नहीं, इसकी जरूरत नहीं। मैं खुद ही चला जाऊँगा।'

'पर सर…'

'चुप रहो, उनका कमरा दिखाओ।'

'सर, परंतु…'

उन्होंने उसे चुप रहने के लिए कहा और उसके निर्देश किए हुए कमरे में चले गए। काषाय वस्त्रधारी, खुले बाल रखे विवेकानंद लिखने में व्यस्त थे। उनकी आहट भी उन्हें नहीं लगी। जॉन डी. रॉकफेलर हाथ में पकड़ी छड़ी हवा में घुमाते दो मिनट प्रतीक्षा करते रहे। परंतु उनकी एकाग्रता भंग होने का कोई भी लक्षण नहीं दिखाई दे रहा था। अतः उन्होंने उनके टेबल पर हलके से छड़ी की आवाज की और कहा, 'आय ॲम जॉन डी. रॉकफेलर।'

विवेकानंद ने उनके गर्व से भरे शब्द सुने और उनसे क्या कहें, इस विचार में वे

थे, इतने में उन्होंने फिर से कहा—

'आय अॅम जॉन डी. रॉकफेलर।'

'देन व्हॉट कॅन आय डू?'

'मैं जॉन डी. रॉकफेलर हूँ।'

'इट्स ओ.के.।'

'आप नहीं समझे। मैं जॉन डी. रॉकफेलर—अमेरिका का सबसे अधिक धनवान् व्यक्ति आज आपसे मिलने आया हूँ।'

रॉकफेलर की अपेक्षा थी कि फिदा होकर, चकित होकर स्वामीजी उठकर खड़े होंगे, उन्हें प्रणाम करेंगे। परंतु ऐसा कुछ नहीं हुआ। वे अपना लिखने का काम करते रहे। अब रॉकफेलर ने सोचा, उनका बड़ा अपमान हुआ है।

'मैं इतनी बात कर रहा हूँ और आप हैं कि अपने में ही मग्न रहकर लिखते रहे हैं। ये गुड मैनर्स नहीं हैं, स्वामीजी।'

'और विदाउट इंटीमेशन आप आए हैं, क्या ये गुड मैनर्स है, मि. रॉकफेलर? मैं आपको जानता हूँ। आपका नाम सुना है मैंने।'

'और फिर भी?'

'क्योंकि आप उस पर गर्व कर रहे हैं, जो बाह्य संपत्ति आपने अर्जित की।'

'उसमें गलत क्या है? मैंने अपने परिश्रम से संपत्ति अर्जित की। यह मेरे गाढ़े पसीने की कमाई है। इसका मुझे अभिमान है। पूरी अमेरिका में किसी ने भी इतना धन नहीं कमाया।'

'परंतु आपने समाज स्थित लोगों का ही धन इकट्ठा किया न! यह धन आपसे निकाला गया, आपसे दूर किया गया तो आप क्या हैं? एक साधारण व्यक्ति ही न!'

'परंतु यह धन मुझसे छीन लेने की शक्ति किसी में भी नहीं है।'

'मिस्टर रॉकफेलर, आज देश में, देश के बाहर अनेक लोग अन्नान्न दशा से मर रहे हैं। अतः आप उनके लिए अपने धन का उपयोग क्यों नहीं करते? समाज से ही लिया हुआ धन समाज के लिए क्यों नहीं खर्च करते?'

'आप मुझे क्यों उपदेश दे रहे हैं? धन मेरा है, मैं चाहे जैसे खर्च करूँ।'

'मि. रॉकफेलर, आपको जो धन मिला है वह ईश्वर की कृपा से मिला है। आप उस धन के मात्र ट्रस्टी हैं। वह धन गरीबों में बाँटें तो सच्चे अर्थ में धनिक होंगे।'

'मैं आपका उपदेश सुनने नहीं आया हूँ। मैं तो आपको देखने आया था। अतः गुड बाय।'

'फिर भी, जाते-जाते यही कहता हूँ मि. रॉकफेलर, सच्चे अर्थ में धनिक बनें। समाज की सहायता करें। उसी में आपका बड़प्पन है, आपकी महानता है।'

'गुड बाय।'

गुस्से से फनफनाते हुए जॉन डी. रॉकफेलर चले गए और विवेकानंद शांत चित्त से एक-एक पत्र पढ़कर उसका उत्तर लिखने लगे।

□

सिर्फ आठ दिनों के बाद रविवार के दिन जॉन डी. रॉकफेलर मि. राइट के निवास-स्थान पर आ गए। डोर बेल बजते ही नौकर भागा-भागा गया। दरवाजा खोलकर देखते ही उसने कहा, 'आप आज भी रविवार के दिन आ गए। दोनों अभी चर्च गए हैं। कुछ खास संदेश हो तो…'

'स्वामीजी हैं?'

'जी हाँ।'

'उन्हें मेरे आने की खबर दो और व्यस्त हों तो मैं थोड़ी प्रतीक्षा करता हूँ।'

नौकर उनका पिछला व्यवहार याद करके आज की विनम्रता से चकित हो गया। उसने विवेकानंद के कमरे में झाँका। वे हमेशा की तरह लिख रहे थे। उसके पूछते ही उन्होंने कहा, 'मैं कभी भी किसी से मिलने के लिए हमेशा ही उत्सुक रहता हूँ। उन्हें अवश्य अंदर भेजो।'

रॉकफेलर भीतर गए। विवेकानंद लिख रहे थे।

'गुड मॉर्निंग, स्वामीजी।'

'गुड मॉर्निंग, मि. रॉकफेलर।'

रॉकफेलर ने अपनी फाइल उनके सामने रख दी और उसे पढ़ने की उनसे प्रार्थना की। विवेकानंद ने वह फाइल खोली। अनेक संस्थाओं, लोगों की सहायता की उसमें रसीदें थीं।

'स्वामीजी, इतना दान करते हुए भी मेरी एक कोटयांश भी संपत्ति कम नहीं हुई। आपने पूछा था, इसलिए दिखाया। अब मुझे थैंक्स कहो।'

विवेकानंद मुसकराए। रॉकफेलर की ओर देखकर उन्होंने कहा, 'जो संपत्ति आपकी नहीं थी, आपने समाज से लेकर इकट्ठा की थी और उसमें से कोटयांश हिस्सा आपने वापस लौटाया—इस बात पर आपको गर्व है। इसके लिए आप चाहते हैं, मैं आपको थैंक्स दूँ?'

'या, यू गिव मी अ थैंक्स।'

'मि. रॉकफेलर, मैं आपका अभिनंदन करता हूँ कि आपको अपनी संपत्ति का कुछ हिस्सा देने की इच्छा हो गई। परंतु इसमें अभिमान न हो, उपकार की भावना न हो, लेनेवाले के लिए कोई चुभन, संकोच न हो। उन संस्थाओं की सहायता करें जो कार्य करने के लिए मनःपूर्वक प्रयास कर रही हैं। उसी तरह उनकी सहायता करें, जो बीमारी

से पीड़ित हैं, दीन-दु:खी हैं, भूखे हैं। सहायता करते समय इस अभिमान की बू न हो कि मैंने सहायता की। मि. रॉकफेलर, जब हमारी मौत होती है तब अपनी अर्जित संपत्ति का एक कण भी हम साथ नहीं ले जा सकते। अत: उस संपत्ति का क्या फायदा?'

'तो फिर मैं क्या करूँ?' रॉकफेलर को यथार्थ का एहसास हो चुका था।

'आपने पूछा, इसीलिए कहता हूँ। दूसरे के चेहरे पर खिला संतोष पढ़ना सीखें। किसी निर्धन परिवार के चेहरे पर आपकी सहायता मिलने पर दमकती हँसी देखें। उससे आपको जो सुकून मिलेगा, वह स्वर्ग के सुख से भी बढ़कर होगा।'

रॉकफेलर शांत बैठे थे। जीवन में आज तक कभी किसी ने इस तरह उनसे नहीं कहा था। उनकी ओर देखकर स्वामी विवेकानंद ने कहा, 'अब मैं आपको थैंक्स दूँ या आप मुझे थैंक्स देंगे?'

रॉकफेलर हँसने लगे। उन्होंने कहा, 'स्वामीजी, आप मुझे धरती पर ले आए उसके लिए, मुझे नई दृष्टि दी उसके लिए, और मेरे जीवन को नया अर्थ दिया, मेरी अर्थव्यवस्था प्रवाहित की—सभी के लिए मेनी-मेनी थैंक्स।'

फिर रॉकफेलर बड़ी देर तक उनसे बातें करते रहे। विवेकानंद ने उनके जीवन में उतार-चढ़ाव का प्रवेश समझ लिया। जब रॉकफेलर वहाँ से निकले तब एक अज्ञात आनंद से उनका अंत:करण भरा था।

□

आज प्रात:काल समाप्त ही नहीं हुआ। हमेशा की तरह विवेकानंद की आँखें खुल गईं। उन्होंने घड़ी में देखा—सवेरे के साढ़े चार बजे थे। नित्यकर्मों से निवृत्त होकर विवेकानंद अपने होटल की खिड़की से देख रहे थे···दूर-दूर तक। आज तड़के से ही आकाश से हलके-हलके हिम-वृष्टि हो रही थी। उन्होंने खिड़की पोंछी; पर पल भर में ही वह बर्फ से ढक जाती। उन्हें स्मरण हुआ—

बचपन में कभी ओले बरसते। बेर जितने बड़े-बड़े ओले उठाने के लिए हारामाणि तथा स्वर्णमयी दीदी भागतीं। उनके पीछे-पीछे नरेन भी भागता। माँ डाँटतीं, परंतु माँ के बुलाने की अथवा गुस्से की परवाह न करते हुए वे ओले इकट्ठा करते और तब तक उन्हें देखते रहते जब तक उनका पानी नहीं बन जाता। ईश्वर के भेजे ओले उसका पानी अर्थात् भगवान् का तीरथ मानकर वे सारे बच्चे पेट भर वह पानी पीते।

उस उम्र में कैसी विचित्र धारणाएँ होतीं। वाकई बचपन कितना प्यारा होता है—सुंदर, निरीह, मासूम। न कोई चिंता, न डर। किसी की डाँट-फटकार अपमानजनक नहीं लगती। उस समय अस्तित्व का भान नहीं होता। सारा कुछ बहुत सुंदर-सलोना होता है।

कितना पीछे छूट गया अपना बचपन। वह ऐसे लुढ़क गया जैसे हाथ में धरा पारा लुढ़क जाता है। ऐसे खींचकर दूर किया गया जैसे पाँव के नीचे की रेत को लहरें खींचकर

ले जाती हैं। और उस सुदूर देश में वे पड़े हैं। न अपने देश की हवा, न अपनी धरती। वे यहाँ हैं जैसे किसी दूसरे ग्रह पर हैं। कहीं सबकुछ खो तो नहीं जाएगा?

चिंतित होकर वे खिड़की से हटकर कुरसी पर बैठे। यहाँ आए हुए लगभग एक साल हो गया। दिन तो अपनी गति से फुर्र हो रहे थे। रोज के व्याख्यान, हर रोज मुलाकातें, नए लोग, नए स्थान, हर रोज नया वातावरण, नए विषय, तथापि हिंदू धर्म तथा संस्कृति के अनुषंग से आए हुए।

उनकी उत्कट इच्छा हो गई, हवा में उड़ते-उड़ते अपनी भारत-भूमि पर जाएँ। वहाँ भी तो वे एक नहीं, दो नहीं, दस साल से घूम ही रहे थे; परंतु कभी पराएपन का अनुभव नहीं किया। भारत का प्रत्येक गाँव, प्रत्येक मार्ग, हर डगर परिचित, अपना सा लगता था सबकुछ। और यहाँ?

विचारों का ताँता परे हटाकर उन्होंने पत्र-राशि की ओर देखा। मिसेज हेल का स्थायी पता देने के कारण सारी चिट्ठियाँ उन्हीं के पास आतीं और वे इकट्ठा करके उन्हें भेज देतीं। उन्होंने बीच का एक पत्र उठाया। वह अलसिंग पेरुमल का था—उनके अचिंगा का। उसके हस्ताक्षर की ओर देखकर उनकी आँखें भर आईं—

…अचिंगा, तुम मुझे कितनी बुलंदी पर ले गए, इसकी तुम्हें जरा भी कल्पना नहीं। मेरे इस तरह कहने पर तुम कहोगे—स्वामीजी, मैं एक साधारण अध्यापक। अपने देश से उत्कट प्रेम करता हूँ। आप ठहरे दार्शनिक, विचारवंत धर्म पंडित, जो शास्त्रार्थ करते हैं, अनेक भाषाओं पर आपका प्रभुत्व। तिस पर आप पर परिवार की जिम्मेदारी भी नहीं। आप ठहरे संन्यासी।

उन्हें फिर से माँ की याद हो आई। बीच में कभी आए हुए शारदानंद की चिट्ठी में महेंद्र का घर छोड़कर चले जाने का समाचार था। भूपेन के संबंध में ज्ञात हुआ था कि वह भी पढ़ाई में ध्यान न देते हुए छोटी उम्र में ही क्रांतिकारी संगठन का सदस्य बन गया था। इसका मतलब माँ अकेली हैं। क्या उसके भाग्य में पुत्र-सुख ही नहीं है? ईश्वर ने किस जन्म की सजा दी होगी? पूर्वसंचित का भोग ईश्वर कितने दे रहा है? कितनी परीक्षा ले रहा है ईश्वर उनकी? सभी संतानों में वे नरेन से सबसे अधिक प्रेम करती हैं। मैं ईश्वर को दोष देकर छुट्टी करता हूँ। परंतु मैंने भी माँ के लिए क्या किया है? घर में गरीबी, अभाव, तंगी के प्रवेश करने के बाद जैसे-तैसे उसे घर का छत्र दिलवाया। वह भी संपूर्ण घर पिता का होते हुए भी घर के थोड़े से हिस्से के लिए संघर्ष करना पड़ा।

'माँ गो, अन्य सभी को मैं पन्ने भर-भर के चिट्ठियाँ लिखता हूँ, घंटों भाषण झाड़ता हूँ; परंतु तुम्हें मैं लिख नहीं सकता, एक शब्द भी तुमसे बोल नहीं सकता। तुम्हारे सामने सारे शब्द मौन होते हैं माँ, और आँखें भर आती हैं। मन अकुलाता है। जी चाहता है, भागा-भागा जाऊँ और तुमसे पूछूँ—माँ, कैसी है तू? मेरी बहुत याद आती है न तुझे?

मैं बहुत बुरा बेटा हूँ न?'

...और उनके नेत्रों से सावन-भादों बरसने लगे। बाहर बर्फ गिर रही थी और उन्हें लग रहा था, यहाँ मेरी सारी भावनाएँ बर्फ नहीं बन जाएँगी? मैं तो संन्यासी हूँ और मुझे इंद्रिय निग्रह व सारी भावनाओं पर संयम रखना होगा।

वे उठ गए। उन्होंने मुँह-हाथ धोए। होटल का नौकर चाय की केटल ले आया था।

'आपको चाय बहुत पसंद है न, इसलिए केटली भर के चाय लाया हूँ।'

'भई, मेरी पसंद-नापसंद तुम्हें कैसे पता?'

'ऐसा है स्वामीजी, चेहरे से हमें पता चलता है कि होटल में कौन सा कस्टमर ठहरा है। और आपका चेहरा तो हर रोज ही अखबारों में देखता हूँ।'

विवेकानंद ने ठहाका लगाकर कहा, 'तुम्हें मेरे चेहरे से कैसे पता चला कि मुझे चाय पसंद है?'

'जब से आप यहाँ आए हैं, आपको लेखन-कार्य में व्यस्त ही देखा है। और लिखते समय चाय पीते हुए देखा है। बस, मन में यह बात नोट की। स्वामीजी, आपको पाक क्रिया में भी बहुत रुचि है?'

'सच है, परसों मैंने काउंटर पर एक पाक कृति पूछी थी, इसलिए पूछ रहे हो न?'

'जी हाँ।'

'न केवल अब बल्कि बचपन से ही मुझे भोजन बनाने में रुचि है। संन्यास ग्रहण करके भारत भर का भ्रमण किया। अनेक स्थानों पर विविध पदार्थ चखते-चखते यह ज्ञात हो गया कि अमुक-अमुक पदार्थ मिलाने से पदार्थ स्वादिष्ट बनता है। कभी पेड़ के नीचे तीन पत्थरों के चूल्हे पर भोजन बनाया, कभी राजमहल के नाना व्यंजन व पकवान चखे तो कभी होटलों में उदर भरण किया। कल मेरा पेट खराब हो गया तो इसमें आश्चर्य की कोई बात नहीं। इस बेचारी देह ने कितने अत्याचार सहे हैं।' वे गंभीर हो गए।

नौकर ने कहा, 'आप यहाँ आ गए, इसलिए मुझे बड़ी खुशी हो गई। सुना है, आप बिरयानी बहुत बढ़िया बनाते हैं। क्या आप मुझे सिखाएँगे?'

'अवश्य।'

वह खुशी-खुशी चला गया।

स्वामीजी पत्रों का गट्ठर देखने लगे। अलसिंग पेरुमल ने सर्व धर्म परिषद् के पश्चात् मद्रास में सर सुब्रह्मण्यम अय्यर की अध्यक्षता में सभा आयोजित करने के बाद भारत में कई स्थानों पर उनकी भव्य अभिनंदन सभाएँ आयोजित की गई थीं। कलकत्ता में अभी हाल ही में एक विशाल सभा संपन्न होने का समाचार उन्हें प्राप्त हुआ, था। उस पत्र में उन्हें जॉन हेनरी बॅरोज को भी अभिनंदन पत्र भेजने का उल्लेख था। विवेकानंद

एक कागज लेकर पत्र लिखने लगे—

'सम्माननीय राजा बहादुर

सप्रेम नमस्कार,

'५ सितंबर, १८९४ के दिन राजा प्यारी मोहन मुखर्जी की अध्यक्षता में कलकत्ता के नगर भवन में आप ने मेरा अभिनंदन किया, जो विशाल सभा आयोजित की, उससे मेरा मन आनंदित हो गया है। उस सभा में पंडित राजकुमार न्यायरत्न, मधुसूदन स्मृतितीर्थ, कामाख्यानाथ तर्क वागीश, रामनाथ तर्क सिद्धांत, महेशचंद्र शिरोमणि, तारापद विद्यासागर, केदारनाथ विद्यारत्न, ईश्वरचंद्र मुखोपाध्याय, विख्यात पंडित तथा महाराजकुमार विनयकृष्ण देव बहादुर, माननीय न्यायमूर्ति गुरुदास बनर्जी, सुरेंद्रनाथ बंगोपाध्याय, संपादक नगेंद्रनाथ घोष, नरेंद्रनाथ सेन (इंडियन मिरर), डॉ. जे.बी. डेली (इंडियन डेली न्यूज) तथा कलकत्ता के अनेक ख्यातनाम पंडित व सम्माननीय व्यक्ति उपस्थित थे। इस विशाल सभा द्वारा मेरा अभिनंदन करने से मैं बहुत खुश हूँ। भले ही अन्यत्र कितना ही सम्मान किया गया हो, परंतु तब तक मन को सुकून नहीं मिलता, जब तक अपने घर के लोग सम्मान, कौतुक नहीं करें। मुझे खुशी इस बात की है कि मेरे जन्म-स्थान ने मुझे गौरवान्वित किया है।

'मेरा अब पूरा विश्वास हो गया है कि कोई भी व्यक्ति अथवा देश अपने आपको अलग नहीं रख सकता। विश्व निकट आ रहा है और कुछ ही समय में वह इतना निकट होगा कि एक देश दूसरे देश पर निर्भर होगा। और जब-जब किसी देश ने अपने आपको श्रेष्ठ समझा तब-तब उसके घातक परिणाम उस देश को भुगतने पड़े हैं।

'मुझे लगता है कि भारत के पतन व अवनति का प्रमुख कारण उसके द्वारा अन्य लोगों के प्रति नगण्य भाव रखकर खड़ी की हुई रूढ़ियों की दीवार है। भारत के बौद्धों को भी अन्य बौद्ध देशों से अच्छा व्यवहार न करने देना, यह भी प्राचीन समय में रूढ़ि की दीवार खड़ी करने का विचार था।

'नए तथा पुराने धर्म पंडितों ने अपने तर्कों से इस बात को छिपाने का प्रयास किया, तथापि उसका अटल परिणाम यह हुआ कि जाति-पाँति, जो एक समय अग्रस्थान पर थी वह अब तुच्छ और नगण्य सिद्ध हो गई है। सभी ने देखा, अनुभव किया कि 'दूसरे से घृणा व तिरस्कार करने से मानसिक अध:पतन होता है।

'अन्य देशों से संबंध न रखने के कारण हम अत्यंत संकुचित प्रवृत्ति के हो गए हैं। आदान-प्रदान प्रकृति का नियम है। भारत पुनः एक बार समृद्ध एवं शक्तिमान बनना चाहता हो तो वह अपनी अनमोल ज्ञान संपदा मुक्त-हस्त से देश-देश में बाँटे। उसी तरह उसको भी मुक्त व उदार मन से स्वीकार करें, जो अन्य देश में महत्त्वपूर्ण है, वहाँ से लेने लायक है। विस्तार होना, प्रवाहित होना ही जीवन का अर्थ है, संकोच होना मृत्यु है। प्रेम जीवन है तो घृणा मृत्यु। अन्य जातियों से घृणा करना जब से हमने शुरू किया, हमारी

मृत्यु समीप आती गई। इस मृत्यु को रोकना हो तो हमें अपने मन की विशालता को विस्तृत करना होगा। विशालता, विस्तीर्णता ही जीवन का मर्म है। यह मौत को रोकने का एकमात्र साधन है।

'इसके लिए इस धरती पर जितनी भी जातियाँ हैं उन सभी के साथ हमें मेल-जोल रखना होगा, उनमें घुल-मिल जाना होगा। नाँद का कुत्ता जिस तरह स्वयं भी नहीं खाता और गाय को भी नहीं खाने देता, उसी तरह के लोग अत्यंत स्वार्थी व अज्ञानी होते हैं। हजारों भारतीयों से अधिक विदेश में रहा प्रत्येक हिंदू देश का हित अधिक मात्रा में करता है। पश्चिमी लोगों ने आज राष्ट्र-जीवन के अद्‌भुत प्रासाद खड़े किए हैं, जिनके आधार हैं चारित्र्य रूपी बलवान स्तंभ। जब तक हम यह सब नहीं देखते तब तक अपने आपको धन्य समझकर अपने ही पैरों पर कुल्हाड़ी मारते रहते हैं। राष्ट्र तब तक बलवान् व शक्तिशाली नहीं बन सकता जब तक हम चारित्र्य रूपी शक्तिशाली मजबूत स्तंभ निर्माण नहीं कर सकते।

'उस व्यक्ति को स्वतंत्र रहने का कोई अधिकार नहीं होता, जो दूसरे को स्वतंत्रता नहीं देता। व्यर्थ ही अंगार उगलकर, दूसरों को जली-कटी सुनाकर उन्हें हीन, तुच्छ समझने से अधिक अच्छा है हम शांत चित्त से तथा हिम्मत से काम में लगें। जो अच्छा है और अच्छाई की ही धुन व लगन हो तो कुछ भी प्राप्त करना कठिन नहीं होता, इस पर मेरा विश्वास है। इसमें रत्ती भर भी संदेह नहीं कि भारत का अतीत उज्ज्वल था। परंतु मुझे बिलकुल संदेह नहीं कि भारत का भविष्य इससे भी सुंदर होगा।

'भगवान् शिवजी के चरणों में मेरी यही प्रार्थना है कि वे हमारा पावित्र्य, धैर्य तथा जीवट-वृत्ति कायम रखें।'

उन्होंने पत्र पूरा किया और मन-ही-मन सोचा—हमारे सामने सत्य ही भारत का सुनहरा भविष्य साकार हो गया है। भारत का वह सुनहरा प्रातःकाल, रंग-बिरंगी संध्या, कल-कल निनाद करतीं नदियाँ, गगनचुंबी पर्वत, अनंत सागर, निरभ्र आकाश, गंधित समीर, समस्त प्राकृतिक साधनों से युक्त भारत, संस्कृति के स्तंभों से शक्तिशाली बना हुआ भारत, वेदांत द्वारा अखिल विश्व का शांति दूत बना हुआ भारत कल निश्चित रूप में विश्व-गुरु होगा और उस समय मैं वहाँ शायद नहीं रहूँगा।...

'मैं नहीं रहूँगा', इस विचार से वे बेचैन होते।

'ना-ना, मैं मुक्ति नहीं चाहता। मुझे चाहिए बार-बार जन्म। भारत माता के अंक पर मैं पुनः-पुनः बैठना चाहता हूँ। हे भगवान्! मैं स्वर्ग की कामना नहीं करता, न ही मुझे स्वर्ग सुख चाहिए। मुझे अपनी भारत माता के अंक पर बार-बार खेलने दो।'

यही एक वाक्य वे बार-बार दोहरा रहे थे।

☐

विवेकानंद बताए गए पते पर ठीक पहुँच गए। उस घर पर ताला था। उन्होंने अपनी जेब से चिट्ठी निकाली, उसे पढ़ा। तारीख वही थी। घर का पता भी ठीक था, समय भी सही था, फिर भी घर पर ताला। थोड़ी दूर जाकर उन्होंने एक घर में पूछताछ की तो उन्हें बताया गया, 'मिस्टर एंड मिसेज ब्रुकलीन एक हफ्ते से यहाँ पर नहीं हैं।'

'फिर मुझे यह निमंत्रण-पत्र कैसे भेजा गया?'

'भला मैं कैसे कहूँ!'

'कम-से-कम मुझे जाने की खबर तो देते।'

'उन्होंने इसकी आवश्यकता नहीं समझी होगी।'

विवेकानंद वापस लौटे। दो सौ किलोमीटर दूर से वे रेल से आए थे। और अगली दूरी उन्होंने पैदल चलकर तय की थी। सवेरे से निकले वह दोपहर में पहुँचे थे। पेट में चूहे कूदने लगे थे। परंतु अब वापस लौटना ही था। वे जाने के लिए तैयार हो गए। तब उस महिला ने पूछा, 'मिस्टर एंड मिसेज ब्रुकलीन के लिए कुछ मैसेज है?'

'मैसेज देना ही चाहते हैं तो उनसे कहें, दूसरे को अकारण मानसिक कष्ट पहुँचाना पाप है। उन्हें इस कृत्य के लिए यीशू क्षमा करें।'

वे बाहर निकले। वैसे आज उन्होंने जो अनुभव किया, कोई नई बात नहीं थी। उन्हें जितने समर्थक मिले उतने ही मिशनरी-विरोधी भी मिले। कई निमंत्रण मिलते, परंतु ऐन समय पर इनकार सूचित किया जाता; तो कभी तालाबंद दरवाजे स्वागत करते।

वस्तुत: अमेरिका में रहते अब डेढ़ साल हो गया था। अब भारत वापसी की ओर सारा ध्यान जाने लगा था। परंतु विरोधियों के गले सत्य उतारे बिना वापस जाना कायरता थी। इससे मिशनरियों, विरोधियों का साहस अधिक बढ़कर यहाँ आने का प्रयोजन ही नष्ट होता।

अमेरिका में जितनी सघनता आ गई थी उतना ही उसका अनुचित प्रयोग होने के कारण मन:शांति खो गई थी। सुख की कल्पनाएँ देह के शरीर के इर्दगिर्द केंद्रित होने के कारण ऐहिक सुख का तत्कालीन परिणाम समाप्त होने के पश्चात् प्रचंड नैराश्य का एहसास होता था। अमेरिकन मनुष्य की इस तरह की मानसिक अवस्था का लाभ लेते हुए अनेक अंधविश्वास, अनेक पंथ, अनेक धारणाएँ सुख का मार्ग दिखा रही थीं। उसी में एक विवेकानंद भी हैं, इस तरह बुद्धिवादी लोग साधारण जनता को सिखा रहे थे, परिणामत: इस प्रकार की घटनाएँ होना स्वाभाविक था।

चलते-चलते विवेकानंद को अपने आप पर ही हँसी आई—मैं सबसे यह अपेक्षा क्यों करता हूँ कि सभी मेरा स्वागत ही करेंगे? यहाँ साक्षात् भगवान् कृष्ण आए अथवा यीशू अवतीर्ण हो गए और कुछ कहने लगें तो लोग उन पर विश्वास करेंगे? कदापि नहीं। फिर मैं तो सैकड़ों मीलों से कुछ कहने आया हूँ। हम सोच भी कैसे सकते हैं कि सभी

मेरा आदर करें? वैसे देखा जाए तो यह अपनी दखल ही ली जा रही है।···

जब से यहाँ आए हैं, सम्मिश्र प्रतिक्रिया के लिए दु:ख नहीं हो रहा था। क्योंकि, मेरे मन का यह अनुरोध ही नहीं था कि हर कोई मेरा कहना माने। परंतु इन मिशनरियों ने जैसे चरित्र हनन की प्रतिज्ञा ही की है। शील पर आघात करने का इन्होंने जैसे बीड़ा उठाया है। अब सत्य क्या है और वह कब उजागर होगा, इसकी प्रतीक्षा करते रहे बिना अन्य चारा ही नहीं है।

'चारित्र्य', 'शील' इन शब्दों का यहाँ इतना प्रयोग क्यों किया जाता है इसका कारण, देह के उपभोग को ही यहाँ बहुत महत्त्व है। स्त्री-पुरुष एक साथ होते ही उनके संबंध विवाह के बिना भी हो सकते हैं, इसमें यहाँ के लोग अन्यथा नहीं मानते। हो सकता है। परंतु शायद 'ब्रह्मचर्य' शब्द का अर्थ वे कभी समझ ही नहीं पाए हैं।

'इंद्रिय-दमन' और 'ब्रह्मचर्य' इन शब्दों का अर्थ केवल भारतीय ही जान सकता है। सुख-समृद्धि के अंबार सामने खड़े होते हुए भी लावण्यवती ललना स्वेच्छा से पहल करते हुए भी उसकी ओर पीठ न करते हुए अपने आप पर नियंत्रण रखना क्या सहज है? और मुझमें तो वैराग्य कूट-कूटकर भरा हुआ है। ठाकुरजी के बार-बार यह कहने पर कि गृहस्थाश्रम में भी मनुष्य सद्विवेक-बुद्धि से रह सकता है, ब्रह्मचर्य का पालन कर सकता है। यह सुनकर भी मुझे कभी मोह का स्पर्श नहीं हुआ, वह यहाँ अचानक कैसे होगा भला! परंतु इस आरोप का स्पष्टीकरण करना अथवा खंडन करना स्वयं से संबंधित स्वयं ही संदेह का जड़ निर्माण करना है।

तिस पर यहाँ एक पक्ष है कि विवेकानंद की नाक में दम करके, उन्हें अपमानित करके उन्हें भारत में वापस जाने के लिए बाध्य कर रहा है। वह है 'Free Thinkers'। इस फ्री थिंकर्स के सदस्यों ने विवेकानंद पर अनेक आपत्तियाँ उठाईं। विवेकानंद के सामने यह प्रश्न मुँह बाए खड़ा था कि अपने आपको बुद्धिवादी कहलानेवाले इस पक्ष का क्या किया जाए। अज्ञानी मनुष्य को ज्ञानी बना सकते हैं, परंतु ज्ञानी मनुष्य यदि अज्ञान का कंबल ओढ़कर घूमने लगे तो क्या किया जाए?

वे रेलवे स्टेशन पर पहुँच गए। इतने में ब्रुकलीन दंपती को उन्होंने देखा। अरे, यही पति-पत्नी उन्हें निमंत्रण-पत्र देने आए थे। विवेकानंद ने उनकी ओर ध्यान ही न होने का बहाना बनाकर वेटिंग रूम का रुख अपनाया।

उन्होंने विवेकानंद को पीछे से आवाज दी।

'स्वामीजी, वी आर एक्सट्रीमली सॉरी।'

'सॉरी किसलिए?'

'सच कहें तो हम शहर में ही थे; परंतु हमें गुमराह कर दिया गया था। फ्री थिंकर्स के हम सदस्य हैं। ऐसा नहीं कि उन लोगों ने ही हमें आपके साथ इस तरह का व्यवहार

करने के लिए कहा। हमारी समझ में कुछ भी नहीं आ रहा था कि हम क्या करें। अत: हम ताला लगाकर बाहर निकले। उसके बाद एक जगह जाने के बाद हमें पूरी जानकारी मिल गई। कृपया आप वापस चलें। दो दिनों के बाद मैं फ्री थिंकर्स की एक महासभा आयोजित करूँगी और न्यूयॉर्क स्थित नामवर बुद्धिवादियों को आमंत्रित करूँगी। आप अपने धर्म व संस्कृति पर लगाए गए आरोपों का खंडन करके एक नया आलोक व नई रोशनी लोगों को दें। उनके मन की सारी जालियाँ, सारा मैल निकालना आपका कर्तव्य भी है, स्वामीजी।'

यह साफ-साफ दिखाई दे रहा था कि मि. ब्रुकलीन सत्य जान लेने के बाद अत्यंत प्रामाणिक भावना से बोल रहे थे।

'प्लीज स्वामीजी, ना मत कहें, प्लीज।' मिसेज ब्रुकलीन ने फिर से कहा, 'वाकई हम क्षमाप्रार्थी हैं। आपने हमें क्षमा किया, यह तब ज्ञात होगा जब आप हमारे घर रहने आएँगे। प्लीज, चलिए न।'

स्वामी विवेकानंद ने ठहाका लगाया और उनके साथ चल पड़े।

: तेरह :

बहुत दिनों के बाद सूरज बादलों की चादर दूर करके बाहर निकला। न्यूयॉर्कवासियों के चेहरे हर्षोल्लास से चमकने लगे। मार्था स्वामीजी के लिए केटली भर चाय लेकर आ गई। उसके चेहरे पर भी खुशी झलक रही थी।

'आज सूरज निकला।' उसने उत्साह के साथ कहा। विवेकानंद को विचारों में खोए हुए देखकर उसी ने फिर से कहा, 'स्वामीजी, आप तो सूरज का प्रकाश साथ लेकर ही यहाँ पधारे। आप आए और सूर्योदय हो गया।'

उसकी बात समाप्त होते ही विवेकानंद ने कहा, 'सत्य स्वयं प्रकट होता है, विविध रूपों में प्रकट होता है। अब देखो न, सूरज बदलियों में छिपा था, यह सत्य। उसका उदय तो होगा ही, यह भी सत्य और उदय हो गया, यह भी सत्य। सूरज से संबंधित यह सत्य सर्वत्र ही दिखाई देगा, मार्था। बस इतना ही है कि सत्य-दर्शन को विलंब होने लगते ही मनुष्य अधीर हो जाता है। बेचारा निराश भी होता है और कई बार वह सद्य: स्थिति को ही सत्य मानने लगता है।'

'आप कहाँ-से-कहाँ पहुँच गए, स्वामीजी।'

'सच कहा आपने। आजकल मुझे बस ऐसी ही आदत पड़ गई है। रात में सोने के लिए जाएँ तो यही और ऐसे ही विचार दिमाग में मँडराने लगते हैं। दु:ख इस बात का होता है कि लोग वर्तमान स्थिति को, अर्थात् जो है उस स्थिति को ही सत्य मानते हैं। भारतीय लोग पराधीनता को ही अपनी स्थिति और उसे ही सत्य मानकर जी रहे हैं।

स्वतंत्रता का सूरज पराधीनता के काले बादलों को दूर करके निकलेगा, इस तरह का सत्य ज्ञान उन्हें कौन देगा?'

'आप दीजिए, स्वामीजी। आप दीजिएगा। कोई-न-कोई आवाज उठा रहा होगा ही; लेकिन वह क्षीण होगी, धीमी होगी। संगठित आवाज का महत्त्व होता है। स्वामीजी, यहाँ आने के बाद मिशनरी, फ्री थिंकर्स और कुछ प्रतिष्ठित लोग हाथ धोकर आपके पीछे पड़े रहे, फिर भी आप सत्य समझाते रहे। अब लोग मानने लगे न!'

'सारे लोग नहीं मानते। परंतु आपका कहना सही है। संगठित शक्ति कुछ भी कर सकती है। यह मैं जानता हूँ। धर्म की सहायता से हिंदू मनुष्य संगठित हो सकता है अथवा प्रत्येक देश का धर्म जब राष्ट्रधर्म बनता है तब कुछ भी असंभव नहीं होता।'

'स्वामीजी, आपने ईसाइयों की, उनके आचार-विचारों की कड़ी आलोचना की जिससे ईसाई लोग आपके विरोध में हो गए थे।'

'क्योंकि वे सोच रहे हैं, सच्चा ईसाई धर्म वही है, जो आज उनके आचरण में, व्यवहार में दिखाई देता है और वही उस धर्म के सच्चे अनुयायी हैं। उनका भ्रम-निवारण मैंने किया, इसलिए वे मुझसे नाराज हैं। यह सत्य समझने से पहले कि ईसा जैसे महामानव को समझने में कितनी बड़ी भूल की, वे मुझसे नाराज थे।'

'परंतु आपने इतना गहरा अध्ययन कब किया?'

'मार्था, चाहे कोई भी देश हो, कोई धर्म हो, मनुष्य ऐसे महामानवों को पहचानने में इसलिए भूल करते हैं कि उतनी वैचारिक बुलंदी पर पहुँचने की योग्यता उनमें नहीं होती। धीरे-धीरे एक-एक करके सभी उनकी कृति का अपनी क्षमता के अनुसार अर्थ लगाए रहते हैं और उसे ही सही समझने लगते हैं। इन सभी अर्थों को एकत्रित करने के बाद उस महामानव के जीवन का सच्चा अर्थ ज्ञात होता है। मैंने यही किया।'

'परंतु उस दिन आपने असत्य वचन कहा।'

'भला कब? मैंने कब असत्य वचन कहा?'

'मिसेज लायन के घर से मैं आपको लेकर आ रही थी। तब स्टेशन पर एक नीग्रो कुली मिला था। आपसे हाथ मिलाते हुए उसने कहा, 'मुझे आप पर गर्व है। नीग्रो जाति के आप आज अमेरिका के बादशाह हो गए।' उसकी बात सुनकर आपने उससे कहा, 'धन्यवाद।' और आपने उसे आलिंगन दिया। ऐसा क्यों?'

विवेकानंद हँसने लगे। पुस्तक में कागज रखकर उसे बंद करते हुए उन्होंने कहा, 'मार्था, मेरे झूठ बोलने से वह फूला नहीं समाया। वह असत्य कई बार सत्य से भी अधिक सुख देता है। जो किसी का दो कौड़ी का भी नुकसान नहीं करता। मेरे द्वारा उसे सच बताने से क्या वह खुश होता?'

मार्था ने इनकार में सिर हिलाया। उसके मन में उनके प्रति आदर और भी बढ़

गया। यह महापुरुष, जो अखिल विश्व को सत्य-धर्म का, मानव-धर्म का ज्ञान देता है—आज भी विनम्रतापूर्वक एक कुली की बधाई को स्वीकार कर रहा है। वाकई सिंपली ग्रेट। वंडरफुल। उसे स्मरण हुआ, वे एक स्थान पर व्याख्यान दे रहे थे। कहते-कहते उन्होंने कहा, 'सत्य ज्ञान होने पर मनुष्य कभी विचलित व संभ्रमित नहीं होता।' यह सुनकर लोगों ने उन्हें विचलित करने का प्रयास किया। एक बंदूक उनके कान के पास ले जाकर एक के बाद एक गोलियाँ चलाने लगा। वे वैसे ही खड़े थे, व्याख्यान जारी ही था। व्याख्यान समाप्त होने के बाद गोलियाँ चलानेवाला उनके पास आकर कहने लगा, 'मुझे क्षमा करें। मैं आपके उस विधान की परीक्षा ले रहा था। स्वामीजी, आपको डर नहीं लगा?'

'लगा न, डर जरूर लगा। बस, सिर्फ एक ही क्षण। दूसरे ही पल में मैंने सोचा, बंदूक की एकाध गोली लग भी गई तो ज्यादा-से-ज्यादा क्या होगा? मौत आएगी। मौत तो देश, काल कुछ भी नहीं देखती। अगर यहीं पर आनी हो तो डरना क्यों? इसलिए मैं अखंड बोलता रहा।'

स्वामीजी का निर्भय रूप मार्था को स्मरण हो आया।

'क्या सोच रही हो, मार्था?'

'आपको अमेरिका में ही बाँधकर रखने के बारे में सोच रही हूँ। परंतु समझ गई, क्या सनसन करती हवा को कभी बंदी बनाया जा सकता है? सागर, जो लहरों पर लहरें लेकर आता है, कभी कैद हो सकता है? सितारों से भरा आकाश कभी हम अपनी बाँहों में भर सकते हैं? स्वामीजी, मैं कुछ अंट-शंट तो नहीं बोल रही हूँ।'

विवेकानंद गंभीर हो गए। वे उठकर खिड़की के पास गए। मार्था भी उनके पीछे-पीछे चली गई। विवेकानंद की आँखें भर आईं। मार्था को समझ में नहीं आ रहा था कि उसने ऐसा क्या कहा कि स्वामीजी के दिल को ठेस पहुँच गई। वे इतने दुःखी हो गए।

'सॉरी, स्वामीजी।'

'मार्था, आज मुझे अपनी जन्मभूमि की याद आ रही है। तुमने सागर का उल्लेख किया न? मेरे कलकत्ता में सागर है। उस पर से आ रही तूफानी हवा मुझे इशारे कर रही है। मैं यहाँ से वापस जाना चाहता हूँ।'

'आप अवश्य वापस लौटेंगे, स्वामीजी। परंतु उससे पहले जिस वेदांत पर आप पिछले डेढ़-दो साल अखंड बोल रहे हैं, चर्चा कर रहे हैं, उस वेदांत सभा की यहाँ स्थापना करें। आज अमेरिका में आपको अनेक अनुयायी व शिष्य मिले हैं। वे सभी यहाँ का कार्य सँभालेंगे। आपके द्वारा दिखाया हुआ सत्य ज्ञान, धर्म आपकी यादगार बनकर यहीं रहने दें। यह सब होने के बाद भारत वापस लौटें। मैं आपको सहयोग दूँगी। यहाँ की वेदांत समिति की हम स्थापना करेंगे।'

विवेकानंद ने कहा, 'कभी-कभी मैं बहुत भाव-विवश हो जाता हूँ। अपनी भारत-भूमि, अपनी माँ और गुरुमाता के विषय में अति संवेदनशील हूँ। इन विषयों का दूर से भी स्पर्श हो तो मैं बहुत बेचैन हो जाता हूँ।'

'आय नो दैट।' मार्था ने कहा और फिर खिड़की से दूर होते-होते कहा, 'आज आपसे जो व्यक्ति मिलने आ रहे हैं वह एक प्रखर वक्ता हैं। उनके विचार अत्याधुनिक हैं। उनका नाम है—रॉबर्ट इंगरसोल। आपके कारण आज वे मेरे जैसी एक साधारण महिला के घर आ रहे हैं।'

'वैसे दो-तीन बार उनसे भेंट हुई है, पर कभी बातचीत नहीं हुई।'

दोपहर में ठीक तीन बजे रॉबर्ट इंगरसोल आ गए। उनका सूट-बूट में प्रभावशाली व्यक्तित्व था। उनके हर कदम में उनका आत्मविश्वास प्रकट हो रहा था।

'वेलकम मि. रॉबर्ट इंगरसोल!' और वे मुसकराए।

'आप क्यों मुसकराए, स्वामीजी?'

'बस यूँ ही। मन में आया, आपके तो नाम में ही 'सोल' अर्थात् 'आत्मा' शब्द है। 'इंगर' के बजाय 'ईश्वर' शब्द होता तो आपके उपनाम का अर्थ 'ईश्वरात्मा' होता। हमारे भारत में नामकरण के समय उस शब्द के अर्थ पर भी विचार किया जाता है।'

'परंतु मैं नहीं मानता आपकी 'आत्मा' को; न ही मैं 'ईश्वर' को मानता हूँ।'

'आप अपने आपको तो मानते हैं न?'

'व्हाय नॉट! मैं अपने आपको अवश्य मानता हूँ। मुझे अपनी पोजिशन का भी एहसास है।'

'मि. रॉबर्ट, आप दैवी शक्ति को मानते हैं?'

'बिलकुल नहीं।'

'फिर विज्ञान तो मानते होंगे।'

'अर्थात्। प्रत्येक बुद्धिमान व्यक्ति प्रत्यक्ष प्रमाण पर विश्वास करता है। विज्ञान सत्य दर्शन है।'

'वृक्षों की छाया झील में पड़ती है तब वह प्रतिमा होती है, फिर प्रतीक होगा ही, इस पर आप विश्वास नहीं करते।'

पल भर के लिए इंगरसोल संभ्रमित हो गए। दूसरे पल में उन्होंने कहा, 'प्रत्यक्ष को प्रमाण की आवश्यकता ही क्या है! हम प्रतिमा देखते हैं तो प्रतीक तो होगा ही न!'

'फिर आप प्रत्यक्ष हैं, परंतु प्रतीक अदृश्य होगा न?'

'मैं समझा नहीं।'

'आप, हम, यह प्रकृति जो-जो सजीव हैं, वे सभी किसी-न-किसी की प्रतिमा ही हैं न? यहाँ अदृश्य जो प्रतीक हैं वह विज्ञान की कक्षा के भीतर नहीं हैं। विज्ञान कक्षा

को भेदकर वह आर-पार तथा विचार व तर्कों से ही परे है। वही ईश्वर है—एक गूढ़ शक्ति।'

'मैं इसे नहीं मानता।'

'ठीक है। परंतु विश्व में यह सृष्टि कैसे पनपती है? ये नक्षत्र अधर में कैसे हैं? सूर्य-चंद्रमा का उदय नियमित दिशा में ही क्यों होता है? ऋतुओं का आगमन नियमित रूप में ही कैसे होता है? हमने मांसपेशियों से शरीर तैयार किया, फिर हमारे मन में भावनाएँ कहाँ से आती हैं? शरीर नियमित रूप में कैसे रहता है? जन्म कैसा होता है? मृत्यु के बाद क्या है? इस तरह के अनगिनत प्रश्नों की फौज कभी आपके सामने नहीं खड़ी होती, मि. रॉबर्ट इंगरसोल? क्या इन सारे प्रश्नों के वैज्ञानिक उत्तर हैं?'

प्रो. इंगरसोल पल भर सोचते रहे।

विवेकानंद ने ही आगे कहा, 'क्या है मि. रॉबर्ट, यह सब कैसे होता है और क्यों होता है, इसकी खोज विज्ञान कर रहा है। प्रतिसृष्टि निर्माण करने का चैलेंज अब तक विज्ञान ने नहीं लिया।'

इसकी बार रॉबर्ट इंगरसोल की समझ में नहीं आया कि क्या कहें। हाँ, इतना तो उन्हें मानना ही पड़ा कि एक अज्ञात शक्ति इस सृष्टि में कार्यरत है। परंतु इतनी जल्दी वे अपनी हार नहीं मानने वाले थे।

उन्होंने कहा, 'स्वामीजी, आपकी वाणी सम्मोहित (हिप्नोटाइज) करती है। इसलिए एक पल के लिए तो मेरे विचार कुंठित हो गए हैं।'

'रहने दीजिए, मि. रॉबर्ट।'

बहुत देर तक अन्य बातों पर चर्चा होने के बाद जाने के लिए खड़े प्रो. रॉबर्ट इंगरसोल ने कहा, 'मेरे विचार से स्वामीजी, हम अपने समाज से जितना भी अधिक लाभ उठा सकें उतना उठाना चाहिए। रसीले संतरे से जितना अधिक रस जल्द-से-जल्द निकाला जा सकता है उतना निचोड़-निचोड़कर निकालना चाहिए। क्योंकि, आगे दूसरे जगत् का अभी तक तो कोई ठौर-ठिकाना नहीं है।'

उनके विचार सुनकर विवेकानंद हँस पड़े। उन्होंने कहा, 'इस विश्व रूप संतरे से अधिक-से-अधिक रस निकालने का तरीका मैं भलीभाँति जानता हूँ; क्योंकि मैं जानता हूँ, मेरी आत्मा अमर है। वह पुनः-पुनः देह धारण करेगी। अतः इस जन्म में रस निचोड़ने की मेहनत, प्रयास मुझे तो नहीं करने पड़ेंगे, तिस पर इस विश्व का लाभ मैं बार-बार उठा सकूँगा। अर्थात् निश्चित रूप में आपसे दस हजार गुना अधिक लाभ मेरे मिलेगा और मैं अकेला ही उस लाभ का भोग करूँगा, क्योंकि मुझे घर-संसार, परिवार कुछ भी नहीं है।'

जाते-जाते रॉबर्ट इंगरसोल ने कहा, 'कुछ भी हो स्वामीजी, आपसे बात करने से मुझे बड़ी खुशी मिली। मेरी बुद्धि को भी निकष लगा और आपकी बातों पर सोचने की

मेरी इच्छा जाग्रत् हो गई। आपसे मुलाकात होने का यह क्या कम लाभ है?'

उनके जाने के बाद मार्था ने कहा, 'इस व्यक्ति से कोई कभी आग्रहपूर्वक नहीं बात करते; क्योंकि उसी क्षण उत्तर देकर यह व्यक्ति प्रश्न की छुट्टी कर देता है। इसलिए मैंने भी चुप रहना ही ठीक समझा।'

इस पर विवेकानंद ने कुछ भी नहीं कहा। वे चुपचाप अपने कमरे में चले गए। सवेरे-सवेरे निकला सूरज पुनः बादलों की ओट में चला गया था। पिछले कुछ दिनों से हिम-वृष्टि होने के कारण वातावरण में नमी आ गई थी। जब से विवेकानंद इधर आए थे उन्हें सिरदर्द की बीमारी ने जकड़ लिया था। उस पर दवाइयाँ तो ले रहे थे, परंतु थोड़ा सा भी विश्राम किए बिना निरंतर पढ़ना, पत्र-लेखन, भाषण, लोगों से चर्चा सभी मानसिक परिश्रम के कारण वे थक गए थे। मार्था को इसका एहसास था। यह युवा संन्यासी, जो शरीर और मन दोनों को कष्ट दे रहा है, समझ में नहीं आता कि इतनी एड़ी-चोटी का पसीना एक क्यों कर रहा है। अभी कितनी लंबी उमर पड़ी है, फिर इतनी जल्दी-जल्दी जी-तोड़ मेहनत किसलिए? पूरा दिन वे व्यस्त रहते हैं और रात में किसी चिंतन में डूबे हुए, भोर के समय ध्यान-धारणा। वाकई यही है, जिसे दैवी शक्ति कहा जाता है।

इस बात पर पति से चर्चा करते समय मार्था ने कहा, 'मैं मिसेज लायन के घर स्वामीजी को अपने घर लाने के लिए गई थी, उस दिन की बात। एम्मा कालवे स्वामीजी से मिलने आई थीं।'

'क्या कहा, मादाम एम्मा कालवे? फ्रांस की ओपेरा गायिका, जो अमरीका में भी कमाल की लोकप्रिय है, उस एम्मा कालवे का तो जिक्र नहीं कर रहीं तुम।'

'हाँ बाबा, वही। इतनी विख्यात गायिका उनसे मिलने आई थी। उसे देखकर खुशी से मैं रोमांचित हो गई। परंतु स्वामीजी ने सिर ऊपर उठाकर उसकी ओर देखा तक नहीं।'

'क्या कह रही हो?'

'वे जमीन पर बैठकर लिखने में व्यस्त थे।'

मादाम ने कहा, 'स्वामीजी, मैं मादाम एम्मा कालवे, फ्रांस की हूँ। परंतु अमेरिका में भी मेरे असंख्य चाहनेवाले हैं। मैं ओपेरा सिंगर हूँ।'

'परंतु बेटी, लौकिक अर्थ से तुम्हें ख्याति, प्रतिष्ठा, धन-दौलत सबकुछ मिला, फिर भी तुम दुःखी हो न?'

'आपने कैसे भाँप लिया? सत्य ही मैं बहुत दुःखी हूँ।'

'इसमें कैसी मुश्किल? तुम्हारी जैसी कलावती और सौंदर्यवती जब एक विरक्त संन्यासी के पास आती है तो इसमें कोई संदेह ही नहीं कि वह दुःखी है। परंतु तुम दुःखी क्यों हो?' उन्होंने सिर उठाकर ऊपर देखा। वह सत्य ही सौंदर्यवती थी। उसकी आँखों

में दुःख के भाव थे। उन्हें आज छिपाना आवश्यक नहीं समझा। उन्होंने उसकी ओर जैसे ही देखा, उसकी आँखों से झर-झर आँसू बहने लगे। वे चकित हो गए।

'स्वामीजी, मेरे पति, जिनसे मैं अटूट प्रेम करती थी, की मृत्यु हो गई और मेरी इकलौती बेटी भी मर गई। इस दुःख के कारण आत्महत्या के सिवा मेरे पास और कोई चारा नहीं है। मैं यह दुःख नहीं सह सकती।'

'पुत्री'—इस संबोधन से वह फूट-फूटकर रोने लगी।

उन्होंने आगे चलकर कहा, 'दुःख तो होगा ही; क्योंकि सहवास से प्रेम निर्माण होता है। परंतु पुत्री, उसी कोष में न उलझते, उससे बाहर निकलकर यही प्रेम व्यापक कर सकी तो तुम्हारा दुःख कम होगा। अनेक अनाथ बच्चे, अनेक निर्धन, अनेक वृद्धों को तुम्हारे प्रेम की जरूरत है। परंतु अपने आपको सँभालना तुम्हारे हाथ में है। जाओ। सुख, आनंद, प्रेम को एक नए सिरे से तलाशो। तुम समाज को जितना प्रेम दोगी, समाज तुम्हें उससे भी अधिक प्रेम देगा।'

वह उठ गई। स्वामीजी ने उसे भर-भर के आशीर्वाद दिए।

मार्था बता रही थी, सैम्युअल सुन रहा था। उसे भी उनके आने से मानसिक संतुष्टि मिली।

उसने कहा, 'मार्था, भारतीय संस्कृति के आचार-विचार सुनकर मुझे बड़ा सुकून मिल रहा है। यह तो बहुत अच्छा हुआ कि यहाँ पर वेदांत सभा की स्थापना की गई। मेरे सदृश साधारण अमेरिकी मनुष्य के जीवन से शांति न जाने कहाँ खो गई है। वह मात्र तात्कालिक सुख के पीछे पड़ गया है। आज मैं बड़ा प्रसन्न हूँ कि स्वामीजी हमारे घर आ गए हैं।'

दोनों विवेकानंद के कमरे में गए। वे पुस्तक पढ़ने में मग्न थे। दोनों उलटे पाँव लौट आए।

□

स्वामीजी ने घड़ी देखी, भोर के तीन बजे थे। वातावरण में ठंडक थी। हिमकाल अभी-अभी समाप्त हो गया था। परंतु इस मौसम के सुस्त कदम अभी तक वहीं पर पिछड़ रहे थे। उन्हें अपनी भारत-भूमि का स्मरण हो गया। वहाँ इस समय आँख खुलने पर खुली खिड़की से वातावरण में भरी सुगंध के साथ शीतल समीर का प्रवेश होता। दूर कहीं कुछ जगे हुए पंछी, बीच में चहचहाते, फिर सो जाते। आकाश नक्षत्रों से, सितारों से खचाखच भरा हुआ होता। चराचर पर चँदेरी चादर फैली हुई। कहीं भी किसी से भी भय न होता। हर राह, कदमों की प्रतीक्षा में आँखें बिछाए रहता।

यहाँ तो सबकुछ बंद, घुटा-घुटा-सा। स्वच्छ, साफ वातावरण। भुरभुरी, हलकी बर्फ अच्छी लगती, परंतु धीरे-धीरे उससे सारा हरा-भरा चित्र ही जम जाता। रात भर

लकड़ियाँ जलाकर गरमी ढूँढ़नी पड़ती।

अपने विचारों को परे हटाकर उन्होंने चादर गले तक ओढ़ ली। अब उनकी आँखों में नींद उतर गई, जो रात भर उनसे रूठ गई थी। उन्होंने आँखें बंद कीं। और साक्षात् ठाकुरजी ही उनके सामने प्रकट हो गए।

'अरे, सोए कैसे नरेन? यह तो तुम्हारा उठने का समय है।'

'पता नहीं, आजकल क्या हुआ है! इधर मैंने भगवान् श्रीकृष्ण तथा उनकी कही गीता पर बोलने के लिए तो 'हाँ' कर दिया। परंतु मन में सोचता हूँ…'

'क्या मुझसे यह बन पाएगा, यही न?'

'जी हाँ।'

'यह तो तुम्हारा हमेशा का है, नरेन। किस मिट्टी के बने हो रे तुम?' उन्होंने उनके कंधे को स्पर्श किया और एक सनसनाती चैतन्य लहर उनके शरीर में प्रवाहित हो गई।

विस्मित होकर वे उठकर बैठ गए, 'क्षीण, मरियल सा मैं और संजीवक आप। आपको यह कैसे प्राप्त हुआ?'

'अब मुझसे प्रश्न मत पूछो। कल तुम्हें श्रीकृष्ण पर व्याख्यान देना है।'

'वाकई ठाकुरजी, श्रीकृष्ण गूढ़ हैं, रहस्यमय हैं। कृष्णभक्ति तो गूढ़तम है और श्रीकृष्ण का चरित्र तो गूढ़ से भी गूढ़ है। संपूर्ण भारतीय साहित्य में कृष्ण हैं ही। इकट्ठा कैसे करूँ?'

ठाकुरजी मुसकराए। उन्होंने कहा, 'नरेन, कृष्ण भारतीय आकांक्षाओं, आशाओं, आस्थाओं का स्तंभ हैं। 'आशा और आकांक्षा' जैसे शब्दों से उनकी पूजा की जाती है। उनसे संबंधित आस्थाएँ श्रद्धा बन गई हैं। श्रीकृष्ण का चरित्र इतना विराट् है कि उसे शब्दबद्ध करना हो तो तुम्हें उन्हीं की शरण में जाना होगा। उनका व्यक्तित्व इतना सहज साध्य है कि भक्ति द्वारा उसे समझा जा सकता है। कृष्ण में पुरुषोत्तम एवं परमेश्वर का ऐसा घनीभूत मिश्रण है कि उसे अलग नहीं किया जा सकता। नरेन, यह वासुदेव (वसुदेव का पुत्र) है, उसी तरह वह नंद-नंदन भी है। वह मथुरेश भी है और द्वारकेश भी। वह वेणुवादक भी है और पाञ्चजन्य का शंखनाद कर्ता भी। वह रसेश्वर भी है और योगेश्वर भी। नरेन, श्रीकृष्ण को मनोभावेण शरण जाना ही श्रेयस् का मार्ग है। उन्होंने कहा है न, 'सर्व धर्मान् परित्यज मामेकं शरणं व्रज', अतः…'

'ठाकुरजी…' विवेकानंद की आँखें खुलीं। देखा तो वहाँ कोई भी नहीं था। क्या यह आभास ही था? परंतु सत्य आभास। वे प्रसन्न हो गए। घड़ी में देखा तो घड़ी की सुई केवल पाँच ही मिनट आगे बढ़ी थी। क्या करें? दस मिनट और लेटे रहें? रात भर जागने से शरीर ने जवाब दिया था। आजकल ऐसा ही चल रहा है। प्रातःकाल भले ही उठने की

शक्ति न हो, परंतु नित्यकर्मों से परावृत्त होना उन्हें अच्छा नहीं लगता। दिन भर आने-जाने वाले, मिलने के लिए आनेवाले, चर्चा, भाषण—इनमें समय व्यतीत होता, रात में कभी चिंतन, तो कभी कोई स्मृति निद्रा को भगा देती। उन्होंने फिर से गले तक चादर ओढ़ी, आँखें बंद कीं। सामने श्रीकृष्ण खड़े दिखाई दिए। उनकी वह मधुर, चंचल मुसकराहट देखकर विवेकानंद ने पूछा, 'नित्य, निरंतर तुम्हारे मुख पर प्रसन्न हास्य कैसे निलसित होता है? और आज अचानक कैसे आ गए?'

'आया कहाँ? मैं सतत तुम्हारे संग तो रहता हूँ—तुम्हारे कर्म में, तुम्हारे ज्ञान में, तुम्हारी भक्ति में, तुम्हारी अविरत साधना में। मैं तो कहीं भी नहीं गया था। तो आऊँ कहाँ से? और हास्य के संबंध में कहना हो तो मुझे तुम सभी पर हँसी आती है कि कितनी शीघ्रतापूर्वक मन से पराजय को स्वीकार करते हो। तुम्हें ज्ञात है, मेरे जीवन में कितने परिवर्तन आए। मथुरा में जन्म, पला-बढ़ा गोकुल में, नंद-यशोदा ने पुत्रवत् प्रेम किया, प्रत्यक्ष माता-पिता के होते हुए भी उनका सान्निध्य ही नहीं मिला। आगे चलकर मथुरा आने के पश्चात् जीवन-संघर्ष जो प्रारंभ हो गया, वह कुरुक्षेत्र में महाभारत युद्ध से भी समाप्त नहीं हुआ। जो यादव कुल वृंदावन, गोकुल से उठाकर मैंने सुदूर द्वारका में बसाए, उनमें भी गृह कलह, गृहयुद्ध हो गए। एक व्याध ने मेरे जीवन का अंत किया। यह कथा तुम्हें ज्ञात है। सत्रह बार जरासंध से युद्ध करते समय मानसिक पराजय से दुःखी हो गया। कई बार अपमान भी सहे। परंतु ठान ली थी कि सारा दुःख, सारी चिंता मन में रखकर हँसते रहना, सो हँसता रहा।'

'धन्य हो तुम! धन्य हो तुम्हारा जीवन-संघर्ष! जो भी तुम्हारा चरित्र पढ़ेगा, उसका जीवन धन्य होगा!'

'उसके लिए मैं नहीं कहता नरेन। मान-अपमान सहकर जीवन-संघर्ष करते हुए अंत में जीवन की सफलता प्राप्त हो, तभी मन संतुष्ट होता है न? वह समाधान, वह संतोष मुझे जीवन के सांध्य पर्व में ही नहीं तो मृत्यु समय भी कहाँ प्राप्त हुआ? जीवन के आलेख ही चढ़ते क्रम से मन दुःखी करते गए। सत्य-धर्मार्थ, न्याय की रक्षार्थ, नारी की पवित्रता के लिए महायुद्ध हुआ था, जिसके कारण सैकड़ों स्त्रियाँ, बालक अनाथ हो गए। उनके करुण क्रंदन से मेरे प्राण भी आक्रोश करने लगे। जीवन की प्रगाढ़ संध्या में मुझे कैसे संतोष मिला?

'इसके पश्चात् के गृहयुद्ध, आपसी स्नेहभाव समाप्त होकर इतनी शत्रुता, इतना वैर कि पूरी द्वारका रक्त-लांछित हो जाए! क्या पाया मैंने?'

'श्रीकृष्ण, तुम्हारा अस्तित्व, तुम्हारी कथा पग-पग पर स्मरण हो, यही तुम्हारी सफलता, तुम्हारा यश है। तुम्हारा जीवन साफल्य यही है कि कभी किसी को तुम्हारा विस्मरण न हो। तुम युगनेता हो। अपना एक सहस्रांश अस्तित्व मुझमें मिला दो।'

'अरे नरेन, मैंने अभी-अभी कहा था न कि मैं तो तुझमें ही हूँ और तुम जो कहते हो वह भी सत्य है। मैं प्रत्येक चराचर में हूँ। केवल मुझे समझना होगा।'

'तुमने 'गीता' में जो ज्ञानयोग और राजयोग कहा था, उस पर कुछ कहना है। श्रीकृष्ण, एक प्रश्न पूछूँ?'

श्रीकृष्ण ने हँसकर नेत्रों से कहा, 'पूछो न।'

'आज सात हजार वर्ष होने पर भी तुम्हारा 'गीता' में कथित प्रत्येक वाक्य शब्दशः सत्य है। भला यह कैसे?'

'क्योंकि वे सारे अनुभवों से उभरे हुए शब्द हैं। हमारे द्वारा की हुई अनुभूतियाँ जितनी उत्कट, मर्मभेदी, उतने ही शब्द भी सारगर्भ होते हैं, अन्यों पर ऐसे प्रसंग न आएँ। इसलिए उपदेश पर शब्द हमारे मुख से प्रकट होते हैं। नरेन, भारत भ्रमण करते समय तुमने भी अनेक दुःखद अनुभव किए हैं। लोगों के दुःख से तुम्हारा मन तड़प उठा है। दरिद्रता से तुम व्यथित हो गए हो। धार्मिक संकीर्णता के कारण तुम्हारा मनः क्षोभ बढ़ गया है। इसी कारणवश तो तुम इस पराए देश में—विदेश में आए हो न? अनुभवों से ही तुम लोगों को कहते हो न? तुम भी युगनेता हो, लोकनेता हो, धर्म-पंडित हो, युगंधर हो। परंतु मेरा एक कहना मानो कि कभी दुःखी मत रहो। प्रसन्न मन से जीवनयापन करो। मन देह में होने पर भी उसे देह से अलग करके प्रसन्न रहो।'

'देह से मन अलग?' अपने ही प्रश्न से विवेकानंद की नींद खुल गई। घड़ी की सुई केवल पाँच मिनट ही आगे सरकी थी। 'गीता' के एक-एक वाक्य में जीवन का सारा अर्थ समेटा होता है, उसी तरह केवल पाँच मिनट में श्रीकृष्ण ने उनके जीवन का आलेख उनके सामने प्रस्तुत किया। विवेकानंद ने उठकर हाथ जोड़े और नित्यकर्मों में जुट गए। घड़ी में चार बज रहे थे। वातावरण में प्रचंड कुहरा था। खिड़की के बाहर का कुछ भी दिखाई नहीं दे रहा था। कुछ देर के बाद वे ध्यानस्थ बैठ गए और धीरे-धीरे उनके सामने श्रीकृष्ण द्वारा 'गीता' में वर्णित राजयोग खुलता गया।

'यम, नियम, आसन, प्राणायाम, प्रत्याहार, धारणा, ध्यान और समाधि पर राजयोग की चढ़ती कमान है। 'यम', इस एक शब्द में कितना गहन अर्थ भरा हुआ है, जैसे गागर में सागर। अहिंसा, सत्य, अस्तेय, ब्रह्मचर्य, अपरिग्रह के कारण हमारे मन की शुद्धि होती है। शरीर, मन, वचन से किसी को भी दुःख न पहुँचाना है। 'अहिंसा' ही विश्व का सर्वश्रेष्ठ प्रेम धर्म है। सत्य के कारण मनुष्य को वास्तव का भान होता है। 'सत्य' सूर्य प्रकाश है, जिससे अँधेरा दूर होता है। 'अस्तेय' शब्द का अर्थ किसी भी तरह के बल का प्रयोग न करते हुए कर्म करना है। तो तन-मन-वचन में से किसी भी दैनिक आकर्षण की ओर न मुड़ना है 'ब्रह्मचर्य'। कष्टपद परिस्थितियों में भी किसी भी तरह का मोह न रखते हुए कर्म करना 'अपरिग्रह' है। उसका इन सभी का पालन करना है। मन प्रकाशपूर्ण,

आनंदमय तथा साधना के लिए परिपूर्ण होता है।

'नियम' का अर्थ है—नियमित अभ्यास अथवा साधना। तप, संतोष, शौच तथा ईश्वर प्रणिधान को नियम कहा जाता है। व्रत-उपासना से प्राप्त देह संयम भी शारीरिक तपस्या ही है। वेद-पाठ, पूजा-पाठ से सत्त्व-शुद्धि और स्वाध्याय होता है। वाचिक, उपांशु, मानस ये पूजा की विधाएँ हैं। मानस-पूजा श्रेष्ठतम मानी जाती है। 'शौच' शब्द में शरीर की बाह्य शुद्धि है तो दूसरी मानसिक शुद्धि है। ईश्वर की भक्ति, स्मरण, आराधना को ईश्वर प्रणिधान कहा जा सकता है।

'आसन और प्राणायाम ये दोनों क्रियाएँ शरीर संतुलित रखने के लिए होती हैं। पूरक, कुंभक तथा रेचक इस प्रकार उसकी तीन प्रक्रियाएँ होती हैं।

'गायत्री मंत्र के समुचित उच्चारण से श्वास नियमन, श्वास त्याग तथा ज्ञान संवर्धन इस तरह अनेक बातें साध्य होती हैं। 'साधना' शब्द का अर्थ है—पुनः-पुनः वही क्रिया अधिकाधिक समृद्ध करते जाना। साधना के लिए स्थान पवित्र होना चाहिए। इससे क्षेत्र का प्रभाव बढ़ता है तथा मन निर्विकल्प होता है।

'ध्यान करने के लिए मन का प्रवास साकार से निराकार की ओर जाना चाहिए। परंतु इसमें संदेह नहीं कि साकार प्रतिमा मन की रखकर भी ईश्वर स्मरण करने से मन प्रसन्न तथा आनंदित रहेगा।'

विवेकानंद मन-ही-मन मुसकराए। प्रथम ठाकुरजी की भेंट, फिर श्रीकृष्ण प्रत्यक्ष मिले और जाते-जाते उन्होंने 'राजयोग' सहजतापूर्वक समझाया।

वेदांत का अर्थ विशद करते समय विश्वात्मक आनंद का भाव था। मन में 'राजयोग' खोलने पर सात हजार वर्ष पूर्व श्रीकृष्ण ने आंतर-बाह्य शुद्धि के लिए तथा आरोग्य-स्वास्थ्य के लिए कितना ध्यान दिया और अर्जुन के बहाने उन्होंने समूचे विश्व को संदेश दिया कि मन प्रसन्न रखो, शरीर शुद्ध रखो। मन में विकल्पों को स्थान मत दो, फिर जीवन सहज सुंदर होगा।

सत्य ही श्रीकृष्ण कौन थे?

दार्शनिक, आरोग्य-संवर्धक, हितैषी, मित्र या उपदेशक?

रसिक, सम्मोहित करनेवाले मनमोहन या प्रगाढ़ अभ्यासक साधक?

कौन थे श्रीकृष्ण?

गोपालक, सृष्टि के रस-ग्राहक, जीवन समीक्षक या योगी योगेश्वर? रणनीति निपुण, मथुरेश, द्वारकेश कि अर्जुन-सखा? भगवद्गीता के उद्गाता, वेदांत के अनुयायी या नट सम्राट्?

श्रीकृष्ण, सच बताओ, तुम कौन हो? चाहे कोई भी हो, बस नित्य मेरे संग रहो।''' विवेकानंद ने हाथ जोड़े तब वातावरण में छाई धुंध निथरकर सबकुछ स्पष्ट साफ-साफ दिखाई देने लगा।

: चौदह :

विवेकानंद जहाज के डेक पर खड़े थे। यह जहाज पेरिस के मार्ग से इंग्लैंड जा रहा था। वातावरण में सुखद ठंडक थी। बदली की ओट से आई सूर्य की किरणों को मध्याह्न में सागर की लहरें धीमे स्वर के गीतों से हलरा रही थीं। दूर-दूर क्षितिज तक सागर फैला हुआ था। दो वर्ष पूर्व सन् १८९३ में वे अमेरिका आए थे और आज वे मिस मुलर तथा स्टर्डी के बार-बार मिले अनुरोध पत्रों के कारण इंग्लैंड जा रहे थे।

सर्व धर्म परिषद् समाप्त होते ही वे भारत जानेवाले थे। विश्व में केवल ईसाई धर्म ही श्रेष्ठ नहीं, प्रत्येक धर्म के शाश्वत मूल्य सुंदर ही होते हैं। परंतु सर्वधर्मीय एक-दूसरे का आदर करने से विश्व में एक मानव धर्म प्रस्थापित होगा। सर्व धर्म हिंदू धर्म में समाए जाते हैं, क्योंकि हिंदू धर्म तथा हिंदू संस्कृति सबसे प्राचीन है। वह अनेक ऋषि-मुनियों की अनुभूतियों में से साकार हो गई है।

सभी अमेरिकावासियों को भारतीय संस्कृति, भगवान् श्रीकृष्ण, श्रीराम, श्रीरामकृष्ण, वेद, उपनिषद् और भगवद्गीता के विषय में बताते दो वर्ष बड़ी शीघ्रता से बीत गए थे। अनेक ने उत्सुकतावश हिंदू धर्म जाना-समझा। कइयों ने विरोधी भूमिका लेकर उनके तुरंत अमेरिका छोड़ने की व्यवस्था भी की थी। अनेक लांछन, जानलेवा अपमान सहते-सहते भारत लौटना संभव नहीं था। उन्होंने आरोपों का स्पष्टीकरण नहीं दिया, परंतु सत्य अपने आप प्रकट हो गया, जैसे सूर्य की रोशनी से धुंध नष्ट हो और अब अमरीकी लोग उनके सत्य वचनों पर विश्वास करने लगे।

परंतु इस सत्य को प्रकट होने में समय लगा, अथक परिश्रम लगे, सुबह-शाम वही बात वे कहते रहे और वेदांत का उदार जीवन-दर्शन अमेरिकन लोगों को भा गया। उनके 'पतंजलि' के भाष्य से विख्यात मनोवैज्ञानिक विलियम जेम्स इतने प्रभावित हो गए कि उन्होंने अनुरोध किया, 'स्वामीजी, आप यहीं पर रहें। इधर ही रहें।'

उन्होंने मुसकराते हुए पूछा, 'मैं ठहरा एक संन्यासी। सारे देशों का मुझ पर अधिकार है। भारत देश का तो अवश्य है। मुझसे हुए स्नेह के कारण आप चाहते हैं, मैं हमेशा के लिए यहीं रहूँ। परंतु अपने भारत से मैं कभी पल भर के लिए भी अलग नहीं रहा। भारत की स्मृति लेकर ही यहाँ मेरे हर दिन का उदय और अस्त होता था।'

'इतना सुंदर है भारत?'

'मेरे नेत्रों से देखने के बाद, मेरी भावना देखने के बाद वह बेहद सुंदर प्रतीत होगा। भारत—जिसमें सभी प्रकार के मौसम होते हैं—प्रकृति की बहार है। प्रसन्न सुंदर मेघ-विरहित प्रात:काल, सुंदर विविध रंगों से सजी-धजी संध्या, वेणु (वंशी) वन से आ रही सुगंधित हवा, कल-कल करतीं सुजला सरिताएँ, गगनचुंबी पर्वत, अथाह सागर,

सत्य ही मेरे देश का भौगोलिक वर्णन कितना भी करो, मन नहीं भरता। वहाँ अनेक धर्म, पंथ ऐसे हैं जैसे विविध रंगों से पिरोई पुष्पमाला। भारत के पास वेदांत है, जो अखिल विश्व का आदर्श है।'

प्रो. विलियम जेम्स ने कहा, 'काश, मैं भी अपनी अमेरिका की गुण-गौरवगाथा इसी तरह गा सकता। नहीं स्वामीजी, मुझे खेद है कि मैं इस तरह अपने देश का वर्णन नहीं कर सकता।'

'इस तरह दुःखी न हो, प्रोफेसर। मन में निश्चय करने से सर्वत्र आनंद निर्माण हो सकता है।'

प्रो. विलियम की तरह ही अनेक लोग उनके भाषणों से, ज्ञान से, अध्ययन से, शब्दों द्वारा कराए हुए भारत दर्शन से अभिभूत थे। अनेक अमेरिकी लोग उनका शिष्यत्व ग्रहण करके 'वेदांत समिति' प्रस्थापित करके जनता को भारतीय जीवन-प्रणाली का परिचय करा रहे थे। मादाम मेरी लुइस, लिआ लैंड्सबर्ग, मिसेज ओली बुल, डॉ. ॲलेन डे, मिस वाल्डो, प्रो. वेमन, प्रो. राइट, डॉ. स्ट्रीट इस तरह कितने सारे प्रतिष्ठित विद्वान् लोग भारतीय नाम धारण करके कार्यरत हो चुके थे।

परंतु दो वर्ष सतत व्याख्यान देकर विवेकानंद थककर चूर हो गए थे। अपरिचित देश, अपरिचित रीति-रिवाज, आचार-विचार और प्रतिकूल अवस्था से बेहद थकान अनुभव करने के बाद कभी-कभी उनका मन उदास होता। वे सोचते, 'क्यों कर रहा हूँ मैं यह सब? इससे अच्छा था अपना मुक्त संन्यासी जीवन! बीत गए वे दिन...ते ही दिवसो नुगताः।'

'I long, oh I long for my rugs, my shaven heas, my sleep under the trees and my food from begging.' वह कंबल, वह मुंडन, वृक्ष तले निद्रा, भिक्षा। अब वे दिन लौटकर नहीं आएँगे।

विचारमग्न अवस्था में वे खड़े थे कि मिसेज मार्था उनके पास आईं। भावमग्न मुख की ओर देखकर उन्होंने कहा—

'स्वामीजी, कैसे हैं आप?'

'सच कहता हूँ, अमेरिका आने के लिए जब भारत का किनारा छूट रहा था तो मैं बहुत दुःखी था। अलसिंग पेरुमल ने मुझे यहाँ भेजा। वह मेरे सामने नतमस्तक था तो मैं उसके प्रति विनम्र था। उस क्षण दिल में एक अजीब सी उथल-पुथल मच रही थी। और आज अनेक आरोपों से मुक्त होकर, वेदांत समिति की स्थापना करके मैं यूरोपीय देशों की ओर जा रहा हूँ। यह मेरे लिए बहुत ही प्रसन्नता का क्षण है।'

'सच है, आप बहुत थक गए थे। मिसेज एम.सी. फंकी और मैं आपको ढूँढ़ते-ढूँढ़ते यहाँ आ गए थे।'

‘आप दोनों सैकड़ों कोसों का रास्ता पार करके तूफानी हवा तथा भारी वर्षा को झेलती हुई आई थीं।’

‘क्योंकि आप अदृश्य हो गए थे और हमारे हृदय में लगाई गई ज्ञान-ज्योति अधिक प्रज्वलित करने के लिए उसमें तेल डालने की आवश्यकता थी, इसलिए हम डेट्रायट से आए थे। ग्रीनएकर में आपने आध्यात्मिक शिविर आयोजित किया था। वहाँ अच्छा हुआ कि आपको अच्छा विश्राम मिला।’

‘हाँ, जन कोलाहल से दूर चुनिंदे शिष्यों को ही मैं तैयार कर रहा था। परंतु अब फिर से वही और वैसे ही व्याख्यान होंगे। तथापि मुझे बहुत अच्छा लगता है।’

‘क्योंकि आप हिंदुओं को सही रास्ते पर लाए होंगे, उसी तरह आपने ईसाइयों को भी नहीं छोड़ा। आपकी हिम्मत की तो दाद देनी पड़ेगी। हमने इसका सुखद अनुभव किया कि आप जैसों के सान्निध्य में रहना क्या होता है। ऐसी उच्च अनुभूति प्राप्त करते समय एक घनीभूत धर्मभाव के राज्य में हम विचरण कर रहे थे। इसी कारणवश हम दोनों इंग्लैंड तक आपके साथ आई हैं।’

‘धन्य हैं आप।’

इसके बाद अनेक विषयों पर चर्चा हुई। शाम हो गई। डेक पर सारे यात्री प्रसन्नता से गा रहे थे, झूम-झूमकर नाच रहे थे। कुछ दिनों के लिए एक-दूसरे से बिलकुल अपरिचित व्यक्ति यहाँ एक-दूसरे के सान्निध्य में रहनेवाले थे। विवेकानंद दूर-दूर तक देख रहे थे। आकाश पर बादल छाए हुए थे। कभी-कभी एकाध रंग-रेखा चमकती। बाकी सारा एक गूढ़ रम्य वातावरण था। परंतु उनके मन में स्वच्छ चाँदनी बिछी हुई थी।

□

विवेकानंद अलसिंग को पत्र लिख रहे थे। आधी रात बीत चुकी थी। सुना है, इस धरती के किसी हिस्से में चौबीस घंटे सूरज रहता है। उसी तरह उन्होंने सोचा कि अब वे भी चौबीस घंटे जागते ही रहेंगे। निद्रा देवी क्या इतनी रूठ गई है? नेत्रों की पलकों पर वह कभी बैठती ही नहीं। निद्रा-नाश का विकार कोई आजकल का नहीं। परंतु भगवान् जाने वह तो बढ़ता ही जा रहा है। कोई एक विषय मन में आता है और निद्रा को भगाने में सफल होता है। फिर कभी-कभी उनका शांत मन खौलने लगा। अपने ही प्रिय मित्र अलसिंग पर वे अपना सारा क्रोध उतारने लगे। उसे लिखते समय वे मन में कुछ भी नहीं रखते।

जब उन पर आरोपों की बौछार हो रही थी, तब वे मनस्वी क्रुद्ध हो गए थे। उनके ही देश-बांधवों ने उन पर भयंकर आरोप लगाए थे। ‘अभक्ष्य भक्षण’, यह भी एक आरोप था। उन्होंने उस आरोप का खंडन नहीं किया था। उन्हें स्मरण हो गया था, माँ भुवनेश्वरी कट्टर वैष्णव हैं। बाएँ हाथ से पानी पीना भी उसे अच्छा नहीं लगता और दाहिने जूठे

हाथ से पानी पीना विवेकानंद को पसंद नहीं था। इस मुद्दे पर कई बार बहस होती थी। बचपन में वे अपनी माँ जैसे ही छुआछूत के कठोर नियमों का पालन करते थे। परंतु पिता विश्वनाथ बाबू शैव थे, सुधारवादी थे। विविध मुगलई व्यंजन उन्हें पसंद थे। अंग्रेजों की पार्टी में वे जाते थे। घर में भी अलग बावर्ची रखकर उससे विविध व्यंजन बनवाते थे। दरअसल तभी से यह अभक्ष्य भक्षण शुरू हो चुका था।

विवेकानंद उस आरोप से क्षुब्ध हो गए थे। अलसिंग को उन्होंने पत्र में लिखा—'मुझ पर इलजाम लगानेवालों से कहो, कोई ब्राह्मण रसोइया और उसका वेतन भेज दें।' उसके बाद अधिक कठोर होकर उन्होंने लिखा था—'याद रखें, किसी के भी आदेशानुसार मैं नहीं चलूँगा। मैं भलीभाँति जानता हूँ, मेरे जीवन का उद्दिष्ट क्या है। मुझे समझाने की किसी को भी आवश्यकता नहीं है। व्यर्थ बकवास, निंदा से मुँह लगने के लिए मेरे पास समय नहीं है और उस पर अकारण टीका-टिप्पणी न करें। अन्य धर्मों का भी अध्ययन करें। उन्होंने यह समझाया और भारतीय वेदांत स्पष्ट किया। उनकी आलोचना करके उन्हें हमारे ही अनुयायी होने का आदेश नहीं दिया, न ही अनुरोध किया। परंतु 'गीता' के राजयोग के प्रवचन सुनकर उन्होंने ही स्वेच्छा से मेरा शिष्यत्व स्वीकार करके 'वेदांत सभा' की स्थापना की।'''

'अचिंगा, मैंने भगवद्गीता कई बार पढ़ी और हर बार पढ़ते समय मैं जीवन का अर्थ अधिकाधिक गहराई से समझता गया। मन में सोचा, श्रीकृष्ण ने कितनी प्रगाढ़ अनुभूति प्राप्त की होगी। जीवन के सूक्ष्म घटकों का भी उनके मन पर कितना गहरा आघात हुआ होगा। फिर भी उन्होंने अपने मुख पर प्रसन्न मधुर हास्य कायम रखा होगा। श्रीकृष्ण समान ऐसा पूर्ण पुरुष कोई नहीं होगा, जो जीवन का गहन अर्थ कथन करता है, जो संपूर्ण में संपूर्ण है, अनुभूति से परिपूर्ण है।'

विवेकानंद ने 'ज्ञानयोग' पर व्याख्यान देते समय सोचा था, साक्षात् भगवान् श्रीकृष्ण ही उनके मुख से बोल रहे हैं। श्रीकृष्ण संभ्रमित अर्जुन को समझाते समय कहते हैं, 'उठो, कर्म-प्रवृत्त हो। तुम्हें बताता हूँ, मेरी मृत्यु नहीं होगी। आत्मा पुनरपि जन्म ग्रहण करता है। और समय चाहे कोई भी हो, हमारी उत्कट इच्छाएँ पुनरपि जन्म लेती ही हैं। मैं भी—

'यदा यदा ही धर्मस्य ग्लानिर्भवति भारत।
अभ्युत्थानमधर्मस्य तदात्मानं सृजाम्यहम्॥
परित्राणाय साधूनां, विनाशाय च दुष्कृताम्
धर्मसंस्थापनार्थाय संभवामि युगे युगे॥'

'अर्थात् हे अर्जुन! वे लोग जिन्होंने आसक्ति, भय, क्रोध का त्याग किया है और मुझसे एकात्म हो गए हैं, जिन्होंने ज्ञान द्वारा अद्वैत साध्य किया है, मेरे ही स्वरूप में आकर

मिलते हैं। अर्थात् मेरे संग वे भी पुनरपि जन्म ग्रहण करते हैं।

'और उनका विनाश होता है जो अज्ञानी, अश्रद्धालु, संशयात्मा हैं। उन्हें परलोक नहीं, इस लोक में भी वे सुख से वंचित रहते हैं। अत: हे अर्जुन! आत्म विषयक संदेह को जो अज्ञान से उत्पन्न है, जो बुद्धि में स्थित है—ज्ञान की तलवार से भंग करो, तुम ज्ञान-संपन्न बनो, कर्म-प्रवृत्त रहो।

'तुमसे कहता हूँ अचिंगा, उस दिन साक्षात् श्रीकृष्ण ने कहा—अरे नरेन, तुम जो कर रहे हो वह दुष्कर्म नहीं है। मेरा ही कार्य तुम कर रहे हो। अरे, तुम्हारे हृदय में मैं ही हूँ और मेरे हृदय में तुम। मैं सत्य धर्म की रक्षार्थ द्वारका से सैकड़ों मील दूर जाकर कुरुक्षेत्र में पांडवों के पक्ष में गया और अहंभावी कौरवों को, जो अपने आप को श्रेष्ठ समझते थे, अन्याय को ही न्याय मानते थे, मैंने प्रथम समझाया-बुझाया था न? वही कार्य अब तुम कर रहे हो। मुझे तुम पर गर्व है।...

'अचिंगा, कुछ भी हो, इस बहाने ही श्रीकृष्ण से ही भेंट हो गई। मैंने उन्हें अपने हृदय में विराजमान किया। अंतश्चक्षुओं से उनकी आरती उतारी। संपूर्ण संवेदनाएँ उनके चरणों में अर्पण की और कहा, 'श्रीकृष्ण, उपनिषदों का अर्थ, वेदों का जीवनार्थ तथा पुराणों का मतितार्थ मेरे मन में भरते समय तुमने मुझे संपूर्ण ज्ञानमार्ग पर चलाया। अनंत जन्मों तक मैं तुम्हारा ऋणी रहूँगा, क्योंकि सदिच्छाओं, सद्भावनाओं के साथ मैं जीऊँगा। सदिच्छाओं का मरण नहीं होता, सो मृत्यु मेरे निकट भी नहीं आएगी। अत: तुम प्रत्येक जन्म में मुझे मिलते रहना।' इस पर उन्होंने हँसकर कहा, 'मैं पुन:-पुन: कह रहा हूँ, मैं कभी तुमसे दूर गया ही नहीं। मैं तो तुममें ही हूँ।'

'अचिंगा, मैंने कर्मयोग समझ लिया, मन में भक्तियोग सँजोया, उससे ही ज्ञान-विज्ञान योग समझ लिया। मैंने भी अनुभव किया है, जैसे वह कहता है, पग-पग पर मुझे उसके पग दिखाई देते हैं। कभी-कभी वह इस तरह निकट से चलता है तो कभी सामने आकर मार्ग रोककर खड़ा रहता है तो कभी मन-ही-मन मेरे मन को पुकारता है।

'सत्य ही अनेक रूप हैं उसके।

'आज पत्र लिखने का कारण यह है कि अमेरिकी लोगों का विकास देखा; उनकी कार्य-प्रणाली में सच्चाई देखी; दूसरे की राय, दूसरे के विचार सुनने की प्रवृत्ति देखी, भौतिक सुख-सुविधाएँ देखीं। अब पेरिस की ओर जा रहा हूँ। कल सवेरे वहाँ उतरूँगा। और उसके बाद हमारे देश पर जीवट-वृत्ति के साथ प्रशासन कर रहे कूटनीतिज्ञ अंग्रेजों के देश में, जिनके साम्राज्य का सूरज कभी अस्तगत नहीं होता। पेरिस अत्यंत कलात्मक शहर है।

'अचिंगा, पिछले पत्र में तुमने मुझसे पूछा था—'स्वामीजी, वेदांत का अचूक अर्थ क्या है?' मुझे इस प्रश्न पर आश्चर्य हुआ। मृग की नाभि में कस्तूरी होती है, परंतु उस

सुगंध की खोज में वह खेतों में, खलिहानों में, जंगलों में इधर-उधर दीवाना बनकर भागता रहता है। अरे अचिंगा, वह भगवद्गीता है, जो तुम जी रहे हो और वह है वेदांत, जो तुम्हारे मन में है। भारतीय दर्शन, भारतीय संस्कृति, भारतीय मनुष्य की साँसों में घुल-मिल गई है। उसे स्पष्ट करने या सिखाने की आवश्यकता नहीं है। परंतु उसे समझने की इच्छा करने पर तुम्हारे जैसा प्रश्न आता है।

'अचिंगा, ईश्वर का सार्वभौम रूप मानने पर ही धर्म का स्वरूप आकलन होता है। किसी को भी दु:खी नहीं करना, सभी से आत्मवत् प्रेम करना और सर्वभूत ईश्वरत्व है इसमें से ही अद्वैत नीतिशास्त्र का जन्म हो गया है। प्रत्येक सजीव प्राणी ईश्वर तक पहुँचेगा ही। कोई भी अमर नहीं है। स्थल, काल, कार्य-कारणार्थ वह निराकार ही विश्व रूप में साकार हुआ है। यही अद्वैत विचारों का सार है।

'अचिंगा, अनेक में एकत्व, यही विश्व की रचना है। अनेक सरिताएँ प्रवाहित होकर अंतिम सागर में विलीन होती हैं, उसी तरह अनेक धर्म एक ही मानव धर्म में विलीन होते हैं। अपनी शक्ति के अनुसार घटों के आकारों में जलभरण होगा। घटों के आकार विभिन्न होंगे, परंतु जल एक ही होगा। उसी तरह यह विभिन्न धर्मों का स्वरूप है, परंतु ये सारे धर्म जिसमें विलीन होते हैं वह एकल विश्व-कल्पना यह वेदांत है।

'अचिंगा, ऐसा कुछ भी नहीं कि मैं तुम्हें कहूँ। क्योंकि तुम्हीं तो सारे जीवन-तत्त्वों का आचरण करते हो। आज समाज को तुम्हारे आचार-विचारों की आवश्यकता है। जो कार्य मैं यहाँ कर रहा हूँ वही कार्य तुम भी वहाँ करो। क्योंकि विश्व में आज जो स्वार्थी वृत्ति फैली है, मनुष्य एक-दूसरे का विनाश करने पर तुला हुआ है, यह दुष्ट प्रवृत्ति नष्ट होनी चाहिए। विध्वंस होने पर भविष्य में निर्माण होगा, इस पर मैं विश्वास नहीं करता। जो सुंदर है, शिव है उसका जतन करना होगा। तोड़ो नहीं, जोड़ो—यही कहना होगा।'

लिखते-लिखते वे रुक गए। उन्होंने पत्र एक तरफ रखा और उठकर बाहर आए। अंदर के केबिन में पता नहीं चल रहा था, परंतु बाहर प्रचंड तूफान आया था। हवा अंधाधुंध चल रही थी। उतना ही सागर भी उमड़ रहा था। आकाश में बादलों ने भगदड़ मचाई थी। बहुत दिनों के बाद विवेकानंद को खुलकर हँसी आई। स्कूल के दिनों में एक बार अपने मित्रों के साथ गंगा सागर देखने गए थे। लोग कहते, यहाँ गंगा और सागर अलग-अलग दिखाई देते हैं। माँ का भी कहना था। इस पर वह एक कथा भी सुनातीं। उस कथा से उनकी जिज्ञासा जग गई थी। पाँच-छह मित्र मिलकर नौका से गंगा सागर पहुँच गए। वह छोटा सा गाँव था। वहाँ से पैदल जाकर वे वह स्थान देखने गए, जहाँ गंगा और सागर में अलगाव होता है। परंतु ऐसा कुछ उन्हें नहीं दिखाई दिया। दिखाई दिया सिर्फ गंगा और सागर। लौटते समय अचानक आकाश में काले बादल उमड़ने-घुमड़ने

लगे। नौका तक पहुँचते-पहुँचते ही तूफान, वर्षा शुरू हो गई, हवा भी जोर-जोर से बहने लगी। सागर में ज्वार के उफान से उनकी नैया हिलोरने लगी। नाविक ने भी घबराकर कहा, 'अब कोई खैर नहीं, भैया।'

उस समय विवेकानंद नए-नए ही ब्राह्म समाज में जाने लगे थे। वे ईश्वर के अस्तित्व की खोज कर रहे थे। ऐसे समय किसे आवाज दें, समझ में नहीं आ रहा था। मन-ही-मन वे भी सकपकाए थे। जैसे-तैसे उनकी नैया किनारे पर पहुँच गई। वे भागे-भागे घर आए। माँ के पूछने पर उन्होंने सत्य बात ही बताई।

उसने कहा, 'तुम लोगों को ईश्वर ने बचाया। संकट भी वही देता है और संकट से बचाता भी वही है।'

'फिर संकट देता ही क्यों है?'

'परीक्षा लेने के लिए।'

'यह तो बहुत हो गया, माँ, तुम्हारे ईश्वर का। पहले दुःख देता है, फिर सुख। काँटा चुभाता है और फिर काँटे को निकालकर फूँक मारना। भई वाह! क्या यही काम है तुम्हारे ईश्वर का?'

'जाने दो, समय आने से तुम्हें सब समझ में आएगा।'

⋯और आज वे समझ गए थे। परंतु माँ सैकड़ों मील दूर थीं। कैसे बताऊँ उन्हें कि माँ गो, तुम्हारा नरेन आज स्वामीजी बनकर सारे विश्व को ईश्वर के अस्तित्व की पगडंडियाँ दिखा रहा है। माँ की याद से उनकी आँखें भर आईं और एक चक्रवात उनके मन में भाँय-भाँय करने लगा था। अब रात भर वे उसी में उलझते रहनेवाले थे।

: पंद्रह :

इजाबेल स्थित वेस्ट एंड मैनोर में स्वामी विवेकानंद भाषण दे रहे थे। विषय था 'भारतीय नारी'। 'सिसेम क्लब' की ओर से मिस मार्गरेट नोबेल नामक युवती ने उन्हें इस विषय पर व्याख्यान देने के लिए आमंत्रित किया था। इस कार्यक्रम में महिलाओं की भारी भीड़ थी।

विवेकानंद ने कहा, 'भारतीय नारी पतिव्रता है। रामायण व महाभारत काल में सीता, तारा, मंदोदरी, द्रौपदी आदि कई नारियाँ पतिनिष्ठ थीं। और आज भी भारतीय नारियाँ पतिनिष्ठ हैं। अपना अस्तित्व उन्होंने परिवार में समर्पित किया है। परिवार का आनंद ही उनका आनंद है।'

रामायण व महाभारत से लेकर आज की नारी तक विवेकानंद बोल रहे थे, 'प्लीज एक्सक्यूज मी।' सभागृह में इतनी शांति थी कि सुई गिरने से भी आवाज आती। अतः अचानक यह आवाज सुनकर सारा सभागृह चौंका। भाषण के बीच में ही किसी का

खड़े होकर प्रश्न पूछना, यह घटना पहली बार हो रही थी। वे रुक गए।

'स्वामीजी, आप लगभग एक घंटे से भारतीय नारियों के विषय में बोल रहे हैं। सॉरी, पर मैं पूछना चाहती हूँ, भारतीय नारी कहीं किसी की गुलाम तो नहीं? वह अपना अस्तित्व भूल तो नहीं गई?'

'बिलकुल नहीं। त्याग ही भारतीय संस्कृति का मूलभूत सार है। सभी कुछ प्राप्त करते समय जितना आनंद मिलता है, उससे भी कई गुना आनंद त्याग में होता है—सर्वस्व का त्याग, अस्तित्व का और…'

'अपनी अस्मिता का त्याग भी भारतीय नारी करती है—ठीक है न।'

'वह जानती है कि वह आदिशक्ति, लक्ष्मी, ब्रह्माणी है। वही सृष्टि की निर्मात्री है। प्रसंग बीतने पर वह वीरांगना भी है। भारतीय इतिहास इसका साक्षी है। समर्पित भाव का अर्थ अपने अस्तित्व का भान, एहसास खोना नहीं, मिस नोबेल।'

'फिर भी, मुझे यह स्वीकार नहीं कि नारी संपूर्ण परिवार के लिए समर्पित होती है।'

'भारतीय परिवार संयुक्त परिवार है। इस परिवार में न केवल एक बल्कि अनेक महिलाएँ साथ-साथ रहती हैं। उनमें वृद्धाएँ, कुँवारी कन्याएँ भी होती हैं। अतः संगठित रहना हो तो अपने आपको समर्पित करना ही पड़ता है।'

'जोर-जबरदस्ती से?'

'नहीं, कोई किसी पर जबरदस्ती नहीं कर सकता, मिस मार्गरेट नोबेल। अभी देखिए न, मैं ही अपने विचार, अपने सिद्धांत आप पर क्या थोप सकता हूँ? नहीं न? मैं जो कह रहा हूँ, वह भारतीय स्त्रियों की परंपरागत अपनी मानसिकता है; परंतु आज…'

'आज क्या, स्वामीजी?'

'आज भारतीय नारी परिवार में बंदिनी हो गई है। वह समाज में विचरण नहीं करती, क्योंकि अनेक कारणों से उसका आत्मभान खो चुका है। उसकी अस्मिता समाप्त हो गई है। उसका एक महत्त्वपूर्ण कारण है निर्धनता और दूसरा कारण है शिक्षा का अभाव।'

'परंतु आप ही कहते हैं, भारत सुवर्ण-भूमि है।'

'सुवर्ण-भूमि थी। भारत पर शक, यहूदी, हूण आदि आक्रांतायों ने आक्रमण किए, मुसलिमों ने भी किए। सोमनाथ मंदिर पर सोलह आक्रमण हुए और अथाह संपत्ति लूट-खसोट-कर ले गए। वहाँ से ही क्यों भारत के अनेक स्थानों से यह संपत्ति कभी खुलेआम, सरे बाजार कभी गुपचुप, कभी राज करके लूटी गई। पुरुष ही दुर्बल बन गया। संघर्ष की, प्रतिकार की मानसिकता समाप्त हो गई। परिणामतः अंग्रेजों ने चालाकी से भारत पर एक ऐसा जाल बिछाया कि सीधा-सादा सरल मनस्क भारत उसमें बुरी तरह

फँस गया। पिछले सौ वर्ष से भारत पर आपका ही राज है।'

'हमारे देश में आकर हमारे मत्थे ही सारा दोष मढ़ते हैं!'

'दोष आपका नहीं। आप अंग्रेज बहुत धूर्त हैं, रँगा सियार हैं। आप राजनीति अच्छी तरह से जानते हैं। आप रसिक हैं, सभ्य-सुसंस्कृत हैं। जीवन के उपभोग की कला से आप भलीभाँति अवगत हैं। और साम्राज्य-विस्तार करने की महत्त्वाकांक्षा आपके पास है। आपने इतनी सत्ता का निर्माण किया है कि आपके साम्राज्य का सूरज कभी अस्त होता ही नहीं।'

'तो क्या हुआ?'

'हुआ कुछ भी नहीं, मैडम। दोष भारतीयों का ही है। इतिहास के कितने सारे पन्नों का उसे विस्मरण हुआ। क्योंकि हर समय संघर्ष करके वह थक गया है। उसने आक्रमणों का प्रतिकार किया। परंतु मैं दावे के साथ कहता हूँ कि भारत पराधीन नहीं रहेगा। एक-न-एक दिन आपको भारत छोड़ना ही होगा।'

'फिर वही, स्वामीजी, मधुर वाणी में आप चुनौती दे रहे हैं।'

'भारत की वर्तमान स्थिति आपके कारण है, यह सत्य है। वाकई आप लोग बहुत बुद्धिमान हैं। हम गुलाम हैं तो आप विदेश में जाकर प्रशासक बन गए। कितनी बार लड़ेंगे, कितनी बार युद्ध करेंगे?'

'यू डोंट माइंड, स्वामीजी। इसका अर्थ यह भी हो सकता है कि आपमें वीरता नहीं।'

'भारत वीरों का ही देश है। हमारी धरती वीरों की है। भारत पर जितने आक्रमण हुए उतने आक्रमण पृथ्वी के किसी भी देश पर नहीं हुए। परंतु वह अभी-अभी गुलाम हुआ है। परंतु अधिक समय तक यह गुलाम नहीं रहेगा। इसका कारण...' वे रुक गए और उन्होंने मन-ही-मन कहा—मात्र संगठन का अभाव और वह अभाव निर्माण हुआ है। धर्म का शतखंड हो गया है। उसके पंथोपंथ होकर खंड-खंड बना धर्म समाज संगठित नहीं कर सकता।... उन्होंने प्रकट कहा, 'मिस मार्गरेट नोबेल, आपने प्रथम भेंट में ही मुझे अहंकारी समझा होगा। परंतु भारतीय पुरुषों की गुलामी की मानसिकता होने के कारण उन्होंने नारी को परिवार तक सीमित किया। उनकी सुरक्षा के लिए अन्य कुछ करना उनके लिए असंभव था। परंतु मुझे विश्वास है कि नारी फिर से नवतेज से चमकेगी।'

वह मुसकराई। वे भी मुसकराए। उसने हस्तांदोलन के लिए हाथ आगे बढ़ाया। विवेकानंद ने प्रणाम के लिए अपने हाथ जोड़े। उसने भी उनका अनुकरण करते हुए उन्हें प्रणाम किया।

'फिर मिलेंगे।'

'अवश्य। परंतु आते समय कुछ नया टॉपिक ले आएँ—वाद-विवाद के लिए।'

वह खिलखिलाकर हँसने लगी। मार्गरेट नोबेल जो गोरे वर्ण की थी, जिस की आँखें नीली थीं, जिसने कंधों तक बाल रखे थे, जो बहुत सुंदर थी, स्वामीजी के भाषण से अत्यंत प्रभावित हो गई। जाते-जाते उसके मन में अनेक विचार थे। भारत-दर्शन की इच्छा उसके मन में निर्माण हो गई थी।

दो दिन पूर्व एक व्याख्यान में स्वामीजी ने भारत-भूमि का वर्णन करते हुए कहा था, 'विश्व की सारी ऋतुएँ भारत में हैं। सभी प्रकार का वातावरण भारत में है। वहाँ मरुभूमि है, वहाँ हिमालय है, वहाँ तीन ओर महासागर है। ऐसा अन्य कोई देश नहीं, जहाँ यह सब एक साथ दिखाई दे। भारत में आत्मिक समाधान, सुख-शांति, जीवन को जिसका लाभ हुआ ऐसी सुंदर नैतिक परंपरा है। भारत समृद्ध है—ज्ञान, साधना और मानसिक सुंदरता से समृद्ध। मैं यह गुणगान इसलिए नहीं करता कि भारत मेरा देश है। जिस तरह अनेक नदियाँ हिमालय से निकलने के बाद अपना-अपना क्षेत्र संपन्न करती हैं, उसी तरह अनेक पंथ प्रणालियाँ, धर्म, परंपराएँ एक ही हिंदू धर्म के विभिन्न मार्ग हैं।'

भारत का वर्णन सुनते समय मन में बसा आल्पस पर्वत परे हट गया और उसका स्थान हिमालय ने ले लिया। नितांत रमणीय स्विट्जरलैंड परे हटकर उस स्थान पर भारत के घने जंगल मन पर छा गए और उन ऋषि-मुनियों की, जिन्होंने समाज को ज्ञान-विज्ञान दिया है, भारत-भूमि नेत्रों के सामने साकार हो गई।

आज 'भारतीय रानी' संदर्भ में बोलते समय उसका मन पुनश्च भारत में गया। कैसी होंगी वहाँ की पतिव्रता नारियाँ? कैसी होंगी वीरांगनाएँ? कैसा होगा वहाँ का आतिथ्य? कैसी होगी उनकी मानसिकता? कैसा होगा उनका परिवार? उसने मन में सोचा, एक बार यह सब देखना है—और वह घर लौटी। घर लौटने पर भी उसका मन विवेकानंद के विचारों से प्रभावित था।

इंग्लैंड में आए एक महीना ही हुआ था। परंतु सुबह व्याख्यान तथा व्याख्यान के लिए हो रही प्रचंड भीड़ देखकर लोग कहते—झंझावाती हिंदू (Cyclonic Hindu) इस देश में आया है। मार्गरेट को आश्चर्य हो रहा था कि इंग्लैंड में जो ब्रिटिश साम्राज्य का केंद्र-बिंदु है, वे वेदांत की वाणी प्रवाहित कर रहे थे। और बुद्धिमान लोग उसे मन:पूर्वक सुन रहे थे, समझने का प्रयास कर रहे थे। कभी कोई पूछता, आप भारत का सतत गौरवशाली शब्दों में उल्लेख करते हैं, परंतु हिंदू लोगों ने ऐसा क्या किया है? आज तक वे एक भी देश को जीत नहीं सके। फिर आप उनका गौरव-गान क्यों कर रहे हैं?

'इस तरह का विधान करना कि भारत किसी भी देश को नहीं जीत सकता, ठीक नहीं। क्योंकि स्व-बांधवों का तथा अन्यों का खून बहाकर उन पर राज करना भारत को स्वीकार नहीं। अन्य लोगों को किसलिए जीतना है? धन के लिए या राजसत्ता के लिए?

ईश्वर ने भारत को दातृत्व विरासत में ही दिया है। तिस पर हिंदू लोगों ने हमेशा शांति का प्रचार किया है। इसी कारणवश मैं उन पर गर्व करता हूँ।'

'तो फिर आपके देश के महापुरुष हमारे देश में धर्म-प्रचारार्थ क्यों नहीं आए?'

वस्तुतः मार्गरेट के अनुसार यह प्रश्न विवेकानंद के मर्म को छू सकता था। परंतु शांत व संयत स्वर में मुसकराते हुए उन्होंने कहा, 'उस समय आपके पूर्वज जंगली थे। पेड़ के पत्तों के रस से अपने आपको रँगाकर वे नग्नावस्था में रहते थे। जो प्राथमिक आवश्यकताएँ भी नहीं जानते थे तो भारतीय महापुरुष वहाँ आकर उन्हें कौन सा ज्ञान देते?'

श्रोता और प्रश्नकर्ता को विवेकानंद ऐसे उत्तर देते थे, जो उन्हें मन:पूर्वक जँचते थे। भारतीय सनातन धर्म के बाद वे जब ईसाई धर्म पर बोलने लगे तब एक व्यक्ति ने उठकर कहा, 'आप भारतीय हैं। आप हमारे यीशू के संबंध में क्या जानते हैं? ईसाई धर्म के संबंध में आप क्या जानते हैं?'

'यीशू पूर्व के एक सर्वत्यागी संन्यासी थे। उन्हें समाज की चिंता थी। मैं भी पूर्व का ही एक सर्वत्यागी संन्यासी हूँ। मेरे अतिरिक्त इतनी उत्कटता से उनकी भावनाएँ कौन जान सकता है, बताइए।'

पूछनेवाला अवाक् हो रहा था। उसकी तो बोलती ही बंद हो रही थी। मार्गरेट ने उनकी समय-सूचकता पहचानी थी। वस्तुतः उनके प्रत्येक व्याख्यान का विषय श्रोताओं को नया आनंद प्रदान कर रहा था। उस दिन जे.जे. गुडविन् ने मार्गरेट से कहा, 'स्वामीजी इतना सुंदर बोलते हैं कि उनका प्रत्येक शब्द हृदय में सँजोए रखने को जी चाहता है।'

'मि. गुडविन आपने तो मेरे ही मन की बात कही। परंतु मैं अध्यापिका हूँ, उन्हें पूरा समय नहीं दे सकती।'

'परंतु यदि निश्चय करें तो मैं दे सकता हूँ।'

'देखें, अगर बात बनी तो अच्छा ही है। मैंने सुना है कि वे महर्षि नारद के 'भक्तिसूत्र' का अंग्रेजी में अनुवाद कर रहे हैं।'

'यह पूरा होने के बाद भारत देश तथा वहाँ की संस्कृति लोगों को अधिक मात्रा में ज्ञात होगी।'

लेकिन विवेकानंद इन सबसे दूर होकर भारत का विचार कर रहे थे—मैंने तीन साल अमेरिका में व्यतीत करके लोगों को सनातन धर्म का स्वरूप और वेदांत समझाया। श्रीकृष्ण का रूप-स्वरूप विशद् किया। उनका भक्तियोग, ज्ञानयोग, राजयोग, कर्मयोग स्पष्ट किया। अपना देश कहीं भी किसी से कम नहीं है। वह आध्यात्मिक ऊँचाई पर है। उसके पास ऐसा बहुत कुछ है, जो वह अखिल विश्व को दे सकता है। धर्म का अर्थ है—समाज को संगठित कर बहुआयामी परंतु एकसूत्री विचार। सारे धर्म अच्छे ही हैं। दूसरे

धर्म को हीन न समझते हुए उसका भी अध्ययन करें, ताकि विविध धर्मीय लोग अपना-अपना धर्म सँभालते हुए परस्पर स्नेह-भाव रखेंगे।'

यह सब अमेरिका व इंग्लैंड में सुन लिया गया। उस पर चर्चा हुई। भारत का जीवन सिद्धांत समझ लिया गया। परंतु भारत में क्या हुआ?

भारत में धनिकों की कमी नहीं है; परंतु वे अपने-अपने कोष में अर्थ और सत्ता का भोग लेने में मग्न हैं। साधारण जनता अज्ञानी, अनपढ़ और गरीबी से पीड़ित है। ऐसी स्थिति में धर्म का स्वरूप समाप्त हो गया है। इसलिए संगठन का अभाव है। संगठन से प्राप्त शक्ति आज शेष नहीं है।

अब भारत में जाना होगा। प्रौढ़ों को कुछ कहना इस समय उचित नहीं। हमें नवयुवकों को कुछ कहना होगा। नई पीढ़ी तैयार करनी होगी। उसमें धर्म जागृति, राष्ट्र संगठन निर्माण करना होगा। आत्मविस्मृत इतिहास के पन्ने उनके सामने खोलने होंगे। उन्हें उन नवयुवकों को झिंझोड़कर उन्हें अपनी शक्ति का एहसास दिलाना होगा। एक बार उनमें जागृति होने पर भारत नवतेज से चमकने लगेगा। भारत को अपनी खोई हुई प्रतिष्ठा मिलेगी। हमारा भारत अखिल विश्व के केंद्र स्थान पर होगा।

उनके मन में प्रभात का सुवर्णाकाश था। शीघ्र ही आ रहा स्वराज्य-सूर्य दसों दिशाओं को आलोकित करेगा। दक्षिण से बहती मलयानिल सर्वत्र विचरण करेगी और सभी भारतीय मुखों द्वारा वसुंधरा का जयगान होगा।

जाग्रतावस्था में ही विवेकानंद सपना देख रहे थे। भारत वापस लौटने का उनका निश्चय हो चुका था। तथापि इतनी जल्दी लौटना असंभव था। हाँ, लंदन जाना था। अमेरिका से भी बार-बार निमंत्रण आ रहे थे। उनकी अनुपस्थिति में स्वामी अभयानंद, स्वामी कृपानंद, भगिनी हरिदासी, इमा काव्ह, ओली बुल, जोसेफाइन मैक्लाउड, मेरी उबर, मिसेज फंक, लारा म्ल्न इस तरह अनेक शिष्य उनकी वेदांत सभा का कार्य सुचारु रूप से चला रहे थे। फिर भी, एक बार अमेरिका जाकर सारा कुछ व्यवस्थित करके ही भारत लौटना होगा। स्वप्नावस्था से वे यथार्थ में आ गए।

संध्या समय वे व्याख्यान के लिए निकल ही रहे थे, इतने में जे. गुडविन आ गए। उनके साथ मि. स्ट्रीट नामक एक सज्जन थे।

'मैं जानता हूँ, आप व्याख्यान के लिए निकल रहे हैं। मैं केवल आपसे दो मिनट माँग रहा हूँ? ठीक है?' मि. गुडविन ने कहा।

'बोलिए न?'

'स्वामीजी, आपका व्याख्यान मैं लिखित रूप में रखूँ, तो आप उसके लिए अनुमति देंगे?'

'वास्तव में मि. गुडविन, मुझे इसकी आवश्यकता नहीं लगती, क्योंकि एक बार

बोला, लोगों की समझ में आ गया। फिर और क्या चाहिए?'

'स्वामीजी, आपके एक बार बोलने से सारे शब्द उपस्थित लोगों के मन में घर करते हैं। परंतु उन्हीं शब्दों से अधिक विस्तारित कार्य हो सकता है। लिखित शब्दों को लाखों-करोड़ों लोग फिर से पढ़ सकते हैं। कृपया आप अनुमति दें।'

'बार-बार मेरा भाषण सुनकर आपके कान तो नहीं पक जाएँगे?'

'जी नहीं। क्योंकि आपका प्रत्येक शब्द मेरे सिर-आँखों पर है। आपके प्रत्येक शब्द पर मेरी श्रद्धा तथा आत्यंतिक प्रेम है। उस प्रेम के लिए मैं अपना जीवन समर्पित करने के लिए तैयार हूँ।'

विवेकानंद खिलखिलाकर हँसने लगे।

'मैं मि. गुडविन को अनुमति देता हूँ, जो मेरे शब्दों पर श्रद्धा व प्रेम करते हैं। वे व्याख्यान के शब्द लिखित रूप में जतन कर सकते हैं। परंतु वे तो केवल इंग्लैंड में ही मेरी मदद करेंगे—आगे क्या होगा? और उनका परिचय?'

मि. गुडविन मौन रहे। परंतु मन-ही-मन उन्होंने निश्चय किया—स्वामी विवेकानंद के अमृत तुल्य शब्द संकलित करूँगा। उसके लिए भले ही अपना जॉब, अपना परिवार छोड़ना पड़े।

'मेरा नाम स्ट्रीट है। मैं आपके प्रत्येक शब्द का आस्वादक हूँ। भक्ति-भाव से मैंने आपके सारे व्याख्यान सुने हैं। आप मुझे अपना शिष्य बनाएँ। मैं आपसे प्रार्थना करता हूँ कि आप मुझे दीक्षा दें।'

विवेकानंद सोच में पड़ गए। उन्होंने हर तरह से उन्हें समझाया, परंतु स्ट्रीट टस से मस नहीं हुए। अपने निश्चय पर वे अडिग रहे।

'मि. स्ट्रीट, आपका अपना घर-बार है, अपनी गृहस्थी है। अपने पत्नी-बच्चों को छोड़कर आप मेरे शिष्यत्व को स्वीकार न करें। आप नहीं जानते, संन्यास दीक्षा ग्रहण करके हम वापसी की डोर काट देते हैं। चाहे कितनी भी कोशिश करें, हम वापस नहीं लौट सकते और यही कसक, यही टीस हमें पूरी जिंदगी भर काँटे की तरह चुभती रहती है। परिवार की स्मृति से हम अकुलाते हैं, दुःखी होते हैं। संन्यास ग्रहण करने के कारण हम भावनाओं पर संयम रखते हैं, परंतु भावनाएँ तो मन में ही रहती हैं।' विवेकानंद बोल रहे थे। उन्हीं की भावनाएँ शब्दों द्वारा प्रकट हो रही थीं। उस एक क्षण में वे भिक्षा पात्र थामे अपने दत्त-भवन के द्वार पर खड़े थे। माँ भुवनेश्वरी पूजा समाप्त करके आई थीं। उनकी ओर न देखते हुए उन्होंने कहा, 'घर में खाने के लिए दाना तक नहीं, तुम्हें क्या दूँ?'

और उन्होंने अपने लिए रखा भोजन उन्हें दे दिया था। यह अपने ही जीवन की घटना उनके हृदय पर अंकित हो गई थी। आज मि. स्ट्रीट के बहाने उन्हें उस घटना का

स्मरण हो गया। माँ की स्मृतियों से उनका जी भर आया। अपने आपको सँभालते हुए उन्होंने कहा, 'मि. स्ट्रीट, अपने परिवार में रहकर भी राष्ट्र-सेवा, समाज-सेवा तथा धर्म-सेवा की जा सकती है। उसके लिए सर्वसंग-परित्याग करने की आवश्यकता नहीं। आप फिर एक बार सोचें।'

'स्वामीजी, महीने-डेढ़ महीने से सुबह-शाम सतत आपकी वाणी द्वारा भारतीय वेदांत सुनकर मेरा मन आपके साथ आने के लिए लालायित है। मान लें, यदि मैं आपके साथ नहीं आया तो यहीं पर 'वेदांत समिति' का सच्चा कार्यकर्ता बनूँगा। जीवन का अर्थ आज मुझे संदर्भ के साथ ज्ञात हो गया है। अब आप मुझे न मत कहें।'

'व्याख्यान के बाद हम फिर बात करेंगे।' इतना कहते हुए वे आगे बढ़े।

परंतु मि. स्ट्रीट ने गद्गद होकर कहा, 'स्वामीजी, प्लीज ना मत कहें। संपूर्ण सोच-विचार के पश्चात् ही मैंने यह निर्णय लिया है।'

'फिर कल सवेरे आएँ।'

मि. स्ट्रीट के मुख पर प्रसन्नता खिल गई।

आज स्वामी विवेकानंद को दो समर्पित व्यक्ति मिले थे। वे बहुत प्रसन्न थे। आज वे भक्तियोग पर चर्चा करने जा रहे थे।

□

आधी रात में किसी समय विवेकानंद चौंककर उठ गए। उन्होंने बत्ती जलाई। घड़ी में केवल दो बजे थे। पल भर के लिए उन्हें स्मरण नहीं हो रहा था कि उनकी नींद कैसे खुल गई। निद्रा देवी की आराधना करते हुए सोने की अपेक्षा वे कई बार उत्तर रात्रि तक पढ़ते रहते। गलती से आँख लगने पर बीच में ही जगकर वे उठकर बैठते। निद्रा देवी तो उन पर कब की रूठ गई थीं। कई बार उन्होंने नींद आने के लिए आराधना की थी और आज वे अचानक चौंककर उठ गए थे।

उन्होंने फिर से तकिये पर सिर रखकर कंबल गले तक खींच लिया। बाहर कड़ाके की सर्दी थी। उनके कमरे में रखी अँगीठी की लकड़ियाँ जलकर बुझ चुकी थीं। उसमें फिर लकड़ियाँ डालना वे नहीं चाहते थे। वे अपने चौंकने का कारण ढूँढ़ रहे थे। और उन्हें स्मरण हो गया।

माँ भुवनेश्वरी उनके पास खड़ी थीं।

'माँ गो, तुम यहाँ कैसे आ गईं?'

'क्यों? तुम मुक्तात्मा हो, वैसी मैं भी हूँ। मैं कहीं भी जा सकती हूँ। इसमें तुम्हें इतना आश्चर्य क्यों हुआ?'

'माँ, मैं मुक्त आत्मा नहीं हूँ। मैं कभी भी, कहीं भी मुक्त नहीं था और मुक्त रहूँगा भी नहीं; क्योंकि जब तक मेरे विचार, मेरी इच्छाएँ पूरी नहीं होतीं तब तक मैं संघर्ष करता

रहूँगा और पुनः-पुनः जन्म लेता रहूँगा। परंतु तुम यहाँ कैसे?'

'क्यों, मैं नहीं आ सकती?'

'ऐसा नहीं है माँ, इतनी दूर विदेश में कैसे आईं?'

'सिर्फ तुमसे मिलने।'

'पर आईं कैसे?'

'इस हवा के साथ।'

'माँ, तुम मुझसे हमेशा कहती थीं, व्यर्थ ठिठोली मत करो। गंभीरतापूर्वक सोचो और उत्तर दो। आज वही मैं कहता हूँ। भला कभी कोई हवा पर सवार होकर आता है!'

'सचमुच मैं वैसे ही आ गई।'

इस वाक्य से ही वे चौंककर उठ गए थे। वस्तुतः यह सपना समझें तो प्रत्यक्ष में भारत में कलकत्ता के दत्त भवन में माँ का निधन हो चुका है। क्या उनसे मिलने के लिए आकुलित हुई उसकी आत्मा तो उनसे मिलने नहीं आई थी? अपने ही प्रश्न से वह विचलित हो गए। मृत्यु के पश्चात् कैसी अवस्था होती है, यह बताने कोई वापस नहीं आता। परंतु विज्ञान के अनुसार शरीर स्थित चैतन्य वायु रूप है। दार्शनिकों का कहना है कि यह चैतन्य रूप वायु अवकाश के चौदह वातावरणों में भ्रमण करती है। वह अध्यात्म, जो इस चैतन्य को आत्मा कहता है, पुनः-पुनः जन्म की गवाही देता है।

अभी-अभी माँ मिलने आई थीं। विवेकानंद सोच रहे थे, 'सचमुच ही वह मुझसे मिलने आई थीं या अपने अंतर्मन की टीस का एहसास मुझे हो रहा है? मैं अनेक लोगों को अनेक पत्र लिखता हूँ, परंतु उससे कभी एक शब्द भी नहीं पूछता कि तुम कैसी हो? उसने अपना सारा जीवन ही दाँव पर लगाया। हो सकता है, उसे मृत्यु से भय लग रहा हो और मृत्यु तक पहुँचने का साहस उसमें नहीं हो। परंतु प्रत्यक्ष वह तो मरण ही जी रही है। कौन जाने, साहस से जी रही है या विवशता से जी रही हैं। जब तक विश्वनाथ बाबू थे तब तक वह वैभव व समृद्धि के शिखर पर थीं। उनकी मृत्यु के बाद वह दरिद्रता में जी रही हैं। हो सकता है, ईश्वर ही उसकी परीक्षा लेने सिद्ध हो गया हो।

'मैंने संन्यास ग्रहण किया। महेन न जाने कहाँ भटक रहा है और सुना है, भूपेन क्रांतिकारियों के गुट में जाने लगा है। मैं, जिसे लाख मन्नत-मनौतियों से माँगा था—इस तरह जी रहा हूँ और वे अपनी तरह से। माँ के पास कोई नहीं, वह अकेली। न जाने किस जन्म का अभिशाप भुगत रही हैं बेचारी! माँ गो, मैं तुम्हारा बहुत-बहुत अपराधी हूँ। मैं जानता हूँ, तुम मुझसे बहुत प्यार करती हो, मैं भी तुमसे नितांत प्यार करता हूँ; पर यह कहने के लिए भी तो तुम्हारे पास कैसे आऊँ? मुझे क्षमा करो, माँ···मुझे क्षमा करो।'

उन्हें अचानक एहसास हुआ कि वह स्मृतियों द्वारा उनके पास पहुँची होगी। परंतु एक बार उसके संबंध में पूछना तो होगा। वे तपाक् से उठ गए और अपने गुरु बंधु

शारदानंद को पत्र लिखने बैठ गए। माँ का कुशल-क्षेम वे शारदानंद से जानना चाहते थे और व्याख्यानों से प्राप्त मानधन में से उनकी थोड़ी सहायता करना चाहते थे।

पत्र पूरा हुआ, तब प्रात: के चार बज चुके थे। नित्यकर्मों का प्रारंभ करने से पहले उन्होंने हाथ जोड़कर कहा, 'हे ईश्वर! तुम जहाँ भी कहीं हो, मेरी माँ को सुखी रखो।' वे उठकर खिड़की के पास आ गए और उन्होंने खिड़की का परदा उठाया। बाहर गहरी धुंध थी। अद्यापि सुबह नहीं हुई थी। हाथ में धरे कागज परे रखकर विवेकानंद ने 'भगवद्गीता' खोली। तभी दरवाजे की घंटी बजी। इतनी सुबह-सुबह कौन मिलने आ सकता है, सोचते हुए उन्होंने दरवाजा खोला। एक वयस्क सज्जन दरवाजे पर खड़े थे।

उन्होंने मुसकराते हुए पूछा, 'मे आय कम इन, स्वामीजी?'

विवेकानंद दरवाजे से हट गए।

उस सज्जन ने भीतर आकर बैठने के लिए जगह ढूँढ़ते हुए कहा, 'कैन आय सिट हिअर?'

विवेकानंद ने मुसकराकर आसपास बिखरी पुस्तकों को समेटकर उनके बैठने के लिए जगह बना दी।

'आपने यहाँ आने का क्यों कष्ट किया प्रो. मैक्समूलर? उस दिन ऑक्सफोर्ड यूनिवर्सिटी में आकर मैं आपसे मिला था। आपसे मिलकर मैं बहुत प्रसन्न हो गया था।'

'मैं भी प्रसन्न हुआ था। वही प्रसन्नता व्यक्त करने मैं यहाँ आया हूँ।'

'आपसे मिलने की उत्कट इच्छा थी। परंतु मैंने कभी सोचा भी नहीं था कि मैं लंदन आऊँगा। 'नाइंटींथ सेंचुरी' पत्रिका में आपने मेरे गुरुदेव—श्री रामकृष्ण परमहंस के संबंध में 'सच्चा महात्मा' शीर्षक जो लेख लिखा था, उसे भारतीय संस्कृति, साहित्य से संबंधित आपका गहरा चिंतन दिखाई दिया। तब से आपके प्रति आदरभाव मन में दुगुना हो गया था।'

'वस्तुत: स्वामीजी, उस निरक्षर महापुरुष ने आप जैसे बहुआयामी व्यक्तित्व को देखकर जो महान् कार्य आपको सौंपा, उसे कोई पर्याय नहीं। इसके अतिरिक्त उनकी उत्कट साधना, अत्युच्च भक्तिभाव, उनकी निर्विकल्प समाधि, उनका उस काल में जाकर उस पुरुष का दर्शन करना जैसी अद्वितीय उत्कटता, देह-धर्म बदलना यह सब आज के विज्ञान को दी हुई चुनौती है। उनके स्नेहपूर्ण नेत्र, वत्सल हास्य यही जताते हैं कि सच्चे महात्मा वही हैं।'

'वैसे मैं भी उनके संपर्क में आने के बाद प्रभावित हो ही गया था। परंतु अब वे इस दुनिया में नहीं हैं। तब उनके एक-एक शब्द का, कृति का अर्थ मेरी समझ में आ रहा है और मेरा समझा हुआ अर्थ कालातीत है। विश्व-मानवता के अपने संदेश में जैसे उन्होंने ईश्वर की ही वाणी कथन की थी।'

'वैसे मैं केशवचंद्र से परिचित था। वे कट्टर ब्राह्मसमाजी थे। उन्हीं से मैंने उनका अद्वैतवाद समझ लिया। परंतु जब वे श्री रामकृष्ण के संपर्क में आ गए तब उनमें आमूलचूल परिवर्तन हो गया। उनकी कट्टरता का विस्मरण हो गया। यह परिवर्तन विलक्षण था, मेरे जैसों को भी विचार करने के लिए प्रवृत्त कर रहा था।

'मैं अत्यंत संभ्रमित अवस्था में उनके मठ गया। जाते ही उन पर प्रश्नों की झड़ी लगाकर उन्हें निरुत्तर करने का प्रयास किया। मेरी कल्पना थी, अब वे नाराज होकर मुझे भगा देंगे। परंतु वे शांत थे। उन्होंने कहा, 'मैं प्रत्येक प्रश्न का उत्तर दे रहा हूँ, आगे चलकर भी दूँगा। परंतु उससे तुम्हारा समाधान होगा? इसके लिए प्रथम यह देखो कि वे उत्तर तुम खोज सकते हो या नहीं। फिर समाज में भी ढूँढ़ो और मुझे पूरा विश्वास है कि तुम्हारा एक भी प्रश्न अनुत्तरित नहीं रहेगा।'

और एक दिन मैंने अत्यंत उत्कंठापूर्वक उनसे पूछा, 'आपने ईश्वर को देखा?' मैंने सोचा, अब वे निरुत्तर होंगे। परंतु ऐसा नहीं हुआ। उन्होंने कहा, 'हाँ, मैंने देखा है भगवान् को। तुझमें, मुझमें, विश्व के सभी सजीवों में, अणु से लेकर ब्रह्मांड तक उस ईश्वर के विविध रूप हैं। विश्व की सृष्टि और मानव सृष्टि उसके प्रतीक हों तो वह विद्यमान अवश्य होगा। तुम सचमुच ही समाज में विचरण करो। तुम्हें ईश्वर का दर्शन होगा।'

'उस देव-मानुष ने आपको संकेत किया। आप बड़े भाग्यशाली हैं।'

'जब मैंने उनसे पूछा कि निर्विकल्प समाधि कैसे लगाएँ, तो उन्होंने मेरा प्रचंड धिक्कार किया। उस प्रसंग को मैं आज भी भूल नहीं पाता। उन्होंने कहा था कि तुम्हारा जन्म समाधि लगाकर बैठने के लिए नहीं। जाग्रत्, सतर्क नेत्रों से समाज की ओर देखो। इस भारत के स्वरूप की ओर देखो। विगत, विस्मृत हुए इतिहास की ओर नजर डालो। यह देखो कि आज प्रत्यक्ष हमारे कलकत्ता में क्या हो रहा है। तुम समाज, राष्ट्र, विश्व की आवाज बनो और फिर...'

'और फिर क्या, स्वामीजी?'

'दस वर्षों तक दंड-कमंडलु लेकर भारत भर का भ्रमण करता रहा था और बहुत कुछ एहसास हो गया।'

कितनी देर तक भावावेश में विवेकानंद अखंड अनवरत बोल रहे थे और प्रो. मैक्समूलर अतिश्रद्धा से सुन रहे थे। समय का भान किसे था? दो-तीन घंटे फुर्र से उड़ गए।

'स्वामीजी, आपको नवयुग का, नए मंत्र का उद्गाता मिल गया। आप धन्य हैं और आपके गुरु भी धन्य हैं। मैं भी भारतीय संस्कृति से अटूट प्रेम करता हूँ। खासकर श्रीरामकृष्ण के संबंध में अपनी भावनाएँ मैं प्रकट ही नहीं कर सकता। आप यदि मुझे

कुछ संदर्भ और आवश्यक जानकारी दें तो मैं उन पर एक पुस्तक लिखूँगा।'

'मेरे ठाकुरजी के लिए आपके मन में इतनी उत्कट भावनाएँ हैं?' विवेकानंद ने पूछा।

'ऐसे देव-मानुष की पूजा नहीं करें तो भला और किसकी करें, परंतु आप उनके संदर्भ में क्या कर रहे हैं?'

'हम उनके सोलह शिष्य उनके आचार-विचारों से निकला जीवनार्थ तथा वेदांत, जो उन्होंने जिया—लोगों को कहते हैं। उन्होंने किसी पुस्तक से उसका अर्थ नहीं किया। वे स्वयंभू थे, स्वयंपूर्ण थे। मैंने वेदांत का अध्ययन किया और अमेरिका में लोगों को मानव-कल्याणार्थ वेदांत का अनुसरण करने के लिए कहा।'

'इसका अर्थ हिंदू धर्म का प्रसार किया आपने?'

'जी नहीं। मैंने कहा, आप अपने धर्म का अनुसरण करें; परंतु प्रत्येक धर्म के शाश्वत मूल्य वेदांत में होने के कारण उसे समझ लें। श्रीकृष्ण, श्रीरामचंद्र को जानें, उसी तरह यीशू (ईसा मसीह) को और बाइबिल को भी जान लें। जीवन का सत्य अर्थ समझ लें। प्रो. मैक्समूलर, इसमें मैं कुछ अपराध कर रहा हूँ? लोगों से धोखाधड़ी का खेल कर रहा हूँ?'

'बिलकुल नहीं। आपने अमेरिका में प्रस्थापित 'वेदांत सिद्धांत' के बारे में कहा है। इसमें कुछ भी अनुचित नहीं है। उस दिन २८ मई को मुझसे मिलने के लिए ऑक्सफोर्ड यूनिवर्सिटी आए थे। आपकी इच्छा हो तो मैं आपको यूनिवर्सिटी की लाइब्रेरी दिखा सकता हूँ। उसमें भारतीय संस्कृति, भारतीय साहित्य से संबंधित अनेक पुस्तकें हैं।'

'मैं अवश्य आपके साथ चलता हूँ। थोड़ी ही देर में यहाँ मि. स्टर्डी आ रहे हैं। आप रुक सकें तो साथ ही चलेंगे।'

'अवश्य रुकता हूँ।' विषयों की कोई कमी नहीं थी। यह देखकर कि प्रो. मैक्समूलर भारतीय साहित्य में बहुत रुचि रखते हैं, विवेकानंद का भी जी कर रहा था कि उन्हें कितना बताऊँ और कितना नहीं। वे अथक, अखंड बोल रहे थे। भारत संबंधित अनेक विषयों पर प्रो. मैक्समूलर भी बोल रहे थे। चर्चा करते-करते उन्होंने पूछा, 'स्वामीजी, मनुस्मृति में क्या कहा गया है?'

'मनु एक महर्षि थे। स्वानुभूति और सह-अनुभूति में से उन्होंने जीवन के कुछ नैतिक संदर्भ लेकर एक आचार-संहिता निर्माण की है, जो मनुस्मृति के नाम से विख्यात है। दूसरे शब्दों में, मनुस्मृति एक ऐसी आचार-संहिता है, जो समाज या राष्ट्र को सुनियोजित व सुचारु रूप में चलाने का विचार करती है। विश्व में प्रचलित जितने कानून-कायदे हैं वे सारे मनुस्मृति पर आधारित हैं। विश्व के सारे विद्वानों ने मनुस्मृति की प्रशंसा की है।'

'यह कैसे संभव है, स्वामीजी?'

'संभव बस इसलिए है कि प्राचीन काल में भारत देश विकास के अत्युच्च स्थान पर था। विदेश से यात्री यहाँ आते थे। ख्रि. पूर्व भी बौद्ध, जैन, हिंदू दर्शन चीन, जापान, इंडोनेशिया तक पहुँच चुका था।'

'सुना है, आपकी इस मनुस्मृति का भारत में ही अनेक ने विरोध किया, उसके विचारों का खंडन करके उसे जलाया।'

'हाँ, यह सच है। साधारणतः अच्छी बातों पर अमल करना किसी को भी अच्छा नहीं लगता। तिस पर हर समय उस तरफ से सोचने पर उसका अर्थ लगाया जा सकता है और इसका अर्थ स्पष्ट होता है कि उस महर्षि ने यह विधान क्यों किया!' उदाहरणार्थ उन्होंने कहा—

'सहस्र हि सहस्राणां मनृचां सत्र भुसंते।
एकस्तान्मंत्र वित्प्रीतः सर्वानर्हति धर्मतः॥'

अर्थात्, उन सहस्रावधि ब्राह्मणों को, जिन्हें वेद ज्ञान नहीं है, भोजन देने से अच्छा है एक ही ब्राह्मण को भोजन दे, जो वेदमंत्र का ज्ञान रखता है। यही खरा धर्म है। यह स्वाभाविक है कि उन लोगों को यह बात खटकी, जो ब्राह्मण जाति में जन्म लेकर अपनी जाति पर गर्व करते हैं। इसी कारणवश 'मनुस्मृति' के विरोधक अनेक हो गए। उन्होंने ही कहा, 'नारी को सुरक्षित रखना हो तो उसकी रक्षा प्रथम पिता, फिर पति, अंत में पुत्र करें।' इस बात में अनुचित क्या है?'

प्रो. मैक्समूलर शांति से सुन रहे थे। विवेकानंद के रुकने के बाद कुछ देर के बाद जैसे होश में आकर उन्होंने कहा, 'इसमें अनुचित तो कुछ भी नहीं। परंतु आज इंग्लैंड व अमेरिका की महिलाएँ प्रगत विचार की हैं। उनके अपने मत, अपने विचार हैं, अपने सुख का एहसास है।'

'मैं भी यही कहता हूँ। इसका विचार नहीं किया जाता, मनु ने ऐसा क्यों कहा। वह सबला है, अस्तित्व, अस्मिता के साथ खड़ी है। परंतु यह इसलिए लिखा गया कि पुरुष की उपभोग प्रवृत्ति मजबूत बनकर समाज विकृत मार्ग पर न जाए। भारत में मनु के विधान की सत्यता लोगों ने अनुभव की, क्योंकि भारत पर अनेक आक्रमण हो गए। आक्रमणकारी न केवल धन बल्कि स्त्रियों को भी लूटकर ले गए और फिर नारी-रक्षा का दायित्व बढ़ गया। बस, इतना ही हुआ प्रोफेसर, कि उस विधान का अतिरेक किया गया और फिर मनु के अन्य सुविचारों पर पानी फेरा गया। मनु ने आतिथ्य धर्म, आजीविका के लिए कौन सा उद्योग करें, सुख का मार्ग कौन सा है, कौन सा धन अच्छा या बुरा, न्याय-अन्याय, आसक्ति-अनासक्ति आदि कई शाश्वत जीवन की घटनाओं के संबंध में कैसा आचरण रखें, यह भी बताया है। मनु-दर्शन के बारे में जितना कहें उतना कम ही है।'

मिस्टर स्टर्डी आए थे।

विवेकानंद ने उठकर कहा, 'प्रोफेसर, आप बोर तो नहीं हुए?'

'ना-ना, मुझे इसमें बहुत आस्था है। मुझे यह सब अच्छा लगा। चलिए, मैं आपको Bodleian लाइब्रेरी दिखाता हूँ।'

'सर, एक बात पूछूँ? आप भारत कब आएँगे? आपका स्वागत करने में हमें निश्चित ही अच्छा लगेगा। आपने इतनी श्रद्धापूर्वक हमारे पूर्वजों का अनुशीलन किया है।'

प्रो. मैक्समूलर अत्यंत भावुक हो गए। गद्गद होकर उन्होंने कहा, 'मैं भारत आ गया तो इसमें संदेह है कि मैं पुनः लंदन आऊँगा कि नहीं। आपको वहीं पर मेरे अंतिम संस्कार करने पड़ेंगे।'

'ऐसा मत कहें, प्रोफेसर।'

'स्वामीजी, आप जल्दी चलिए; क्योंकि दो-तीन मुलाकातों से निबटकर हमें रात इंग्लैंड रवाना होना है।'

विवेकानंद ने मुसकराकर कहा, 'कोई बात नहीं, यदि ट्रेन छूट जाए तो। परंतु प्रोफेसर के साथ जितनी भी बातें कर सकूँ, कर लेता हूँ। शायद फिर कभी भेंट हो, न हो।'

'हो सकता है।'

तीनों लाइब्रेरी पहुँच गए। तीनों में से एक को भी भूख का एहसास नहीं था।

□

रात में भारी वर्षा होने लगी। मिस्टर स्टर्डी के साथ विवेकानंद स्टेशन पर ट्रेन की प्रतीक्षा कर रहे थे।

'आज वर्षा तो हो ही रही है, तूफान भी मँडरा रहा है।'

'ट्रेन समय पर आएगी न?'

'कुछ कहा नहीं जा सकता। यहाँ तो सारे ही समय के बड़े पाबंद हैं। परंतु कुदरत के सामने किसकी चली है!'

'संध्या समय आकाश में बादल भर आए, तभी मैंने सोचा, अब भारी वर्षा होगी, परंतु तूफानी हवा की अपेक्षा नहीं की थी।'

'चिंता न करें मि. स्टर्डी, सब ठीक होगा। वर्षा की संभावना देखकर ही हम समय से बहुत पहले आ गए। गाड़ी का अभी समय नहीं हुआ।'

'मेरा संयम बड़ी जल्दी जवाब दे जाता है।'

'यह ठीक नहीं, मि. स्टर्डी।'

'आपके आने से मैं अपने आप पर बहुत कंट्रोल करता हूँ।'

विवेकानंद का ध्यान सामने से आ रहे व्यक्ति की ओर गया। फेल्ट हैट, पाँव तक रेनकोट, गम बूट पहने प्रो. मैक्समूलर आ रहे थे। विवेकानंद सामने गए।

'इतनी बारिश में, तूफान में क्यों आए, प्रोफेसर?'

'अजी, मैं तो यहीं से आया। आप तो सात समंदर पार करके भारत का शाश्वत दर्शन बताने आए हैं। मैं तो मात्र उपासक, आप तो साक्षात भगवान् हैं।'

'प्रोफेसर, ऐसा मत कहो।'

'पता नहीं, ठाकुरजी के शिष्य का दर्शन पुनः कब होगा, इसीलिए आया हूँ।'

दोनों ने एक-दूसरे के हाथ थामे। दोनों के शब्द मौन हो गए। गाड़ी अपने निर्धारित समय पर स्टेशन में प्रवेश कर रही थी। दोनों की आँखें भर आईं । इस विचार से कि फिर कभी भेंट होगी कि नहीं, दोनों के मन भारी हो गए थे।

: सोलह :

'नरेन···!' सदानंद ने एकदम आगे बढ़कर विवेकानंद को दृढ़ आलिंगन किया। लगभग चार वर्ष हो चुके थे। विवेकानंद अमेरिका से लंदन आए थे। विवेकानंद ने ही उन्हें भारत से आमंत्रित किया था।

'शरद्, तुम आओगे, हम मिलेंगे, ऐसा मैंने सोचा भी नहीं था। हमारे बंधु कैसे हैं और···'

'तुम्हारी माँ, यही पूछना चाहते हो न?'

'हाँ। संन्यासी होने पर भी मैं मन से उनसे दूर नहीं जा सका। वह कैसी हैं? हमारे बंधु कैसे हैं? कलकत्ता में मेरे बारे में लोग क्या बोलते हैं?'

'नरेन, हमें हर जगह संयम रखना ही होगा, यह तुम ही कहते थे न! अब इतनी उत्कंठा, इतनी उतावली···'

'शरद्, क्या है कि बरसों बाद मिल रहे हैं हम; और फिर संन्यासी होने पर भी मैं इनसान ही हूँ न, पाषाण तो नहीं···'

'नरेन, मैं एक-एक प्रश्न का उत्तर देता हूँ। तुम्हारी माँ भुवनेश्वरी देवी के विषय में क्या बताऊँ, बंधो! विपत्तियाँ, कष्ट, अकेलापन, गरीबी सभी को झेलकर भी वह प्रसन्न हैं। मैंने तुम्हें पहले ही सूचित किया था कि महेन आजकल कहीं भ्रमण कर रहा है और भुवेन् क्रांतिकारी गुट में शामिल हो गया है। यहाँ से तुमने अपनी माँ को पैसे भेजे थे न, मैंने उन्हें दे दिए।'

'उन्हें बताया कि मैंने भेजे थे?'

'तुमने ही लिखा था न, कहना मत, सो नहीं बताया। मैंने स्वयं दिए।'

'मेरे बारे में पूछा?'

'तुम्हें याद कर रही थीं। तुम्हें इतना बड़ा आदमी बना देखकर वह बहुत प्रसन्न हो गई थीं; परंतु कम-से-कम एक बार वह घर आए, घर बाल-गोपालों से भरे, तो वह चाहती ही थीं। परंतु…'

विवेकानंद ने आँखें पोंछीं। कुछ देर वे खिड़की के पास खड़े थे। शारदानंद को उनकी मानसिक अवस्था का एहसास हुआ, परंतु उन्होंने कुछ दरशाया नहीं।

'हमारे गुरु-बंधु हमारे ठाकुरजी के विचारों का ही प्रचार कर रहे हैं, तीर्थाटन द्वारा समाज को समझा रहे हैं। सारे ठीक हैं। मैं ही टायफाइड से बीमार था। अब हर एक को कुछ-न-कुछ तो होगा ही। अब तुम्हारा तीसरा प्रश्न। तुम्हारे खिलाफ अनेक लोगों ने अनेक तरह से अपप्रचार किया। मिशनरियों ने किया, अपने ही लोगों ने किया। परंतु ऐसा तो होता ही रहेगा न! हम जब सर्व समाज में परिवर्तन लाने का प्रयास करते हैं तब कुछ विरोधी ताल ठोककर निंदा करने के लिए तत्पर रहते हैं। यही कसौटी का समय होता है। हम सारे हाथ पर हाथ धरे नहीं बैठे। उनके विरोध का कोई उत्तर न देते हुए तुम्हारे कार्य का गुणगान करते रहे, उसकी महत्ती गाते रहे, सभाएँ कीं। केवल कलकत्ता ही नहीं, संपूर्ण हिंदुस्तान तुम्हारे भाषण से प्रभावित हो गया था।'

'भारत वापसी की उत्कट इच्छा हो रही है कि कब भारत जाऊँ। अब बड़ी थकान हो रही है। सारे अंजर-पंजर ढीले पड़ चुके हैं।'

'तुम्हारी दिनचर्या पढ़ी थी और हम तो चकित हो गए। वस्तुतः तुम्हें तो प्रभंजन! झंझावात ही कहना होगा। अब तुम मुझे यहाँ के सारे कामकाज समझाओ और चाहो तो स्वयं भारत लौट जाओ।'

'जाने से पहले एक बार मुझे अमेरिका जाना होगा। फिलहाल हम लोग लंदन में सेंट जार्जेस लेन स्थित मिस मूलर तथा मिस स्टर्डी के मेहमान हैं। वे भी चाहते हैं कि मैं थोड़े दिन विश्राम करूँ; परंतु फिलहाल तो मुझे यह असंभव सा लगता है।'

'क्यों भला? क्यों असंभव है?' सोवियर दंपती ने भीतर आते हुए पूछा, 'स्वामीजी, हम सभी चाहते हैं कि आप कुछ समय तक विश्राम करें। उसके लिए हम आपको न केवल आमंत्रित करने बल्कि आपको लेने आए हैं। इस योजना में मिस मूलर भी शामिल हैं।'

मन-ही-मन विवेकानंद को सुकून मिला। लगभग चार साल कैसे बीते, इसका एहसास उन्हें तब हो गया जब वे थककर चूर हो गए थे। राजपरिवार के स्त्री-पुरुष, विद्वज्जन, चिकित्सक, आलोचक सभी तरह के लोग सतत आते रहते, मिलते, चर्चा करते, प्रश्न पूछते। दिन तो पंख लगाकर उड़ जाता, रात सोच-विचारों में बीतती। अब सोवियर दंपती के अनुरोध को वे टाल नहीं सकते थे। मन-ही-मन उन्होंने 'हाँ' भी कह दिया।

'स्वामीजी, अब आपकी एक न सुनेंगे। हम जिनेवा की कला प्रदर्शनी देखकर Castle of Chillon जा रहे हैं। स्वामी शारदानंद आप ही हैं तो…'

'मैं सब सँभाल लूँगा। चिंता न करें। मुझे सारा समझाएँ, स्वामीजी।' शारदानंद ने कहा।

विवेकानंद ने मुसकराते हुए कहा, 'जी हाँ, गुरु-बंधु!' और जाने के विचार से उनका मन प्रसन्न हो गया।

□

जर्मनी से विख्यात संस्कृतज्ञ पॉल डायसन का निमंत्रण मिलते ही उस व्यक्ति को, जिसने विदेश में भारतीय संस्कृति की जतन की है, मिलने के लिए विवेकानंद बहुत अधीर और उत्सुक थे। लंदन में मैक्समूलर थे, जर्मनी में पॉल डायसन थे। एक-एक स्तंभ तैयार था और स्तंभ तैयार करने में अब देर नहीं लगेगी।

वस्तुतः अब उनका सारा ध्यान भारत की ओर लगा था। भारत का किनारा बंबई को छोड़ते समय उन्होंने अंजुलि भर मिट्टी अपने साथ ले ली थी और हर रोज ध्यान करने से पहले वे उसे अपने मस्तक पर लगाते थे।

उस दिन मार्गरेट नोबेल ने पूछा, 'स्वामीजी, आपके माथे पर कुछ लगा है या आपने लगाया है?'

'मैं अपने माथे पर अपने देश की मिट्टी धारण करता हूँ। मेरे देश की मिट्टी मुझे किसी भी रत्नजड़ित मुकुट से प्रिय है। उसका नित्य स्मरण रहे, इसलिए मैं उसे अपने माथे पर लगाता हूँ।'

'मिट्टी?'

'जी हाँ, मिट्टी। वह माटी मुझे अपने प्राणों से भी अधिक प्रिय है, जिस पर हम हर पल बढ़े, जिसने हमारा संवर्धन किया।'

'राष्ट्र-भक्ति, देश-भक्ति हो सकती है, परंतु मिट्टी से प्रेम?'

'आप नहीं समझेंगे।'

विवेकानंद मन-ही-मन सोचते—यह मिट्टी मैं सुबह माथे पर धारण करता हूँ, परंतु दिन भर जहाँ-जहाँ जाता हूँ वहाँ-वहाँ मन सतत तुलना करता है। यहाँ के उद्योगी, परिश्रमी, अनुशासनप्रिय लोगों को देखकर लगता है कि भारत के लोग भी ऐसे ही हों। यहाँ का विशाल ग्रंथालय देखकर लगता है ऐसा ग्रंथालय हो, जहाँ विश्व भर की सभी बातों की जानकारी हो। यहाँ के कारखाने, यहाँ के उद्योग, यहाँ का भौतिक समृद्ध जीवन देखने से लगता है कि भारत के प्रत्येक व्यक्ति को यह मिलना चाहिए। यहाँ के उत्साही युवक, उनकी इच्छा-आकांक्षा और उसके लिए उनके अविरत प्रयास देखने पर उदासीन भारतीय युवकों की याद आती है। यहाँ के समृद्ध, लहलहाते खेत देखकर भारत की

सैकड़ों एकड़ बंजर भूमि याद आती है। भगीरथ की उस पीढ़ी को, जो आठ पीढ़ियों तक अपना लक्ष्य कायम रखती है, मन दु:खी होता है।

हाथ में पैसा हो तो भारतीय युवक मनमानी करते हैं, अन्यथा आँसू बहाते रहते हैं। ऐसे युवक देश का क्या खाक विकास करेंगे। आज यहाँ अमेरिका में आए चार साल हो गए। एक भी दिन ऐसा नहीं गया जब मन में तुलना करके मन दु:खी न हो।

यहाँ के विद्वज्जन अध्यात्म के विषय में, सनातन धर्म के विषय में, सत्य धर्म के संबंध में, संस्कृति के संबंध में सुनते हैं, समझते हैं, प्रश्न पूछते हैं। वे हिंदू धर्म के अनुयायी होते हैं, वेदांत सभा-समिति स्थापित करते हैं; परंतु उसी समय भारत में जो उदासीनता होती है उसे देखकर मन दु:खी होता है।

अब भारत जाने के बाद प्रथम नवयुवकों को जाग्रत् करना होगा और इसके लिए भारत वापस लौटना ही होगा। हमारा भारत देश, जो चौंसठ कलाओं और सोलह विद्याओं से युक्त है, वीर पुरुषों का है, सुंदरता से परिपूर्ण है, सुजल-सुफल है, आज अपनी अस्मिता भूल चुका है। उसे सजग करना होगा। ऐसा ही विचार वे हर रोज करते। शारीरिक व मानसिक कष्ट सहकर वे थककर चूर हो गए थे। विवेकानंद अब पहले जैसे हृष्ट-पुष्ट नहीं रहे थे। वे बिलकुल सूखकर काँटा हो गए थे। हर पल, हर घड़ी भारत की दयनीय अवस्था उनके नेत्रों के सामने झलकती। उन्हें संतोष बस इसी बात का था कि भौतिक व समृद्ध देशों को देने योग्य हमारे पास आध्यात्मिक विचार हैं, अन्यथा यहाँ के लोग सोचते, हम भीख माँगने आए हैं।

सोवियर दंपती और मिस मूलर के साथ वे स्विट्जरलैंड गए। तब आल्प्स पर्वत की हिमाच्छादित पंक्तियाँ देखकर सबसे पहले उन्हें याद आया वह हिमालय, नगाधिराज, भारत की उत्तरी सीमा का रक्षक! एक पल में वे मनोरथ में सवार होकर हिमालय पहुँच भी गए। हरिद्वार, ऋषिकेश, रुद्रप्रयाग, देवप्रयाग, बदरीनाथ, केदारनाथ, अलकनंदा, भागीरथी और वह नयनरम्य परिसर···।

'स्वामीजी!' मि. सोवियर ने उन्हें दो बार आवाज दी, तब कहीं वे वर्तमान में आए।

'कहीं आपने समाधि तो नहीं लगाई? स्वामीजी, आप मौन क्यों हो गए?'

'मेरा मन पखेरू हो गया और उड़ते-उड़ते सैकड़ों मील दूर हिमालय के परिसर में पहुँच गया। इस वृक्ष से उस वृक्ष पर प्रसन्नता से नाचने लगा। हिमालय के परिसर में स्वच्छंद भ्रमण करता रहा। यहाँ की झील देखकर उस मन-पखेरू को मानस सरोवर का स्मरण हो गया। शिवशंकर शिवप्रिया पार्वती का स्मरण हो गया। फिर वह पखेरू उड़ते-उड़ते मेरे गाँव पहुँचा। फिर वापस लौटने के लिए तैयार ही नहीं था। उसे ही वापस लौटने के लिए आवाज दे रहा था। इतने में आपने पुकारा।' विवेकानंद ने कहा।

'इतना सुंदर है हिमालय?'

'सुंदर है, भव्य है, गूढ़ है; उससे भी अधिक वह कई ऋषि-मुनियों की तपोभूमि है, पावन भूमि है। उस परिसर का कुछ अलग ही आयाम है, जो शब्दातीत है। प्रत्यक्ष अनुभूति से ही हिमालय को समझा जा सकता है।'

'हम आपके साथ भारत आ रहे हैं। अत:…'

'मेरे मन में यह विचार कब से आ रहा है कि शुचि, गंभीर, सुंदर हिमालय के परिसर में एक मठ-आश्रम की स्थापना करके अपना उर्वरित जीवन व्यतीत करूँ।'

'यह तो बड़ा स्वार्थी विचार है, स्वामीजी।'

'हाँ, स्वार्थी विचार तो है ही। लोगों को सुख मिले, वे प्रसन्न रहें, उनके मुख पर प्रसन्नता देखकर हम भी सुखी हों, यह तो स्वार्थी विचार है ही। मैंने अभी अपनी इच्छा पूरी तरह से अभिव्यक्त ही कहाँ की! उस मठ-आश्रम में मेरे भारतीय तथा विदेशी शिष्य रहेंगे। मैं कर्मयोगी के रूप में उन्हें तैयार करूँगा। भारतीय शिष्य वहाँ से संस्कृति व वेदांत का ज्ञान अर्जित करके देश-विदेश में जाएँगे और पाश्चात्य शिष्य भारत की उन्नति के लिए आत्मसमर्पण करेंगे।'

'आपके विचारों के अनुसार भारत में हिमालय के परिसर में इस तरह मठ-स्थापना हो गई तो आगे का सारा कार्य हम दोनों भी आजीवन सँभालेंगे। अभी से ही मैं आपको वचन देता हूँ।'

विवेकानंद प्रभावित हो गए। आगे चलकर अनेक प्रेक्षणीय स्थल देखते समय उनके मन में आया—भारत के प्रेक्षणीय स्थलों की दुरवस्था रोककर ये स्थल विकसित करने से अनेक यात्री भारत-दर्शनार्थ आएँगे। मेरे भाषणों से विदेश में भारत विषयक उत्सुकता निर्माण हो गई, यही अपने परिश्रम का फलित है। अब मन में एक ही कामना है कि भारत स्वतंत्र हो, संगठित हो; भारत सबल, शक्तिमान हो। भारत को संपन्न व समृद्ध करना होगा। भारत में जाने के बाद युवा पीढ़ी में चेतना निर्माण करनी होगी।…उनका मन अब भारत-भ्रमण कर रहा था।

परंतु इस क्षण वे सोवियर दंपती के साथ जर्मनी में आए थे। उनके आने की वार्त्ता समझते ही पॉल डॉयसन ने उन्हें आमंत्रित किया। सुबह दस बजे जब वे डायसन के घर पहुँचे तो उन्होंने अत्यंत आत्मीयतापूर्वक उनका स्वागत किया।

'स्वामीजी, मैंने कभी सपने में भी नहीं सोचा था कि एक विद्वान्, वीतरागी संन्यासी अमेरिका में भारत का प्रतिनिधि बनकर आएगा और वह भी मेरे घर आएगा। मैं बहुत ही भाग्यशाली हूँ।'

'मिस्टर एंड मिसेज डायसन, आपसे मिलने की बहुत इच्छा थी। आप जर्मनी में संस्कृत भाषा व साहित्य का अध्ययन करके वह ज्ञान अपने देश को दे रहे हैं। आपके मन

में संस्कृत के लिए इतना प्रेम कैसे?'

'मैं एक साधक हूँ, अभ्यासक हूँ। आपके देश के संबंध में बहुत कुछ सुना था। साहित्य पढ़ते समय अड़चनें आईं, तब मैंने प्रथम संस्कृत भाषा का अध्ययन किया। संस्कृत का ज्ञान होने से मेरे हाथ तो कारूँ का खजाना ही लग गया। मैं पढ़ता गया और उस अद्‌भुत खजाने में खो गया।'

'वाकई, आपका कार्य बहुत महान् है।'

'मैं कोई महान्-वहान नहीं हूँ, स्वामीजी। मैं केवल संस्कृत का अध्येता हूँ, साधक हूँ। वेद, उपनिषद्, स्मृति, श्रुति, पुराण, महाभारत, रामायण और उनकी कथाएँ—सो ग्रेट। स्वामीजी, पूरे विश्व के किसी भी देश में इतना साहित्य उपलब्ध नहीं है। मानसिक शांति, सद्‌भाव, सुविचार, जीवन-यापन प्रणाली के लिए संपूर्ण विश्व को भारत के चरणों में नतमस्तक होना पड़ेगा।'

विवेकानंद सुन रहे थे।

'स्वामीजी मैं, आपको साष्टांग प्रणिपात करना चाहता हूँ।' कहते हुए उन्होंने साष्टांग नमस्कार किया।

उन्हें अपने हृदय से लगाकर विवेकानंद ने कहा, 'वेदांत की समझ रखकर आप जैसे प्राध्यापक को उसका अध्ययन करते देखकर मन प्रसन्न हो गया। शुद्ध स्वरूप वेदांत सच्ची नीति की सुदृढ़ नींव है। जीवन में दुःखद प्रसंगों में तथा मृत्यु के समय में वह सांत्वना देता है। कृष्ण नीति राजनीतिक लोगों के लिए नहीं, वह संघर्ष, पराभव, दारुण दुःख में आचरण करने की संहिता है।'

'स्वामीजी, आप कुछ दिन यहीं रहें, ताकि मैं अधिकाधिक ज्ञान प्राप्त कर सकूँ। तिस पर आपके व्याख्यानों से अनेक को लाभ होगा।'

'वैसे मैं तो निश्चित ही रहता। परंतु भारत वापसी की ओर अब सारा ध्यान है। उससे पहले लंदन में अभी हाल में वेदांत सभा-समिति की जो स्थापना हो गई उसका दूरगामी उपाय योजना करनी है और अमेरिका जाकर यही कार्य करना है।'

'स्वामीजी, ऐसा करते हैं कि हम ही आपके साथ लंदन चलते हैं, ताकि उतना ही अधिक आपके सान्निध्य का लाभ हमें होगा। इस मुलाकात से हम पूरी तरह से संतुष्ट नहीं हैं। दरअसल हमारी आपके साथ भारत आने की इच्छा है।'

'मुझे खुशी होगी।'

और फिर आठ दिनों में ही विवेकानंद लंदन के लिए रवाना हो गए। उनके साथ अब सोवियर दंपती तथा डायसन दंपती थे।

□

लंदन में कदम रखते ही मिस मार्गरेट नोबेल उनसे मिलने आ गईं। विवेकानंद ने

मुसकराते हुए पूछा, 'प्रश्नमालिका साथ ले आईं न?'

वह भी खुलकर हँस पड़ी।

'जी नहीं। अनेक प्रश्नों के उत्तर एक सूत्र में पिरोकर आपको समर्पित करने लाई हूँ। स्वामीजी, मैंने निश्चय किया है कि मैं आपके साथ भारत चलूँगी और वहीं पर रहूँगी।'

विवेकानंद एकदम मौन रहे।

'आप मौन क्यों हो गए? मेरा आना आपको अच्छा नहीं लगा?'

'एक ईसाई धर्मोपदेशक की कन्या, माँ अध्यापिका, स्वयं समाज-सेविका! भावना के आवेग में एकदम निर्णय लेना उचित नहीं। यहाँ का मुक्त वातावरण, वहाँ स्त्रियाँ अभी भी घर की चहारदीवारी में बंदिनी। उन्हें घर से बाहर खुले माहौल में आने के लिए अभी कम-से-कम और पचास वर्ष लगेंगे। यहाँ का भौगोलिक वातावरण वहाँ से अलग है। वस्तुतः दो संस्कृतियों में ही जमीन-आसमान का अंतर है। इसलिए कहता हूँ, सोच-समझकर निर्णय लें। तिस पर मैं भी अभी तक भारत नहीं गया। अत:…'

'स्वामीजी, मैं ऊपरी तौर पर नहीं सोचती। दिल की गहराई से जो मैंने सोचा, महसूस किया, वही कह रही हूँ।'

'यदि ऐसा है तो भारत जाने के बाद मैं आपको बुला लूँगा। तब तक सोचने के लिए आपको समय मिलेगा। आप भारत आएँगी तो आपके लिए मेरे पास एक महत्त्वपूर्ण काम है—नारी शिक्षा। इसके लिए आप जैसी आस्थावान्, परिश्रमी अध्यापिका मुझे चाहिए।'

'मैं पूरे मनोयोग वह काम करूँगी स्वामीजी। मुझ पर भरोसा करें। मैं मुक्त वातावरण में पली-बढ़ी युवती होने पर भी मेरे मन में सामाजिक कार्य की ओर विपरीत परिस्थितियों में भी कार्य करने की जिद है। उस दिन जैसा आपने कहा, मैंने आत्मशोध ले लिया है और देखिए, सोवियर दंपती को आपने साथ भारत आने की अनुमति दी, फिर मुझे क्यों नहीं?'

एक बालिका के समान उसका प्रश्न सुनकर वे हँसने लगे। उसके चेहरे पर छोटी बच्ची जैसा रुआँसा भाव था। उसकी आस्था का उन्हें एहसास था, परंतु जिस भारत का चित्र उसने अपने मन में उकेरा है, भारत प्रत्यक्ष में वैसा नहीं है, यह देखकर वह निराश तो होगी ही, बल्कि भारत से वह ऊब जाएगी। एक बार उसका मन सारी बातों में घुल-मिल गया तो उसे अजीबपन का एहसास नहीं होगा। इसी कारणवश वे उसे तुरंत आने की अनुमति नहीं दे रहे थे।

'बताइए न, मैं भी क्यों नहीं चलूँ?' उसने फिर से पूछा।

'मार्गरेट, मैं अमेरिका जाता हूँ। वहाँ से भारत जाऊँगा और नारी शिक्षा की योजना

तैयार करता हूँ। तब तक सिर्फ रुकना होगा। मैं ना नहीं कहता।'

'सच, स्वामीजी?'

'सोलह आने सच।'

मार्गरेट नोबेल प्रसन्न होकर कमरे से बाहर चली गई। तब उन्हें उसकी आंतरिक इच्छा का एहसास हुआ। नारी शिक्षा की रूपरेखा तैयार करने के लिए कागज लेकर वे लिखने लगे।

'मे आय कम इन, स्वामीजी।'

यह देखने के लिए वे अपनी जगह से उठ गए कि कहीं मार्गरेट वापस तो नहीं लौटी।

मिसेज ओलीबुल प्रवेश करती हुई उन्हें दिखाई दीं।

'यस मैडम।'

'स्वामीजी, सुना है, आप अमेरिका जाकर फिर भारत लौटेंगे। वस्तुतः मेरी भी भारत-दर्शन की इच्छा थी। परंतु इस समय वह असंभव है, स्वामीजी। मैं आज अलग ही कारण से यहाँ आई हूँ।'

'बोलिए न।'

'स्वामीजी, उस दिन व्याख्यान में आपने भारत की वर्तमान आर्थिक स्थिति, पराधीनता, जनमानस में जीवन की आस्था-अनास्था, गरीबी से संघर्ष, मिशनरियों का उद्‍देश्य—सभी की चर्चा की। उसमें से वर्तमान भारत का चित्र मेरे सामने साकार हुआ। उसी व्याख्यान में आपने अमेरिका के धनिक जॉन डी. रॉकफेलर की कहानी भी सुनाई। रॉकफेलर फाउंडेशन की उनकी कल्पना बताई, जो गरीब व जरूरतमंदों की सहायता के लिए होगी।'

'आपकी भूमिका मेरे सामने स्पष्ट नहीं हो रही, मिसेज ओलीबुल।'

'मैं अपनी संपत्ति भारत के विकास के लिए देना चाहती हूँ। आप उसे स्वीकार करें।'

'मिसेज बुल, आपकी इच्छा के अनुसार मैं उस धन को अवश्य स्वीकार करूँगा, क्योंकि दान को नकारना अनुचित है; परंतु भारत में जाने के बाद यह निश्चित करके कि इस धन का किस प्रकार सदुपयोग किया जा सकता है, आपको पत्र लिखूँगा।'

'प्रॉमिस, स्वामीजी।'

'मैं वचन देता हूँ कि आपका दान मैं उपयुक्त कार्य के लिए स्वीकारूँगा।'

विवेकानंद भावुक हो गए। अनेक यूरोपीय लोग उनके भाषणों से प्रभावित होकर भारत में आना चाहते थे, कार्य करना चाहते थे। मार्गरेट नोबेल, गुडविन, प्रो. स्टर्डी, ओलीबुल, मिसेज लेगेट और ऐसे अनेक जन। उनका उपयोग भारत के लिए

करना होगा। उसकी योजना, कार्यप्रणाली अब तैयार करनी होगी। उन्होंने अपनी डायरी में इस मुद्दे को लिख लिया।

'स्वामीजी!' परिचित पुकार फ्लरेंस जैसे अपरिचित शहर में कानों में पड़ जाने से विवेकानंद ने चौंककर पलटकर देखा।

'स्वामीजी।' जल्दी-जल्दी लगभग भागी-भागी आने से तथा खुशी के मारे फूले न समाने से मिसेज हेल के मुख से शब्द ही नहीं फूट रहा था। मि. हेल ने उनसे हाथ मिलाया।

'आप दोनों यहाँ?' विवेकानंद ने चकित होकर पूछा।

'यही प्रश्न मैं आपसे करता हूँ।'

'मैं इंग्लैंड में लगभग तीन-चार महीने रुका, परंतु मन-ही-मन भारत जाने की उत्कंठा थी। तभी मेरे गुरु-बंधु शारदानंद तथा अभयानंद लंदन पहुँच गए। शारदानंद को अमेरिका में वेदांत प्रसार का काम सौंपा। इंग्लैंड का काम अभयानंद देखेंगे। अब मैं निश्चिंत होकर भारत वापस लौटूँगा।'

'आप भारत वापस जाएँगे?'

'जी हाँ। मेरा मन कब से भारत की ओर खिंचा जा रहा है। वैसे मैं अमेरिका में आपसे मिलने ही वाला था। आपने विदेश जाने की बात कही थी। परंतु इसकी तो मैंने कल्पना भी नहीं की थी कि आप यहाँ फ्रांस में मिलेंगे। अब तो मैं भारत जाने के लिए अधीर हो गया हूँ। कल-परसों ही लंदन में किसी ने मुझसे पूछा कि बरसों से यहाँ रहने के बाद भी आपको भारत लौटने की इच्छा हो रही है? ...मैंने कहा कि अब तो और भी जाने की इच्छा हो रही है।'

'यह तो स्वाभाविक ही है। उसी प्रेम से आप यहाँ आए। भारत-प्रेम ही आपको विदेश ले आया।'

'परंतु मिसेज हेल, उस समय यदि आप नहीं मिलतीं तो यह स्वामी विवेकानंद दुनिया को दिखाई ही नहीं देता।'

'कैसी बात करते हैं, स्वामीजी।'

'सच ही बोल रहा हूँ। बोस्टन से शिकागो पहुँचा तो हाथ में फूटी कौड़ी भी नहीं थी। कोई भी भिक्षा नहीं दे रहा था। शिकागो के राजपथ पर भूख से व्याकुल होकर सर्दी से ठिठुरता बैठा था। आपने मुझे अपने घर में शरण दी। मेरी पूछताछ करके सम्मानपूर्वक मुझे सर्व धर्म परिषद् ले गईं। आप मेरे पालक बन गए। मिसेज हेल, मैं आपका...'

'ना-ना स्वामीजी, ऐसा मत कहें। भारत का एक कोहिनूर इस सरधूलि में गिरा था, इसका मुझे रत्ती भर भी एहसास नहीं था, परंतु मन में दया-बुद्धि जाग्रत् हो गई। फिर आपसे सबकुछ सुनने के बाद सचमुच ही हम धन्य हो गए। अच्छा, अभी कहाँ से आए हैं?'

'लंदन से फ्रांस आया। मिलनो, पीसा जैसे शहर देखकर फ्लॉरेंस आया हूँ। इटली की ललितकलाओं का पीहर बनी इस नगरी में जब से कदम रखा तभी से निश्चय किया, यहाँ के ऐतिहासिक स्थल देखें। चित्रशाला देखने निकला तो आपसे भेंट हो गई। बहुत खुशी हुई।'

'आप अकेले ही जाएँगे, स्वामीजी?'

'वैसे अकेला ही आया था, अकेला ही जा रहा हूँ; परंतु मेरे साथ सोवियर दंपती, प्रो. गुडविन भी भारत आ रहे हैं। अब उन्होंने भारत को आत्मसमर्पित किया है। मिस मूलर और मार्गरेट नोबेल भी भारत में कायम रहना चाहती हैं।'

'स्वामीजी, यही आपके कार्य का फलित है, आपके धर्म का श्रेय है, आपकी संस्कृति की महानता है। कभी अवसर मिला तो हम भी आएँगे। फिर से एक बार हम आपको अमेरिका आने का निमंत्रण दे रहे हैं। कभी-कभी ऐसा लगता है कि काश, हमें आप जैसा पुत्र होता...'

'मुझे अपना पुत्र ही समझें, मि. हेल...'

'इतनी देर तक यही समझ रहे थे, परंतु अब आप जा रहे हैं। पुत्र होना और न होना इसमें कितना फर्क है, इसका एहसास हो रहा है।'

किसी ने भी कुछ नहीं कहा। हेल दंपती की तरह ही विवेकानंद ने भी सोचा, न जाने फिर मिलना होगा या नहीं। पिछले जन्म का इनसे निश्चित ही कुछ-न-कुछ निकट का रिश्ता होगा। इसीलिए उन्होंने मेरा अभिभावक होना स्वयं ही मान लिया। अन्यथा अमेरिका में कौन किसका सगा होता है! दोनों को भी एक-दूसरे से विदा लेते समय दुःख हो रहा था।

जाते-जाते भावुक होकर मिसेज हेल ने कहा, 'स्वामीजी, कभी भूले से मिल गए तो हमारी याद रहे।'

उन्होंने अपने गले से यीशू का क्रॉस उतारकर उन्हें दिया।

'मिसेज हेल, मैं ठहरा संन्यासी। देने लायक मेरे पास कुछ भी नहीं।' वे मिसेज हेल के चरणों में झुक गए। मिसेज हेल के नेत्र भर आए।

□

'स्वामीजी, केवल आठ दिन आप हमारे रोम में हैं। तब तक हम अपना विश्व-प्रसिद्ध रोम आपको दिखाने का प्रयास करेंगे।'

अमेरिका स्थित शिष्या मैक्लिऑड की भानजी मिस एडवर्ड्स रोम में रहती थी। सोवियर दंपती के साथ रोम देखते समय वह उन्हें प्रत्येक स्थान की जानकारी दे रही थी।

विवेकानंद सभी के साथ अत्यंत प्रसन्न थे। परंतु मन-ही-मन वे नेपल्स बंदरगाह में 'वेसावियस' जहाज के आगमन की प्रतीक्षा कर रहे थे। मन कैसा तितली बन गया था।

कभी वह अलसिंग पेरुमल से मिलने के लिए उत्सुक था तो कभी खेतड़ी के महाराज अजित सिंह से मिलने के लिए अधीर हो गया था। कभी उनके सामने विराट् जन-समुदाय खड़ा था तो कभी वे संभ्रमित अर्जुन की तरह रथ में सवार होकर श्रीकृष्ण से प्रश्न पूछ रहे थे। सभी कुछ बहुत सुखद एवं रोमांचकारी प्रतीत हो रहा था।

भारत भूमि से लाई हुई मुट्ठी भर माटी माथे पर लगाते समय श्रद्धा से मन झुक जाता, परंतु अब तो उस मिट्टी पर चलने के लिए पग अधीर हो उठे थे।

उस दिन नेपल्स बंदरगाह में जहाज के आने की खबर आते ही एक नन्हे शिशु के समान स्वामीजी खिल उठे। इसका एहसास होने पर भी कि संन्यासी खुशी व संयम से रहे—वे अपने आप पर काबू नहीं पा सकते थे।

'भई, अपनी मातृभूमि से मिलने जा रहा हूँ, अपनी प्रसन्नता को भला क्यों छिपाऊँ?' यही प्रश्न उनके मन में आ रहा था। जहाज के डेक पर मि. गुडविन का दर्शन होते ही उनकी खुशी को चार चाँद लग गए। सोवियर दंपती के साथ उन्होंने जहाज में प्रवेश किया।

३१ मई, १८९३ के दिन वे बंबई से अमेरिका आए थे। सन् १८९५ में वे इंग्लैंड गए थे और वहाँ से फिर १८९६ में अमेरिका आकर उन्होंने वेदांत समिति की स्थापना की थी। १५ अप्रैल, १८९६ के दिन वे पुनः इंग्लैंड आए थे और अब ३० दिसंबर के दिन नेपल्स से भारत वापस लौट रहे थे। जाते समय सारा प्रदेश अपरिचित था। अब उनके मन में आ रहा था, सारे मार्ग मेरे भारत की ओर जा रहे हैं। वे परिचित भी हैं। उनका मन उत्कंठित हो रहा था कि कब मैं भारत पहुँच जाऊँ। पूर्व दिशा की ओर मुँह करके वे डेक पर खड़े थे।

□

रात्रि का समय समाप्त होकर प्रभात होने में कुछ समय की ही अवधि थी। जहाज के केबिन में विवेकानंद जाग ही रहे थे। साउथ हेंपटन से रोम मार्ग निकला। वह सुवियस जहाज उन्हें सिलोन की राजधानी कोलंबो ले जा रहा था। अभी कुछ ही दिन की अवधि थी।

जलयान प्रवास के कुछ दिन वे सतत चिंतन कर रहे थे। अमेरिका जाते समय एक अपरिचित देश में जा रहा हूँ, क्या मुझसे सब बन पाएगा? सर्व धर्म परिषद् में मैं हिंदू धर्म के सिद्धांत सही रूप में प्रस्तुत कर सकूँगा? भारत के विशेषतः मद्रास के खेतड़ी के महाराज तथा अलसिंग पेरुमल ने मेरे लिए आर्थिक सहायता इकट्ठा कर मुझे अमेरिका भेजा है, क्या मैं उसको सार्थक कर सकूँगा? इस प्रकार एक ही मार्ग से प्रश्नों की कतार जा रही थी।

परंतु अब वे सारे प्रश्न समाप्त कर भारत वापस जा रहे थे। यह न केवल हर्ष व

आनंद था, बल्कि पश्चिमी देशों की तरह भौतिक दृष्टि से समृद्ध भारत उन्हें अपेक्षित था। धर्म में संगठना शक्ति है और उस शक्ति द्वारा ही भारत में भौतिक विकास हो सकता है। उसके लिए प्रथम संगठित शक्ति खड़ी करने की आवश्यकता है।

गरीबी से दबी हुई, पिचकी हुई, गुलामी से झुकी हुई और अज्ञान से रसातल पहुँची हुई वर्तमान पीढ़ी अधिक कुछ नहीं कर सकेगी, इसके लिए धर्म संगठन तथा राष्ट्र-संवर्धन से दो बलस्थान युवा पीढ़ी को जाग्रत् करने के लिए सबल सिद्ध होंगे।

प्राच्य और पाश्चात्य दोनों के श्रेष्ठ विचारों का, आध्यात्मिक विचारों का परस्पर विनिमय करके उसके द्वारा दोनों देशों में समन्वय करवाना इतना आसान नहीं है। उसके लिए कुछ पीढ़ियों को गुजरना होगा। भगीरथ जब पृथ्वी पर गंगा ले आए तब उससे पूर्व सात पीढ़ियों की अनुभूति उनकी सहायक थी।

अचानक समाज-परिवर्तन असंभव है। एक ही समय उद्योग, कारखाने और समृद्धि संभव नहीं। उसके लिए बरसों की तपस्या देनी होगी। परंतु भारत अपना देश है। वह स्वतंत्र होना चाहिए, समृद्ध होना चाहिए, यह मानसिकता तैयार करके वर्तमान में भविष्य की आकांक्षाएँ पूरी करने की दृष्टि से अभी से कदम उठाने होंगे। मानसिकता बदलकर हम भी श्रेष्ठ हैं, हम भी कुछ कम नहीं, विश्व में हमारा एक ऊँचा स्थान है—इसका एहसास भारतीयों को कराना होगा। मन-ही-मन का शोध करना होगा, तभी यह सब भविष्य में संभव होगा।

पश्चिमी लोगों के गुण अपनाने होंगे। साहस, शक्ति, प्रतिभा, संशोधन, कार्य-प्रणाली, शिष्टाचार, महत्त्वाकांक्षा आदि पश्चिमी लोगों के गुणों का बोध भारतीय भी ले लें।

अर्थसत्ता, शस्त्रसत्ता, राजसत्ता कुछ मुट्ठी भर लोगों के हाथ लग गई है। उन्होंने पूँजीवादी, सामंतवादी प्रवृत्ति के लोगों की सहायता से बेबस व असहाय जनता को कमजोर बनाकर, उन्हें पारिश्रमिक दंड देकर एकदम निर्वीर्य बनाया है। विस्मृत इतिहास, वर्तमान पराधीनता और भविष्य का अँधेरा—इन कारणों से देशवासी अँधेरे में ही टटोल रहे हैं। उन्हें प्रकाश मार्ग की आवश्यकता है।

उन्होंने इंग्लैंड देखा था। वैश्य शक्ति की चोटी पर, वाणिज्य के बलबूते पर इंग्लैंड का सिंहासन प्रतिष्ठित है। ईसा मसीह व बाइबिल का मानसिक आधार तथा लश्करी शक्ति का प्रकर्ष, रणवाद्यों का निनाद, राजसिंहासन का आडंबर इन सभी के पीछे इंग्लैंड का असली चेहरा छिपा है। इस असली इंग्लैंड का चेहरा है उसकी प्रचंड उद्योग लालसा, कारखानों से निकलता धुआँ, उनके व्यावसायिक जहाज, उनकी बाजार पैठें और उसकी परिणति है स्वयं राजलक्ष्मी, जो इस प्रचंड महत्त्वाकांक्षा को सतत कार्यरत रखती है।

ठीक ऐसी ही महत्त्वाकांक्षा भारत भी रखे, परंतु विश्व पर राज न करे। वह आत्मनिर्भर बने, शांति का संदेश दे, न कि युद्ध का। स्वयं सुदृढ़ होकर विश्व को अहिंसा की राह दिखाए। जब तक स्वयं सुदृढ़, बलशाली नहीं होता तब तक अपने देश में भी उसकी आवाज पहुँचाना असंभव है। जब तक स्वयं बलशाली नहीं होते कोई भी आपकी एक नहीं सुनेगा।

विवेकानंद सोचते रहे। पिछले कुछ दिनों से उन्हें एहसास हो रहा था कि चार वर्ण—ब्राह्मण (विद्वान्), क्षत्रिय, वैश्य और शूद्र इन चारों में किसी एक वर्ग का पलड़ा हमेशा भारी होता है। आजकल यूरोप में वैश्य (व्यापारी) का पलड़ा भारी है। इसी कारणवश उनकी बेशुमार समृद्धि हो गई है। वे धन में खेल रहे हैं और ऐसे अतिरेक की पराकाष्ठा होने पर सत्तांतर होना अटल है, अपरिहार्य ही है। यह तो पत्थर की लकीर समझें कि भविष्य में यह सत्ता श्रमिकों के पास (शूद्रों के हाथ में) जाएगी। यूरोपीय राष्ट्रों को इस बात का विस्मरण हुआ है कि समष्टि (समाज) के लिए ही व्यष्टि (स्वतः) का जीवन होता है। समष्टि बिना व्यष्टि व्यर्थ है। समष्टि के अभाव में व्यष्टि का जीवन सुरक्षित नहीं होता। यह त्रिकाल-बाधित सत्य है और इसी सत्य पर विश्व की रचना है, विश्व का निर्माण है। प्रकृति का यह सत्य सिद्धांत कोई भी नजरअंदाज नहीं कर सकता।

कई बार सहिष्णु धरती की तरह समाज सहनशील रहता है, सहता रहता है परंतु अति होने से सहिष्णुता की चरम सीमा होने पर वह उछलकर ऊपर आता है और फिर सदियों से समाज पर जमी धुल का एक-एक कण उड़कर सत्य का मार्ग खुल जाता है। स्वार्थ की इतिश्री होती है, नवयुग का प्रांजल श्रीगणेश होता है। यह नवयुग अब भारत में आएगा।

विवेकानंद केबिन से बाहर आए। नवप्रभातकालीन रविराज पूर्व दिशा में प्रकट हो चुके थे। सागर की लहरों पर उसकी नरम व मखमली किरणें चमचमा रही थीं। सुदूर पूर्व के भारत की हवा उनके यहाँ तक पहुँच चुकी थी। वे प्रसन्न हो गए।

अब शीघ्र ही भारत का किनारा आएगा। शस्य-श्यामल वसुंधरा, वहाँ के निरभ्र नीले आकाश का, वहाँ के मेरे सारे अपनों का मुझे दर्शन होगा। मैं अमेरिका व यूरोपीय देशों में भ्रमण करके चार वर्षों के बाद भारत आ रहा हूँ। अब तक मुझे जो भी परिश्रम हुए उनके कारण मुझे भारतीय वेदांत का हिंदू धर्म से परिचय हो गया; परंतु अब वापसी के बाद समृद्ध, संपन्न, बलशाली भारत का अतीत का वैभव मुझे उसे प्राप्त करके देना है।

अर्थात् यह मेरे अकेले का काम नहीं। मुझे अपने ही विचारों के हजारों शिष्य तैयार करने हैं, जो भारत को सुवर्ण काल देंगे। वर्तमान युगीन यह दिग्विजय ही जो सारे विश्व को यंत्र शक्ति की सहायता से अपने ताल पर नचा रही है, जिसकी विद्वेषमूलक प्रवृत्ति है, फिर से देश को युद्ध की ओर प्रवृत्त करेगी। वस्तुतः आज यूरोप एक ज्वालामुखी

पर बैठा है। किसी आध्यात्मिक प्रवाह से यदि अंतस्थ अग्निशमन नहीं हुआ तो युद्ध स्तर पर विस्फोट अटल है।

उस दिन सिस्टर ख्रिस्टीना के साथ चर्चा करते समय उन्होंने कहा था, 'आनेवाले समय में एक अभिनव युग का प्रारंभ रूस में होगा अथवा चीन में; परंतु यह दावे के साथ कहता हूँ, यह प्रारंभ अवश्य होगा।'

'क्योंकि फिलहाल विश्व में 'वैश्याधिकारों' का (व्यापारियों का) युग है। आनेवाला युग होगा शूद्राधिकारों का (प्रोलेटरियर) और उस युग का प्रारंभ उन्हें दिखाई दे रहा था। शूद्रों को आज तक उनके कर्मों के कारण दूर किया गया था। वही कार्य अब उन्हें उच्च पद पर ले जाएगा। वह अधिकार उन्हें मिलेगा ही, क्योंकि श्रमिक ही राष्ट्र की नींव हैं।'

कभी-न-कभी चार वर्णों में बुद्धिमानों का पलड़ा भारी होता है। यह प्रकृति का नियम होने पर भी बुद्धिवंतों (ब्राह्मण) की कर्मठ वृत्ति से धर्म संकुचित तो होता है, पर शास्त्र सुरक्षित रहते हैं। नीति-नियमों का अतिरेक होने पर भी शाश्वत मूल्य कायम रहते हैं। वैश्यों के हाथ में सत्ता जाने से प्रशासन कठोर एवं निष्ठुर बनता है। क्षत्रियों का प्रभाव कभी वैश्यों की ओर तो कभी ब्राह्मणों की ओर होता है। श्रमिकों का (शूद्रों का) शासन आने पर संपत्ति, सुविधाएँ सर्वसमाज में समान रूप से बाँटी जाती हैं। इनके समाजाभिमुख होने पर भी इसी समय संस्कृति का पतन शुरू होता है।

ब्रह्मयुग की ज्ञान संपदा, सामंतयुगीन संस्कृति, वणिकयुगीन सामाजिक विस्तार तथा श्रमिकयुगीन साम्यवाद एकत्र हो गया तो? विवेकानंद मन-ही-मन मुसकराए। 'क्या यह संभव है?' यह संभव हो या न भी हो, तथापि तीन युग बीत गए हैं। अब आनेवाला युग श्रमिकों का होगा। यह तो दिखाई ही देगा कि आनेवाला युग कैसा होगा। विवेकानंद सोच रहे थे, मैं तो साम्यवादी नहीं हूँ, परंतु मुझे आशा है कि इस युग में हर एक को आधी रोटी अवश्य मिलेगी।

दरअसल मैं इतने संपन्न व समृद्ध देशों में गया था, तब यह अपेक्षा मन-ही-मन कर रहा था कि ये देश भारत को आर्थिक सहायता करें; परंतु किसी के सामने हाथ फैलाना नहीं आया मुझे। हाँ, कोई स्वयं देता तो अवश्य स्वीकारता। एक मिसेज ओली बुल को छोड़ तो इस तरह का सहयोग देने कोई भी आगे नहीं आया।

वैसे, कितना कृतघ्न है यूरोप। भारत की रीति-नीति ही नहीं तो उसके विचार संपदा से यूरोप का दर्शन और साहित्य समृद्ध हो गया है। भारत से लूटकर, शोषण करके हड़प की हुई संपत्ति से इंग्लैंड अमीर बन गया है; परंतु यूरोप ने भी कभी उदारता दिखाई नहीं, आर्थिक सहकार्य के लिए आगे हाथ बढ़ाया नहीं। ये लोग कितने कृतघ्न और स्वार्थी हैं। मेरा वह उद्दिष्ट सफल नहीं हुआ। चलो, एक तरह से अच्छा ही हुआ। हम पर किसी के भी उपकार तो नहीं। बस, इतना सत्य है कि बहुत कुछ सीखने को मिला।

संगठन-कुशलता, विज्ञान, कर्मनिष्ठा, अदम्य उत्साह उनसे लेकर ही मैं भारत वापस लौट रहा हूँ। भारत-दर्शन के लिए वे अधीर हो गए थे। उन्हें अपने ही शब्दों का स्मरण हो गया। डेट्रॉयट में उन्होंने अपने शिष्यों से कहा था, 'इस देश के लोगों को मेरे कार्य का मूल्य कैसे समझ में आएगा? और समझने पर भी उन्हें उसका फायदा क्या? मेरे कार्य का सम्मान सिर्फ भारत में ही हो सकता है। कुछ दिन रुको। भारत एकदम नीचे से हिल जाएगा। भारत की नस-नस में बिजली खेलेगी।'

क्या सत्य ही ऐसा होगा? लोग मुझे अपना समझेंगे? लोग मेरी सुनेंगे? मेरी भारत माता सागर किनारे मेरे स्वागत के लिए आएगी? अनेक प्रश्नों में वे उलझे हुए थे। इतने में मिसेज सोवियर चाय-ब्रेड लेकर आईं। भारत का किनारा प्रतिपल निकट आ रहा था।

□

१५ जनवरी, १८९७! जहाज कोलंबो बंदरगाह के निकट आ रहा था। विवेकानंद अत्यंत अधीर हो गए थे। जहाज का भोंपू बज गया। कुछ दूरी पर जहाज रुका। उन्होंने देखा, बीस-पच्चीस नौकाएँ जहाज के निकट आ रही थीं। खैर, कोई भी हो, मेरे भारतीय लोग तो दिखे। वे प्रसन्न हो गए। नौकाएँ रुक गईं। लोग जल्दी-जल्दी डेक पर चढ़ गए।

'स्वामी विवेकानंद की जय!' 'स्वामीजी की विजय हो!' इस तरह की घोषणाओं से परिसर गूँज उठा। अपने भारतीयों के मुख से अपनी जय-जयकार सुनकर उनका मन फूला नहीं समाया।

विवेकानंद के गले में पुष्पमालाएँ पहनाई गईं। उन पर पुष्प-वृष्टि हुई। उनकी अमोघ वाणी ऐसे स्वागत से मौन हो गई। नौका में बैठकर वे किनारे आ गए। अपनी माटी का स्पर्श होते ही उन्होंने उसे मस्तक पर धारण किया। सैकड़ों लोग उनके दर्शनार्थ आ गए थे। घोषणाएँ जारी ही थीं। वस्तुतः इतनी लंबी यात्रा से वे थक गए थे। परंतु लोगों के उत्साह से वे अभिभूत हो गए थे। कोलंबो स्थित हिंदू समाज के प्रतिनिधि कुमारस्वामी और कुछ प्रतिष्ठित व्यक्ति एक बड़ा हार लेकर आए थे। उसे उनके गले में डाला गया। दो अश्वों से सजी-धजी गाड़ी उन्हें नगरी में ले जाने के लिए तैयार थी। संपूर्ण मार्ग पर फूल बिछाए गए थे। दोनों तरफ खड़े लोग जय-जयकार कर रहे थे।

यह सारी शोभा-यात्रा आखिर 'दालचीनी उद्यान' के निकट एक भव्य मंडप के सामने रुक गई। विवेकानंद के गाड़ी से उतरते ही सैकड़ों लोग उनके चरण छूने के लिए भीड़ करने लगे, तब उन्हें मंच पर लाया गया। वे हाथ जोड़कर खड़े रहे। कुमारस्वामी ने उन्हें अभिनंदन-पत्र अर्पण किया। उनका इतना भव्य सत्कार किया गया कि कल्पना भी नहीं की जा सकती। इस सत्कार का उत्तर देते समय उनका मन गद्गद हो उठा। उन्होंने कहा, 'चार वर्ष मैं अमेरिका में था। अनेक ने विविध प्रकार से मेरा सत्कार किया, तब मुझे खुशी हुई; परंतु मेरी मातृभूमि पर मुझसे नितांत प्रेम कर रहे मेरे ज्ञात-अज्ञात बंधु-

भगिनियों ने आज मेरा जो सत्कार किया उस संबंध में बोलने के लिए मेरे पास शब्द नहीं हैं।

'अन्य लोगों द्वारा किया हुआ सत्कार और अपने ही लोगों द्वारा आत्मीयतापूर्वक किया कौतुक, प्रशंसा इनमें अंतर होता है, यह मैं समझ गया। मैं आप सभी के प्रति विनम्र हूँ। दरअसल मैं कोई महाराजा, लक्ष्मीपति अथवा राजनीतिज्ञ नहीं हूँ। मैं मात्र एक भिक्षाजीवी संन्यासी हूँ। आपने मेरा जो इतना शानदार स्वागत किया, वह मेरे जैसे एक संन्यासी का नहीं, अखिल विश्व में जो हिंदू दर्शन मुझसे व्याख्यायित किया गया उस आध्यात्मिक भूमिका का यह सत्कार है। हम सभी उस आध्यात्मिक शक्ति से तथा धर्म से एक साथ जोड़े गए हैं। आज बस मैं इतना ही कहूँगा कि विश्व को ललामभूत सर्वसमावेशक हमारा हिंदू धर्म मन:शांति देगा, वेदांत भी विश्व को सच्चा आनंद देगा, इन दोनों को खोना नहीं। अनेक विपरीत स्थितियों में विपदाओं में भी यह धर्म प्राणों की बाजी लगाकर जतन करें, मजबूत करें।'

मि. गुडविन उनका प्रत्येक शब्द लिख रहे थे। यह देखकर कुमारस्वामी ने पूछा। मि. गुडविन ने कहा, 'स्वामीजी लंदन आए और उनके व्याख्यान सुनते-सुनते ऐसा प्रतीत हुआ कि उनका प्रत्येक बहुमूल्य शब्द लिखित रूप में जतन करना चाहिए। आनेवाले कल के लिए उनके प्रत्येक शब्द की आवश्यकता है। इसीलिए अब मैं अपना सारा जीवन उनके वक्तव्य लिखने में व्यतीत करूँगा।'

'धन्य हैं आप।'

'मैं नहीं, स्वामीजी धन्य हैं, क्योंकि उनके मुख से निकला हर शब्द वेदवाणी है। समस्त जनता के लिए वह वेदवाणी मैं शब्दबद्ध कर रहा हूँ।'

भाषण समाप्त होने पर स्वामीजी को विश्राम के लिए विश्रामगृह में ले जाया गया। वे बहुत थक गए थे। शारीरिक श्रम की थकावट तो थी ही, तिस पर मानसिक चिंतन से भी थकावट आई थी। कुछ वर्ष पहले निद्रा-नाश का लगा हुआ विकार अब अधिकाधिक त्रस्त कर रहा था। वे विश्राम चाहते थे, परंतु अब तो वे पूरा हिंदुस्तान एकदम तलहटी से हिलाना चाहते थे। विश्रामगृह में पहुँचने के बाद उनके चरण-स्पर्श के लिए अपार भीड़ इकट्ठी हो गई। अत: उन्होंने बाहर आकर कहा, 'मेरे भाइयो व बहनो! चरण-स्पर्श उस ईश्वर का करिए। मैं तो आप लोगों में से ही एक हूँ। उस ईश्वर ने सबको बनाया है। उसका स्मरण करें और जिस संगठित रूप में आज आप यहाँ आए हैं, वही संगठन राष्ट्र की उन्नति के लिए रहने दें। यही संगठित शक्ति कल हमें स्वातंत्र्य देगी, निश्चित देगी। आप विश्वास करें। संगठन छोड़ना नहीं।' उन्होंने हाथ जोड़े। लोगों में उत्साह ठाठें मारने लगा। अब तक ऐसा कोई नहीं था, जो इस तरह का उपदेश करे।

दूसरे दिन फ्लोरल हॉल में उनका पहला भाषण आयोजित किया गया था।

'पुण्यभूमि भारतवर्ष' विषय पर वे बोल रहे थे।

'भाइयो, जिस भूमि पर हम रहते हैं वह पुण्यभूमि हमारे भारत की है। इस पर मेरी तरह आपको भी गर्व है और क्यों न गर्व करें! भौगोलिक दृष्टि से देखा जाए तो 'अनंत हस्ते देता है कमला कर, कितना लेंगे ये दो कर?' ऐसी समृद्ध, अनुपम, लावण्यमयी हमारी सृष्टि है। सुरम्य वनराजि है। आकाश को छूते ऊँचे पहाड़ हैं, लोकमाता सरिताएँ हैं, जो अपने जल से दोनों किनारे संपन्न करती हैं, निरभ्र-स्वच्छ नीला आकाश है, शुद्ध हवा और विश्व के विविध वातावरणों, मौसमों का अनुभव करना हो तो भारत सदृश अन्य देश नहीं।

'इस पुण्यभूमि की आज जो दयनीय दुर्दशा हो गई है, इसका कारण है हमारा दिशाभ्रम। जिस समय संपूर्ण विश्व विकास के प्रथम चरण तक भी नहीं पहुँचा था, बर्बर व जंगली अवस्था में था, उससे भी बहुत पहले हमारी भारत भूमि वेदमंत्रों के उद्घोषों से पुनीत हो गई थी। भौतिक, आध्यात्मिक तथा वैज्ञानिक रूप में समृद्ध थी। विकास की बुलंदी पर था हमारा भारत! साधना-संपन्न ऋषि-मुनियों के वाक्-प्रभाव से कई घटनाएँ, बातें सहज साध्य तथा सिद्ध हो रही थीं। वही मंत्र-शक्ति आज हम खो बैठे हैं। संजय अपनी दिव्य दृष्टि से कुरुक्षेत्र की हर बात देख सकता था, यह कपोल-कल्पित कथा नहीं है। रामायण काल में पुष्पक विमान में बैठकर श्रीराम अयोध्या लौटे थे। अस्त्र-शस्त्र, ब्रह्मास्त्र उनकी वैज्ञानिक निर्मिति थी, मंत्रों में शक्ति थी। प्रत्येक कृति को धर्म का नैतिक अधिष्ठान था। प्रत्येक कृति को वैज्ञानिक ब्रह्मास्त्र व समर्थन था। यह भूमि, जो ऋषि-मुनियों की अनुभूतियों से, साधना से, शुचिता से परम पवित्र हो गई है, भारतवर्ष की है—अर्थात् मेरी है। इस पर मुझे गर्व है। आपको भी अवश्य होगा।

'भारत ने अखिल विश्व के सामने वेदांत के रूप में एक आदर्श प्रस्तुत किया है। यह वेदांत निर्भयता देता है, स्नेहभाव देता है। इतनी विपुल मात्रा में ऐसा सुदूर साहित्य विश्व में अन्यत्र कहीं भी नहीं है।

'इतने गुणों से, सुंदरता से संपन्न भूमि आज परतंत्रता की बेड़ी में जकड़ी हुई है। उसे मुक्त करना है। वीरों के यशोगंध से महकता भारत का सुवर्ण इतिहास आज आपके सामने है। उठो, जागो, कार्य में लग जाओ। यह विचार मन से निकाल दो कि हम विवश हैं, असहाय हैं। हम पुण्यभूमि भारत के निवासी हैं, हमारा अतीत उज्ज्वल था, हमारा भविष्य भी उज्ज्वल है। वर्तमान आपके हाथ में है। चलो, उठो, हमें अधिक समय अँधेरे में नहीं रहना है। वह देखो, प्रभात का सूर्य आलोक लेकर आ रहा है।'

उन्होंने अपना भाषण समाप्त किया। तालियों की गड़गड़ाहट गूँज उठी। कुछ लोग उठकर खड़े रहे। स्वामीजी, आज से हम आपके चरणों में समर्पित हैं। जो आदेश दें, उसी का पालन करेंगे।

स्वामी विवेकानंद को भारत-वापसी का संतोष मिला।

☐

'मैं आपका हार्दिक स्वागत करता हूँ।' अनेक विद्वान् पंडित विवेकानंद से मिलने आए थे।

विवेकानंद ने आगे कहा, 'आज प्रातः समय ही कुछ ब्राह्मण धर्म-चर्चा करने आए थे। उस चर्चा के पश्चात् मैं शिवजी के मंदिर गया था। आपको बहुत प्रतीक्षा तो नहीं करनी पड़ी?'

'आप शिव मंदिर में थे, उसी समय आपसे मिलने आ रहे थे; परंतु आपसे मिलनेवालों की भीड़, उनकी आपके सामने फल, पुष्पमाला रखने के प्रयास यह सब देखकर हम यहीं पर आ गए। परंतु क्या आपने भोजन किया?'

'जी नहीं, आनंद से ही मेरा पेट भर गया है।'

कुछ लोगों ने जाकर भोजन की व्यवस्था की, तब मध्याह्न ढलने लगी थी।

भोजनोत्तर विवेकानंद ने पूछा, 'आपके पधारने का प्रयोजन?'

'आपके द्वारा विशद् किए हुए वेदांत का स्वरूप हम समझना चाहते हैं। आपने हिंदू धर्म के संबंध में अमेरिकी लोगों को क्या बताया है?'

'क्या आप मेरी परीक्षा लेने आए हैं?'

'ऐसा नहीं है; परंतु हमारे धर्म का स्वरूप और वेदांत दो अलग-अलग बातें हैं, इसलिए आ गए।'

'मेरे विचार से ऐसा नहीं है; परंतु मेरे विचार से हमारे धर्म का स्वरूप और वेदांत दो अलग-अलग बातें हैं, इसलिए आ गए।'

'आप वाकई विद्वान् हैं। भला मैं आपसे क्या कहूँ! परंतु मैं बस इतना ही कहूँगा जितना मुझे ज्ञात हुआ है।'

'तो फिर प्रथम धर्म से संबंधित बताएँ।'

'धर्म भारत की जीवन शक्ति है। यदि शरीर में खून शुद्ध हो तो उसमें अन्य व्याधियों का प्रवेश नहीं होगा और प्रवेश हो भी जाए तो उसकी प्रतिकार क्षमता हमारे पास होगी। राजनीतिक, सामाजिक अथवा भले और कितनी भी त्रुटियाँ व खामियाँ हों, कोई बात नहीं। खून शुद्ध होना चाहिए। यह शुद्ध खून ही धर्म है, जो तन-मन-समाज को चैतन्य देता है। भारत विकास की योजना तैयार करने से पहले अपने धर्म को जानना-समझना आवश्यक है।

'क्या आपको ऐसा नहीं लगता कि हम कुछ ज्यादा ही धर्म का आडंबर मचा रहे हैं?'

'बिलकुल नहीं। धर्म का स्वरूप संकुचित और कर्मठ होने के कारण आज यह अवस्था हो गई है। हजारों वर्षों की परंपराओं से समाज में धर्म का विस्तार हो गया था।

आज यह अवस्था इसलिए हो गई है कि धर्म को जो समाज के रोम-रोम में बसा हुआ था, ब्राह्मणों ने कोठरी में बंद कर दिया था।

'भई, हम नहीं मानते।'

'आप भले ही आस्तिक हों या नास्तिक, धर्म से आपका संबंध कायम है। धर्म से समाज संगठित होता है, परंपराओं से समृद्ध होता है, श्रद्धा से बलवान होता है। मनुष्य के जीवन में धर्म उतना ही घुल-मिल गया है जितना रक्त।'

'वैराग्य धारण करने के बाद आपके लिए सर्वधर्म समान ही होंगे न!'

'मूलतः वैराग्य का अर्थ मानवता का त्याग नहीं, न ही भावना-शून्य होना है। अपनी सारी भावनाओं पर संयम रखकर, परिवार विषयक अनासक्ति रखकर समाज हितार्थ जीना ही वैराग्य धारण करना है।'

'आपके अनुसार वेदांत की परिभाषा क्या है?'

'वेद, उपनिषद् ऋषि-मुनियों के जीवन की अनुभूतियों पर आधारित तथा समय की कसौटी पर कुंदन की तरह खरे उतरे शाश्वत जीवन-मूल्य हैं। अलिखित, नैतिक आचार-संहिता है। उनमें ईश्वर सर्वत्र है—चाहे उसे साकार मानो या निराकार, परंतु उसका अस्तित्व है। अनेक में एकत्व, यही विश्व की रचना है।'

'जी, मैंने वेदांत की परिभाषा पूछी है।'

'वेदांत एक ऐसी विचार प्रणाली है, जिसमें संपूर्ण विश्व का हित समाया हुआ है। वेदांत कहता है—तोड़ना नहीं, फोड़ना नहीं, किसी को भी नीचे मत खींचना। बाँधो, जोड़ो, संगठित करो। हो सके तो सहायता करो, नहीं संभव हो तो हाथ बाँधकर खड़े रहो।

वेदांत में यही कहा गया है कि—

रुचिनां वैचित्र्यात् ऋजुकुटि नाना पथजुषाम्।
नृणां एकोगम्यः त्वमारी पयसाम् अर्णव इव॥

'भिन्न-भिन्न स्थानों से निकसित प्रवाह एक ही सागर से मिलते हैं। उसी तरह रुचि वैचित्र्य के अनुसार विभिन्न सीधे या वक्र मार्ग से जा रहे पथिक, हे प्रभो! अंत में तुम में ही आकर मिलते हैं।'

'परंतु दुर्बल मनुष्य इन सभी का विचार ही क्यों करेगा?'

'किसने कहा कि मनुष्य दुर्बल है? उसमें जो शक्ति भरी है, उसकी स्वयं उसे भी कल्पना नहीं।'

'आप ऐसा कैसे कह सकते हैं?'

'मैं वही कह रहा हूँ, जो सत्य है। इस पृथ्वी पर मनुष्य का जन्म हुए हजारों वर्ष हो गए, परंतु मनुष्य ने अपनी बुद्धि का बहुत ही कम प्रयोग किया है।'

मध्याह्न में शुरू हो गई शास्त्र-चर्चा देर रात ढाई बजे समाप्त हुई। विवेकानंद

थककर चूर हो गए थे। उन्होंने सभी को विदा किया और दूध पीकर सोने चले गए। परंतु अब निद्रा खो गई थी, क्योंकि सवेरे ही कोलंबो के सार्वजनिक सभागृह में वेदांत दर्शन पर उनका व्याख्यान था। उसमें वे एक ऐसी जीवन-प्रणाली का आदर्श भारत के सामने रखना चाहते थे, जिसे प्रत्यक्ष भारत का ही विस्मरण हो गया है।

सुबह दस बजे वे जब सभागृह में पहुँच गए तो उन्हें प्रत्येक मनुष्य सूट-बूट पहने दिखाई दिया। वेशभूषा से लेकर सभी बातों पर पाश्चात्य सभ्यता का प्रभाव देखकर वे मन-ही-मन दुःखी हो गए। अपने भाषण में उन्होंने कहा, 'विचार-आचार का मेल ही भारतीय दर्शन है। हमें भारतीय दर्शन सुनना है। जब तक हम अंतर्बाह्य भारतीय नहीं होते तब तक उसे समझ नहीं पाएँगे।

'आप स्वयं ज्ञान-स्वरूप हैं, नित्य शुद्ध पवित्र हैं। पुनः-पुनः आप इसी भूमि पर जन्म लेंगे। उस निराकार परमात्मा से हम संलग्न हैं। हम तो उन्हीं के अंश हैं। अपने आप पर श्रद्धा रखें। अपने आचार-विचारों में तालमेल ढूँढ़ें। अपने आप को समझें। आत्मशोध लें। आप वैसा ही बनेंगे जैसा आप सोचेंगे। पहले यह तलाशें और जाँच-पड़ताल करें कि आप स्वयं कौन हैं। अपने आपको शक्तिशाली समझें। भारतीय समझ रहे हैं तो अपने आप पर श्रद्धा रखें। अपने आप पर श्रद्धा और ईश्वर पर श्रद्धा यही तुम्हारी महानता का लक्षण है।'

उनके प्रत्येक वाक्य में हथौड़े के प्रहार जैसी टीका थी। इसमें दृढ़ आस्था थी कि भारतीय मनुष्य जाग्रत् होकर सबल और सुदृढ़ बने। साधारण लोगों की इस वर्तमान में जो खींचातानी हो रही है, दुर्गत बनी है, उसके प्रति आत्मीयता थी। शोषणकर्ताओं के प्रति मनस्वी चिढ़ थी तो शोषकों के अज्ञान के लिए दया थी। उन्होंने कहा भी, 'पुराण-कथित सभी तैंतीस करोड़ देवताओं पर तथा और भी अनेक देवताओं पर आप विश्वास करते हैं, परंतु यदि स्वयं पर आपका विश्वास, भरोसा न हो तो आपको मुक्ति नहीं।

'इस तैंतीस करोड़ जनसंख्या के देश पर आज मुट्ठी भर परकियों की गुलामी में सड़ने की नौबत आई है, क्योंकि आप आत्मविश्वास ही खो चुके हैं। अपनी कर्मशक्ति को ही आपने नहीं पहचाना और इसी गुलामी के आदी बन चुकने के कारण वही अँधेरा ही अपने भाग्य में है, यह मानकर आप जी रहे हैं। पश्चिमी वेशभूषा अपनाकर हम उन्हीं की प्रतिकृति बनेंगे? हमें क्या करना है, कहाँ जाना है, इसका विचार कब करेंगे? अब समय नष्ट करने से काम नहीं चलेगा।

'उठो, जागो! उसके बिना पर्याय नहीं।'

विवेकानंद श्रीलंका में दस दिन थे। सर्वत्र उनके भव्य सत्कार किए गए। इन लोगों का, जो उनसे इतना प्रेम करते हैं, वे भला ही चाहते थे। सतत दस दिन वे कुमारस्वामी के साथ दसों स्थानों पर व्याख्यान के लिए जाते थे। उनकी इच्छा थी राष्ट्र-

चेतना की एक चिनगारी जलाएँ।

'निरीह हिंदुओं की धर्मपरायणता', 'धर्म ही भारत का एकमात्र आधार', 'विश्व को आध्यात्मिक आलोक का दान : यही भारत का श्रेष्ठ दान', 'सनातन धर्म और युग धर्म', 'वेदांत की सीख', 'सार्वजनिक धर्म और समन्वय'—ये उनके भाषण के विषय थे। उन्होंने भलीभाँति जान लिया कि अब हाथ पर हाथ धरे बैठने से काम नहीं चलेगा।

राष्ट्र-चेतना का जलाया हुआ यज्ञ अब पल भर के लिए भी कुंठित नहीं होना चाहिए। उसके लिए ईश्वर-प्रदत्त वाणी, ज्ञान, इच्छा का प्रयोग सतत करना होगा। यह देह ही उसके लिए समर्पित करना होगा। सारे विश्व को मैंने हिंदू धर्म के वेदांत का ज्ञान देने का प्रयास किया तो यहाँ चिराग तले अँधेरा नहीं होना चाहिए।

अँधेरा बहुत हो चुका, देखा भी, परंतु अँधेरा ही जीवन है। इस तरह की जनमानस की धारणा बदलकर हम प्रकाश मार्ग की ओर जाएँगे। इस प्रकार का विचार और इच्छा जनमानस में जाग्रत् करनी होगी।

वे सतत भ्रमण कर रहे थे, लोगों से मिल रहे थे, व्याख्यान के प्रत्येक आमंत्रण को स्वीकार कर रहे थे। अब प्रकाश मार्ग की ओर मुखातिब होकर वे खड़े थे। सारे समाज को ललकारकर बार-बार जागृति मंत्र का उच्चारण कर रहे थे।

□

कुंभकोणम् से निकली रेलगाड़ी मद्रास स्टेशन पर आ रही थी। अब उनका प्रिय 'अचिंगा' अलसिंग पेरुमल मिलेगा, सुब्रह्मण्यम् स्वामी और 'किडी' मिलेंगे। इस विचार से वे प्रसन्न हो गए थे। उनके साथ सफर कर रहे सोवियर दंपती और मि. गुडविन उनकी उत्सुकता एवं उनका खिला-खिला चेहरा निहार रहे थे। मि. गुडविन से रहा नहीं गया। उन्होंने पूछ ही डाला—

'स्वामीजी, किससे मिलने के लिए इतने अधीर व उत्सुक हो गए हैं आप?'

'मेरा प्रिय अचिंगा चार वर्षों के बाद मिलेगा। उसे देखने के लिए प्राण…'

'कौन है यह अचिंगा—स्त्री या पुरुष?'

'संन्यासी इस तरह स्त्री से मिलने को उत्सुक नहीं होता। 'अचिंगा' मेरा अंतरंग शिष्य है। बहुत कम समय में उससे मित्रता हो गई। वस्तुत: जितनी मुझे उससे मिलने की उत्कंठा है उतनी ही उसे भी होगी; उतना ही आकर्षण उसे भी होगा।'

'स्वामीजी, जब से हम सिलोन में उतरे हैं, देख रहा हूँ कोलंबो बंदरगाह में जहाज रुकते ही पूरा सिलोन वहाँ इकट्ठा हो गया था। हम नौका से 'पांबरम्' बंदरगाह में आते ही…'

'आप यही कहना चाहते हैं न मि. गुडविन, कि रामनाथपुरम के महाराज भास्कर सेतुपति स्वयं अपने मंत्रिगणों के साथ स्वागतार्थ उपस्थित थे?'

'जी हाँ! मैं तो चकित ही हो गया।'

'मि. गुडविन, मैं अमेरिका जा सकूँ, इसलिए उन्होंने मेरी आर्थिक सहायता की थी। न सिर्फ वही बल्कि अलसिंग पेरुमल, किडी, खेतड़ी के महाराज अजित सिंह तथा और भी अनेक ने सहायता की थी। यदि मुझसे अमेरिका में कुछ नहीं बन पड़ता तो यह सहायता व्यर्थ जाती, सारे किए-कराए पर पानी फिर जाता। ईश्वर-कृपा से मिसेज हेल मिलीं और मेरे कार्य का श्रीगणेश हो गया। मि. गुडविन, कभी-कभी इस संयोग पर आश्चर्य होता है। कभी-कभी ऐसा प्रतीत होता है कि मेरे गुरुदेव ठाकुरजी की आत्मा ही मेरे सुख के लिए कल्याणार्थ तथा मेरे हाथों से कुछ सत्कार्य करवाने के लिए यहाँ अटकी होगी। हर समय अलग-अलग रूप में प्रकट होकर उन्होंने मेरी सहायता की होगी।'

'स्वामीजी, सत्य ही आप ऐसा सोचते हैं?'

'हाँ, मेरी यही धारणा है; क्योंकि आत्मा अविनाशी है। वह पुनः-पुनः जन्म लेती है। उसी तरह अपनी उत्कट इच्छा-आकांक्षाएँ पूरी करवाने के लिए वह अनेक रूपों में प्रकट होती है। यह एक सत्य है। उसी तरह दूसरा सत्य मेरा यही अनुभव है कि हमारी इच्छा-शक्ति (विल पॉवर) हो तो वह पूरी होकर ही रहती है। इससे पहले कि मिसेज हेल घर से बाहर निकलकर मेरी पूछताछ करतीं, मृत्यु के भय से मैं बेंत की तरह काँप रहा था। परंतु उसी समय जिस कार्य के लिए भारत के लोगों ने मुझे यहाँ भेजा, उसे पूरा करने की उत्कट इच्छा भी मन में थी।'

'स्वामीजी, आपके सान्निध्य में मैं बहुत प्रसन्न हूँ। आपके सान्निध्य में रहकर मैंने अनुभव किया कि आस्था, तड़प, उत्कटता, लगन, धुन, आकांक्षा, जिद क्या होती है; राष्ट्र-प्रेम कितना उत्कट होता है।'

रामेश्वरम मंदिर में उनका परंपरागत पद्धति से किया गया स्वागत नेत्रदीपक था। मंदिर में विवेकानंद ने कहा, 'जीव सेवा ही शिव सेवा है। दीन-दुःखियों की सेवा करो। आप सोचेंगे, अपने भव्य स्वागत से मैं प्रसन्न हुआ हूँ; परंतु यहाँ के दीन-दुःखियों को आश्रय देकर आप जो कार्य करोगे, इससे मुझे अधिक प्रसन्नता मिलेगी।' उस समय आपकी विजय के उपलक्ष्य में एक विजय-स्तंभ का निर्माण भी किया गया था।'

गाड़ी मद्रास स्टेशन पर पहुँची और उन पर पुष्प-वृष्टि हो गई। लोगों की भारी भीड़ थी। स्वामीजी की दृष्टि अपने प्रिय अचिंगा को ढूँढ़ रही थी। उनके स्वागत के लिए एक स्वागत समिति तैयार की गई थी। उसमें मद्रास के प्रतिष्ठित व गण्यमान्य जन, वकील, प्राध्यापक और अंग्रेज अधिकारी थे। स्वागत समिति उन्हें स्टेशन से बाहर ले आई; परंतु उनकी दृष्टि अभी तक सकपकाकर देख रही थी। नेत्र निराश हो रहे थे। उन्हें एक सजे-धजे रथ पर बिठाया गया। अश्वों के बदले कई लोग वह रथ जगन्नाथ के रथ जैसे खींच रहे थे। पूरा मद्रास शहर बंदनवारों, पताकाओं, ध्वजों, मेहराबों और अल्पनाओं से सजाया गया था। श्यामल वर्णीय अनेक स्त्रियाँ पंचारती के साथ खड़ी थीं। मंगल

संगीत की ध्वनि-लहरियाँ वातावरण में गूँज रही थीं। विवेकानंद रथ पर आरूढ़ थे। उनके साथ रथ पर मि. गुडविन, सोवियर दंपती और कुछ अधिकारी थे। विवेकानंद को स्मरण हो गया, अनुराधापुरम में बोधगया के बोधिवृक्ष की एक शाखा से पल्लवित अति प्राचीन अश्वत्थ वृक्ष के नीचे उन्होंने व्याख्यान दिया था और वहाँ से १२० मील की दूरी पर जाफना में वे बैलगाड़ी में बैठकर निकले थे। उनके पीछे कई बैलगाड़ियाँ थीं और इसी तरह दोनों ओर लोग खड़े थे।

प्रात:काल की रमणीय वेला, हरी-भरी खिली लहलहाती सृष्टि, बैलों के गले की घुँघुरमालाओं का खनकता मधुर संगीत, उस संगीत पर सृष्टि का मिलाया हुआ ताल— विवेकानंद बहुत प्रसन्न थे। आज का वातावरण नागरी था, सबकुछ प्रतिष्ठित, सुसंस्कृत रूप में करना चाहते थे। हर कोई उनका सम्मान करना चाहता था। रामनद के महाराज सेतुपति ने लोगों के साथ स्वयं रथ खींचा, तब विवेकानंद अपने आँसू नहीं रोक सके। उन्हें मंदिर ले जाया गया। उस मंदिर का वैभव देखकर वे चकित हो गए। उनके मन में विचार कौंधा—यही वैभव दीन-दुखियों, दुर्बलों में बाँटा जाए तो। ···उस दिन दरिद्रनारायण को भोजन दिया गया था। रामनद के महाराज सेतुपति ने चालीस फीट ऊँचा स्मृति-स्तंभ उभारा। महाराज ने कहा, 'स्वामीजी, इस पर लिखा मजमून पढ़िए। देखें कैसा लगता है—

Satyameva Jayate. The manument erected by Bhaskar Setupathi the Raja of Ramnad marks the sacred spot where His most Holiness Swami Vivekanand's blessed feet first tred on Indian Soil together with the Swami's English disciples on, His Holiness's return from the Western Hemisphere where glorious and unprecedented success attended His Holiness's Philanthropic labours to spread the religion of Vetinta 27th January, 1897.

यह पढ़कर स्वामीजी मौन हो गए। उनकी भावुक अवस्था महाराज समझ गए थे। मद्रास में स्वागत समिति के न्यायमूर्ति सुब्रह्मण्यम अय्यर, गुरु-बंधु निरंजनानंद, स्वामी शिवानंद उन्हीं के रथ में थे। वह रथ अॅटार्नी बिलिगिरी अय्यंगार के 'कैसलकर्नान' नामक विशाल भवन की ओर मुड़ा और वहाँ भी युवकों ने वही किया। अश्वों को निकालकर स्वयं रथ खींचना शुरू किया। उन पर पुष्प-वृष्टि हुई। स्त्रियों ने उनकी आरती उतारी। उस भीड़ से राह निकालकर एक वृद्धा आगे बढ़ी और उसने उन्हें साष्टांग प्रणाम किया। स्वामीजी ने गद्‌गद होकर कहा, 'हे माते! ये क्या किया? तुम्हारे चरणों की मुझे पूजा करनी चाहिए और तुम···'

'मेरे लिए तुम शिव-स्वरूप हो। मेरा जीवन सार्थक हो गया।'

'तुमने इतना बड़ा सम्मान किया। मैं उस स्वरूप तक पहुँचने का प्रयास करूँगा। और···,'

उस भीड़ में से रास्ता निकालते हुए अलसिंग पेरुमल आ रहा था। उसे देखते ही विवेकानंद भवन की सीढ़ियाँ उतरकर त्वरापूर्वक उसके पास आने लगे। अलसिंग भी भागा-भागा आगे बढ़ा।

'स्वामीजी···,' उनके चरणों पर उसने अपने आपको झोंक दिया।

उसे ऊपर उठाकर उसे हृदय से लगाकर विवेकानंद ने कहा, 'अचिंगा, मेरे प्रिय अचिंगा। भई, कहाँ थे तुम?'

अलसिंग के मुख से एक शब्द भी नहीं निकल रहा था। प्रसन्नता से उसकी आँखें भर आईं। सारे अवाक् होकर उनके मिलाप को देख रहे थे।

इसका एहसास होते ही विवेकानंद ने कहा, 'यह अलसिंग पेरुमल। आप इससे परिचित होंगे ही। मेरी अमेरिका यात्रा के लिए इसने कितना परिश्रम किया, जिसका वर्णन नहीं किया जा सकता। आज जिस स्वामी विवेकानंद को आप देख रहे हैं वह इसी के अनुरोध के कारण।'

'स्वामीजी, ऐसा कुछ मत कहें। हम फिर बातें करेंगे।' जितनी जल्दी-जल्दी वह आया था उतनी ही जल्दी चला गया। विवेकानंद सोच में पड़ गया। दूसरे ही दिन सारा स्पष्ट हो गया। पूरा मद्रास उस विक्टोरिया हॉल में इकट्ठा हो गया था। विवेकानंद को सम्मान-पत्र प्रदान किया गया। उस समय अलसिंग पेरुमल के संबंध में बात करते समय अध्यक्ष महोदय ने कहा, 'इस पाँच-छह हजार लोगों की सभा आयोजित करने का सेहरा अलसिंग पेरुमल—स्वामीजी के प्रिय शिष्य—के सिर पर बाँधना होगा।' अलसिंग मंच पर कहीं भी नहीं था। अध्यक्ष महोदय ने कहा, 'जिस समय स्वामीजी पश्चिमी देशों में धर्म-प्रसार कर रहे थे उस समय मद्रास में अलसिंग पेरुमल युवकों में वेदांत प्रसार का काम कर रहा था। अनेक ने प्रथम उसकी निंदा की, उस पर टीका-टिप्पणी की; परंतु उसने ध्यान न देते हुए अपना कार्य साहस व धैर्य के साथ जारी रखा। उसके परिश्रम और उसकी निष्ठा आज फलित हो गई। यहाँ स्थायी स्वरूप की कार्यसमिति बनाने की योजना उसने तैयार की है।'

अपने भाषण में विवेकानंद ने कहा, 'चार वर्ष पूर्व ही मैं मद्रास आया था। उस समय एक मनुष्य को गले में घंटी बाँधकर बुहारते हुए देखा। उस समय मन-ही-मन में खूब रोया था। मैं ईश्वर से प्रार्थना कर रहा था कि ऐसे लोगों के लिए वह मुझे मार्ग दिखाएँ। यह संभव नहीं कि आज मद्रास में आमूलचूल परिवर्तन हो गया है। आज मद्रास में मुझे अधिकतर युवा पीढ़ी दिखाई दी है। यह मैं शुभ संकेत समझता हूँ। आपने सम्मान-पत्र प्रदान करके मेरे प्रति आदर-भावना व्यक्त की, इसलिए मैं आपका आभारी हूँ।

'आज मैं चारित्र्यवान्, शील-संपन्न, बुद्धिमान, कार्यशील नवयुवकों का आह्वान करता हूँ कि आज ऐसा कोई भी नहीं, जो भारत के गरीबों को, निम्नस्तरीय लोगों की

सहायता के लिए आगे बढ़ेगा। उनका कोई भ्राता, रक्षणकर्ता नहीं है। पाषाण हृदयी समाज राक्षस बनकर उनका शोषण कर रहा है। उसके कठोर प्रहारों से वह लहूलुहान हो गया है और वेदनाओं से तड़प रहे हैं। परंतु वे यह भी नहीं जानते कि ये आघात कौन कर रहा है, क्यों कर रहा है और ये आघात कब रुकेंगे; क्योंकि वे अपनी चेतना खो बैठे हैं।

'नवयुवक जन अभियान हाथ में लें। हो सकता है अद्याम उन्हें अपनी शक्ति का एहसास न हो। भारत के नवयुवकों, आप अमृत-पुत्र हैं—बलशाली भारत के सिंह हैं। तुम्हारे लिए कुछ भी कठिन नहीं। अतः उत्तिष्ठत, जाग्रत्, सावधान।

'किसान की झुग्गी में से नवभारत का निर्माण हो—मछियारों, चमारों, भंगियों की झुग्गियों में से नवभारत का निर्माण हो। पंसारी की दुकान से, भड़भूँजे की भट्ठी से उसे ऊपर आने दो। कारखानों, दुकानों, बाजारों में से उसे ऊपर उठने दो। झाड़-झंखड़ों, पहाड़ों, वादियों, घाटियों में से उसे प्रकट होने दो। उठो, जागो, शीघ्र ही नवप्रभात आपके द्वार पर प्रकाश आलोक की अल्पना बनाएँगी। रात का अस्त हो रहा है। चलो, कार्य-सिद्ध हो जाओ।'

उनका भाषण समाप्त हो गया और उपस्थित युवक खड़े रहे।

'कुछ बात करनी है?' विवेकानंद ने पूछा।

'जी हाँ।' एक युवक मंच की ओर आ रहा था।

उन्होंने उसे मंच पर बुलाया और बात करने का इशारा किया।

'आप कहते हैं, कार्य-सिद्ध हो जाओ—अर्थात् निश्चित रूप में क्या करना है? आप कहते हैं, धर्म संगठित करो, समाज संगठित करो, राष्ट्र संगठित होने से स्वतंत्र होगा...तो फिर हमें क्या करना है?'

'आपके प्रश्न सही हैं। अपने गुरुदेव से प्रश्न पूछने पर उन्होंने मुझसे कहा था, सारे प्रश्नों के उत्तर समाज में ढूँढ़ो। कोई दूसरा उत्तर दे, इससे महत्त्वपूर्ण है, स्वयं उत्तर ढूँढ़ना। आज मैं आपसे ऐसा नहीं कहूँगा, परंतु आप नास्तिक मत बनना। श्रद्धा रखें। श्रद्धा से अनेक कार्य सहज होते हैं। दूसरी बात यह है कि काम बड़ा है, उसका विस्तार भी बहुत बड़ा है। प्रारंभ शिक्षा से करते हैं। शिक्षा के अभाव के कारण यह प्रश्न बना रहता है कि समाज में विकास कैसा होगा। उद्योग व्यवसाय में विकास हो सकता है। संगठित कृषि व्यवसाय, संगठित उद्योग किए जा सकते हैं; परंतु अज्ञान की इतिश्री होनी चाहिए। यह समझाना होगा कि क्या करने से क्या होगा। आरोग्य विज्ञान को आज महत्त्व नहीं दिया जाता। यह सच है कि धन का अभाव है। परंतु धन सन्मार्ग से तथा परिश्रम से पाने के कई उपाय हैं। बहुत कुछ करना है। आप चलना शुरू करें, आपको विकास के कई मार्ग मिलेंगे। बिलकुल ही कुछ समझ में नहीं आया तो पुनः कहूँगा।'

इसके पश्चात् भी वे अनेक प्रश्नों के उत्तर दे रहे थे। रात होने पर सारे अपने-अपने घर गए और कार्यक्रम के आयोजकों ने चैन की साँस ली। विवेकानंद अपने

निवास-स्थान को लौट गए।

□

'अचिंगा!'

वही परिचित पुकार सुनकर अलसिंग बाहर आया। मध्य रात्रि का समय। मेघ-विरहित आकाश में चंद्रमा सिर पर आया था। सितारों की चादर सृष्टि पर फैली थी। सागर से आ रही शीतल हवा तन-मन को आनंद दे रही थी।

'स्वामीजी, इतनी रात में?'

'मेरे कमरे के लोग सो गए, इसलिए तुमसे मिलने आ गया। आज यहाँ मद्रास आए पाँच दिन हो गए। तुम मिलते हो भीड़ में, बात भी जल्दी-जल्दी करके चले जाते हो। अत: इतमीनान से तुमसे मिलने आया हूँ। चलो, हमारी पुरानी प्रिय जगह पर, सागर किनारे। अमेरिका जाने से पहले लगभग डेढ़ महीना मैं मद्रास में था। उस समय हम सागर किनारे ही मिलते थे।' वे उत्साह से भर-भरकर बातें कर रहे थे।

दोनों ने सागर का रुख अपनाया था। अचानक रुककर अलसिंग ने कहा, 'स्वामीजी, इन चार वर्षों में आप बहुत ही कमजोर हो गए हैं। आप बिलकुल सूखकर काँटा हो गए हैं। पहले की सुदृढ़ शरीर-यष्टि का नामोनिशान तक नहीं रहा। चेहरा भी एकदम स्याह पड़ गया है। स्वामी जी, इतना स्वास्थ्य क्यों गिर गया?'

'इस देह में अनेक बीमारियों का आगमन हो चुका है। हाँ, परंतु मन सुदृढ़, सशक्त है। उसे किसी विकार ने छुआ तक नहीं। सत्यं-शिवं-सुंदरम् मन कार्य की धुन में भागता रहता है। अरे, तुम्हें बताऊँ—मन कभी पवन बनता, चक्कर काटते, घूमते-घामते भारत में आता; मन कभी वर्षा बनता, भारत की स्मृति में सराबोर होता; मन कभी प्रचंड झंझा बनता और भारत की गरीबी को दूर फेंक देता; मन कभी उससे अब कुछ नहीं होता, इसीलिए भगोड़ा बनकर पाताल में छिप जाता तो कभी भारत के सुनहरे इतिहास के पन्ने वर्तमान में बाँचने लगता। सच कहता हूँ अचिंगा, मन कभी-कभी दस दिशाओं में भ्रमण करके भारत माता के चरणों में लीन होता। हाँ, देह के लिए मन का लेना-देना कुछ नहीं होता।'

'ऐसा क्या हुआ है, स्वामीजी?'

'मुख्यत: निद्रा-नाश हो गया है। रक्तचाप, मधुमेह…जाने दो, भई, वह क्या भगवान् के नाम हैं, जो भक्ति-भावना से ले लूँ? तुम अपनी सुनाओ।'

'स्वामीजी, आपके अपप्रचार के अनुषंग से यहाँ अनेक प्रचार सभाएँ कीं। समय-समय पर आपकी भेजी हुई वहाँ के समाचार-पत्रों की कतरनें यहाँ के प्रमुख समाचार-पत्रों में प्रसिद्ध कीं। आपका और मेरा प्रदीर्घ पत्र-व्यवहार तब तक कायम रखा जब तक आप भारत आने के लिए निकल रहे थे। 'ब्रह्मवादिन्' नामक एक पाक्षिक शुरू किया। उसमें धर्म व संस्कृति की अखंड जानकारी तथा आवश्यकता पर प्रतिष्ठितों के लेख

नियमित रूप से प्रसृत करके समाज में आपके कार्य को प्रतिष्ठित किया। मैंने वह सब किया, जो-जो मैं करना चाहता था।'

'अचिंगा, तुमने आत्मीयता से जो आंदोलन चलाया, उसी के कारण आज मद्रास में इतनी जागृति हुई है।'

'एक नवयुवक मंडल स्थापना करके, समाज की समस्याएँ जानकर उनकी यथासंभव सहायता कर रहा हूँ।'

'वाकई, तुम्हारा कार्य अनमोल है। अब अंतिम काम बताऊँ?'

'ऐसा क्यों कह रहे हैं, स्वामीजी?'

'कमाल करते हो, अचिंगा। मैं कहीं भाग नहीं जा रहा। 'अंतिम' का अर्थ है ऐसा कार्य, जिससे तुम्हारे काम में स्थैर्य आएगा—अर्थात् यहाँ पर 'रामकृष्ण मठ, की स्थापना। यह कार्य चिरस्थायी रहेगा। मंडल समाप्त होंगे, परंतु यह कार्य बढ़ता रहेगा।'

'अवश्य। स्वामीजी, अब आप यहीं रहेंगे न?'

'नहीं रे, देश भर से इतने निमंत्रण आए हैं। उन्हें न कैसे कहूँ!'

'लोगों के लिए आप विवेकानंद हैं और अमेरिका में शिकागो में भाषण देने के बाद ज्ञात हुआ, ये वही स्वामीजी हैं, जो हमारे यहाँ आए थे। फिर देश भर से पत्रों की बौछार होने लगी, क्योंकि आपने मेरा पता जो दिया था।'

'इसका अर्थ मैंने तुम्हें ओवर कार्यरत रखा था न?'

'हाँ। और इसी वजह से तो मैं आज इतना हट्टा-कट्टा हूँ। तनिक देखें तो मेरी ओर।'

विवेकानंद मुसकराए।

तभी दूर से एक व्यक्ति भागा-भागा उन्हीं की ओर आता हुआ दिखाई दिया। दोनों ने सोचा, इतनी देर रात यह व्यक्ति कौन होगा। वह व्यक्ति उन दोनों से कुछ अंतर पर आकर अदब से रुक गया। उसके दोनों हाथों में डाब (कच्चा नारियल) थे।

'भई, कौन हो तुम?' विवेकानंद ने पूछा।

'स्वामीजी, मैं नारियल पानीवाला। वह देखो, सामने ही मेरी झोंपड़ी है। थोड़ी देर पहले ही नारियल पानी का धंधा बंद कर घर गया था, तो आप दिखाई दिए।'

'तुम हमें जानते हो या ग्राहक देखकर भागे-भागे चले आए?'

'मैं आप दोनों को जानता हूँ। चार वर्ष पहले आप दोनों इस किनारे पर देर रात तक बातें करते रहते थे। तब मन में आता, बातें करते-करते इनका गला सूख गया होगा, परंतु आप लोगों ने कभी नारियल पानी नहीं माँगा। सोचता, स्वामीजी के पास पैसे नहीं होंगे, लेकिन आपके पास तो होंगे। पर नहीं, आपका ध्यान मेरी ओर कभी गया ही नहीं और मैं इतना पैसेवाला तो नहीं था कि आपको मुफ्त में नारियल पानी पिलाऊँ।'

'अच्छा-अच्छा, ठीक है, दे दो डाब, स्वामीजी के लिए ले चलेंगे।'

'और तुम्हें, अचिंगा?'

'सॉरी स्वामीजी, मैं सामाजिक सुधार का समर्थक अवश्य हूँ, परंतु जहाँ तक खुद का सवाल है, मैं अत्यंत कर्मठ हूँ।'

अलसिंग ने जेब से पैसे निकाले।

'ना-ना महाशय, पैसे के लिए मैं ये डाब नहीं लाया। उस समय मुझसे नहीं बन पड़ा, लेकिन अब यह संभव है। अखबार में स्वामीजी की तसवीर देखी। लोगों को इनके बारे में बातें करते सुना। ऐसे देवता से मैंने पैसे लिये तो महापाप होगा। इनके चरणों पर मस्तक रखना चाहता था, परंतु···'

विवेकानंद समझ गए। उन्होंने नारियल पानीवाले को हृदय से लगाया। अलसिंग ने मन-ही-मन कहा—स्वामीजी, मुझे क्षमा करें। आप जैसा मेरा मन महान् नहीं है। मैं जो शूद्रों का उद्धार करने चला, स्वयं ही शूद्र मन का हूँ। अपने लिए मैं बहुत कर्मठ हूँ, छुआछूत मानता हूँ। मुझे क्षमा करें।

उसका मन भाँपकर विवेकानंद ने कहा, 'अचिंगा, एक बार समाज को अपना मानने के बाद सारे भेद मिट जाते हैं। परंपरागत रूढ़ियों से जकड़ा हुआ मन तुरंत उसमें से मुक्त नहीं होता। अपने आप तुम्हें सबकुछ आ जाएगा।'

अचिंगा ने उनके चरणों पर मस्तक रखा। उसे उठाकर हृदय से लगाते हुए उन्होंने कहा, 'अचिंगा, तुम्हारा स्थान मेरे हृदय में है। और हनुमानजी के समान छाती फाड़कर मैं दिखा सकता हूँ कि मेरे हृदय सिंहासन पर मात्र तुम ही विराजमान हो।'

पौ फट रही थी। भोर का तारा निस्तेज होने लगा था।

'अचिंगा, न जाने फिर कब भेंट होगी। अनेक काम करने हैं।'

'उसके लिए सारा जीवन है, स्वामीजी।'

'भगवान् जाने जीवन अब कितना शेष है। मैं स्वयं यही सोच रहा हूँ। दीर्घ समय तक जीने से अच्छा है, जल्दी-जल्दी सारे काम निबटाकर मृत्यु को सादर आमंत्रित करें। उसे भी कष्ट क्यों दें, हम स्वयं ही उससे मिलने जाएँगे।'

'शुभ मंगल प्रभात समय में ऐसी अशुभ बात न कहें।'

'मृत्यु शिवमंगल है। ऐसा सुंदर योग है कि जीव और शिव का अद्वैत समाप्त हो। एक नए जीवन का श्रीगणेश है। भविष्यकालीन जीवन के लिए वर्तमान जीवन का अंत शुभंकर है और मृत्यु का क्या, वह तो कभी-न-कभी आएगी ही न। एक बार प्रगल्भ जीवन का आलेख लिखने पर उसे सादर आमंत्रित करने में कैसी आपत्ति है।' विवेकानंद अपनी ही धुन में बोल रहे थे।

अलसिंग के नेत्रों से सावन-भादों बरसने लगे। 'प्लीज, ऐसी बातें न करें।' उसने तड़पकर कहा, तब कहीं उनका ध्यान उसकी ओर गया।

'नहीं कहता। मैं तुम्हारा दिल दुखाना नहीं चाहता था।'

'स्वामीजी, मैं जहाज से आपके साथ कलकत्ता चलूँगा। तब तक आपका सान्निध्य-लाभ मिलेगा और मैं रामकृष्ण मठ भी देख सकूँगा।'

'परंतु जहाज पर बना भोजन तुम्हें रास नहीं आएगा।'

'मैं अपने साथ चिवड़ा रखूँगा। संपूर्ण यात्रा में आपके लिए नारियल पानी का प्रबंध करूँगा। आप ही कह रहे थे कि फिलहाल आपको कुछ भी हजम नहीं होता, सो नारियल पानी ठीक रहेगा।'

'परंतु कभी तो परंपरागत अनावश्यक रूढ़ियों का त्याग करो।' दोनों ने मौन होकर नगर का रुख अपनाया। अरुणाचल पर सूर्य का आगमन हो रहा था।

□

मद्रास में व्याख्यानोत्सव हो रहा था, जैसे नौ दिनों का नवरात्र उत्सव ही मनाया जा रहा था। विवेकानंद का जी मितला रहा था। कुछ भी खाने की इच्छा न होती। मस्तक में असहनीय वेदना होती। परंतु सबकुछ मन में ही रखकर वे अपने मन को समझाते—सारा कष्ट, यातना देह के लिए है। मन तो चिर यौवन है। उसके लिए वृद्धत्व नहीं, न ही जरा-मरण। फिर करो देह पर मान, देह गण की आज्ञाकारी हो। मन कभी नाराज होता, रूठता तो कभी प्रसन्नता से खिल उठता। मन की अवस्था का विचार न करते हुए, देह की अवस्था पर ध्यान न देते हुए वे भाषण देने को तत्पर रहते।

नवयुवकों का आह्वान करते हुए वे कहते, 'समाज की दीन-हीन अवस्था का प्रतिकार करने को सन्नद्ध हो। लाखों स्त्री-पुरुष पवित्र अग्निमंत्र से दीक्षित होकर भगवान् के अभेद्य कवच से सज्ज होकर निर्धन, दीन, अवनत, पद-दलितों की सहानुभूति से उत्पन्न सद्भावना लेकर संपूर्ण भारत का भ्रमण करें; मुक्ति, सेवा, सामाजिक उन्नति और समता का प्रचार करें।

'उन लोगों पर रत्ती भर भी विश्वास न करें, जो धनवान हैं। बड़े नाम वाले ख्यातनाम हैं, उच्च पदस्थ हैं। यह असिधारा व्रत है। एक बार उसे अपनाया तो बीच में न छोड़ें। अब भरोसा है तो सिर्फ आपका। सिर्फ आप ही ऐसे हैं जो बड़प्पन का ढकोसला नहीं करते, गरीब होने पर भी विश्वासु हैं। आप ही यह कार्य करेंगे। सतत् बारह वर्ष हृदय पर यह बोझ लिये और मन में एक चिंता रखे मैं भटक रहा, खाक छान रहा था, कितने सारे स्वनामधन्य धनिकों के तथा प्रतिष्ठितों के यहाँ दर-दर भटककर मैंने चक्कर काटे हैं। उन्होंने मुझे भोंदू, बगुला भगत, धोखेबाज कहा। अपने अपमान का दुःख नहीं था, मैं किसी के लिए कुछ भी नहीं कर सका इसका दुःख था।

'चार-चार दिनों तक भूखा रहा। एक घर भिक्षा माँगने गया तो वहाँ अन्न तो नहीं था पर बदन पर लज्जा रक्षार्थ वस्त्र भी नहीं थे। मैंने अपना उत्तरीय उन्हें दे दिया, एक काषाय वस्त्र दिया। मैंने भारत भर में इस तरह की घटनाओं का अनुभव किया है।'

इतना बोलने से उस रात उन्हें बहुत दुःख होता और मन-ही-मन वे काली माता

से कहते, 'तुम माता हो, जग माता हो। अपनी ही संतानों के दुःख तुम्हें दिखाई नहीं देते। इतनी निष्ठुर क्यों बन गईं माँ?'

'नहीं रे, मैं निष्ठुर नहीं हूँ। परंतु वे मेरे यहाँ तक पहुँचते ही नहीं। दूसरी बात यह है कि उन्हें किसी पर भी श्रद्धा नहीं, न मुझ पर, न अपने आप पर। कार्य-शक्ति, कार्यज्ञान वे खो चुके हैं। विश्व के विस्तार में, खलेरे में, अष्टभुजा होकर भी मैं कुछ नहीं कर सकती। मैंने तुम्हें यह कार्य सौंपा है न, उन्हें मेरे यहाँ तक पहुँचने दो। मैं उन्हें उचित दिशा दिखाऊँगी। क्षुधा-पीड़ितों को अन्न दूँगी।'

'हे दुःख निवारिणी जगन्माते! मैं प्रयास करता हूँ। मुझे शक्ति दो।' कभी-कभी वे अपने भाषण में कहते—

'आज सौ साल हो चुके, हमारा देश गुलामी में है। समाज-सुधारकों के सुधारणाओं के अनेक प्रस्तावों से देश मलिन व धुँधला पड़ गया है। परंतु यह तो शीशे की तरह साफ दिखाई दे रहा है कि इस सदी के किसी भी सुधार से देश का विकास नहीं हुआ है।

'लगता है, सुधारणा जैसे शब्द का अर्थ ही बहुधा ये समाज-सुधारक भूल गए हैं। पहले कार्य करना, वह गलत या सही होने पर उसके अनुसार दुरुस्ति करना इसका अर्थ सुधार। सुधारणा का अर्थ विकास नहीं। पिछली सदी की जिन सुधारणाओं का बोलबाला हो गया, उनसे उच्च वर्ग समृद्ध होता। वे सिर्फ ब्राह्मण और क्षत्रिय इन दो वर्णों पर ही लागू थीं, न कि अन्य वर्णों पर। वस्तुतः यदि सुधारणाएँ करनी हों तो ऊपर-ऊपर तैरकर काम नहीं होगा। उसके लिए गहराई में प्रवेश करना होगा। अमेरिका जाने से पहले दस वर्ष भारत-भ्रमण किया था। सारा देश सुधारकों की सभासमितियों से ठसाठस भरा हुआ है, परंतु उन दीन-दुखियों के लिए—जिनका लहू चूसकर सभ्य लोग अधिक सभ्य, शिष्ट व धनिक बने हैं—एक भी योजना, एक भी सुधारणा मुझे दिखाई नहीं दी।

'इसका कारण था—खाते-पीते, सुखी, पश्चिमी उच्च शिक्षा-विभूषित लोगों ने इन सुधारणाओं का बाजार लगाया था। इसीलिए मैं ऐसी सुधारणाओं पर विश्वास नहीं करता। मेरा विश्वास है, स्वाभाविक उन्नति पर, आत्मोन्नति पर। समाज के किसी विशिष्ट स्तरीय दो-चार करने से रूढ़ियाँ बंद अथवा बदल देने से संपूर्ण राष्ट्र का विकास नहीं होता।

'युवको, बीस बरस का था, तब मैंने घर छोड़ा। दस साल सतत भारत-भ्रमण किया। उसके आधार पर समाज स्थित दुःख, दैन्य, अत्याचार, अनाचार, अन्याय का जो दर्शन मुझे हुआ, बस वही मैं आपके सामने प्रस्तुत कर रहा हूँ। मेरी उत्कट इच्छा है कि समाज उन्नत हो, राष्ट्र का विकास हो और राष्ट्र स्वतंत्र व समृद्ध हो।' जब वे रुकते, लोग उनका जयघोष करते।

अब की बार जयघोष के पश्चात् एक युवक खड़ा रहा।

'स्वामीजी···' उसके स्वामीजी संबोधित करते ही सभी का ध्यान उसकी ओर

गया। 'स्वामीजी, मद्रास में सतत आपके भाषण सुनकर कुछ लोगों के मन में एक प्रश्न उभरा है। वही प्रश्न सबकी ओर से मैं पूछता हूँ। आप उसका समाधान करें।'

'बोलो, युवक बोलो।'

'स्वामीजी, आपने अमेरिका में धर्म-प्रसार किया और यहाँ आपके भाषण का विषय है राष्ट्र-विकास। भला यह कैसे? आप धर्म-प्रसारक हैं या समाज-सुधारक? दो डगरों पर कदम रखकर आप तो चल सके, परंतु क्या हमसे यह होगा?'

विवेकानंद मुसकराए। उन्होंने कहा, 'सर्व धर्म परिषद् के उपलक्ष्य में अमेरिका गया था। आखिरी भाषण मेरा था। सभी धर्म-पीड़ितों ने यह स्पष्ट करते हुए अपना-अपना धर्म किस तरह और कितना श्रेष्ठ है, यह प्रतिपादन किया कि विश्व में उन्हीं का धर्म श्रेष्ठ है। मैंने उन्हें बताया कि प्रत्येक व्यक्ति अपने-अपने धर्म का मन:पूर्वक पालन करे। अखिल विश्व में एक ही धर्म श्रेष्ठ है, वह है—मानव-धर्म। वही विश्व धर्म है। सारे धर्म इस विश्व धर्म में शामिल होते हैं, जैसी सारी नदियाँ सागर से मिलती हैं। उसके पश्चात् मैंने उन्हें यह भी बताया कि सनातन धर्म जिसमें अनेक धर्म समाए हुए हैं, वेदांत की ही देन है। हमारे भारत के वेदांत का अर्थात् आज हिंदू धर्म के रूप में परिचित धर्म का स्वरूप मैंने उनके सामने स्पष्ट किया।'

'तो फिर अब राष्ट्र-विकास क्यों कह रहे हैं?'

'उसके दो कारण हैं। एक तो भारतीयों की साँसों में धर्म बसा हुआ है। हम यह कभी नहीं सोचते कि प्राण वायु अंदर शरीर में लें या नहीं। उसी तरह धर्म हमारे रोम-रोम बसा हुआ है और हमारे साथ ही जी रहा है। भले ही कुछ धर्म-पंडितों ने उसका स्वरूप कोषबद्ध किया हो, तथापि धर्म का अस्तित्व अवश्य है; परंतु राष्ट्र विकास करने के लिए सबकुछ अपेक्षित है। धर्माचार कर सकें। यह जितना सत्य है उतना ही ज्ञानार्जन, अपनी आजीविका का साधन प्राप्त करना भी महत्त्वपूर्ण है। भूखे भजन न होय गोपाला—भूखे पेट ज्ञान व्यर्थ है, अर्थात् कर्म की आवश्यकता और कर्म की अनुभूति से ज्ञान, फिर अक्षर ज्ञान। और यह सारा होते समय धर्म सहजतापूर्वक हमारे साथ होगा।

'युवक बंधो, पहले इसके बारे में सोचो कि पेट पालने के लिए दाल-रोटी कैसे मिलेगी। दीन-दु:खी व असहाय लोगों की ओर प्रथम ध्यान दो। दुखितों की सेवा ही ईश सेवा है। मैंने अमेरिका में स्पष्ट किया था कि वेदांत उनकी मन:शांति के लिए आवश्यक था और राष्ट्र विकास हमारे लिए महत्त्वपूर्ण है। राष्ट्र विकास धर्म के आधार पर हो और भारत के पास इतनी प्रचंड आध्यात्मिक संपत्ति के होते भारत अपनी भौतिक, वैज्ञानिक, सामाजिक, कृषि विषयक उन्नति क्यों न करे? हमारा भारत क्यों पीछे रहे, पिछड़ा हुआ देश कहलाए? क्यों दीन-दु:खी, शरणागत रहे? मेरी वसुंधरा क्यों न तेजस्विनी बने? क्यों नहीं हम इन मिशनरियों को परे हटाते? क्यों नहीं हम स्वतंत्रता को खींच लाते?

'युवक बंधो, इस तरह के सैकड़ों प्रश्नों के उत्तर ढूँढ़ते समय मैं रात-रात भर नहीं

सो पाता। आप ही बताएँ, मन में इतनी आस्था के साथ ये प्रश्न उभरे हैं तो आपको चैन की नींद आएगी?'

सभा में उपस्थित सभी लोगों ने एक स्वर से कहा, 'नहीं, नहीं।'

विवेकानंद को अपने पाँवों में कंपन का एहसास हो रहा था। घंटों खड़े रहकर भाषण देने के आदी होते हुए भी कमजोरी के कारण उन्हें कष्ट हो रहा था तथापि उन्होंने आगे कहा, 'वस्तुतः मैं इसी भाषण द्वारा उच्चवर्णियों से पूछना चाहता हूँ कि आपने क्या किया है? हमने यह किया, वह किया, इस तरह के केवल शाब्दिक गुब्बारे ही हवा में छोड़ते रहेंगे? अपने आर्य पूर्वजों की डींगें ही हाँकते रहेंगे? सुवर्ण युग का गुणगान ही करते रहेंगे? आप सारे उच्च वर्णीय लोग ऐसी लाशें हैं, जिनमें दस हजार वर्ष पहले घास-फूस, भूसा भरकर उन्हें मूल रूप से सुरक्षित रखा गया है। बुद्धि और चैतन्य खोई हुई इन लाशों के कारण आज सारा देश श्मशान बन चुका है। इन लोगों के घर-बार अजायबघर बन गए हैं। उनके जीवन में अतीत की गंध है। ये उच्चवर्णीय लोग—जो आज वर्तमान में अतीत का हाथ थामे घूम रहे हैं, भविष्य के मात्र शून्य हैं। किसी भी तरह की आशा-आकांक्षा मन में न सँजोए हुए जी रहे ये लोग मात्र स्वप्नरंजन हैं। ऐसे समय में नौजवानो, उनका अतीत मन में रखकर वर्तमान में कार्य करें, ताकि आपके द्वार पर भविष्य प्रसन्नता से मुसकराए।'

'जीर्ण-शीर्ण अस्तित्वो, तुम शून्य में घुल जाओ। फिर एक नया भारत आगे बढ़ेगा। गतकालीन मित्रो, तुम्हारे सामने तुम्हारा वारिस, तुम्हारा उत्तराधिकारी भावी भारत खड़ा है। युवको, आगे बढ़ो, चल पड़ो प्रकाश मार्ग पर।'

भाषण करते-करते वे बहुत थक गए थे, अतः नीचे बैठ गए। अलसिंग ने उनके सामने नारियल पानी रखते हुए कहा, 'अब एक शब्द भी मत बोलें।'

वे मुसकराए और उसके कंधे पर हाथ रखकर मंच से नीचे उतर गए।

□

सुबह नौ बजे अलसिंग एक हाथ में पात्र और दूसरे हाथ में पत्रों का गट्ठर लेकर आया।

'स्वामीजी, यह इडली-चटनी खाएँ, अच्छा लगेगा।'

'मेरी भूख कहीं खो गई है।'

'स्वामीजी, ऐसा सोचने से कैसे चलेगा? नया भारत निर्माण करने के लिए तो…'

'वाकई तुम बड़े बुद्धिमान हो। तुम्हारे पास समय-सूचकता है। मेरे सपनों का बोझ तुम सहजता से नहीं, प्रेमपूर्वक सँभालोगे। अब तुम मेरे साथ मद्रास से कलकत्ता आ रहे हो, अतः अब मुझे अपनी चिंता नहीं। अरे बाप रे, पत्रों का इतना बड़ा गट्ठर!'

'स्वामीजी, कल आपको कलकत्ता से—बंगाल से आ रहे पत्र दिखाए, आज महाराष्ट्र से पत्र आ रहे हैं। ट्रेन में मिले लोकमान्य तिलक का खास निमंत्रण है। और भी

ढेर सारे पत्र हैं। मैं नाम पढ़ता हूँ और 'अभी नहीं आ सकता', 'आपके निमंत्रण को स्वीकार किया है'—इस तरह लिख देता हूँ।'

'एकदम सही कहा तुमने। फिलहाल कलकत्ता जाने की मुझे जल्दी पड़ी है। गुरु-बंधुओं से मिलना, माँ से मिलना तथा रामकृष्ण मठ से संबंधित योजना तैयार करना आदि सब करना है। मुख्यत:…'

'माँ से मिलना है, यही न?'

विवेकानंद के नेत्र डबडबा आए।

'स्वामीजी, हर कोई माँ के लिए संवेदनशील होता है। आप तो अति संवेदनशील हैं। कई बार देखा है, माँ का नाम आते ही आपके नेत्र भर आते हैं।'

अपने आपको सँभालकर उन्होंने कहा, 'अचिंगा, तुम्हारा कहना सच है। तुम जानते होंगे, आद्य शंकराचार्य की तरह मैं भी माँ की अनुमति लेकर बाहर निकला। उनकी केवल माँ ही थी। मेरे दो छोटे भाई हैं और घर में फूटी कौड़ी नहीं। ऐसे समय अपनी नौकरी छोड़कर मैं संन्यासी हो गया। संन्यासी होने का दु:ख नहीं मुझे, परंतु उसके दु:ख का एहसास होते ही लगता है कि अब तो माँ की सेवा करने जाएँ। परंतु यह देखकर कि मैं कुछ नहीं कर सका…'

आगे उन्होंने कुछ नहीं कहा। विषय को टालने के लिए अलसिंग ने कहा, 'महाबलेश्वर में आप लिंबडी के ठाकुर साहब के घर रहे। तब आपका नाम, गाँव कुछ ज्ञात नहीं था। अब पता चला, इसलिए पत्रों का अंबार लगा है।'

'हाँ। उस समय ख्यातनाम वकील लोग भी महाबलेश्वर आए थे। चर्चा होने के बाद उन्होंने कहा—बिलकुल एक वकील की तरह बातें कर रहा है।… उन्हें क्या पता कि मैं सुविख्यात विधिज्ञ का बेटा हूँ। अमरावती के मोरोपंत जोशी वहाँ आए थे। वे आग्रहपूर्वक अपने घर ले गए।

'अचिंगा, वह घर अच्छी तरह से मुझे याद रहा है। जोशी साहब की दस महीने की एक बेटी थी, नाम था कमला। बहुत रोती थी। माँ दिन भर काम में व्यस्त। बेटी की खातिर रात-रात जागरण। मैंने ही कहा—मुझे जल्दी नींद नहीं आती। उसे मेरे पास छोड़ दें और आप सो जाएँ। उन्हें संकोच हुआ। मैंने ही बहुत अनुरोध किया। उसे गोद में रखकर मैं पढ़ता रहता। भोर होते कमला की माँ उसे ले जाती। हाँ, यह सच है, उसने मुझे तंग नहीं किया।'

'पूना से तो बहुत पत्र आए हैं, स्वामीजी। ह.ना. आपटे, महादेव शिवराम गोद्वेनाथ गोविंद नातू, कोल्हापुर से छत्रपति शाहू महाराज, वि.गो. बीजापुरकर, चि.वि. वैद्य…कितने नाम लूँ!'

'सभी को मेरा प्रणाम कहो, अचिंगा। यह भी लिखो कि इतनी विकट स्थिति में से मुझे मार्ग इसलिए मिला, क्योंकि आप सभी की शुभकामनाएँ मेरे साथ थीं।'

'अवश्य लिखूँगा, स्वामीजी···' अलसिंग अचानक भावुक हो गया। वह सिर झुकाए बैठा रहा।

विवेकानंद उसके निकट बैठ उसके कंधे पर हाथ रखते हुए कहा, 'अचिंगा, पिछले चार वर्ष अलग-अलग कारणों के लिए मैं तुम्हें निस्संकोच पत्र लिखता रहा, परंतु कभी न तुम्हारे परिवार की पूछताछ की, न तुम्हारी। हाँ, अधिकार का प्रयोग कर रहा था मैं।'

'स्वामीजी···' उसका गला भारी हो गया।

'अरे, बोलो न! घर में कुछ समस्या है?'

'स्वामीजी, आपके स्वास्थ्य की दुर्दशा देखकर मुझे बड़ा दुःख होता है। आप जो भाषण के समय सिंह-गर्जना करके सारे उपस्थित समाज को झिंझोड़कर जगाते हैं, परंतु भाषण समाप्त होते ही जमीन पर लुढ़क जाते हैं। कितना कष्ट हो रहा है। आप मुख पर प्रसन्नता, मन में चिंता और तन में बीमारी लिये भ्रमण कर रहे हैं। स्वामीजी, आपको बहुत-बहुत सुदृढ़, बलवान रहना है··· हम सभी के लिए।'

और वह फूट-फूटकर रोने लगा।

उसे सँभालते-सँभालते उनके संयम का बाँध भी टूट रहा था; परंतु उन्होंने अपने मन पर अत्यंत संयम रखा था।

: सत्रह :

'स्वामीजी की जय हो', 'स्वामीजी का स्वागत हो'—इस तरह की घोषणाओं से खिदिरपुर का परिसर गूँज उठा। मद्रास से अपने शिष्यों के तथा सोवियर दंपती के साथ वे खिदिरपुर बंदरगाह में उतर गए। वहाँ से सियालदह स्टेशन ले जानेवाली एक खास गाड़ी खड़ी थी। सुबह लगभग साढ़े सात बजे वह गाड़ी सियालदह स्टेशन पर रुक गई और स्टेशन से बाहर आते ही ऐसे भव्य-दिव्य स्वागत का दर्शन उन्हें हुआ जैसा आज तक कभी नहीं हुआ था। नए-नए रंग-बिरंगी वस्त्रों में जनसागर उमड़ रहा था। ध्वज, पताका, बंदनवार, फूलों की बौछार सभी कुछ रमणीय था। चार अश्वों के रथ में आरूढ़ होकर उनकी यात्रा निकली थी। जयघोष हो रहा था। प्रसन्नवदन स्वामीजी सुहास्य मुद्रा में रथ पर खड़े रहकर स्वागत को स्वीकार कर रहे थे।

जब से वे मद्रास आए थे तब से दीर्घकाल स्तब्ध, शांत रहे जनसागर पर विवेकानंद नामक झंझा ने, तूफान ने खलबली मचाई थी। भारत हड़बड़ाकर जाग गया था। भारत के एक छोर से दूसरे छोर तक सत्य वाणी भ्रमण कर रही थी। जैसी भगवान् विष्णु ने अवतार धारण करके प्रलय की स्थिति से वसुंधरा को आधार दिया उसी तरह विवेकानंद ने दीन-हीनता के कदम वसुंधरा को ऊपर उठाने के लिए अपनी बाँहें फैलाई थीं।

तथापि इस समय विवेकानंद के मन में आ रहा था—कोलंबो में नौ-दस दिन

मद्रास में आते-आते कई स्थानों पर, प्रत्यक्ष मद्रास में नौ दिन में अखंड, प्रदीर्घ, ओजस्वी, टीकात्मक भाषण दिए। सैकड़ों की संख्या में लोग आ रहे थे। मिल रहे थे। चर्चा कर रहे थे, किंतु लोगों का उत्साह जोश ठाठें मार रहा था, परंतु ये उत्साह की ऊपरी-ऊपरी लहरें तो सिद्ध नहीं होंगी? सागर के नीचे पहुँचने में समय लगेगा तब तक ये लहरें ऊपर के ऊपर ही शांत तो नहीं होगी। क्या मैं सत्य ही वहाँ तक पहुँच पाऊँगा? मन में आशा-आकांक्षा, इच्छाओं का भरपूर खजाना है; परंतु बार-बार गिर रहा स्वास्थ्य मन को बेचैन कर रहा है।

अब अश्वों को हटाकर युवकों ने स्वयं रथ खींचकर रिपन कॉलेज के परिसर में पहुँचा दिया। कई लोग आ रहे थे, मिल रहे थे। आखिर मध्याह्न का समय होने लगा, तब उन्हें पशुपतिनाथ बसु के घर ले जाया गया।

इतना भव्य स्वागत, उनके विशाल जनसागर के उमड़ते हुए भी उनकी दृष्टि उस भीड़-भाड़ में माँ भुवनेश्वरी, भूपेन, महेन् को ढूँढ़ रही थी। वे जानते थे, बंगाली स्त्रियाँ बहुत आग्रही होती हैं। उससे विदा लेकर वे घर से निकले थे, अत: वह तब तक नहीं मिलेगी जब तक वे उससे नहीं मिलने जाते। वे सोच रहे थे, मैंने ऐसा कौन सा तीर मारा है कि वह आकर मुझसे मिलें। माँ गो, तुमसे मिलने के लिए मन बहुत अधीर और उत्सुक है। ऐसी उतावली मच रही है कि कब आकर तुमसे मिलूँ। भावनाएँ बेकाबू होने पर भी मुझे संयम से ही चलना होगा।

कलकत्ता निवासियों की ओर से शोभा बाजार स्थित सर राजा राधाकांत देव के प्रासाद के भव्य प्रांगण में अभिनंदन सभा आयोजित की गई थी। सभा के अध्यक्ष राजा विनयकृष्ण देव ने रोम्य करंडक से विवेकानंद को अभिनंदन पत्र अर्पण किया। जयघोष से सारा परिसर गूँज उठा। अभिनंदन-पत्र में लिखा था—

'सह सत्कार है बंगभू के उस सुपुत्र का, उस संन्यासी श्रेष्ठ का जिसने पश्चिमी देशों में वेदांत का, हिंदू संस्कृति का, सभ्यता का प्रचार किया और भारत तथा बंगभूमि को श्रेष्ठता प्रदान की।'

विवेकानंद भाषण के लिए खड़े हुए। उन्होंने कहा, 'मुझे हार्दिक प्रसन्नता हो रही है कि आज मैं अपनी जन्मभूमि में आ गया हूँ। इस कलकत्ता में जो मेरे गुरुदेव के, ठाकुरजी के चरण-स्पर्श से पुनीत हो गया है, वापस आ गया हूँ। आपने इतने प्रेम से मेरा भव्य स्वागत किया, इसके लिए किन शब्दों में मैं आपका आभार मानूँ।

'मनुष्य अपनी मुक्ति के प्रयास में जगत्-प्रपंच का संबंध सतत तोड़ता है। मनुष्य अपने आप्त स्वकीय, स्त्री-पुत्र, बंधु-बांधव सभी का स्नेह दूर करके उससे दूर जाने का प्रयास करता है। देह के कारण निर्माण हुए ये सारे बंधन, संबंध, सारे पुरातन संस्कारों का त्याग करने का ही उसका प्रयास रहता है। उसे इस बात का विस्मरण होता है कि समाज के अनुषंग से उसका अस्तित्व होता है। वह यह भी भूल जाता है कि हम जिस समाज में

रहते हैं, उसके प्रति अपना कुछ कर्तव्य है। उसे इसका भी विस्मरण होता है कि वह स्वयं साढ़े तीन हाथ का देहधारी प्राणी है; परंतु अपने मन में, हृदय के गर्भगृह में उसे एक अनाहत नाद सुनाई देता है।

'इसका विस्मरण नहीं होने देना—जननी जन्मभूमिश्च स्वर्गादपि गरीसी।

'युवक बंधो, बंगाल के युवकों पर हमेशा कल्पनाप्रिय व भावुक होने का आरोप लगाया जाता है। अत: वीर तथा श्रद्धावान् बनो··· । शील चरित्र का तेज तथा वीर्य जाग्रत् करके उत्साहपूर्वक कार्य-प्रवृत्त हो जाओ।

'इसी कलकत्ता नगरी की मिट्टी में मैं भी एक साधारण बालक की तरह खेला हूँ, उछल-कूद की है। स्कूल-कॉलेज, घर-परिसर, आप्त स्वकीय, आचार्य ठाकुरजी, काली माता सबके मन में स्मृतियाँ हैं। इसी भूमाता के अंक पर बैठकर आज मैं आपसे बात कर रहा हूँ। मन:पूर्वक बोल रहा हूँ। मेरे बंग बंधो, मेरा यह कार्यभार आप ग्रहण करें। इस कार्य की उन्नति, विकास इतना करो जिसकी मैंने कभी कल्पना भी नहीं की। मैंने मात्र दिग्दर्शन किया है। आप यह कार्य पूरा करें, वर्तमान युग में अपना दायित्व पहचानें।

'अपने स्वयं के लिए एक महान् पुरुष का आदर्श रखें। आदर्श के बिना समाज एक ध्वज के नीचे संगठित नहीं हो सकता। बंगाल का यह अहोभाग्य है कि रामकृष्ण परमहंस के समान धर्म-वीर का उसे लाभ हुआ है। मैं आपसे कहना चाहता हूँ कि अपने राष्ट्र के कल्याण के लिए, धार्मिक उन्नति के लिए उनके जीवन-दर्शन का अध्ययन करना होगा। आपको, हमें अच्छा लगे या न लगे, उनका कार्य चल ही रहा है। माटी के एक कण से भी सैकड़ों-हजारों कार्यकर्ताओं के निर्माण करने की शक्ति उनकी जीवन-शैली में है। उन्हें आदर्श मानना श्रेयस्कर है। वह हमारा गौरव होगा।'

उन्होंने अपना भाषण समाप्त किया। बहुत देर तक तालियों की गड़गड़ाहट गूँज रही थी। भारी कदमों से स्वामीजी मंच से उतरे।

□

'ॐ भवति भिक्षां देहि···' भिक्षुक की आवाज सुनकर भुवनेश्वरी देवी चारपाई से उठ गईं। उन्हें रोककर उनकी माँ रासमणी ने कहा—

'मत उठो बेटी, तुम्हारा शरीर ज्वर से तप रहा है।'

'मुझे जाने दो, माँ। शायद 'वह' तो नहीं होगा?'

'देख रही हूँ, आजकल तुम्हें बार-बार भ्रम हो रहे हैं। जहाँ देखती हो वहाँ तुम्हें अपना नरेन ही दिखाई देता है। कोई नहीं आया।'

'तुमने नहीं सुना?'

'नहीं। सो जाओ। संध्या समय कोई भिक्षा माँगने नहीं आता। समझी!'

'माँ, एक बार जाकर मुझे देख तो लेने दो।'

'तुम किसी की सुनोगी थोड़ी ही। बहुत जिद्दी हो। नरेन के चले जाने के बाद लाख बार कहा कि मेरे घर चलो, दोनों माँ-बेटी साथ रहेंगी। परंतु तुमने एक न सुनी। आखिर मुझे ही आना पड़ा। यहाँ आ गई तो तुम ज्वर ले के बैठ गईं।'

दोनों माँ-बेटी का संभाषण आँगन में खड़े विवेकानंद सुन रहे थे। दूर संध्याकालीन बची-खुची छाया को सूरज हलके-हलके उठा रहा था। वट-वृक्ष की डालियों पर कई चहचहाते पखेरू फुदक रहे थे।

विवेकानंद सोच रहे थे—उलटे कदम वापस जाएँ। जब से वे भारत लौटे थे, माँ का विदीर्ण, पीला पड़ा चेहरा कई बार उनके सामने साकार हो रहा था। कलकत्ता में कदम रखते ही उनके सब्र का बाँध ही टूट गया था। माँ से मिलने के लिए वे अधीर हो गए थे। परंतु कलकत्ता आते दस दिन होने के बाद भी लोगों का आना-जाना कम नहीं हुआ था। रोज रात देर से सोते समय वे कहते—माँ गो, क्षमा करो। हर समय मिलने आनेवाले लोगों को मैं देखता कि उनमें तुम्हारा दर्शन हो, परंतु मन निराश होता।''' आलम बाजार मठ में और बागबाजार में बलराम बसु के घर रहकर वे सभी से बातें कर रहे थे, परंतु माँ से भेंट नहीं होती।

एक समय तो मन-ही-मन वे माँ से बहुत नाराज भी हो गए। मेरे मन में इतनी उथल-पुथल मची है और माँ को इसका जरा भी एहसास नहीं। बच्चे के हाथ से अक्षम्य अपराध होने पर भी माँ क्षमाशील होती है। मेरे हाथ से कोई अपराध नहीं हुआ, न मैंने विकृत आचरण किया, फिर माँ को आकर मिलने में कैसी आपत्ति है? क्या वह मिलने के लिए लालायित नहीं हैं? वह मिलना ही नहीं चाहतीं, इसीलिए नहीं आईं।

मन में मची उलटे-पुलटे विचारों की खलबली आज तड़के शांत हो गई, जब उन्होंने माँ से मिलने जाने का निश्चय किया। उनके अनुसार वे अकेले ही किसी को बिना बताए बाहर निकले और यहाँ आकर दोनों माँ-बेटी का संभाषण सुनकर वे अपने आपको अपराधी समझने लगे। '''इसका मतलब माँ बीमार थीं। उन्होंने मन-ही-मन कहा। उनकी नानी रासमणि की अब उमर हो चुकी थी तो भुवनेश्वरी अकेली होने से निराश हो गई थी। दोनों को एक-दूसरे का सहारा था।

भुवनेश्वरी चारपाई से उठ गईं और कमजोरी के कारण अपना संतुलन खो बैठीं।

'यह क्या भुवनेश्वरी, संध्या समय कोई भिक्षा माँगने नहीं आता। यह कहने पर भी तुमने खड़े रहने का प्रयास किया और लड़खड़ाई न? गिर गई न?'

विवेकानंद भागे-भागे भीतर गए। नीचे गिरी माँ भुवनेश्वरी को उठाकर उन्होंने उसे खटिया पर बिठाया और उनके चरणों के निकट बैठे। उस धुँधली संध्या समय असमय ही कमरे में अँधेरा छाया था और भुवनेश्वरी ने अपना लाडला नरेन देखा और मौन रहकर आँसू बहाती रहीं। विवेकानंद माँ के मस्तक पर हाथ रखकर स्वयं पर नियंत्रण करने का प्रयास कर रहे थे। बहुत देर के बाद उन्होंने कहा, 'माँ, मैं आया हूँ,

सचमुच ही मैं आया हूँ।'

उनके चेहरे पर हाथ फेरते हुए माँ ने कहा, 'नरेन, मेरा बबुआ...कौशल्या माई का राम वनवासी हो गया तो चौदह बरसों के बाद उसे मिला। तुम भी दस वर्षों के बाद मिल रहे हो! बच्चे, तुम्हें मेरी जरा भी याद नहीं आई?' रासमणि बसु उनके मिलाप का अनुभव कर रही थीं।

'माँ, ऐसा एक भी दिन नहीं गया जब तुम्हारी याद नहीं आई।'

'सच कह रहे हो, बेटे?'

'माँ, जीवन भर सत्य ही बोल रहा हूँ। तुमने ही मुझे 'सत्यं ब्रूयात्' का पाठ पढ़ाया था न! फिर मैंने कभी असत्य वचन मुँह से नहीं निकाला, माँ।'

'अपने व्यस्त कार्यक्रमों में भी तुम्हें मेरी याद आ रही थी?'

'माँ, यदि तुम सुख के अंबार पर बैठी होतीं; वैभव, परिवार, बहू-बेटे, नाती-पोतों के बीच राज करती होतीं तो तुम्हारी याद मुझे नहीं आती; परंतु जिस समय मैंने संन्यास ग्रहण किया तब से हमारे घर आई गरीबी, कंगाली कभी गई ही नहीं। अपने भाषण में भारत की गरीबी के संबंध में बोलते ही तुम्हारी याद आती। किसी की माँ को देखते ही तुम्हारी याद आती। माँ, मेरे मन में पहले तुम्हारा नाम, फिर भगवान् का नाम रहता है।'

'नरेन, पूर्व जन्म का संचित पुण्य होने के कारण ही मुझे तुम्हारे जैसा पुत्र मिला।'

'माँ, यह तो तुम्हारा बड़प्पन है, इसलिए मुझे इतनी श्रेष्ठता दे रही हो। बचपन में एक नटखट, शरारती बेटे के रूप में तुम्हें तंग किया। ठाकुरजी के संपर्क में आकर नास्तिक से आस्तिक बनकर मैंने संन्यास ग्रहण किया। तब बाबूजी इस दुनिया में नहीं थे। भूपेन-महेन छोटे थे। चाचाजी ने दत्त भवन पर केस दर्ज करवा दिया। हम कुछ दिन नानी के घर रहे। फिर मिल गया रहने लायक घर, छोटा कमरा, मन-ही-मन में बहुत बड़ा लगता था।

'माँ, विपरीत परिस्थितियों में भी तुम सकारात्मक बातें करती हो। तुम्हारे मुख से कभी दूषण तो निकलता ही नहीं।'

'नरेन बबुआ, वही भलीभाँति जीना है, जो ईश्वर ने दिया है। बस, मैंने इतना ही भान रखा है।'

'माँ, महेन व भूपेन कहाँ हैं?'

'मैं नहीं जानती। कभी-कभी आते हैं। उनके आने पर मैं स्वादिष्ट भोजन बनाती हूँ। वे भोजन करते हैं, सोते हैं, फिर उठकर चले जाते हैं। किसी से पूछकर क्या करना है!'

किसी ने कुछ नहीं कहा। रासमणि उठ गईं तो विवेकानंद ने कहा—

'नानी, तुम बैठो, मैं चाय बनाता हूँ।'

'बैठो बेटे, तुम आराम करो। मैं अभी लाती हूँ।'

'माँ, आर्थिक तंगी से तुम्हें कष्ट होते हैं न?'

'नहीं नरेन, मैं किसी भी बात की चिंता नहीं करती। कोई अज्ञात व्यक्ति हर महीने सौ रुपए भेजता है। आते-जाते तुम्हारा वह शारदानंद कुछ-न-कुछ सहायता करता है। मुझे खाने-पीने की कोई चिंता नहीं, किसी भी बात की चिंता नहीं। बच्चे, तुम आ गए, बस, अब मुझे कुछ नहीं चाहिए।'

बात करते-करते वह मौन हो गईं। मन में एक विलक्षण कल्पना कौंधने से थर्रा उठे। उन्होंने उसके मस्तक पर हाथ रखा, प्रचंड ज्वर से उसे ग्लानि आ गई थी। उन्होंने भीतर जाकर पानी ले लिया। तब उन्होंने देखा, घर में दारिद्रय का राज है। घर की दीवारों में बड़ी-बड़ी दरारें पड़ गई थीं। रंग तो कब का उड़ चुका था। बचे-खुचे पीतल के बरतन पहले जैसे चमचमा नहीं रहे थे। चूल्हे की भी कई दिनों से लीपा-पोती नहीं हुई थी। जगह-जगह जमीन उखड़ गई थी। एक समय का वैभव-संपन्न दत्त निवास—उसी का एक कोना आज निढाल-सा पड़ा था। विश्वनाथ बाबू की दूसरों के नाम पर वस्तु लेने की उदार वृत्ति की शोकांतिका विवेकानंद देख रहे थे। कोने का यह हिस्सा भी दरअसल अदालत ने उदार होकर उन्हें रहने के लिए दिया था।

'माँ के लिए गंगा किनारे एक घर खरीदना चाहिए।' उन्होंने मन-ही-मन निश्चय किया और बाहर आ गए।

रात भर बुखार चढ़ रहा था, उतर रहा था। वे उसके पास बैठे थे। सवेरे-सवेरे माँ ने उनसे कहा, 'नरेन, कल रात भर तुम मेरी सेवा में लगे रहे। मेरी भी इच्छा थी, तुम मेरे पास रहो। मन स्वार्थी होता है न! तुम्हारे अस्तित्व का एहसास हो रहा था। मन अपने आपको धिक्कार रहा था। दूसरा मन तुम्हारे कारण सुख-आनंद पा रहा था। रात भर सतत मन का खेल चल रहा था। परंतु अब तुम जाओ, नरेन। तुम्हारे लिए लोग प्रतीक्षा कर रहे होंगे। भारत भूमि की स्वतंत्रता के लिए, उसके विकास के लिए तुम्हें सभी को आवाज देनी है। उठो, बबुआ!'

'माँ, मैं अब यहाँ से नहीं जाऊँगा। तुम्हें छोड़कर मैं कहीं नहीं जाऊँगा। सच कहता हूँ माँ, तुम्हें छोड़कर कहीं भी नहीं जाऊँगा।' उन्होंने माँ की गोद में सिर रखा। माँ का मन भर आया। उनके मस्तक पर हाथ रखकर उसने कहा, 'नरेंद्र दत्त··· नहीं, स्वामी विवेकानंद, जो अखिल विश्व को वेदांत का ज्ञान देते हैं, जगद्गुरु बने हैं। इस तरह भावविवश होते हुए किसी ने देखा है तो? वेदांत में कहा है न— निर्भय बनो, सत्य को स्वीकार करो।···फिर सत्य तो यही है कि नरेन, तुमने संन्यास धर्म की दीक्षा ग्रहण की है।'

'माँ, क्या संन्यासी की माँ नहीं होती? उसकी भावनाएँ नहीं होतीं? बताओ न, मैं संन्यासी हूँ अर्थात् क्या हृदय-शून्य मनुष्य हूँ?'

'नहीं।' अपने आपको पूरी तरह से सँभालते हुए उसने कहा, 'नरेन, अब तो तुम भारत में ही हो न? फिर तो तुम यहाँ आते-जाते रहोगे, कभी-कभी मिलोगे। इतना दुःखी हो रहे हो, मैं यह दुनिया छोड़कर नहीं जा रही।'

मैं तुम्हें कैसे बताऊँ, माँ, मैं ही बहुत थक गया हूँ। दिन-ब-दिन मेरी कमजोरी बढ़ रही है। नींद नहीं आती, पेट में बहुत दर्द होता है। नींद न आने के कारण सिर में बहुत दर्द होता है। आँखें भी दुखती हैं। क्या बताऊँ, माँ? शायद मैं ही तुमसे पहले यह दुनिया छोड़कर जाऊँगा।'''उन्होंने मन-ही-मन कहा।

'नरेन, बहुत कमजोर लग रहे हो।'

'प्रेम की दृष्टि से, ममता की दृष्टि से देख रही हो न, इसलिए ऐसा लग रहा है। पाँव में शनीचर बाँधकर घूम रहा हूँ, अखंड बोल रहा हूँ। मुझे क्या हुआ है?'

'अब तुम जाओ। मैं ठीक हूँ। जब-जब बीमार पड़ूँगी, तुम्हें जरूर बुलाऊँगी। जाओ नरेन, अब। लोगों को तुम्हारी बहुत आवश्यकता है।'

विवेकानंद उठ गए। उन्हें कर्तव्य का भान कराकर माँ ने अपनी माया का आँचल समेट लिया था। मन में ज्वलंत वेदना लेकर वे कमरे से बाहर निकले। किसी को भी उनके घर आने की कानोकान खबर नहीं मिली।

□

आलमबाजार मठ के शिष्यगण आज बागबाजार स्थित बलराम बसु के निवास-स्थान पर एकत्र हो गए थे। मध्याह्न हो चुकी थी। उस दिन ठाकुरजी के दक्षिणेश्वर जाने के बाद वहाँ रह रहे अनेक शिष्यगणों से उन्होंने कहा, 'संन्यास दीक्षा ग्रहण करके 'मनः पूत समाचरेत्' इस तरह का आचरण नहीं रखें। समाज हिताय, समाज सुखाय अहर्निश चेष्टा करना, यही सच्चा संन्यास धर्म है। मेरे विचार से प्रथम आत्मशोध, आत्मोन्नति, विकास की दिशाएँ और उसके पश्चात् मार्गक्रमण करें। 'आत्मनो मोक्षार्थ जगत् हिताय च' के लिए ही संन्यासी का जन्म होता है।'

इसके बाद उनके मन में आ गया, 'हम लाख कह रहे हैं, परंतु यह सब उनसे भी बार-बार कहना होगा। सारे संन्यासी ही मेरे कहने के अनुसार व्यवहार नहीं करेंगे। उन्हें भी उपदेश, शास्त्राभ्यास की आवश्यकता है। इसी कारणवश उन्होंने ठाकुरजी के सारे शिष्यों को बलराम बसु के निवास-स्थान पर आमंत्रित किया था और उनके अनुसार सारे आ गए थे। सभी को संबोधित करते हुए उन्होंने कहा, 'देश-विदेश में भ्रमण करते समय मैंने गौर किया कि बिना संस्था के संगठन नहीं हो सकता और संगठन के बिना स्थैय नहीं। अतः 'रामकृष्ण मिशन' की स्थापना करनी होगी। फिलहाल इस संघ का एक संचालक हो और पश्चात् कार्यानुसार अनेक पद उसमें हो सकते हैं। यह मठ उन्हीं के नाम का हो, जिनका नाम-स्मरण करके हम संन्यासी बने। जिनके आदेश के अनुसार मात्र बीस वर्षों में प्राच्य और पाश्चात्य जगत् में जिनके कार्य का प्रसार हो गया।'

गिरीशचंद्र घोष के साथ सभी ने इस सूचना को मान्यता दी। १ मई, १८९७ के दिन रामकृष्ण मिशन की स्थापना हो गई। उसकी कार्य-प्रणाली निश्चित की गई। इसे एक रजिस्टर में लिखा गया। इसके पश्चात् संस्था का उद्देश्य, संस्था का व्रत, संस्था की कार्य-प्रणाली, इस मिशन का भारत में कार्य, विदेशीय कार्य—इससे संबंधित चर्चा संपन्न हो गई। मिशन की स्थापना करने का निश्चय कर लिया गया। फिलहाल संस्था के मुख्य अध्यक्ष (General President) के रूप में सभी ने स्वामी विवेकानंद के नाम का सुझाव दिया। इतना ही नहीं, उसे मान्यता देने के लिए बाध्य किया। स्वामी ब्रह्मानंद कलकत्ता के अध्यक्ष तो स्वामी योगानंद सहकारी, नरेंद्रनाथ मित्र सचिव, डॉ. शशिभूषण घोष व बाबू शरत्चंद्र सरकार सहसचिव हो गए। शरच्चंद्र चक्रवर्ती को शास्त्राध्यापन का कार्य सौंपा गया।

और एक प्रस्ताव किया गया कि प्रत्येक रविवार के दिन तीसरे प्रहर में एक सभा होगी, जिसमें विविध विचार प्रस्तुत किए जाएँगे।

बहुत दिनों के बाद उस रात विवेकानंद को अच्छी नींद आई। परंतु उस महीने के तीसरे रविवार के दिन एक संन्यासी बंधु ने कहा—

'मेरे विचार से हम रामकृष्ण का प्रचार नहीं कर रहे हैं। अनन्य साधना करते हुए ईश्वर तक पहुँचने के उनके जीवन-क्रम का हम कहीं भी आचरण नहीं कर रहे हैं। गुरुबंधु विवेकानंद, आप जो जन-हिताय मठ, मिशन, वेदांत समितियाँ, सेवाश्रम स्थापन करने का संकल्प कर रहे हैं; परंतु रामकृष्ण मिशन अर्थात् उनकी प्रणाली का और हमारा तालमेल कहीं भी नहीं दिखाई देता।

'गुरुबंधो, क्या आप यही सोचते हैं कि पढ़ने-लिखने से, जनता में धर्म-प्रसार करने से, आर्त, रोगी, अनाथों की सेवा करने से संन्यासी मोह-माया में फँस जाता है? क्या ठाकुरजी ने ऐसा कभी कहा कि सिर्फ ईश्वर की ही साधना करो, समाज की सेवा व्यर्थ है? कभी नहीं। बल्कि आपने, हमने, सभी ने यही देखा न कि अपना उत्कर्ष, अपनी साधना और साधना द्वारा प्राप्त सिद्धि का उपयोग वे दीन-दुखियों के लिए ही कर रहे थे। हमने यह भी देखा है न कि मात्र स्पर्श करके वे दूसरों की वेदना, रोग स्वयं ले रहे थे। फिर भी इस तरह का विधान करना कि केवल ठाकुरजी के समान ईश्वर-प्राप्ति की साधना करो, इसका अर्थ यही होगा कि उनका उपदेश, आचार-विचार आपको रत्ती भर भी समझ में नहीं आया।

'आप और हम उनके चरित्र के अनंत पहलुओं को समझ सके हैं? घनघोर अँधेरे में डूबे देश-बंधुओं का उद्धार करके उन्हें कर्मयोग की शिक्षा देकर अपने पैरों पर खड़े करना, यह यदि घोर पाप होगा तो गुरुबंधो, मैं लाखों बार नरक जाने के लिए तैयार हूँ।'

विवेकानंद को हो रहा मनस्ताप उनके चेहरे पर साफ झलक रहा था। वे उठकर दूसरे कमरे में चले गए। सारा वातावरण गंभीर हो गया। काफी देर के बाद वे स्वयं बाहर निकले।

'मैं सच कहता हूँ, देश में सतत भ्रमण करते रहने से, समाज की व्यथाएँ-वेदनाएँ मैंने इतनी निकट से देखी हैं कि संवेदनाएँ कोमल बन गई हैं, मन भावुक हो गया। सोचता हूँ, ईश्वर को ढूँढ़ना हो तो इन गरीबों, दीन-दुखियों की सेवा करनी चाहिए।

'मैं जानता हूँ, मुझे इस तरह भाव-विवश नहीं होना चाहिए और कितने सारे काम मुझे करने हैं। मैं ठाकुरजी का दास हूँ। अपने सारे कार्य का भार वे मुझे सौंपकर गए हैं। जब तक उनके कार्य का ठीक तरह से श्रीगणेश नहीं होता तब तक अंतर्मन से वे मुझे कहते रहेंगे।'

'गुरु-बंधु विवेकानंद, हमें क्षमा करें।'

'बंधो, अद्याप तुम नए हो, उन्हें तुमने देखा है; परंतु हम उनके सान्निध्य में रहे हैं। हमने उन्हें समझा है।'

विवेकानंद के सामने प्रचंड कार्य था; परंतु उनका स्वास्थ्य उतना साथ नहीं दे रहा था। सारे गुरुबंधुओं का, हितैषियों का आग्रह था कि आपको हिमालय का परिसर बहुत प्रिय है, कुछ दिन हवाबदली हो जाएगी, तिस पर रोजमर्रे के भाषणों से मुक्ति मिलेगी।

'आप सभी इतना,आग्रह कर रहे हैं तो दुराग्रह से मुझे यहाँ नहीं रहना परंतु कहीं भी जाऊँ, अपने कार्य के संबंध में मैं सतर्क ही रहूँगा।'

इतना कहने पर भी कलकत्ता से उनके पाँव नहीं निकल रहे थे। उसी समय उन्हें मार्गरेट नोबेल का पत्र मिला—

'पूज्य स्वामीजी,

'आप हर समय कुछ-न-कुछ कारण बताकर हमारे भारत आने के विषय में 'कहता हूँ, मुहूर्त देखता हूँ', इस तरह बहाने बनाते रहे। स्वामीजी, भारत की स्त्रियों की शिक्षा के बिना बनी हुई स्थिति जो आपने बखानी थी, तब से मन को चैन नहीं। मैं भारत की अनपढ़ व अज्ञानी स्त्रियों को ज्ञानी बनाऊँगी, सारी बालिकाओं को शिक्षित करूँगी। अपने इस कार्य के लिए मैं स्वयं समर्पित हूँ। मैं और मिस मूलर आनेवाले कुछ ही दिनों में कलकत्ता आ रहे हैं।

पत्र पढ़कर विवेकानंद ने चैन की साँस ली। 'एक-एक कार्य के लिए ऐसे समर्पित व्यक्ति मिलने से मेरे मन को शांति मिलेगी।' उन्होंने मन-ही-मन कहा।

उसी रात उनका रक्तचाप बढ़ गया। सिर में बहुत दर्द हो रहा था। साँस फूल रही थी। रात भर एक पल के लिए भी उनकी आँख नहीं लगी; परंतु उन्होंने किसी को कुछ नहीं बताया। मन-ही-मन उन्होंने भगवान् से प्रार्थना की—

'हे ईश्वर! आठ दिन के लिए मुझे ठीक-ठाक रखो। सर्व धर्म परिषद् के अध्यक्ष बॅरोज साहब आ रहे हैं, उनके अतिरिक्त मिस मूलर, मार्गरेट नोबेल, सोवियर दंपती—इन सभी को हिमालय के परिसर में अल्मोड़ा ले जाता हूँ। भारत का रम्य तथा गूढ़ दर्शन वे करेंगे, तभी भारत के आध्यात्मिक जीवन का परिचय सहजतापूर्वक मैं करा सकूँगा।

मानसिक शक्ति के आधार पर शारीरिक वेदनाओं को सँभालते हुए वे दैनंदिन व्यवहार कर रहे थे। चेहरे पर वही चिरपरिचित प्रसन्न हास्य। बातचीत में वही अपनापन, भाषणों में वही अदम्य उत्साह।

'रामकृष्ण मिशन' की संकल्पना अब मूर्त स्वरूप में आ रही थी। नई कल्पनाएँ, नई-नई योजनाएँ, शिष्यगण, गुरु-बंधु, हित-चिंतक प्रस्तुत कर रहे थे। परंतु संस्था के पास अपनी जगह लेने के लिए पैसा नहीं था। संन्यासियों के पास लोगों से माँगे बिना पैसा कहाँ से आएगा? संन्यासियों का संगठन, यह एक अलग ही कल्पना थी। लोग संन्यासियों के लिए धर्मशालाएँ बनवा रहे थे, परंतु उन्होंने अद्यापि एक मिशन लेकर अपनी संस्था का निर्माण नहीं किया था, जिसका उद्देश्य धार्मिक और सामाजिक उन्नति था।

उस दिन विवेकानंद को मठ निर्माण के लिए आवश्यक धन के सिलसिले में ओली बुल का स्मरण हो आया और उन्होंने तुरंत उन्हें पत्र लिख डाला। उन्हें भारत आने का निमंत्रण भी दिया। उन्हें पूरा विश्वास था कि ओली बुल उन्हें आर्थिक सहायता करेंगे। उन्होंने सोचा, 'चलो, ईश्वर ही अड़चनें खड़ी करता है और वही उन्हें दूर भी करता है।'

□

उस दिन मिस मूलर, मिस मार्गरेट नोबेल माताजी से मिलकर आई थीं और अत्यंत प्रभावित होकर उन्होंने कहा, 'स्वामीजी, माताजी हमारी भाषा नहीं समझ सकती थीं और न हम उनकी भाषा समझ सकते; परंतु उन्होंने मुझे प्यार से स्पर्श किया। उस स्पर्श में मुझे जो एहसास हुआ, उसे मैं कभी नहीं भूल पाऊँगी। स्वामीजी, उन्होंने हमारे साथ भोजन किया। उनकी दृष्टि से हम जो जान सके, समझ सके, वह शब्दातीत है।' मिस मूलर ने कहा।

विवेकानंद मुसकराए।

'स्वामीजी, मैंने समझ लिया कि भारतीय नारी की पवित्रता क्या होती है। शारदा माता को मेरा कोटि-कोटि प्रणाम। शब्दों से अभिव्यक्त करते समय शब्द ही नहीं मिलते, वह सबकुछ जगन्माता के मात्र स्पर्श ने, दृष्टि ने बताया। वे अथाह प्रेम का सागर हैं। मुख्यतः आपके प्रत्येक शब्द की प्रतीति हमने की।

'सच है, उस माता को कोटि-कोटि प्रणाम, जिसने युवावस्था में गृहस्थाश्रम में रहकर संन्यास धर्म का पालन किया; अपने प्रेम का, ममता का आँचल सभी को दिया, 'शुचिता' जैसे शब्द का अर्थ साकार किया, अपने कार्य से सर्वधर्म समानता सिद्ध की।'

'स्वामीजी, एक विनती है।'

'दो विनतियाँ करो। भला एक ही क्यों!'

'एक विनती यह कि मुझे बहुवचन से संबोधित करें।'

विवेकानंद ने यह मान लिया।

'दूसरी विनती यह कि मैं अब भारत में ही रहूँगी, अतः भारत की रीति के अनुसार वेद मंत्रोच्चारण के साथ मुझे भारतीय नाम दिया जाए। यह मेरी प्रार्थना है, अनुरोध है और जिद भी।'

विवेकानंद ने मुसकराते हुए कहा, 'तुम्हारे जैसी सुंदर युवती की समर्पित बात कौन नहीं मानेगा! आज से तुम मेरी मानस भगिनी हो। तुम्हारा नया नाम है 'भगिनी निवेदिता'। तुम्हारा कार्य भी मैं तुम्हें समझाऊँगा। कलकत्ता में आर्य बालिका स्कूल शुरू करना है, जिसमें से नवयुग में ज्ञान-संपन्न युवतियाँ तैयार होंगी, परंतु यह कार्य तुम्हें हिंदू महिलाओं की सहायता लेकर घर-घर जाकर करना होगा। आज अज्ञान का जो अँधेरा फैला हुआ है उसे दूर करने के लिए उसकी कार्य-प्रणाली तैयार करनी होगी।'

'आप जो कहेंगे, वह मुझे स्वीकार है। आपने कहा, हिंदू महिलाओं की सहायता तो मैं वैसा ही करूँगी।'

'मेरा कहने का मतलब था आजकल भारत पर मिशनरियों का प्रभाव है। हिंदू नारियाँ साधारणतः घर से बाहर नहीं निकलतीं। निकलीं भी तो भी अचानक तुम पर विश्वास नहीं करेंगी।'

'मुझे स्वीकार है।'

'भारत में नारीत्व मातृत्व से परिचित है। मातृत्व में महानता, निस्स्वार्थ बुद्धि, कष्ट-सहिष्णुता तथा क्षमाशीलता आदि गुण हैं। पूरब की नारियाँ तथा पश्चिम की नारियाँ दोनों को एक ही मापदंड से नहीं नापा जाता। पश्चिम में नारी की अस्मिता, स्वाभिमान, स्वतंत्रता को स्वीकार किया गया है। यहाँ पूरब में नारियाँ समर्पित हैं। अपने परिवार के बिना वे अन्य कुछ सोचतीं ही नहीं। खैर, हम सब अब दार्जिलिंग जा रहे हैं। प्रथम अल्मोड़ा जाने का विचार था। वर्धमान के महाराज ने आपको निमंत्रित किया है।'

'हम सब कितने लोग जा रहे हैं?'

'मिस मूलर, सोवियर दंपती, स्वामी ब्रह्मानंद, गिरीशचंद्र घोष, मि. गुडविन, डॉ. टर्नबुल, अलसिंग पेरुमल, जी.जी. नरसिंहाचार्य, सिंगरावेलु मुदलियार और भगिनी निवेदिता।

वह प्रसन्नता से हँसने लगी और उसने कहा, 'इतने लोगों को सचमुच उन्होंने निमंत्रित किया है?'

'भारत की आत्मा है आतिथ्यशीलता। भारत का आनंद है आतिथ्य। अभी इस बलराम बसु के घर हम सात-आठ लोग रह ही रहे हैं। लोगों का सतत आना-जाना रहता है, परंतु बसु परिवार ने कभी शिकायत नहीं की।'

'स्वामीजी, आप क्या सोचते हैं, मौन रहने से आपकी अवस्था का ज्ञान किसी को नहीं होगा? आपके ही ब्रह्मानंद स्वामी ने बताया है कि नरेन कभी अपने मुँह से नहीं बताएगा, परंतु उसकी शारीरिक अवस्था बिलकुल ठीक नहीं है। इसीलिए हमने प्रथम घरेलू औषधोपचार किए, परंतु बाद में डॉ. टर्नबुल को निमंत्रित किया। अति परिश्रम के

कारण नरेन भीतर से थक गया है।'

विवेकानंद ने कुछ नहीं कहा। मिस मूलर उन दोनों के संवाद में शामिल न होते हुए शांति से सब सुन रही थी। उसने अचानक कहा, 'स्वामीजी, इस तरह बीमारी सहते मत रहना। आप ही कहते हैं न, अभी मुझे बहुत से काम करने हैं। तो स्वास्थ्य ठीक रहना चाहिए न!'

'क्या है मिस मूलर, इसका कोई महत्त्व नहीं कि हम कितना जीवित रहे। महत्त्व इस बात का है कि हम कैसे जिए। मृत्यु आएगी ही नहीं। मैंने उसे ताकीद की है कि जब मैं तुम्हें आवाज दूँगा, तभी आना। मैंने मृत्यु को वचन दिया है, भई मैं तुमसे बड़ी देर तक प्रतीक्षा नहीं करवाऊँगा। मेरी सारी योजनाओं पर अमल करनेवाला, उनका पालन करनेवाला कोई मिलते ही मैं तुरंत तुम्हें आमंत्रित करूँगा।'

कुछ देर तक उनकी बात पर मिस मूलर और निवेदिता कुछ भी नहीं बोल सकीं। थोड़ी देर के बाद निवेदिता ने धीमी आवाज में कहा—

'स्वामीजी, प्लीज आप किसी भी बात का विचार मत करें।'

'निवेदिता, क्या हवा से कहा जा सकता है कि रुको, रुको? सागर की लहरों को रोका जा सकता है? सूर्य-चंद्रमा को आकाश पर आने के लिए मना किया जा सकता है? मन में विचार आना, यह तो एक प्राकृतिक प्रक्रिया है और मृत्यु ही मोक्ष नहीं है। जीवन का ऊपर चढ़ रहा आलेख परिश्रमपूर्वक लिखने के बाद जीवन की संध्या में प्राप्त संतोष ही मोक्ष है। रहने दो ये सारी बातें। तुमने अभी-अभी भारत में कदम रखा है, पहले भारत को समझ लो।'

इसके बाद बड़ी देर तक नारी-शिक्षा के संदर्भ में वे चर्चा करते रहे। कुछ देर के बाद वे दोनों उठने लगीं।

विवेकानंद ने पूछा, 'क्यों, बोर हो गई न?'

'जी नहीं, परंतु नोट्स लेने के लिए नोटबुक लाना था। अब यात्रा में आपसे सारा समझ लूँगी।'

वे चली गईं और अलसिंग पेरुमल आ गया।

'आओ अचिंगा।'

अलसिंग उनके सामने विनम्रता से बैठ गया।

'स्वामीजी, बहुत दिनों से आपके साथ हूँ, अब वापस लौटूँगा।'

'दार्जिलिंग नहीं आओगे?'

'शायद नहीं, क्योंकि 'ब्रह्मवादिन' पत्रिका की जिम्मेदारी मैं किसी को सौंपकर आया हूँ। 'ब्रह्मवादिन' ने अब पाठकों में अच्छी-खासी लोकप्रियता प्राप्त कर ली है। अत: जिम्मेदारी बढ़ गई है। दूसरी बात यह है कि आप 'रामकृष्ण मिशन' शुरू करना चाहते हैं, उसके लिए लोक जागृति तो हो रही है, तथापि मुझे ऐसे लोग जमा करने हैं, जो

उसकी जिम्मेदारी उठा सकें। अब हाथ पर हाथ धरे बैठने से नहीं होगा, गुरुदेव।'

'अरे वाह! मेरे ही शब्द मुझे सुना रहे हो।'

'स्वामीजी, मैंने पहले कभी कहा था कि हनुमानजी की तरह छाती फाड़कर दिखा सकता तो आपको दिखा देता, मेरे हृदय में आप हैं, मेरे प्रत्येक शब्द में आप हैं। सच कहता हूँ स्वामीजी, सैकड़ों जन्म लेकर मैं पुनः-पुनः आपकी ही सेवा में रहना चाहता हूँ।'

'अचिंगा, कितना प्रेम करते हो मुझसे!' उनके नेत्र भर आए।

'स्वामीजी, रामकृष्ण मठ की स्थापना करते समय मद्रास आएँगे न आप?'

'अचिंगा, तुमसे मिलने कभी भी आऊँगा रे। परंतु…' वे आगे कुछ नहीं बोले। वे कहना चाहते थे, 'अभी बहुत काम बाकी पड़े हैं और समय बहुत कम बचा है। कैसे कहूँ रे तुमसे?'

'स्वामीजी, किंतु-परंतु आदि कुछ नहीं सुनूँगा। मेरा अनुरोध मत टालें।'

'ठीक है, ठीक है।' वे उठ गए और उसके कंधे पर हाथ रखकर कमरे से बाहर निकले। तब संध्या के कदम उनके कदमों के पास आकर रुक गए थे।

: अठारह :

'आज मुझे भगवान् शिवशंकर के दर्शन हो गए। इस देह के रोम-रोम में प्रसन्नता भरी है।' अमरनाथ की गुफा से दर्शन करके बाहर आने के बाद विवेकानंद ने निवेदिता से कहा।

उस पर निवेदिता ने कहा, 'भई, मुझे तो भारतीय लोगों की प्रगाढ़ श्रद्धा से जलन हो रही है। प्रत्येक स्थान पर देवत्व का निर्माण कर सश्रद्ध भारतीय वहाँ नतमस्तक हो जाता है। धन्य है ऐसी श्रद्धा।'

'पूरी तरह से ऐसा नहीं कहा जा सकता। नब्बे प्रतिशत भारतीय सश्रद्ध होने पर भी दस प्रतिशत लोग हीन प्रवृत्ति के हैं। आज यहाँ मुझे बहुत अच्छा लगा, क्योंकि यहाँ पंडे लोग नहीं, जो यात्रियों को लूटते हैं, धर्म का बाजार नहीं, न ही मन को लूटनेवाले लोग। यहाँ है केवल श्रद्धाभाव, सत्यं, शिवं, सुंदरम् की भावना।'

निवेदिता और नागा संन्यासी के सामने वे बोल रहे थे। वस्तुतः वे गुफा से बाहर नहीं आना चाहते थे। वहाँ हिम शिवलिंग प्रकृति का अनुपम, उत्कट साक्षात्कार देखकर अपना मन आध्यात्मिक चिंतन में रममाण होता हुआ देखकर वे झट से बाहर निकले।

चार दिन पहले ये नागा संन्यासी उनके साथ वाद-विवाद कर रहे थे। एक पाश्चात्य महिला उनके साथ है, यह देखकर वे विवेकानंद से नाराज थे। इसलामाबाद से निकलने के बाद सोनमर्ग मार्ग से उन्होंने अमरनाथ का रुख अपनाया था। साथ में अनेक यात्री थे। संध्या होते ही विवेकानंद तथा निवेदिता ने अपने-अपने तंबू खड़े किए। नागा

संन्यासी भी अपने तंबू खड़े कर रहे थे।

'देखिए, आप इस पाश्चात्य महिला से दूर जाने के लिए कह दें। यह हमारे साथ अमरनाथ यात्रा नहीं जाएगी।'

विवेकानंद ने कहा, 'वह अपना तंबू खड़ा करके रहती है तो आपको क्या आपत्ति है? भगवान् के द्वार पर जात-पात या धर्म कभी बाधा बन सकता है? हम सभी संन्यासी हैं। हमें सबकुछ समझ में आता है।'

परंतु उनके कानों पर जूँ तक नहीं रेंगी। वे कुछ सुनने के लिए तैयार नहीं थे।

'पाश्चात्य देश से हमारे देश में समर्पित भावना से आकर वह हमारे देश के लोगों को, खासकर नारियों को शिक्षा प्रदान करेगी। एक पाश्चात्य नारी यदि इतना कुछ कर सकती है तो हमारी संस्कृति, हमारा धर्म क्या उसे अपने में समा नहीं सकता? तिस पर संन्यासी धर्म में तो सारे धर्म एकत्र हो गए हैं। आप चाहते हैं तो इसी संध्या में शिवजी के द्वार पर जा रही इस नारी को मैं वापस भेजता हूँ, क्योंकि न मेरे धर्म की है, न जाति की।'

किसी ने कुछ नहीं कहा। उनमें से एक संन्यासी ने पास आते हुए कहा, 'उसे अपना तंबू लगाने दो।'

दूसरे दिन से सभी ने उसकी सहायता की। इतना ही नहीं, गुफा में जाकर उसे शिवशंकर का दर्शन भी करने दिया।

विवेकानंद ने प्रसन्न मन से कहा, 'द्वैत-अद्वैत, साकार-निराकार, सगुण-निर्गुण में सारी भावनाएँ एक ही मानव-धर्म में समाविष्ट होती हैं। विश्व में मानव-धर्म को स्वीकारा गया तो परस्पर राग-विद्वेष नहीं रहेगा, 'तेरा-मेरा' नहीं होगा, कलह और युद्ध नहीं होंगे। संन्यासी मित्रों, जहाँ जाएँ वहाँ प्रेम के बीज बो डालें, उन पर स्नेह जल का सिंचन करें।

'आप बहुत कुछ कर सकते हैं। मैं भी एक संन्यासी हूँ। सर्वत्र भ्रमण करते समय मुझे दीन-दुखियों में ईश्वर का दर्शन हुआ है। उनकी सेवा करनी चाहिए। संन्यास का अर्थ है मन को समाज-हित करने के लिए मन से ईश्वर को दिया हुआ निमंत्रण ही है।'

इस यात्रा में विवेकानंद अखंड बोल रहे थे, परंतु भीतर से थककर चूर हो गए थे। नागा संन्यासियों से चर्चा चलते-चलते संध्या समय अलाव के पास धर्म-चर्चा और सवेरे बर्फ के पानी में स्नान करके पैदल चलकर वे अमरनाथ पहुँच गए थे। बावान के झरने में स्नान करके निर्जला एकादशी व्रत का पालन किया था तो संन्यासियों के साथ वे हर रोज ही एकभुक्त रहते थे।

अमरनाथ के दर्शन के लिए वे अधीर हो गए थे। उस शिव स्वरूप विलीन होने का विचार भी उनके मन में आया था। परंतु उन्होंने इतने कार्य का फैलाव किया है। अभी तक किसी का किसी से भी तालमेल नहीं हुआ। जीवन से तो कभी मोह था ही नहीं, परंतु भारत की स्वाधीनता का उन्हें मोह था। भारत के विकास का उन्हें मोह था, संपूर्ण समाज

सुखी देखने का मोह था। मनसी के विचार समाज-हितार्थ जगाने का उन्हें मोह था। अज्ञान के कीचड़ में फँसी तथा भ्रामक धारणाओं से जकड़ी परंपराओं से भारतीय मनुष्य को मुक्त करने का मोह था। उन्हें मोह कहाँ नहीं हो रहा था?

उन्हें ईश्वर-निर्मित सृष्टि से मोह था। नित्य आ रहा सूर्य तथा चंद्रमा को देखने की इन्हें इच्छा है। कल-कल करती लोक-हितकारी सरिताएँ भी उन्हें मोहित करती हैं। हिमालय का गूढ़ परिसर और दक्षिण का सागर भी उन्हें मोहित करता है।

उन्होंने शिवजी से प्रार्थना की थी, 'हे सत्यं, शिवं, सुंदरम् भगवान शिवजी, मेरे स्वास्थ्य की अवस्था तुमसे छिपी नहीं है। दिन-ब-दिन मेरा स्वास्थ्य तो ढहता जा रहा है; परंतु सत्य कहता हूँ शिवशंकर, तुम तब तक नहीं आना जब तक मैं स्वयं तुम्हें आमंत्रित न करूँ। मैं प्रामाणिकता के साथ अपना कार्य पूरा करूँगा। मेरे विचारों को जो अभी-अभी धरती से बाहर निकले हैं, वातावरण में टिकने तो दो। बहुत कुछ तो मुझे नहीं चाहिए। दीर्घायु की कामना भी मैं नहीं करता।'

और उनकी इच्छा को जैसे स्वीकृति देने के लिए बाहर घंटानाद हो गया। इसी को अनुमति समझकर वे प्रसन्न चित्त से बाहर निकले। मन में एक दृढ़ संकल्प के साथ अपने आदर्श, अपने कर्तव्य के विषय में वे सतत बोल रहे थे। वे मन-ही-मन यही सोचते कि उनके सतत बोलते रहने से कभी कोई समान विचारों का व्यक्ति मिलेगा, परंतु दूसरे ही क्षण उनका मन कहता, 'क्या इतना आसान, सरल है यह? सबकुछ मन के भीतर से खिलने में समय तो लगेगा ही। ऐसा थोड़े ही होता है कि हल्दी पियो और तुरंत गोरे हो जाओ। बोने के बाद तुरंत अंकुर थोड़े ही फूटते हैं? उनके मन में अब जल्दी मची है। जल्दी-से-जल्दी सबकुछ हो जाए।' इस तरह के मन में विचार आते ही वे अपने आपको समझाते—'तुम विचार बोने का कार्य करो, विश्वास रखो कि अंकुर फूटेंगे।'...

उस दिन एक व्यक्ति ने पूछा, 'स्वामीजी, सबल व्यक्ति द्वारा दुर्बलों पर अत्याचार करते देखकर हमें क्या करना चाहिए?'

'कैसा अविचारी प्रश्न है। आप ही बताएँ, आप क्या करना पसंद करेंगे? आपको अत्याचार होते देखना अच्छा लगेगा! मन पर संयम रखकर आगे बढ़ना चाहेंगे या उस सबल व्यक्ति से दो हाथ करना अच्छा लगेगा?

'भले मानस, वहाँ क्षमा का कोई मूल्य नहीं, जहाँ मन की दुर्बलता तथा जड़त्व है। वहाँ युद्ध ही श्रेयस्कर है। जय पाना हाथ का मैल है। लगता है, वहाँ क्षमा करे। विश्व एक युद्धक्षेत्र है। संग्राम से अपना मार्ग खुला करो, अपनी शक्ति को पहचानो।'

'स्वामीजी, अपने उचित अधिकारों की रक्षा के लिए क्या किया जाए?'

'आपका क्या विचार है? प्रतिकार न करें? ध्यान न दें? देखो, वह प्रतिकार न करें, जो संन्यासी हैं। सहिष्णुता संन्यास धर्म है; परंतु गृहस्थ आत्मरक्षार्थ, परिवार की रक्षा के लिए अवश्य प्रतिकार करें। अधिकार का प्रयोग भी करें, क्योंकि वह उसका कर्तव्य है।'

विवेकानंद ने आगे कहा, 'बौद्ध तथा जैन धर्म हमें अहिंसा की शिक्षा देते हैं। अहिंसा अच्छा सिद्धांत है। संन्यासी उसका प्रयोग करें। परंतु गृहस्थाश्रम में अहिंसा को मानना कई बार गलत सिद्ध होता है। किसी ने आपके परिवार को संकट में डाला तो मौन, चुपचाप मत रहना, अहिंसा मत मानना। शास्त्रों का यही कहना है कि भले ही वह दुष्कर्मी ब्राह्मण भी क्यों न हो, उसका वध करें। परोपकार करें, परंतु अन्याय मत सहें और अन्याय ही सहते रहोगे तो आपका पुरुषार्थ किस काम का?' उन्होंने विषय समाप्त किया।

□

प्रसंग-प्रसंग से वे अखंड बोल रहे थे। उनकी इच्छा थी, प्रत्येक पल में लोगों को ज्ञान दें। उन्हें कई प्रसंगों का स्मरण हो गया। वे दार्जिलिंग आए थे। प्रकृतिरम्य वातावरण में उन्हें अच्छा लगेगा और जन-संपर्क में से कुछ समय अपने लिए खर्च करेंगे, यही सभी ने सोचा। मिस मूलर, निवेदिता, सोवियर दंपती, गुडविन उनके साथ दार्जिलिंग आए थे। निरंतर पंद्रह दिन उन्हें बुखार था। शारीरिक परिश्रम अखंड बोलने से तथा शेष पूरे समय में चिंतन करने से वे बहुत थक गए थे। मन-ही-मन अपनी थकान का उन्हें एहसास था। इसीलिए किसी से कुछ कहे बिना वे काम में जुट जाते, बोलना प्रारंभ करते।

एक दिन मिसेज सोवियर ने कहा भी, 'स्वामीजी, आपकी इतनी महान् योग्यता होकर भी आप मुझे 'माँ' कहते हैं, फिर मेरा कहा मानेंगे?'

'इस तरह विनती क्यों करती हैं? आज्ञा करें। देखें, मैं आपकी बात मानता हूँ कि नहीं।'

'आप विश्राम करें, बस यही हमारी इच्छा है।'

'स्वीकार है। लीजिए, मैं विश्राम करता हूँ।' उन्होंने अपनी आँखें मूँदकर सिर तकिए पर रखा।

थोड़ी ही देर के बाद मिसेज सोवियर उनके कमरे में आईं तो महाशय लिख रहे थे। उनके पूछने पर उन्होंने कहा—

'आपने मुझे विश्राम करने के लिए कहा था, परंतु यह नहीं कहा कि कितना समय करें। और सच कहूँ, मैंने तकिए पर सिर क्या रखा, अनंत व अनगिनत विचारों के कल्लोल से कष्ट होने लगा। इससे अच्छा है, मैं लिखता व बोलता रहूँ। तब कष्ट का एहसास नहीं होता।'

'स्वामीजी, आप अभी युवावस्था में हैं। आपको बरसों तक कार्य करना है।'

'आपकी बात मानता हूँ, परंतु उस अदृश्य विधाता के पास हमारे जीवन के धागे बँधे हुए होते हैं। कौन कह सकता है, कब क्या होगा। उससे अच्छा है सारा काम समेटकर प्लेटफॉर्म पर ट्रेन की प्रतीक्षा करना। यह मेरा स्वभाव है।'

मिसेज सोवियर ने उन्हें छूकर देखा, बुखार बहुत तेज था। उन्होंने डॉक्टर को बुलाया।

डॉक्टर ने कहा, 'दवाइयों के साथ आराम की भी जरूरत है, स्वामीजी।'

'शरीर को विश्राम दे सकते हैं डॉक्टर, परंतु इस मन को कैसे दें?' डॉक्टर ने कुछ नहीं कहा और कहकर भी वे विवेकानंद को हरा नहीं सकते थे।

दूसरे दिन सुबह बुखार कम हुआ।

डॉक्टर ने कहा—

'लगता है, तन और मन दोनों ने स्वामीजी को आराम दिया है।'

'डॉक्टर, एक चिंता ने दूसरी चिंता को सही मार्ग पर लगाया।'

'क्या हुआ?'

'डॉक्टर, कल आए हुए युवक ने कहा कि कलकत्ता में प्लेग की बीमारी बुरी तरह से फैल गई है। लोग फटाफट ऐसे मर रहे हैं जैसे अति गरमी में चिड़ियाँ मरती हैं। मुझे कलकत्ता जाना है—अभी, इसी वक्त।'

'स्वामीजी, आप न जाएँ। आप बहुत कमजोर हो गए हैं। रोग-प्रतिकारक शक्ति कम हो गई है। तिस पर प्लेग जैसा रोग जानलेवा…'

'डॉक्टर, यही समय है कि मनुष्य मनुष्य की सहायता करे।'

'आप अकेले क्या करेंगे?'

'सिंह-गर्जना करके सहायता के लिए ललकारूँगा। अभी-अभी स्थापित हुए रामकृष्ण मिशन को सेवा कार्य का एहसास दिलाऊँगा।'

'उसके लिए आवश्यक धन?'

'मानता हूँ, रामकृष्ण मिशन संन्यासियों का है; परंतु हम भिक्षा तो लेते ही हैं। समाज से मठ के लिए जगह लेने हेतु लिया हुआ धन खर्च किया जा सकता है।'

'इसका अर्थ, इसी विचार से प्रेरित होने के कारण आपका बुखार भाग गया।'

वे तैयार होकर बाहर आ गए तो मिसेज सोवियर चकित हो गईं।

'स्वामीजी, आठ दिन पहले आपने अपना मनोभाव व्यक्त किया था न कि हिमालय में एक केंद्र की स्थापना करें।'

'और आप सभी ने उसका समर्थन किया। वह आश्रम चलाने की तथा यहीं रहने की इच्छा भी व्यक्त की। यह केंद्र शुरू करने के पीछे की भूमिका भी मैंने स्पष्ट की।'

'मुझे वह बहुत अच्छी लगी, स्वामीजी। भारत के आध्यात्मिक इतिहास से हिमालय को कभी निकाला नहीं जा सकता। कार्यक्रम न सही, लेकिन मन:शांति के लिए, ध्यान-धारणा के लिए, ज्ञान-प्राप्ति के लिए यह केंद्र रहेगा। ठीक है न?'

'बिलकुल ठीक।'

'स्वामीजी, आप हिंसा-अहिंसा की चर्चा करते हैं, परंतु आपके ही लोगों ने, जब आप अमेरिका में थे तब आपके शील-चारित्र्य पर भी कीचड़ उछाला, आरोपों की बौछार की। फिर क्या। मिशनरियों की पाँचों उँगलियाँ घी में और अब सर्व धर्म परिषद् के

अध्यक्ष मि. बॅरोज भारत आकर आपके विरोध में वक्तव्य दे रहे हैं। फिर भी आप शांत कैसे? उन्हें क्यों नहीं मुँहतोड़ जवाब देते?'

'सूरज के बदली की ओट में छिपने से अँधेरा होता है, प्रकट होने पर अँधेरा दूर होता है। उनके मन का अँधेरा कुछ देर के बाद दूर होगा। उसके लिए प्रतीक्षा करनी पड़ेगी। खैर, मुझे अब कलकत्ता जाना है।'

मिस्टर बॅरोज मनमानी कर रहे थे, खुलकर अपप्रचार कर रहे थे। विवेकानंद के कमरे में हर रोज समाचार-पत्रों तथा चिट्ठियों का अंबार लगता, परंतु वे रत्ती भर भी विचलित अथवा विस्मित नहीं हुए। बल्कि नई नीति, नए सिद्धांतों, नए आदर्शों का न डगमगाते हुए प्रचार कर रहे थे।

इसके और भी कारण थे—अपने आप पर दृढ़ विश्वास और रामकृष्ण मिशन द्वारा मुर्शिदाबाद जिले में अकाल-पीड़ितों के लिए किया हुआ कार्य। स्वामी रामकृष्णानंद द्वारा मद्रास में की गई रामकृष्ण मिशन की स्थापना और उनका चल रहा ठोस कार्य, स्वामी शारदानंद का अमेरिका में वेदांत समिति का कार्य, स्वामी अभेदानंद का इंग्लैंड में हो रहा कार्य—इन सभी से वे प्रसन्न थे। वे जानते थे कार्य का श्रीगणेश तो बहुत अच्छा हुआ। अब लोग चाहे जितना भी चिल्लाएँ, कोई फर्क नहीं पड़ता।

दार्जिलिंग से फिर कलकत्ता और वहाँ से अब स्वास्थ्य के लिए अल्मोड़ा आए थे। अल्मोड़ा के हिंदू समाज ने उनके भव्य स्वागत की तैयारी की थी। उनका भाषण सुनने के लिए रोज सैकड़ों लोग उपस्थित रहते थे। कहीं भी वे निष्क्रिय नहीं थे, न ही उन्हें चैन था, शांति थी। अखंड रूप में वे अपने ओजस्वी भाषणों द्वारा धर्म जागरण करके धर्म का सत्य स्वरूप स्पष्ट कर रहे थे। अज्ञान के विरोध में लोक जागृति कर रहे थे और परतंत्रता में सड़ रहे समाज का मार्गदर्शन कर रहे थे।

अमेरिका से वापस लौटने के बाद कोलंबो से अल्मोड़ा यह मात्र लोक-जागरण की यात्रा थी। असंख्य लोगों के असंख्य प्रश्न, भाषणों से वे अपना अनुभूति से प्राप्त, चिंतन-प्रसूत विचार प्रस्तुत कर रहे थे। अलग-अलग स्थानों पर समय पर जो सूझता था अथवा क्वचित् परिस्थितिजन्य विचार प्रकट करते।

'अनेकत्व में एकत्व यही विश्व की रचना है। सर्वजीवित सृष्टि अंत में अनंत रूप में विलीन होकर पुनः-पुनः जन्म लेती है। 'पुनरपि जननं पुनरपि मरणम्', यह सृष्टि का नियम है।

यह सृष्टिकर्ता कौन है? यह विज्ञान, ज्ञान के सामने एक गूढ़ व अनबूझ पहेली है, तथापि भक्ति ने उसे 'ईश्वर' नाम देकर ऐसा नहीं कि सहज सुलभ बनाया है और उसे प्राप्त करने के लिए साधना ही करनी चाहिए, वह आत्मरूप में है। आत्मशोध के बाद प्रचीति होती है। वह अन्य रूप में भी है। सभी की शक्ति एक होने पर प्रचंड शक्ति तैयार होती है। आज इस संगठन शक्ति का ही अभाव है।'

कभी ईश्वर शक्ति जाग्रत् करने का विवेकानंद आह्वान करते तो कभी निद्रिस्त मनुष्य को आत्मविश्लेषण के लिए ललकारते हुए जाग्रत् करते।

'हे मानव! उठो। तुम्हें अपना ही भान नहीं। आत्मशोध लो। तुम नित्य शुद्ध और बुद्ध (ज्ञान) स्वरूप में हो, सर्वशक्तिमान हो। उठो, अपना सत्य स्वरूप प्रकट करो। वह परमात्मा जो अनंत, सर्वशक्तिमान, नित्य, शिव, निस्स्वार्थ, अमर्याद है—तुझमें विराजमान है। उसका नित्य स्मरण अर्थात् प्रार्थना करना और उसमें से अन्यों के प्रति सहृदयता रखना हमारा परम कर्तव्य है।

'इस विश्व का संपूर्ण इतिहास उन लोगों का इतिहास है, जिन्हें स्वयं पर पूरा विश्वास है। इस आत्मविश्वास से आंतरिक देवत्व प्रकट होता है।

'स्वयं पर श्रद्धा रखना वेदांत सिखाता है। सगुण ईश्वर पर आपकी श्रद्धा न हो तो वह 'नास्तिक', परंतु वेदांत के अनुसार वह नास्तिक, जिसकी अपने आप पर श्रद्धा नहीं। वेदांत यह भी कहता है कि यह कहना अनुचित है कि हम दुर्बल हैं, पापी हैं, नगण्य हैं। वेदांत का अर्थ है—जीवन महत्तम की परिभाषा करते समय आत्मभान प्राप्त व्यक्ति के महत्तम गुणों का, विचारों को लक्ष्य करना। मानव को महामानव बनाने का कार्य वेदांत के कारण परिचित होता है। वेदांत का ज्ञान है जीवन का सुप्रभात, जीवन का प्रौढ़ प्रगल्भ मध्याह्न और जीवन के सर्वांग सुंदर अनुभूति से सजी-धजी संध्या। वेदांत एकात्म का गहरा स्वरूप, सुंदर दर्शन है।

'आंतरिक व बाह्य प्रकृति पर विजय प्राप्त कर देवत्व-प्राप्ति करना यह जीवन का ध्येय है। कर्म, ज्ञान तथा भक्ति इन सीढ़ियों पर आरोहण करने के बाद अंतिम पड़ाव पर वेदांत खड़ा है।'

कभी-कभी विवेकानंद कहते—'धर्म पोथी, पुराणों, शास्त्रों में नहीं, ग्रंथों में नहीं। वह एक प्रणाली है, जो धर्म सिखाती है। उनकी कथाओं से प्राप्त ज्ञान हमें ग्रहण करना है। दूसरे की निस्स्वार्थ सेवा, दूसरे की सहायता, समाज-सेवा, राष्ट्र-सेवा करना आपका धर्म है। धर्म पुस्तकों में बँधा हुआ नहीं, न ही व्रत, पूजा-अर्चना, उपवास में है।

'धर्म वही है, जो समाज को धारण करता है, मानव को महामानव बनाता है। धर्म का स्वरूप हम समाज में ही देख सकते हैं। ईश्वर समझकर दीन-दुर्बलों, दुखियों की सेवा करने से चित्त-शुद्धि तो होती है, बल्कि ईश्वर का साक्षात्कार होता है। यही ईश्वर अणु से ब्रह्मांड तक सर्वत्र है, यह भावना मन में दृढ़ होने पर मन सहृदय होता है। यह प्रत्यक्ष व्यवहार स्थित वेदांत है। आपका हृदय शुद्ध-पवित्र हो, चित्त-शुद्धि हो, वह कैसे प्राप्त होगी तो आसपास के बिखरे विराट की सेवा करो।

'अपने मन से क्षुद्रत्व की भावना निकालें, फिर आपको ज्ञात होगा कि सहस्त्रपाद तथा सहस्त्रशीर्ष युक्त हमारा एकमात्र देवता है हमारा राष्ट्र, हमारा देश, हमारा भारत देश। उसकी उपासना छोड़कर आप कल्पित देवताओं की उपासना में क्यों लगे हैं?'

इस तरह खरा-खरा व मुँहतोड़ प्रश्न पूछकर विवेकानंद रुकते। भीतर से बुखार होने के कारण वे हाँफने लगते। उन्हें प्यास लगती, परंतु वे कभी कहीं भी भाषण समाप्त नहीं करते। लोगों के प्रश्नों के उत्तर भी देते।

कभी अपने भाषण द्वारा वे स्वतंत्रता और समता से संबंधित विचार प्रकट करते, 'जब किसी के मन से लिंग भेद, जाति भेद, रंग भेद, जन्मजात भेद, धनिक-निर्धन भेद नष्ट होते हैं, वही व्यक्ति विश्व-बंधुत्व तक जाता है। श्रेष्ठता की धारणा यह मानव को प्राप्त अभिशाप है। सर्वत्र रामत्व, यह वेदांत का सार है।

'एक शक्ति श्रेष्ठता की भावना से प्रेरित होकर जाति निर्माण करती है तो दूसरी शक्ति जाति नष्ट करने के लिए कार्यरत होती है। जब-जब श्रेष्ठत्व की कल्पना दुर्बल होती है तब वह मानव जाति सुखी होती है।'

कभी विवेकानंद मानव की निर्भयता के विषय में चर्चा करते। वे कहते, 'अपनी दुर्बलता की कल्पना मत करें। अपनी सबलता पर श्रद्धा रखें। पाश्चात्य लोग संपन्न हो गए, क्योंकि उनकी अपने कार्य पर श्रद्धा है, बाहुबल पर विश्वास है।

'Work is God, वे कर्म को भगवान् मानते हैं। निर्भयता मनुष्य को कार्य-प्रवण करती है। अज्ञान के समस्त विस्तार पर बम की तरह एक शब्द टकराता है—निर्भयता। भयग्रस्तता सारी अवनति की, सारे पापों की जननी है। सामर्थ्य ही जीवन का सर्वश्रेष्ठ मार्गदर्शक व गुरु है।

'वीर पुत्रो, अपना रग-रग बलशाली करो। लोहे के बाहु और फौलाद की नसें जिसमें हैं वज्र-मन, सामर्थ्य, पुरुषार्थ, क्षात्र-वीर्य, ब्रह्म-तेज।

'उपनिषदों के प्रत्येक पृष्ठ पर सामर्थ्य की शक्ति का संदेश दिया है। उपनिषद् विश्व का एकमेव साहित्य है, जिसमें 'निर्भय बनो, इस तरह का संदेश दिया है, जो विश्व के किसी भी धर्मग्रंथ में नहीं मिलेगा।

'वह धर्म ही नहीं, जो सामर्थ्य की प्रेरणा नहीं देता।'

अमेरिका में डॉ. बॅराज, हिंदुस्तान में विवेकानंद से जलनेवाले लोग तथा मिशनरी लोग, इनमें से किसी का विरोध न करते हुए उन्होंने अपने काम की गति तेज की। परिणामत: उनसे जाने-अनजाने में ही उनका स्वास्थ्य दिन-प्रतिदिन गिर रहा था, परंतु अब कोई चारा नहीं था। मि. एंड मिसेज सोवियर को इस बात का एहसास था।

उस दिन अल्मोड़ा के घने जंगल में एक शिलाखंड पर वे अकेले ही बैठे थे। सुबह बीतकर दोपहर हो गई, तब भी वे वहीं पर बैठे थे। इतने में एक वृद्ध व्यक्ति उनके पास आता हुआ दिखाई दिया। उसने कहा, 'अरे, मुझे पहचाना नहीं नरेन?'

'ठाकुरजी, आप? आप यहाँ कैसे?'

'जहाँ तुम वहाँ हम। आज तक तुम्हारा साया बनकर तुम्हारे पीछे था, परंतु अब तुम मध्याह्न का प्रखर सूर्य हो गए हो। अपने में ही छाया को खींच लिया। अपनी ही चिंता

करता रहा, क्यों रे?'

'ठाकुरजी, मैं प्रखर सूर्य नहीं हूँ और ऐसा वटवृक्ष भी नहीं जिस पर सैकड़ों पंछी विश्राम करें। अब ऐसी इच्छा हो रही है, सारा विश्व एक तरफ और मैं अकेला दूसरी तरफ रहूँ।'

'आजकल तो तुम ब्राह्म मुहूर्त में उठकर ठंडे पानी से स्नान करके...'

'ठाकुरजी, भला ठंडे पानी में स्नान करने में विशेष बात क्या है?'

'अरे नरेन, यहाँ का वातावरण कैसा है? हिमाच्छादित पर्वत शिखरों से आ रहा पानी, उसमें तुम स्नान करते हो। पहले ही तुम्हारा स्वास्थ्य इतना नाजुक...पल में तोला पल में माशा...मध्याह्न के समय तक इस तरह एकांत में बैठे रहते हो। तुम्हारा मन क्या विरागी हो गया है?'

'संन्यासी होने पर भी मैं एक मनुष्य हूँ न, ठाकुरजी। कभी-कभी इस तरह निराशा से घिर जाता हूँ। फिर अपने मन को धीरज बँधा के इस तरह एकांत में बैठ जाता हूँ।'

'किस बात का इतना विचार करते हो?'

'ठाकुरजी, अल्मोड़ा आने के बाद यहाँ की निर्धन माँ-बहनों के शरीर पर लज्जा-रक्षण के लिए भी पर्याप्त वस्त्र नहीं थे। यहाँ के बालक भी नंग-धड़ंग! मेरा हृदय छलनी हो गया। मैं व्याख्यान देता हूँ, भाषण झाड़ता हूँ, बड़ा ताव खाकर ओजस्वी वाणी से हजारों बातें कहता हूँ। मेरी प्रशंसा के पुल बाँधे जाते हैं, मेरी वाहवाही होती है, सबकुछ होता है, परंतु एक मुट्ठी भर चावल मैं उन्हें नहीं दे सकता, अंग भर वस्त्र नहीं दे सकता। मैं वेदांत जानता हूँ, शास्त्रों में पारंगत हूँ, परंतु उसका क्या फायदा, बताएँ न? सब किस के लिए? धनिकों को, शिक्षितों को मैं समझदार बना सकता हूँ? मेरी कुछ भी समझ में नहीं आता। ठाकुरजी, डरता हूँ, इसी तरह एक दिन मैं ही मृत्यु को आमंत्रित करूँगा।'

'नहीं नरेन, तुम ऐसा कुछ भी नहीं करोगे; क्योंकि पल भर का यह नैराश्य दीर्घ समय तक तुम्हारे मन में नहीं रहेगा। मैं जानता हूँ, तुम इस तरह निराश क्यों हो गए। पवहारी बाबा की वाणी मौन हो गई, तुम्हारे गुडविन का निधन हो गया। इसलिए तुम दुःखी हो न?'

'नहीं, नहीं। हाँ, पल भर के लिए दुःख हुआ भी, क्योंकि मृत्यु जीवन का अनिवार्य हिस्सा है, इसका मुझे एहसास है। सान्निध्य से स्नेह उत्पन्न होता है। आज वे चले गए, कल मैं भी चला जाऊँगा। यह विचार आत्मसात् करने के लिए थोड़ा समय तो लगता ही है। ठाकुरजी, भारत संबंधी मैं जो भव्य सपने देख रहा हूँ, वह कहीं मेरी भूल तो नहीं?'

'नहीं नरेन, नहीं। तुम इस तरह अधीर मत होना। बीज बोने पर तुरंत अँखुआ आने का आग्रह नहीं रखना। स्नेह-जल का सिचन करते रहे। वह तुम्हारा कर्तव्य है और

मैं देख रहा हूँ, जब से अल्मोड़ा आए हो, तुम सतत जंगलों में अकेले घूम रहे हो। पुनः तपस्या की धुन तुम्हारे मन में लगी हो तो वह मुझे स्वीकार नहीं। तुमने मुझे वचन दिया है कि जब तक मैं आकर तुम्हें निर्विकल्प समाधि ग्रहण करने का आदेश नहीं देता, तुम इस मार्ग को नहीं अपनाओगे। सच है न?'

'हाँ ठाकुरजी, मैं अपना वचन नहीं तोड़ूँगा; परंतु आप तो…'

'नहीं। ऐसा समय आने पर मैं तुम्हें अवश्य बताऊँगा। विश्वास करो। तब तक तुम अपना कार्य पूरा करो। इस तरह एकांत में मत रहना।'

रामकृष्ण अंतर्धान हो गए। विवेकानंद तब वापस लौटे जब धरती पर संध्या उतर आई थी। सभी के चेहरे प्रसन्नता से खिल गए।

□

'नरेन।' विवेकानंद का बालमित्र योगेश दत्त खास उनसे मिलने आया था। बातचीत के दौरान योगेश ने कहा—

'नरेन, भारत के शिक्षित युवकों को यदि तुम सिविल सर्विस परीक्षा के लिए धन इकट्ठा करके इंग्लैंड भेज सकते हो तो वापस लौटने पर वे मातृभूमि के कल्याण के लिए बहुत कुछ कर सकते हैं।'

'गलत, बिलकुल गलत। तुम्हारी सोच सौ फीसदी गलत है, योगेश। ये युवक शिक्षा ग्रहण करके एक तो वापस नहीं लौटेंगे और लौटे भी तो पाश्चात्य लोगों में वे अधिक घुल-मिल जाएँगे। वे अंग्रेजों के खान-पान, बोलचाल का ही अनुकरण करेंगे। स्वदेश का अथवा राष्ट्रीय आदर्श का उन्हें स्मरण भी नहीं होगा।

'आजकल के युवक संघर्ष के संबंध में उदासीन हैं। कोई कुछ भी व्यवसाय करना हो तो उतनी शक्ति नहीं, प्राप्त परिस्थितियों में प्रयास करके ऊपर उठने की मानसिकता नहीं। मेरे सामने तो यही प्रश्न है कि ये युवक पढ़ने के लिए तैयार होंगे भी या नहीं। कुबेर-पुत्र मौज-मस्ती के लिए कॉलेज जाते हैं तो निर्धनों के पुत्र प्राप्त परिस्थितियों में जीते हैं।'

विवेकानंद के असीम भारत-प्रेम का योगेश को एहसास हो गया था। कई घटनाओं का जिक्र करते-करते वे फूट-फूटकर रोए थे तो अनेक घटना बखानते समय उनके शब्द ज्वालाग्रही बन गए थे। उन्होंने अपना संपूर्ण जीवन भारत के लिए समर्पित किया था। रोम-रोम से अभिव्यक्त उनके भारत-प्रेम से योगेश अभिभूत हो गया था। विवेकानंद और भारत दोनों की एकरूपता का अनुभव योगेश ने किया था।

अल्मोड़ा में तुरीयानंद, निरंजनानंद, सदानंद, स्वरूपानंद और कुछ पाश्चात्य शिष्यगण, सोवियर दंपती साथ थे। भगिनी निवेदिता भी उनके साथ थीं।

जितने दिन उनके सान्निध्य में रहूँ उतने उनके विचार गुडविन की तरह संकलित करने का विचार निवेदिता ने किया था। उन्हीं की तरह निवेदिता की भी यही धारणा थी

कि यह भारत का यौवन काल है। विकास की अंत:प्रेरणा लेकर वह प्रकाश की ओर निकला है, अत: इस नवयुग के अरुणोदय काल के समय उन्हें जिन्होंने स्वदेश-सेवा का व्रत धारण किया है—विश्वास, प्रेम, सहानुभूति तथा कर्तव्य का एहसास दिलाना होगा।...

एक दिन बातों-बातों में विवेकानंद के मुख से निकल पड़ा, 'मैंने स्वयं सदियों के बाद इस कार्य के लिए जन्म लिया है।'

कई बार निवेदिता उनके आचार-विचारों से चकित हो रही थी। विवेकानंद आत्ममग्न होकर बात करते। देश-विदेशों से उनके लिए निमंत्रण आ रहे थे। ऐसे समय निवेदिता के सामने प्रश्न था कि क्या किया जाए, क्योंकि कुछ ही दिन के लिए विवेकानंद का स्वास्थ्य ठीक रह रहा था और उसकी चिंता करने के लिए भी उनके पास फुरसत कहाँ थी!

: उन्नीस :

विवेकानंद रावलपिंडी से मिसेज बुल और कुछ शिष्यों की मंडली के साथ श्रीनगर पहुँच चुके थे। कश्मीर की वह अनुपम सुंदरता देखकर वे ईश्वर की इस लावण्यमयी अद्‌भुत कलाकृति की मनोमन प्रशंसा कर रहे थे। वे झेलम के किनारे बैठे थे। सामने हिमालय की पर्वत-श्रेणियाँ फैली हुई थीं। देवदार के वृक्ष थे जो आकाश को स्पर्श करना चाहते थे। सामने हरित वसुंधरा थी तो नवोन्मेष शालिनी सृष्टि ने अपना लावण्य रूप निहारने के लिए जगह-जगह पर सरोवरों का निर्माण किया था। विवेकानंद सोच रहे थे—हे सृष्टिकर्ता! इतनी असीम सुंदरता तुमने यहाँ की सृष्टि को प्रदान की है कि तुम्हारे स्वर्ग में भी इतनी सुंदरता नहीं होगी, परंतु मानव को तुमने अत्यंत कृपण बनकर दिया।...

'नहीं नरेन, मैं सभी को ही उदारहस्ते देता हूँ। कहीं भी कृपणता नहीं।'

ईश्वर ने जोर-जोर से ठहाके लगाए। उसकी हँसी की गड़गड़ाहट आकाश में भर दसों दिशाओं से गूँज उठी। आखिर मृदु स्वर में उसने कहा, 'अन्य प्राणियों से अलग मानव को बुद्धि दी है और दी है भाषा, दिए हैं दो हाथ। वह क्या कुछ नहीं कर सकता? उसने ठान लिया तो वह प्रतिसृष्टि भी निर्माण कर सकता है।'

'फिर, फिलहाल मैं जो देख रहा हूँ, क्या वे बुद्धिहीन हैं?'

'नरेन, तुम जानते ही होगे कि प्रत्येक समय समृद्ध व संपन्न नहीं होता। कुछ समय तक समाज शिथिल बनता है, धर्म शतखंड होता है। अन्याय, अत्याचार, भ्रष्टाचार का उफान दिखाई देता है और फिर होती है क्रांति। यह क्रांति ही मानसिक परिवर्तन करती है। मनुष्य आसानी से यह समझ नहीं सकता। कोई युगांतरकारी नेता होना चाहिए और ऐसी स्थिति उत्पन्न होते ही वह जन्म लेता ही है। तुम भी इस स्थिति से दु:खी हो गए, जल उठे, समर्पित हो गए। इस युग के निर्माता तुम हो। तुम्हारे हाथ पर हाथ धरे बैठने

से काम नहीं चलेगा।'

'अरे, परंतु…' विवेकानंद ने देखा, वहाँ ईश्वर ही नहीं था।

'यह उचित नहीं ईश्वर। अपनी सारी बातें सुनाते हो और दूसरे का बिलकुल नहीं सुनना। अब किससे बात करूँ।'

दूर से हँसने की आवाज आई और उसके पीछे शब्द सुनाई दिए, 'अरे, तुम तो आत्ममग्न होकर अपने से ही बतियाते रहते हो और सतत समाज में राष्ट्र-कल्पना से अभिभूत होकर अनेक विषयों पर अखंड बोलते हो और तुम्हारे अंतःकरण से मैं सुनता भी हूँ।'

विवेकानंद प्रसन्नतापूर्वक हँसने लगे—यह स्वर्गस्थ ईश्वर ने कहा या अपने हृदयस्थ ईश्वर ने? कुछ भी हो, संवाद तो हो गया।

थोड़ी देर के बाद मिसेज बुल और निवेदिता उनके पास आकर बैठ गईं। उनका ध्यान ही नहीं था।

'स्वामीजी, सुबह से आप घर नहीं आए, इसलिए आपको ढूँढ़ते फिर रहे हैं।'

'मैं छोटा बच्चा थोड़े ही हूँ, जो खो जाऊँगा! मैं जानता हूँ, मुझे कहाँ जाना है।'

'स्वामीजी, अभी भी नाराज हैं?' निवेदिता ने पूछा।

'अज्ञानी मनुष्य नासमझ होता है, परंतु तुम्हारी जैसी बुद्धिमती को आकलन न हो, इसका दुःख होता है। मैंने हजार बार कहा, 'नारी शिक्षा' इस विषय में तुम्हें रुचि है, परंतु भारतीय नारी के संदर्भ में सभी बातों में पुरुष उतने अनुकूल नहीं हैं। उन्हें स्वतंत्रता के स्वतंत्र विचारों से आचरण करने के दिन इतनी शीघ्रतापूर्वक नहीं आएँगे।'

'स्वामीजी, मेरी समझ में यह नहीं आता कि नारी भी बुद्धिमती है, उसके पास कार्य-शक्ति है, ऊर्जा है तो वह स्वयं एक कदम आगे क्यों नहीं बढ़ाती?'

'निवेदिता, भारतीय नारी बरसों से परतंत्रता की बेड़ियों में जकड़ी हुई है और यही अपना जीवन है, इस प्रकार की उसकी मानसिकता बनी है। उसमें परिवर्तन होने में अभी और सौ साल लगेंगे।'

'इसी बात पर मुझे हँसी आई थी और आपको क्रोध।'

'उसके लिए मैं नाराज नहीं था। निवेदिता, स्वजाति, स्वतंत्रता, बुद्धि, रूप-लावण्य इन सभी पर अभिमान व गर्व करके तुम यदि इन अज्ञानी नारियों में घुल-मिलकर काम करने लगीं तो कुछ संभव होगा?'

निवेदिता मौन हो गई। इन कुछ महीनों में 'नारी-शिक्षा', 'भारतीय नारी की मानसिकता' इन विषयों पर विवेकानंद और निवेदिता के बीच बहस होने लगी थी। अब भी वही होगा, इस विचार से मिसेज बुल वहाँ से उठकर घर लौटी।

'निवेदिता, मैं बार-बार यही कहता हूँ कि तुम्हारे देश की नारियों की तरह आगे बढ़ने के लिए यहाँ की नारियों को शिक्षा मिलनी चाहिए। शिक्षा से उनमें आत्म-जागृति

तथा आत्मविश्वास आएगा, उन्हें अपने अस्तित्व का एहसास होगा। यह सारा एक शतक का कार्य है। अभी तो उसकी रूपरेखा तैयार हो गई है।'

'स्वामीजी, सच कहती हूँ, मैं मन:पूर्वक यह कार्य करना चाहती हूँ और कई प्रश्न निर्माण होते हैं, जो मैं आपसे पूछती हूँ।'

'देखो निवेदिता, कार्य का श्रीगणेश करने से पहले ही यदि निर्माण हो तो संशयी मन से कार्य न करें। कार्यारंभ होने के बाद खड़ी समस्याओं को सुलझाने का प्रयास करें। कार्य आधा-अधूरा नहीं छोड़ना चाहिए।'

'मैं अपने आपको नहीं भूल सकती स्वामीजी, इससे मुझे भी अत्यंत कष्ट होता है। मुझे स्मरण है, आपने ठाकुरजी के पास पकड़ी हुई जिद की घटना बताई थी। आपने कहा था, 'ठाकुरजी, मुझे सत्य-दर्शन कराएँ।' तब उन्होंने कहा था, 'तुम्हें समाज में सत्य-दर्शन होगा।' उस पर आपने कहा था, 'मुझे निर्विकल्प समाधि का अनुभव करने दें।' उन्होंने आपका धिक्कार किया, परंतु आपने उनसे प्रार्थना की और उन्होंने अपने चरण के अँगूठे के स्पर्श से आपको निर्विकल्प समाधि का अनुभव कराया था। सच है न?'

विवेकानंद ने 'हाँ' कहा।

उसने आगे कहा, 'मेरे मस्तक से अपने चरण का अँगूठा लगाएँ। मेरे सारे विकल्प दूर होंगे। मेरे पूर्व संस्कार समाप्त होकर मैं भारतीय नारी जीवन में घुल-मिल जाऊँगी। बस एक बार अपने चरण का अँगूठा मेरे मस्तक को लगाएँ, न मत कहें।'

झेलम के स्वच्छ जल में चंद्र-बिंब झाँकने लगा था। नीरव शांति थी। निवेदिता उनके चरण के निकट बैठी। विवेकानंद ने ठाकुरजी का स्मरण करके चित्त एकाग्र किया। कुछ समय तक वे ध्यानस्थ बैठे रहे। उन्होंने उसके मस्तक को दाहिने चरण के अँगूठे से स्पर्श किया और निवेदिता ने एक अद्‌भुत अनुभव किया। उसे लगा उसके सारे पूर्व संस्कार गिर गए हैं और चंद्रमा के आगमन के साथ स्नेह की वर्षा हो रही है। उसका जीवन भारतीय प्रवाह में प्रवाहित हो रहा है। अत्यंत प्रसन्नता के साथ उसने उनका आभार प्रदर्शित किया।

□

विवेकानंद किसी को भी बिना सूचित किए नौका में आरूढ़ होकर निकले थे। पिछले कुछ दिनों से वे अपने सहयात्रियों को कश्मीर का इतिहास, कनिष्क साम्राज्य के उतार-चढ़ाव, अशोक का बौद्ध धर्म प्रचार, शिवोपासना, अपने कई अनुभव कथन करके उन्हें सतत विचार प्रवृत्त कर रहे थे। उस दिन वे नौका में सवार होकर अकेले ही निकले थे। तब उन्हें ४ जुलाई के अमेरिका के स्वतंत्रता दिन का स्मरण हो गया। अपने अमेरिकी मित्रों और शिष्यों को आमंत्रित करके उन्हें भेंट-स्वरूप एक कविता देने का विचार उनके मन में आ गया।

अमेरिका के स्वतंत्रता दिवस पर अमेरिकन शिष्य मंडली को निमंत्रित करते हुए उन्होंने उनके देश की स्वतंत्रता का जन्मदिन नौका में मनाया, तब सभी को संबोधित करते हुए विवेकानंद ने कहा, 'स्वतंत्रता का आनंद क्या होता है, इसका आनंद मैंने कल्पना करके ले लिया। मेरा भारत भी स्वतंत्र होना चाहिए, यही एकमात्र कामना मेरे मन में है। स्वतंत्र, समृद्ध, ज्ञान-विज्ञान से परिपूर्ण भारत देखने की मेरी इच्छा है। उसके लिए मैं पुनः-पुनः जन्म लूँगा।'

□

उस दिन समाचार-पत्र में एक खबर प्रकाशित हो गई थी। 'एक धनिक पुत्र ने दो विवाह किए ही हैं। इसके अतिरिक्त अनेक विवश, लाचार, असहाय स्त्रियों पर उसने अत्याचार किए हैं। ऐसे कामांध धनिक पुत्र को काबू कौन करेगा? सड़क पर निरंकुश घूम रहे मस्त, स्वेच्छाचारी साँड़ को काबू में लाया जा सकता है, परंतु इस तरह वासना से विकृत काम-पिपासु पर नियंत्रण कौन करेगा?' खबर अत्यंत संक्षेप में और झिझकते हुए दी गई थी। उस धनिक पुत्र का न नाम दिया था, न उसके शहर का नाम। इस तरह की खबरें अखबारों में क्वचित् ही छपतीं और वह भी एकदम कोने में।

खबर पढ़ते ही विवेकानंद को मनस्ताप हो गया। कभी-कभी अपने भाषण में वे मनुष्य के तथा राष्ट्र के शील व चारित्र्य का आस्थापूर्वक उल्लेख करते। उनकी दृष्टि से चारित्र्य एक महत्त्वपूर्ण बात थी।

'नीतिवान्, शूरवीर बनो। जिस व्यक्ति के पास सत्य, शुचिता तथा निस्स्वार्थता ये तीन गुण हैं, उसे विश्व की कोई भी बात पराजित नहीं कर सकती। ये तीन कवच कुंडलयुक्त व्यक्ति सारे विश्व के विरोध को ठुकराएगा।

'चारित्र्य क्या है? शील का अर्थ क्या है? मनुष्य की सद्प्रवृत्ति का दर्शन ही चारित्र्य है। मनुष्य के सभी आचार-विचारों पर पड़ा सत्प्रवृत्तियों का प्रभाव चारित्र्य है। किसी के कानों पर हमेशा बुरी बातें ही आ रही हों तो उसका मन बुरी बातों की ओर ही झुकेगा। उसके हाथों से दुष्कर्म ही होगा, क्योंकि बुरी बातें सुनने की प्रवृत्ति पहले से ही उसके पास होती हैं, परंतु वह यदि सत्प्रवृत्त हो तो वह कभी बुरा काम नहीं करेगा। सच्चरित्र, शील-संपन्न मनुष्य वसुंधरा का प्रिय पुत्र होता है।'

परंतु उन्होंने गौर किया कि साधारणतः मनुष्य स्वभाव का रुझान दुष्कर्मों की ओर होता है और मनुष्य को सदाचार की ओर सद्वृत्ति की ओर झुकाना हमारा काम है।

उस दिन प्रातःकाल के समय वे क्षीर भवानी के मंदिर गए थे। उस मंदिर में बैठे-बैठे वे चिंतन में डूब गए।

'मेरे जीवन के दो हिस्से हैं। एक मन से मैं तपस्या, साधना, ध्यान, योग, समाधि तथा निर्विकल्प समाधि तक जाने का प्रयास करता हूँ; दूसरा मन पीछे खींचते हुए ठाकुरजी का संदेश सुनाता है और फिर राष्ट्र-विकास, धर्म संगठन, शिक्षा की ओर

मोड़ता है। इनमें से असली नरेंद्र दत्त कौन है, यह समझ में नहीं आता।'

वे क्षीर भवानी के सामने बैठे थे—'माते, नरेंद्र दत्त तो कब का समाप्त हो चुका है। अब शेष बचा है विवेकानंद। यह निश्चित करना मुश्किल कि वह कितना अपना है और कितना लोगों का। हमें लगता है, हम बहुत बड़ा त्याग कर रहे हैं। वेदांत दर्शन का सार है। असत्य का त्याग करें, सत्य का सहारा लें, यह हम लोगों को उपदेश करते हैं। जीवन यह सुअवसर है। भौतिक सुख से भी अधिक ईश्वर ही सुख का निर्झर है। त्याग करना है तो वह वासनाओं का, मोह का, अतिरेक का।

मनुष्य को स्वयं का साक्षात्कार नहीं होता, क्योंकि आत्मज्ञान प्राप्त करने के झंझट में वह अपने आप नहीं फँसता। उपजत वृत्ति, तर्क बुद्धि, अंत:प्रेरणा ये उपजत साक्षात्कार की प्रेरणाएँ हैं; परंतु मनुष्य को इसका एहसास नहीं होता। मनुष्य के पास केवल एक ही विचार होता है कि शास्त्र-ज्ञान होने पर वह विद्वान् हो गया। वस्तुत: प्रथम अभाव का चिंतन, मन में आ रही इच्छाओं का पृथक्करण, इसके बाद ठीक सोचना होगा कि वह कौन है, फिर अस्तित्व, ज्ञान, सत्, चित्त्, आनंद होने का प्रत्यय आएगा। इसका अनुभव किया जाएगा कि उसी में सारी सृष्टि समाविष्ट है। उसके सामने एक नई सृष्टि होगी। उसे नवीन सिद्धियाँ प्राप्त होंगी।

आत्मज्ञान होने पर ज्ञात होगा कि सारे विश्व की आत्मा मैं ही हूँ, 'चिदानंद रूप, शिवोऽहं शिवोऽहं।'

इस विश्व में मानव-कल्याणार्थ अनेक धर्म अनेक रूपों में प्रकट हो गए हैं। उन सभी का मार्ग मुक्ति अथवा मोक्ष की ओर जाता है, परंतु प्रत्येक पल में बीच में आते हैं माया-मोह। गृहस्थाश्रम में पग-पग पर इसी की प्रचीति आती है। उस पर संयम रखने में ही पुरुषार्थ है।

'हे माते! मेरे शवों को अर्थ दो, सामर्थ्य दो, सामर्थ्य में बुद्धि दो और बुद्धि को सद्भावना दो।' उन्होंने अपने नेत्र खोले और देखा, मंदिर जगह-जगह पर क्षत-विक्षत हो गया है। मुसलमानों के आक्रमण से निर्बल हिंदू भवानी माता का मंदिर नहीं बचा सके। उस प्रसंग में उन्होंने सोचा—मैं यहाँ होता तो अपने प्राणों की बाजी लगाकर जगदंबा का यह मंदिर बचाता। इस मंदिर को इस तरह विध्वंस नहीं होने देता।'''

उनके मन में अपने संबंध में शक्ति का अहंकार निर्माण हो गया। उसी समय उन्हें आभास हो गया कि प्रत्यक्ष जगदंबा ही कहती है, 'अरे, मुसलमानों का प्रतिकार करना मेरे लिए क्या असंभव था? यदि उस समय तुम होते तो कदाचित् उस समय तुम भी इसी तरह व्यवहार करते।'

हाथ में भिक्षा का पात्र थामे वे घर-घर जाकर मंदिर के उद्धार के लिए दान माँगने लगे। वे स्वयं पर गर्व कर रहे थे। दान इकट्ठा हो रहा था। एक दिन माँ भवानी के शब्द उन्होंने सुने, 'अरे नरेन, तुम मेरी रक्षा करने जा रहे हो। परंतु सत्य ही तुम मेरी रक्षा कर

सकोगे? थोड़ी ही देर पहले तुमने अनेक प्रकार के दान माँगे, मुझे माँगे। तुम स्वयं यदि निष्कांचन, दुर्बल और याचक हो तो तुम मेरी रक्षा कैसे करोगे? तुम केवल अनेक के सहयोग से मंदिर निर्माण करोगे, फिर 'मैं करूँगा', यह विचार किसलिए?'

विवेकानंद ने अपने कान पकड़े। साष्टांग प्रमाण किया। मन-ही-मन उन्होंने कहा, 'सत्य ही मैं कौन हूँ? याचना कर रहा एक याचक। मैं एक शब्द वाहक, जो लोक शक्ति आवाहन करता है, सिद्धि-प्राप्ति के लिए साधना करता है। वह प्रेरक, वही प्रेरणा, मैं मात्र भक्त।'

उनके नेत्रों से सावन-भादों बरस रहे थे।

□

'आइए स्वामीजी, पधारिए।' महाराजा अजित सिंह ने अत्यंत प्रसन्नतापूर्वक उनका स्वागत किया।

'वस्तुत: आपके सहयोग से मैं विदेश भी गया था। परंतु आपका आभार प्रकट करने के लिए आने में मुझे विलंब हो गया।'

अजित सिंह ने उनके स्वास्थ्य पर नजर डालते हुए कहा, 'वाकई, आपने बहुत विलंब किया, स्वामीजी। अपने स्वास्थ्य के प्रति आपने जो लापरवाही की न, मैं निश्चित ही उसे होने नहीं देता।' विवेकानंद मुसकराए।

'मेरे विचार से, अनेक साल जीकर थोड़ा सा कार्य करने से श्रेयस्कर है अल्प समय जीकर भरपूर कार्य करना। तवा गरम हुआ हो तो उस पर एक के पीछे एक रोटियाँ सेंक लेना अच्छा है।'

महाराज अजित सिंह ने तुरंत दीवानजी जगमोहन सिंह को बुलाया और कहा, 'स्वामीजी, आज आपका भाषण सुनने लोग आ रहे हैं, परंतु प्रथम आप विश्राम करें। दीवानजी, राजवैद्यजी को आमंत्रित करके स्वामीजी के स्वास्थ्य का ध्यान रखने के लिए कहना। स्वामीजी, आप तो ऐसे हँस रहे हैं जैसे कुछ भी नहीं हुआ। अपने स्वास्थ्य की ओर जरा सा तो ध्यान दें।'

'महाराज, शरीर को कुछ-न-कुछ तो होता ही रहेगा। कोई भी चीज आखिर विनाशी ही है। तन को घेरे हुए रोग मन को थोड़े ही रोक सकते हैं।'

'स्वामीजी, आपकी यह तन-मन की भाषा मैं क्या जानूँ! मैं बस इतना जानता हूँ कि तन में ही मन और मन में ही तन की आसक्ति होती है। आप अब विश्राम करें।'

विवेकानंद ने मुसकराते हुए कहा, 'चिर विश्राम के लिए जाने से पहले कुछ महत्त्वपूर्ण काम निबटाने हैं।' अजित सिंह को तुरंत समझ में नहीं आया। उन्होंने तपाक से कहा, 'देखिए, अब लाख महत्त्वपूर्ण कार्य क्यों न हो, बिलकुल नहीं करना। राजा के नाते यह हमारा आदेश है।'

'आपका आदेश सिर-आँखों पर महाराज।'

विवेकानंद सेवक के साथ विश्रामगृह गए। उन्हें सचमुच ही विश्राम की आवश्यकता थी। कोलंबो से शुरू हुई व्याख्यानों की मालिका अल्मोड़ा विश्राम के लिए आने पर भी समाप्त नहीं हुई थी और होनेवाली भी नहीं थी। जहाँ-जहाँ वे जाते वहाँ-वहाँ लोग उनका व्याख्यान सुनने के लिए भीड़ करते थे। युवा वर्ग अत्यंत जाग्रत् होकर उनसे सैकड़ों प्रश्न पूछते और उनसे मार्गदर्शन लेते। समाज जग गया था। अब सब आलस त्यागकर काम में जुट जाना ही बाकी था। जागे हुए लोगों को फिर से निद्राधीन न होने देने की जिम्मेदारी विवेकानंद पर थी। जागे हुए लोग फिर सो गए तो वहाँ कालनिद्रा होना संभव था। यह जानकर विवेकानंद एक पल भी व्यर्थ न गँवाकर समाज को सतत जाग्रत् रखते थे।

अल्मोड़ा से श्रीनगर आने के बाद उनका स्वास्थ्य ठीक नहीं था। निद्रा-नाश, मधुमेह, पेट के विकार, रक्तचाप के कारण उन्हें बार-बार बुखार भी चढ़ रहा था। परंतु किसी की भी एक न सुनते हुए वे पंजाब क्षेत्र में घूम रहे थे। बरेली, अंबाला, अमृतसर से वे धर्मशाला और रावलपिंडी गए। हर जगह जन-समुदाय जोश-खरोश के साथ उनका स्वागत करता। वे कभी अंग्रेजी में तो कभी हिंदी में भाषण देते। लाहौर में भी उनका भरपूर स्वागत हुआ था। उस समय उन्होंने हिंदू धर्म, भक्ति और वेदांत पर अपना मत प्रदर्शित किया।

'फिर से निर्माण करो, उठो, नए सिरे से कार्य में जुट जाओ। अब अपनी बिखरी हुई सारी शक्तियों को एकत्रित करके उन्हें एकमार्ग से ले जाना है। सदियों से आत्मविस्मृत हुए इस राष्ट्र को विकास पथ पर ले जाने के लिए सभी कटिबद्ध हो जाएँगे। अब कोई बाधा नहीं। आज शायद आप सोचेंगे, ये सारी कल्पनाएँ, विचारधाराएँ भारत को ही धक्के मार रही हैं, कंपित कर रही हैं; परंतु ऐसा नहीं; प्रत्येक देश में ही अब नया आंदोलन शुरू हुआ है। भारत का सबसे महत्त्वपूर्ण, सबसे उदात्त, सबसे सहिष्णु वृत्ति का योगदान है—उसका दर्शन तथा अध्यात्म।'

लाहौर की यात्रा कष्टप्रद थी, कठिन थी। सुबह कुछ खाने से जी मिचलाने लगता तो पानी से गला खराब होता। तथापि एक बार बोलने के लिए खड़े होते ही वे सबकुछ भूल जाते। उनका एक नेत्र इतना लाल-सुर्ख हो आता जैसे उसमें लबालब लहू भर गया है। एक दिन मिसेज बुल ने कहा भी था, 'स्वामीजी, आपके नेत्र विलक्षण सुंदर हैं।' उनके उन्हीं नेत्रों को अब नजर लग गई थी। फिर भी वे भाषण देते। लाहौर यात्रा में उन्होंने 'अद्वैत के नैतिक मूल्य' विषय पर अपने विचार प्रस्तुत किए। उन्होंने कहा, 'अद्वैत और केवल अद्वैत ही नैतिकता का स्पष्टीकरण दे सकेगा।'

यो मा पश्यति सर्वत्र सर्वं च मयि पश्यति।
तस्मातं ते प्रणस्यामि स च मे न प्रणश्यति॥

गीता का श्लोक उद्धृत करते हुए उन्होंने कहा, 'हम दूसरे को दुःख देते हैं, दूसरे

को तंग करते हैं अर्थात् सर्वभूत ईश्वर को ही दुःख देते हैं। ईश्वर और हम एक ही हैं। राजमहल में भोग-विलास में रत आप ही हैं और सड़क पर कष्टमय जीवन जीनेवाले भी आप ही हैं। क्या मुझे अथवा क्या अन्य लोगों को कौन मारेगा? यही है नैतिकता। मात्र अद्वैत ही नैतिकता की कारण मीमांसा कर सकता है।'

विवेकानंद का प्रवास झंझावाती तो उनके व्याख्यान के विषय ओजस्वी, तेजस्वी थे। राष्ट्र से संबंधित एहसास को वे जाग्रत् करते तो कभी इतने कठोर कि जैसे गाल पर किसी ने करारा चाँटा मारा हो।

अमेरिका जाने से पहले वे राजस्थान आए थे। उसके बाद काफी समय निकल चुका था। अब वे फिर से आए थे। राजस्थान में वे अनेक शिष्यों को, लोगों को आस्थापूर्वक बुलाते थे।

महाराज अजित सिंह ने उनसे अत्यंत प्रेमपूर्वक कहा, 'स्वामीजी, सुनिए न हमारी बात। आपका स्वास्थ्य ठीक नहीं है। आप आराम करें। लोगों से मिलना-जुलना बंद कर दें। कुछ दिन व्याख्यान देना भी बंद कर दें। हमारी बात मानिए।'

'महाराज, स्नेह की खातिर आप थोड़ी ज्यादा ही चिंता कर रहे हैं। मुझे अपने से अधिक राष्ट्र-पुरुष के स्वास्थ्य की चिंता है। मैं रहूँ या न रहूँ, बोया हुआ बीज निश्चित ही अंकुरित होगा। कभी-कभी लगता है, अब समय बहुत कम है। कम-से-कम भारत भर में तो बोआई होनी चाहिए। इसलिए जल्दी मचा रहा हूँ।'

उनके मुख से इस तरह की बातें सुनकर महाराज अजित सिंह को बहुत दुःख होता। अपने प्रयाण की तैयारी तो इस महायोगी ने नहीं की होगी? इस विचार से वे घबरा जाते। इस समय राजस्थान यात्रा में विवेकानंद का उत्साह ठाठें मार रहा था तो महाराज अजित सिंह बहुत दुःखी व चिंतित थे। वे बहुत कुछ बोलना चाहते थे, परंतु विवेकानंद का सामना होते ही उनके शब्द खो जाते। दिवस पंख लगाकर उड़ रहे थे।

: बीस :

८ दिसंबर, १८९८ का दिन। ब्राह्म मुहूर्त। बेलूर मठ स्थित सारी शिष्य मंडली उत्तर रात्रि में जग गई। प्रत्येक जन अपने नए कषाय वस्त्रों के साथ भागीरथी की ओर निकला था। आज का दिन सभी के लिए परम पवित्र था। प्रत्येक शिष्य मन-ही-मन ठाकुरजी का स्मरण कर रहा था। मंत्र-घोष आरंभ हुआ। पूर्व प्रभात की वह सुरमय, गंधित, शीतल व निस्तब्ध वेला मंत्रघोष से अधिक ही पवित्र बन गई। भागीरथी भी अपनी लहर-लहर से जग गई। उसने भी ठाकुरजी का स्मरण किया। आज उन्हीं के परम प्रिय शिष्य स्वामी विवेकानंद सभी के साथ स्नान करने यहाँ आए थे। वह धन्य हो गई थी।

वेद मंत्रों के उद्घोष में सभी भक्त नए रूप में स्थापित होकर मठ की ओर निकल पड़े थे। आज बेलूर मठ में ठाकुरजी के देहावशेषों की वेद मंत्रों में पूजा-अर्चना के साथ

स्थापना हो रही थी। विवेकानंद अपने मस्तक पर ताम्रपात्र लेकर अत्यंत श्रद्धापूर्वक बेलूर मठ के लिए निकले थे। मन में ठाकुरजी थे। समय कितना आगे बढ़ा था। देश-भ्रमण, विदेश-भ्रमण पुनश्च कोलंबो से भारत-भ्रमण। अनेक भाषण! राष्ट्र-जागृति, लोक-जागृति, धर्म-जागृति के लिए वाणी का अखंड प्रयोग करके वे अविराम, अविश्रांत भ्रमण कर रहे थे। जैसे पाँव में शनीचर था। परिश्रम की परिसीमा हो चुकी थी। देह जर्जर हो गई थी, परंतु मन अत्यंत प्रसन्न था। यौवन के प्रदेश में असमय ही संध्या छा जाने का एहसास उन्हें हो चुका था।

मन-ही-मन अकुलाकर उन्होंने कहा, 'ठाकुरजी, आपकी अस्थियाँ मस्तक पर धारण की हैं; परंतु आप सदेह, सगुण, साकार मेरे मन में हैं। पल भर के लिए भी मुझसे दूर नहीं हुए। ईश्वर जाने, आपके प्रेम के लिए मैं पात्र था या नहीं, परंतु जितना आपने कहा, उतना सब करने का प्रामाणिक प्रयास मैंने किया। आपके जीवन का अर्थ समझने के लिए मुझे भारत-भ्रमण करना पड़ा। आपके शब्दों का अर्थ समझने के लिए मुझे वेदांत का अध्ययन करना पड़ा। आप निरक्षर थे, परंतु अक्षर ब्रह्म ही आप में भरा हुआ था, यह समझने के लिए मुझे कितना समय लगा। 'मुझे सब आकलन हो गया', यह बताने आया हूँ। परंतु आप मुझे जीवन के अर्थ ढूँढ़ने का कार्य सौंपकर इस इहलोक से परे चले गए थे।

'आपसे मैंने विवाद छेड़ा, प्रश्नों की झड़ी लगाकर आपको तंग किया, फिर भी आप शांत थे। मैंने संन्यास दीक्षा ग्रहण करके, ध्यान-साधना करके निर्विकल्प समाधि तक जाने का विचार प्रस्तुत किया, तब आपने मेरा शतबार धिक्कार किया, मुझे स्वार्थी कहा।

'ठाकुरजी, आज मुझे अपने जीवन का संदर्भ सहित अर्थ समझ में आ रहा है। आज मुझे राष्ट्र जीवन का धर्म, कारण का अर्थ समझ में आ रहा है। आपके चरणों की सौगंध ठाकुरजी, जब तक मेरे शरीर में प्राण हैं तब तक मैं राष्ट्र-जागृति का अखंड प्रयत्न करूँगा।'

'परंतु आज मेरी अवस्था...' उनके नेत्रों से झर-झर आँसू बहने लगे।

'ठाकुरजी, आज आपको चिरस्थायी विश्राम मिले और असंख्य लोगों को यहाँ आपसे प्रेरणा मिले, इसीलिए ही—

'स्थापकायश्च धर्मस्य सर्वधर्मस्वरूपिणे,
अवतार वरिष्ठाय श्रीरामकृष्णाय ते नमः।'

विवेकानंद ने हाथ जोड़े।

अमेरिका से आए शारदानंद ने गुरुबंधु विवेकानंद की पीठ पर हाथ रखकर कहा, 'नरेन, तुम्हारे कार्य से ठाकुरजी निश्चित ही प्रसन्न हुए होंगे। गुरु का शिष्य कितना समर्पित हो, इसका आदर्श तुमने सबके सामने रखा है। उनके प्रत्येक शब्द को तुमने

साकार किया है।'

'धन्य हैं गुरु और धन्य है तुम्हारे जैसा शिष्य।' लंका से आए शिवानंद ने कहा।

लगभग पचास नवशिष्यों को इस अवसर पर वेद मंत्र के उद्घोष में दीक्षा दी गई और असंख्य शिष्यों की साक्षी में माता शारदा देवी की उपस्थिति में वह ताम्रपात्र बेलूर मठ में स्थापित किया गया। उसके बाद यज्ञाग्नि प्रज्वलित की गई और स्वयं विवेकानंद ने पायस बनाकर उसका भोग चढ़ाया। उन्होंने कहा, 'प्रिय बंधो, यह स्थान परम मंगल, शुभ और पवित्र है। लोक-कल्याणार्थ अवतीर्ण हुए हमारे ठाकुरजी से, हमारे गुरुदेव से हम काव्यावाचामन से प्रार्थना करेंगे। वे यहाँ सुख से चिर विश्राम करें। उनके आशीर्वाद से यह पुण्यक्षेत्र बने। इस केंद्र द्वारा 'बहुजन हिताय, बहुजन सुखाय' सभी संप्रदाय के और सर्वधर्मी भेदभावों का निरसन होकर यहाँ से सर्वत्र आदर्श का परिपाठ जाए।'

मध्याह्न के समय सभी गुरु बंधुओं को संबोधित करके उन्होंने कहा, 'यहाँ पर साधु-संतों के रहने का प्रबंध होगा। साधना का, ज्ञान चर्चा का यह प्रधान केंद्र होगा। यहाँ से शक्ति का उदय होगा, जो सारे विश्व भर में फैलेगी। लोगों के जीवन की गति ज्ञान, भक्ति, कर्मयोग के समन्वय से मानव-कल्याणकारी उच्च आदर्श प्रसृत होंगे। इस मठ में वास कर रहे व्यक्तियों के प्रयत्नों से कालांतर में दिग्-दिगंत ऐसे लोग एकत्र होंगे, जो धर्म से प्रेम करते हैं।'

अपनी कल्पना के आधार पर विवेकानंद रामकृष्ण मठ का भविष्य साकार कर रहे थे। उन्होंने कहा, 'मेरी कभी की इच्छा है कि श्रीरामकृष्ण के आदर्शों का साधारण जनता में प्रसार करने के लिए एक सामयिक पत्रिका प्रसिद्ध हो। उसका नाम 'उद्बोधन' हो।

'आपके लिए यह काम मैं अवश्य करूँगा। १४ जनवरी, १८९९ तक यह पत्रिका मैं परिश्रमपूर्वक तैयार कर लूँगा।' त्रिगुणातीतानंद ने कहा।

'सच है, असमय आ रहे सांध्यपर्व में मैं अपने मन की सारी बातें कह रहा हूँ। न जाने फिर बोल सकूँ या नहीं।'

'नरेंद्र, ऐसा क्यों कह रहे हो? आज लगभग सन् १८८८ से तुम अथक भ्रमण कर रहे हो। अतः अति परिश्रम के कारण तुम्हें थकावट लग रही है। अब विश्राम करो, फिर अच्छा लगेगा।'

'नहीं, नहीं। अब बिलकुल विश्राम नहीं। भूमि तैयार हो गई है। भूमिका प्रस्तुत की गई है और वह कार्यान्वित हो, इसलिए प्रयत्नशील होना ही पड़ेगा।'

'यह मानता हूँ। परंतु स्वास्थ्य का विचार तो करना होगा।'

'ऐसा है गुरु-बंधो, सारे रोग मेहमान बनकर मेरे पास आए हैं। शरीर में ऐसे बस गए हैं कि जाने का नाम ही नहीं लेते। अब उन्हें न थोड़े ही कह सकते हैं। मैंने कहा— रहो भैया, आराम से।''' अतः गुरु-बंधो, आई हुई बीमारियों ने देह में ही हमेशा के लिए

रहने की ठान ली है।'

'ऐसा कुछ नहीं, आराम के बाद सब ठीक होगा, परंतु सुनते ही नहीं।'

'स्वीकार है जैसा कहेंगे वैसा रहूँगा। ठीक है।'

विवेकानंद खिलखिलाकर हँसते रहे। उनके नेत्र से कभी-कभी खून आता था। आते-जाते मधुमेह कष्ट दे रहा था। निद्रा देवी तो कब की रूठ गई थी। किडनी में दोष निर्माण हो गया था। सिरदर्द से तो वे बेहद परेशान थे। कभी बुखार चढ़कर शरीर हलका करके चला जाता। यह सब अति मात्रा में होने पर भी त्रिगुणातीतानंद से उन्होंने मन-ही-मन कहा, 'गुरु-बंधो, मैंने जैसा कहें वैसा करूँगा, इस तरह व्यवहार करने का आश्वासन दिया है, न कि वचन। अमेरिका, लंदन में स्थापित वेदांत समिति का कार्य एक बार देखकर आए बिना मन को चैन नहीं मिलेगा। मुझे जाना ही होगा। मुझे मत रोको, मेरे भाइयो। मेरा अंत समय निकट आने के संकेत अब स्पष्ट हो गए हैं। मुझे जाना ही होगा।'

'नरेन, तुमने हमारी बात मानी, बहुत खुशी मिली।'

उस दिन बात किस डॉक्टर को दिखाना चाहिए, इस पर हुई।

२० जून, १८९८। विवेकानंद ने अपनी डायरी में लिखा। जहाज ने कलकत्ता का किनारा छोड़ दिया था। स्वास्थ्य तेजी से गिरने लगा है, इसका पूरा-पूरा एहसास होते हुए भी वे अमेरिका व लंदन में शुरू किए अपने कार्य को अपनी आँखों से देखना चाहते थे। उत्साह प्रकट करते हुए उन्होंने निवेदिता से कहा, 'मैं अब बहुत स्वस्थ लग रहा हूँ।'

'परंतु आपको अकेले मैं अमेरिका नहीं जाने दूँगी। मैं, मिसेज ओलीबुल और तुरीयानंद आपके साथ जाएँगे।'

'मैं इतना ठीक-ठाक हूँ, फिर भी?'

'जी हाँ, फिर भी।'

उन्होंने कुछ नहीं कहा। कलकत्ता में प्लेग की बीमारी फैल रही थी। रामकृष्ण मठ के शिष्यगण भागा-दौड़ी करके काम कर रहे थे।

उसी समय डॉक्टर ने विवेकानंद से कहा, 'आपका स्वास्थ्य खास ठीक नहीं। अतः ऐसे प्लेग की बीमारी के वातावरण से दूर रहें तो हवाबदली होगी और स्वास्थ्य भी सुधर जाएगा।'

वस्तुतः उन्हें पूरा एहसास हो चुका था कि अब उनके स्वास्थ्य में कोई सुधार नहीं होगा और इसीलिए तो वे निकले थे। जहाज कोलंबो पहुँचा तो उन्हें उस भूमि पर उतरने नहीं दिया गया, क्योंकि वे प्लेगग्रस्त इलाके से जो आए थे। अतः अलसिंग पेरुमल और रामकृष्णानंद कुछ लोगों के साथ उनसे मिलने जहाज पर गए थे।

'स्वामीजी, आप बहुत थके-थके से लग रहे हैं। ऐसे में…'

'अचिंगा, शरीर नश्वर है, कभी-न-कभी तो जाएगा ही न! बस, हमें यही देखना है कि हमारे मन को मोक्ष (मुक्ति) मिला है कि नहीं। वह मिलने पर कोई भी यही सोचेगा

कि अब इसी पल मृत्यु को गले लगाए। उस समय उम्र का विचार गौण होता है। मोक्ष का अर्थ है—संतोष-समाधान और कर्तव्य-पूर्ति का आनंद। ठाकुरजी के आदेश के अनुसार यथाशक्ति, यथामति मन को जो आकलन हो गया, वही समाज से कहने का मन:पूर्वक और अथक प्रयास किया। उन प्रयासों ने मुझे संतोष दिया। और क्या चाहिए?'

'आप मेरी तसल्ली के लिए कह रहे हैं, स्वामीजी।'

'खैर, रहने दो। तुम कैसे हो? काम कैसा चल रहा है?'

'आपके कहने के अनुसार रामकृष्ण मठ की स्थापना हो चुकी है। कार्य शुरू हो गया है।'

बहुत देर तक वे बातें कर रहे थे। आगे की योजनाओं के संबंध में भी उन्होंने चर्चा की।

जहाज के रवाना होने के बाद वे अपने केबिन में आ गए। वे भी अपनी योजनाओं के संबंध में सोच रहे थे। अभी तो बहुत कुछ बाकी था। सर्वत्र केवल प्रारंभ हो गया था।

माँ को लेकर वे कामाख्या मंदिर गए थे। उन्होंने यूँ ही कहा था, 'माँ, तुम्हारे साथ यह पहली यात्रा है, शायद अंतिम भी होगी।'

'ऐसा क्यों कह रहे हो बाछ?' उसने ममता से पूछा, तब गद्गद होकर विवेकानंद ने सोचा, 'मैं, भूपेन, महेन इन तीनों में से किसी ने भी माँ को पुत्र का सुख नहीं दिया। हर माँ की इच्छा होती है अपना बेटा सुखी गृहस्थी बसाए। वंश बेल बढ़ाए। तीनों ने ब्याह तो किया ही नहीं, तिस पर माँ को किसी प्रकार का भी सुख भी नहीं दे सके। सारे माँ को मिलने का एक स्थान समझते रहे। वह दु:ख को ही सुख मानकर जीती रही। एक समय दत्त भवन की वह सम्राज्ञी थी, यह भी वह भूल गई। मैंने सोचा था, ठाकुरजी के आदर्शों के पाठ सारे विश्व को कथन करने के बाद शांत बैठूँ। नित्य माता का दर्शन करूँ। उसे क्या चाहिए, क्या नहीं, इसकी पूछताछ करूँ। परंतु नियति ने अवसर ही नहीं दिया। उसके भाग्य में पुत्र-सुख ही नहीं होगा। कितने दिनों के बाद उन्होंने 'बाछ' शब्द सुना था। कितना भी बड़ा क्यों न हो, माँ के लिए पुत्र 'बबुआ' ही होता है। विवेकानंद के संन्यास ग्रहण करने के बाद उसने 'बिलू', इस प्रिय नाम से उन्हें कभी पुकारा भी नहीं था। वे भाव-विवश हो गए थे, परंतु स्वयं पर नियंत्रण करते हुए उन्होंने कहा—

'यात्रा अंतिम है, यह इसलिए कहा कि मेरे साथ सतत शिष्यगण होते हैं, क्योंकि रामकृष्ण मठ के कार्य का विस्तार फैल रहा है। अत: मैंने निश्चय किया है कि एक बार तुम्हें चारों धाम की यात्रा करवाऊँ। मुझे समय नहीं मिला तो शारदानंद को मैंने बताया है तुम्हें ले जाने के लिए।'

'अरे, तुम्हें देखने से ही मुझे तीर्थयात्रा का आनंद मिलता है। इस उम्र में तुम्हें देखना यही कितनी बड़ी खुशी की बात है।'

विवेकानंद ने कुछ नहीं कहा। उन्होंने सोचा—माँ को बता दें कि तुम्हारे इस पुत्र

को अनेक बीमारियों ने घेर लिया है और एक भी रोग अपनी जगह छोड़ने के लिए तैयार नहीं और किसी को नहीं, परंतु मुझे इस बात का एहसास है कि ऐन मध्याह्न में ही अँधेरा छा गया है।'''

जहाज ने कोलंबो पीछे छोड़ा था और एडन का रुख अपनाया था। भगिनी निवेदिता जहाज यात्रा में विवेकानंद से भारतीय प्रथा, रीति-रिवाज, राजनीति, धर्म, दर्शन, साहित्य, इतिहास से संबंधित जानकारी प्राप्त करना चाहती थीं तो तुरीयानंद मठ की विविध योजनाओं से संबंधित चर्चा करना चाहते थे। जहाज के यात्री इसलिए प्रसन्न थे कि अब यात्रा के छह हफ्तों में उनका भाषण, उनके विचार सुनने का सौभाग्य प्राप्त होगा।

एडन, सिसली, जिब्राल्टर का जलडमरूमध्य—इस मार्ग से यात्रा के चलते कभी वे प्रकृति के अद्‌भुत सौंदर्य से प्रभावित होते तो कभी अनंत आकाश, अनंत सागर, असीम नक्षत्रों के दर्शन से अभिभूत होते। कभी वे ईश्वर के अस्तित्व का शोध लेने का प्रयास करते तो कभी उस अद्वैत का विचार करते, जिसके द्वारा ऋषि-मुनियों ने गूढ़ तत्त्वों के विचार प्रस्तुत किए। कभी भारतीय संस्कृति, साहित्य तथा भारत को प्राप्त आध्यात्मिक ऊर्जा के संबंध में सोचते तो कभी प्रकट रूप में कहते—

'भारत के उत्थान-पतन का इतिहास और भारत में जन्म लिये महापुरुषों की अलौकिक कार्यप्रणाली में राष्ट्रीय जीवन के मूलभूत उद्‌देश्य का क्रिया-प्रतिक्रियात्मक विकास का सतत अनुभव किया गया है। अन्य देश के संघर्ष देखकर भारत जाग्रत् होगा-ही-होगा। अब स्वतंत्रता मिलने में अधिक समय नहीं लगेगा।'

३१ जुलाई के दिन वे लंदन पहुँच गए। टिलचरी डॉक से जब वे उतरे तब वहाँ स्वागत के लिए आए अनेक शिष्यों को में दो अमेरिकी शिष्यों को देखकर वे चकित हो गए। विवेकानंद से, जिनका मन प्रसन्न था, परंतु शरीर थककर चूर हुआ था, कुछ दिनों के लिए फिजियोथैरेपी करें, इस तरह प्रेमपूर्वक अनुरोध किया गया और उन्होंने उसे मान लिया अर्थात् शरीर के स्वास्थ्य में कुछ अधिक फर्क नहीं हुआ। लंदन के समाचार-पत्रों में उनके आने का समाचार छपते ही सतत अनेक लोग उनसे मिलने आने लगे। उन्हें पल भर के लिए भी आराम नहीं मिल रहा था। तिस पर अमेरिका से बार-बार निमंत्रण आते रहे। आखिर १६ अगस्त के दिन वे तुरीयानंद के साथ अमेरिका जाने के लिए निकल पड़े। अनेक शिष्य मंडली उनके मधुर व विद्वत्तापूर्ण बातचीत से आकर्षित होकर उनके सान्निध्य की आशा से अमेरिका जाने के लिए तैयार हो गई।

☐

रात्रि का समय। विवेकानंद डेक पर खड़े थे। नक्षत्रों से भरा आकाश, चाँदनी की बरसात, उसमें दूर-दूर तक फैला शांत व मंद-मंद सागर लहरों पर नर्तन कर रहा चंद्रबिंब। वे देखते ही रह गए। उनके मुख से सहज उद्‌गार निकले—

'हे कविता कामिनी! प्रत्यक्ष तुम ही यहाँ शब्द के बिना प्रकट हो गई हो। तुम्हारे चरणों के नूपुरों का नाद इस चराचर में भरा हुआ है। बाकी स्तब्ध, श्रांत। अनुपम उत्कट सृष्टि का साक्षात्कार। प्रकृति के विविध रूप देखकर वे मुग्ध हो गए। दिन बीत रहे थे। मन-ही-मन वे अपूर्व आनंद का आस्वाद ले रहे थे। एक अनाम आनंद उन्हें सुखी कर रहा था। किसी से भी बात न करते हुए वे चुपचाप आँखें मूँदकर उस आनंद का अनुभव करते।

अमेरिका में लेगेट दंपती ने उनका स्वागत किया। वे उन्हें अपने 'रिज्ले मैनर' में ले गए। मिसेज लेगेट ने अत्यंत प्रेम से तथा अधिकार से कहा, 'स्वामीजी, आज तक कई लोग देखे, परंतु आपके जैसा परिश्रमी, राष्ट्रहित चिंतक दूसरा कोई नहीं देखा। कैसी हालत बनाई है अपनी! अब मैं आपको कहीं भी भाषण देने नहीं दूँगी और डॉक्टर की अनुमति के बिना आपको कहीं भी नहीं जाने दूँगी।'

विदेश में माँ जैसी ममता से बोल रही मिसेज लेगेट के आदेश के बावजूद मिलने आनेवाले लोगों ने उन्हें विश्राम करने का अवसर ही नहीं दिया। उसी में उन्हें संतोष मिल रहा था और एक महत्त्वपूर्ण समाधान यह था कि 'वेदांत सभा' का कार्य बड़े जोर-शोर से चल रहा था और उसके लिए स्थायी भवन भी मिला था। स्वामी अभेदानंद विवेकानंद का कार्य मन:पूर्वक करते हुए देखकर बहुत प्रसन्न हो गए।

कुछ ही दिनों के बाद वे उस भवन में गए। सैकड़ों लोग उनसे मिलने, उनसे प्रश्न पूछने आए थे। तुरीयानंद ने अभेदानंद के साथ कार्य करने का निश्चय करते ही अपने कार्य की उत्तम व श्रेष्ठ फलश्रुति देखकर वे गद्गद हो उठे। न्यूयॉर्क के आसपास, बोस्टन, डेट्रॉयट, ब्रुकलीन इस तरह कई स्थानों पर वे स्वयं गए। उनका मन समाधान से भर आया।

सात महीनों के प्रवास के बाद वे कैलिफोर्निया के लिए निकले। मिसेज लेगेट ने कहा, 'मैं आपसे क्या कहूँ, स्वामीजी, परंतु अब आप…'

'आपके आगे के शब्द मैं समझ गया, मिसेज लेगेट। इस जन्म में लगाए हुए एक छोटे से पौधे का इतना विशाल वृक्ष होता हुआ देखकर अब जीवन का मोह नहीं रहा। विश्राम ही नहीं, अब मुझे चिर विश्राम चाहिए।'

'कैसी बात करते हैं, स्वामीजी।'

'सच कहूँ, बहुत थकावट महसूस कर रहा हूँ। भीतर से स्नायु खींच रहे हैं, परंतु मन चैतन्य से परिपूर्ण है। वह दसों दिशाओं में भागता है। समझ में नहीं आता, क्या करूँ। मिसेज लेगेट, पता नहीं पुन: भेंट होगी या नहीं; परंतु आपकी स्नेह व ममता भरी छाया का विस्मरण कभी नहीं होगा।'

विवेकानंद के हाथ थामते हुए मिसेज लेगेट ने कहा, 'स्वामीजी, ऐसी कभी बात भी नहीं करना।'

'नहीं करूँगा, परंतु अंतर्मन से शब्द प्रकट हो गए। आखिर क्या है, जिस तिस के भोग उसी को भोगने पड़ते हैं। तो प्रसन्नतापूर्वक भोगे, ताकि किसी को भी दुःख नहीं होगा। ठीक कहा न मैंने?'

आगे उन्होंने कुछ नहीं कहा। मन व्याकुल हो गया था। उन्होंने मन-ही-मन निश्चय किया—पर अपने बारे में कुछ भी नहीं कहना।

□

आधी रात बीत गई। सर्वत्र नीरव शांति। अज्ञात, अव्यक्त, अमूर्त, निराकारमय एक नए ही विश्व की खोज में विवेकानंद जाग रहे थे। उन्होंने मिस मैक्लाउड को पत्र लिखना शुरू किया—

'मिस मैक्लाउड,

'आज १८ अप्रैल, १९००। मैं ठीक हूँ। चित्त भी प्रसन्न है। शरीर से अधिक मन ही चैतन्य से परिपूर्ण है। युद्ध में हार हुई, जीत हुई, मैं अपना कर्म करता आगे बढ़ा। अब मेरा संपूर्ण मन जगत जननी के पास जाने के लिए उतावला हो गया है। आतुर है मन!

'आज भी मैं वही बालक हूँ। मुझे पुनः-पुनः वही स्नेहमयी वाणी सुनाई दे रही है—वही चिरपरिचित वाणी ठाकुरजी की। मेरा अंतर्मन रोमांचित है। सारे बंधन खुल गए हैं। सतत ठाकुरजी की पुकार सुनाई दे रही है।

'मुझे सामने अपार निर्वाण सागर दिखाई दे रहा है। वह असीम व अनंत शांति सागर। माया की इतनी सी हवा अथवा लहर उसकी शांति भंग नहीं करती। मेरा जन्म हुआ, इसका मुझे संतोष है। मैंने दुःख सहा, इसका आनंद है और मैंने छोटी-मोटी गलतियाँ कीं इसकी भी मुझे खुशी है। देह जाने के बाद मुझे मुक्ति का लाभ हो अथवा न हो, वह पुराना विवेकानंद कब का समाप्त हो चुका है—उपदेशक, गुरु, नेता, आचार्य, स्वामी सब समाप्त। अब शेष रहा है ठाकुरजी के सामने खड़ा एक अज्ञानी शिष्य।

'मैंने अब नेतृत्व छोड़ दिया है। अब मुझे कोई भी बंधन नहीं। अब मैं मुक्त हूँ, अतः प्रसन्न हूँ।'

उन्होंने पत्र अधूरा ही रखा। प्रातःकाल हो गया था और सवेरे-सवेरे मिस मिन्नी बुक ने विवेकानंद को वेदांत समिति के स्थायी भवन के लिए १६० एकड़ भूमि का दान-पत्र लिखकर दिया। उसने भी विवेकानंद को आराम की सलाह दी।

'स्वामीजी, डॉ. विलियम फॉस्टर से इलाज करवाते हुए भी आप 'गीता' पर व्याख्यान दे रहे हैं। डॉक्टर की बात सुनिए, स्वामीजी।'

'मिस बुक, लेगेट पति-पत्नी पेरिस जा रहे हैं। मुझे भी उन्होंने आमंत्रित किया है। अब वहाँ जाता हूँ। वहाँ से भारत वापस लौटकर पूरा विश्राम करता हूँ। सच कहता हूँ।'

मिस बुक के जाने के बाद उन्होंने गौर किया—हाँ, अब सारे देश संगठित होंगे।

आदान-प्रदान तो चलता ही रहेगा। अत: मानवता यही विश्व धर्म का स्वरूप हो, परंतु पश्चिमी जड़वाद और वहाँ का भेदभाव देखकर सत्य ही मैं निराश हो गया हूँ। मुट्ठी भर धनिक निर्धनों पर अत्याचार कर रहे हैं। मनुष्य के भीतर दया का निर्झर ही सूख गया है, शेष रही है मात्र स्वामित्व की भावना। जीवन की सुंदरता और मन की सुंदर भावना यहाँ लुप्त हो गई है। ईसा मसीह के जीवन-सिद्धांतों को भूलकर लोग उसकी ढोंगी प्रार्थना कर रहे हैं।

ऐसे कठिन समय में भारत का योग, अध्यात्म, वेदांत, संस्कृति तथा साधना ही विश्व का आधार होगा। भारत ही शांति केंद्र होगा। अत: हमारे भारत को अधिक समृद्ध करना होगा। अब शेष दिन भारत की भूमि पक्की करने में तथा भारत की नई पीढ़ी को जाग्रत्, गतिशील करने में खर्च करने होंगे। अब जीवन का एक-एक पल भारत के लिए, मात्र भारत के लिए ही! अब वापस लौटना होगा।'

लेगेट दंपती के पेरिस के निमंत्रण को उन्होंने स्वीकार किया था। पेरिस उन्हें बहुत अच्छा लगा था। यूरोप यात्रा में फिर एक बार मादाम कॉल्वे से भेंट हो गई। अनेक विद्वानों, धर्मोपदेशकों, साहित्यकारों से भेंट हो गई। विएना, हंगरी, सर्बिया, बुल्गेरिया आदि की यात्रा करके शीघ्र ही भारत आ रहा हूँ। अब पुन: कभी विदेश यात्रा नहीं करूँगा।'

यह वाक्य लिखने के बाद उनके मन में आया—इसी यात्रा में कई जगह मैं बेचैन हो गया था। बार-बार डॉक्टरों की सहायता लेनी पड़ी। रक्तचाप, मधुमेह, निद्रा-नाश, किडनी के विकार, पेट की बीमारी—सारे मेरे शरीर का कब्जा ले रहे हैं। इन्हें भगाने की कोशिश करता हूँ, परंतु ये भी जिद्दी हैं, जाने का नाम नहीं लेते। फिर, मैंने भी इन सभी रोगों को मन:पूर्वक स्वीकारा। अब ये मेरे मित्र बन गए हैं। इन मित्रों से मैं जान से भी ज्यादा प्यार करता हूँ। खैर, गुरु-बंधो, मैं कुछ ही दिनों में आ रहा हूँ।'

उन्होंने कलम नीचे रखी। कागजों पर वजन रखा और डेक पर आ गए। डेक पर नरम-नरम धूप फैली थी।

सागर की लहरों पर धूप चमचमा रहा थी। असीम सागर, असीम आकाश और असीम क्षितिज देखते समय उन्हें असीम, अपार, अनंत इन शब्दों में से उस निराकार, गूढ़, अतर्क्य ईश्वर की विराट् शक्ति का आभास हुआ। उन्होंने डेक पर बैठकर पद्मासन किया और नेत्र मूँद लिये। कितनी देर तक वे इसी अवस्था में थे। मध्याह्न हो चुका था। उनके जाग्रत् होने की प्रतीक्षा में उनके शिष्य रुके थे। मायावती में स्थापित वेदांत समिति के संस्थापक कैप्टन सोवियर की मृत्यु की खबर उन्हें देनी थी।

: इक्कीस :

संध्या गहराई थी। विवेकानंद का जहाज कलकत्ता बंदरगाह में दाखिल हो चुका

था। ...अब रामकृष्ण मठ में सायं आरती शुरू हुई होगी। फिर थोड़ी ही देर में सभी भोजन गृह में जाएँगे। हँसते-खेलते प्रसन्नतापूर्वक भोजन का आस्वाद लेंगे।... मन में वह यह सब देख रहे थे और वे जल्दी-जल्दी बंदरगाह से बाहर निकले। 'भारत में शीघ्र ही वापस आ रहा हूँ।' इस तरह उन्होंने गुरु-बंधुओं को लिखा था। परंतु निश्चित समय और दिन सूचित नहीं किया था। अब उन्हें भोजन के समय मिलेंगे, इस तरह सोचते हुए वे अन्य यात्री तथा शिष्यगणों को पीछे छोड़कर प्रमुख मार्ग पर आ गए। सामने से आ रही एक कार को उन्होंने इशारे से रोककर कहा—

'मुझे रामकृष्ण मठ, बेलूर ले जाएँगे?'

'क्यों नहीं, स्वामीजी! मैं आपका सहपाठी। अब कोर्ट में वकील हूँ। आपने बीच में ही वकालत छोड़ दी, मैंने पूरी की।'

विवेकानंद को उसकी बातों में रुचि नहीं थी। मठ पहुँचने के लिए वे आतुर हो गए थे। वह जी खोलकर बातें कर रहा था, वे सिर्फ सुन रहे थे।

कार रुक गई। गेट को ताला लगाते-लगाते चौकीदार के हाथ रुक गए। सरकारी गाड़ी देखकर वह तुरंत भीतर भागा। उसने जल्दी-जल्दी बताया, कोई साहब आया है। सारे बंधु हाथ में पकड़ी थाली सँभालते स्तब्ध खड़े रह गए। मस्तक पर तिरछी फेल्ट हैट और नीचे मटमैले लाल रंग का पैरों तक अँगरखा पहने उस साहब ने प्रवेश किया।

'आपको क्या चाहिए? अभी ऑफिस बंद है।'

'मुझे आप सभी चाहिए।'

'आप कौन हैं?'

'मैं इस विश्व का एक पथिक हूँ। अनादि काल से जन्म लेते-लेते यहाँ तक आया हूँ और इस भारत भूमि से मैं अटूट प्रेम करता हूँ।'

सभी उस अद्‌भुत यात्री की ओर टुकुर-टुकुर देख रहे थे। तभी उसने चेहरे को ढक रही फेल्ट हैट उतार दी। सारे खुशी से चिल्लाए—

'गुरु-बंधु विवेकानंद!'

'अभी तक बचपन समाप्त नहीं हुआ लगता है।' किसी ने कहा।

'गुरु-बंधो, तुम्हें हमने बिलकुल पहचाना नहीं। वाकई कितने दुबले हो गए हो। पहला नरेंद्र दत्त तो कब का समाप्त हो चुका था, परंतु दूसरी बार विदेश से लौटने के बाद यह भी समझ में नहीं आया कि क्या यही है हमारा विवेकानंद। कितने थके हुए लगते हो।'

'थका नहीं, हाँ, कृश हो गया हूँ; परंतु मेरा मन देखो, कैसा चैतन्य से परिपूर्ण है! और जो प्रेम करते हैं वे ऐसा ही सोचते हैं। अब यहाँ आ गया हूँ न, अब देखो खा-पीकर गोल-मटोल हो जाता हूँ। पर इस समय मेरे पेट में चूहे बहुत उछल-कूद मचा रहे हैं, भाई। जल्दी से मुझे भोजन कराओ।'

वे हाथ में थाली थामे खड़े रहे। किसी ने उन्हें वहाँ बिछाई हुई चटाई पर बिठाया। उनकी थाली में भोजन परोसा गया। गरमागरम भँपाता हुआ थाली भर भोजन देखकर उनके नेत्र भर आए। उन्होंने सोचा—अन्न पूर्ण ब्रह्म ही नहीं बल्कि आनंद ब्रह्म भी है।'

'शुरू कीजिए न, स्वामीजी।' नए आए शिष्यों ने अनुरोध किया। उन्होंने थाली में परोसे अन्न को प्रणाम किया; परंतु एक ग्रास भी खाने के लिए उनका मन नहीं कर रहा था। जहाज की यात्रा से उनका सर चकरा रहा था। उन्हें लग रहा था, अभी भी सब हिल रहा है। दूसरे ही पल वे दीवार से सटकर बैठ गए और देखते-देखते उन्हें कुछ भी समझ में नहीं आ रहा था। गुरु-बंधुओं ने उन्हें कमरे में सुलाया, मस्तक पर पानी छिड़का।

होश में आकर उन्होंने कहा, 'अरे, मेरी भोजन की थाली कहाँ है, भाई?'

सभी के चेहरे प्रसन्नता से खिल गए और सच्चे अर्थ में भोजन में रस, स्वाद निर्माण हो गया।

□

२७ दिसंबर, १९००। विवेकानंद अपने पाँच नए शिष्यों के साथ मायावती जा रहे थे। यात्रा में ही उन्हें कैप्टन सोवियर की मृत्यु का समाचार ज्ञात हुआ। वेदांत समिति का कार्य सोवियर दंपती के हाथों सौंपकर वे निश्चिंत हो गए थे। फिर भी, मिसेज सोवियर को सांत्वना देकर उन्हें आगे के कार्य की योजना समझाने वे निकले थे। चिल्ले का जाड़ा था, जैसे ठंड का प्रकोप ही हो गया था। काठगोदाम से तो हिमवर्षा का आरंभ हो गया। विवेकानंद की कृश काया सृष्टि का यह रौद्र रूप नहीं सह सकती थी। कितनी देर तक एक ही जगह रुकना पड़ता। शरीर ठंड से थर-थर काँपने लगता। सूखी लकड़ियों से आग जलाना भी कठिन था। तिस पर उनके अस्थमा ने सिर ऊपर उठाया था। साथ में पर्याप्त गरम कपड़े भी नहीं थे।

'स्वामीजी, हम वापस लौटेंगे। आपका कष्ट हमसे देखा नहीं जाता। अस्थमा भी आपको बहुत कष्ट दे रहा है।' एक शिष्य ने आखिर साहस करते हुए कहा।

'स्वामीजी, हमारी बात मानेंगे?' दूसरे शिष्य ने कहा।

'ऐसा करो, आप लोग वापस लौट जाओ। मेरे कारण तुम्हें कष्ट हो रहा है न! वापस जाओ।'

'स्वामीजी, हमारी बात समझ लें, हम सिर्फ आपके लिए ही कह रहे हैं।'

'मुझे पता है। तुम लोगों को मेरे दमे के कारण कष्ट हो रहे हैं; परंतु मैं आयोजित कार्य पूरा करके ही लौटूँगा। शरीर की पीड़ा, कष्ट शरीर भुगतेगा। मन तो मायावती को नकार नहीं रहा है न! मैं कहता हूँ न, तुम लोग वापस जाओ।'

मायावती की अगली पूरी यात्रा में शिष्य उनका बहुत ही खयाल रख रहे थे। फिर भी बुखार और दमा उन्हें असह्य पीड़ा दे रहा था। आखिर वे मायावती मठ में पहुँच गए।

मिसेज सोवियर चकित हो गईं। अपने निजी दुःख से अधिक उन्हें विवेकानंद के

आने की प्रसन्नता हो रही थी। फिर भी चिंतित होकर उन्होंने कहा, 'स्वामीजी, हिमवर्षा और बला की सर्दी, जो हड्डियों को आर-पार चीरकर जा रही है, ऐसे में आप क्यों आए? और आपका स्वास्थ्य भी ठीक नहीं लग रहा, फिर भी…'

'मिसेज सोवियर, फिर से कोई महानिमंत्रण आया तो आपसे भेंट रह जाएगी और फिर दिल मसोसकर रहना पड़ेगा।'

'किसी यात्रा के लिए जा रहे हैं?' उन्होंने उत्सुकता से पूछा।

'हो सकता है, शायद जल्दी ही महायात्रा का शुभ मुहूर्त हो।'

'कैसी महायात्रा?' उन्होंने अनजाने में प्रश्न किया।

विवेकानंद हँसने लगे—प्रसन्नता भरी हँसी। उन्होंने कहा, 'अभी जाने का विचार नहीं, परंतु किसी ने आग्रहपूर्वक निमंत्रण दिया तो भला टाला कैसे जा सकता है!'

'पहेलियाँ न बुझाएँ। साफ-साफ कहें न उनसे, इतनी जल्दी आना असंभव है।'

'और उन्होंने नहीं सुना तो? उठा के ले जाने की जिद की तो?'

'ऐसा कैसे हो सकता है, स्वामीजी! आपको उठाकर कौन ले जाएगा? आपकी शक्ति कितनी…'

'ऐसा करता हूँ। कुछ दिन के लिए यहीं रहता हूँ, ताकि आप बता सकेंगी…'

'मैं बताऊँगी उन्हें। अब कोई भी आग्रह के साथ स्वामीजी को मत ले जाना। ठीक है?'

विवेकानंद ने मन-ही-मन कहा, 'मिसेज सोवियर, ऐसा देवदूत मुझे लेने आएगा कि मुझे ले जाने का पता भी नहीं चलेगा आपको।…

'स्वामीजी।' मिसेज सोवियर की आवाज से वे चौंक गए।

'स्वामीजी, स्वामी स्वरूपानंद यहाँ आए हैं। उन्होंने ही काफी कार्यभार सँभाला है। एक-दो दिन में वे अल्मोड़ा से लौटेंगे।'

स्वरूपानंद दो ही दिन के बाद अल्मोड़ा से लौटे।

'बंधु, आप आए? कितनी मूसलधार वर्षा, हिम वर्षा और कड़ाके की सर्दी। मुझे पहले से सूचित किया होता…'

'तो मुझसे कहते, अभी मत आना। ठीक कहा न?'

'स्वरूपानंद, मुझे ज्ञात हुआ है कि तुमने अपने आपको यहाँ के कार्यप्रवाह में समर्पित किया है। मैं बहुत प्रसन्न हूँ कि मायावती का अद्वैत आश्रम तथा धर्म-प्रचार कार्य, 'प्रबुद्ध' पत्रिका का संपादन—ये सारी जिम्मेदारियाँ तुम अत्यंत कुशलतापूर्वक सँभाल रहे हो। वस्तुतः इस मठ में ही जीवन का उर्वरित समय बिताने की इच्छा है और बहुत कुछ सीखना-सिखाना रह गया है। इसके अतिरिक्त मन में आए अनेक विचार, बातें लिखनी हैं। बातें तो बहुत कीं, दीवाना बनकर घूम रहा था, भाषण दे रहा था। अब मुझे लिखना है। मैं स्वच्छंद व मुक्त जीवन जीना चाहता हूँ।'

'बंधो, आप अवश्य यहाँ रहें।'

परंतु अगले पंद्रह दिन भी वहाँ रहना उनके लिए कठिन हो गया। अजीब सी थकावट शरीर में फैली थी। रात में दमा इतना उमड़ रहा था कि उसने जरा भी चैन नहीं दिया। फिर भी मुख पर खिला प्रसन्न हास्य लुप्त नहीं हुआ था।

स्वरूपानंद अपने कार्य की जानकारी देते हुए अद्वैत मठ में अपने गुरु-बंधु विवेकानंद के साथ बैठे थे। कुछ शिष्यगण श्रीरामकृष्ण का चित्र रखकर पूजा-अर्चना करते हुए दिखाई दिए। विवेकानंद ने कहा, 'स्वरूपानंद, हम अद्वैत के पूजक हैं। यहाँ बाह्य पूजा न हो, यदि होगी तो यहाँ मानस-पूजा होगी। फूल, आरती जैसी बातें न हों। दुःखी मत होना, परंतु बाह्य उपचारों की आवश्यकता ही क्या है? मैं सब कहकर रखता हूँ।'

'इसका अर्थ क्या है, आप कहीं जा रहे हैं, बंधु?'

'अब इस देह का प्रयोजन समाप्त हुआ।'

'ऐसी बात क्यों कर रहे हैं, बंधु? अद्यापि बहुत कार्य बाकी है और यह जाहिर करनेवाले भला हम कौन होते हैं कि प्रयोजन समाप्त हो गया?'

'अरे, मेरे पास दो वर हैं—एक अमरनाथ के शिवशंकर का—उसने मुझे वर दिया है कि 'तुम इच्छा-मरण ले सकोगे और दूसरा वर है ठाकुरजी का—समय आते ही मैं महासमाधि की चाबियाँ तुम्हारे हाथ सौंप दूँगा।'

'यह सब ठीक है, परंतु आप अपने ही मन से यह निश्चित नहीं कर सकते कि देह का प्रयोजन कब तक और कहाँ तक है। आप अब अपने नहीं रहे, आप अखिल विश्व के बन चुके हैं। अखिल विश्व का आप पर अधिकार है।'

विवेकानंद मुसकराए। स्वरूपानंद भी मुसकराए। विवेकानंद ने कहा, 'माताजी से मैंने पूछा, ठाकुरजी अद्वैतवादी थे और उन्होंने अद्वैतवाद का ही प्रचार किया। उनका प्रत्येक शिष्य अद्वैतवादी ही है। स्वरूपानंद, हम यहाँ अद्वैत की ही भूमिका लोगों से कहेंगे।'

'मानता हूँ। मैं एक बात जानता हूँ बंधु, हम सतत सबकुछ अपने मन के अनुसार करते आए हैं। एकाध बात मेरे मन के अनुसार मैंने माँगी तो…'

'मैं जानता हूँ, तुम क्या कहना चाहते हो। अभी मैं विश्राम नहीं करूँगा। अब मैं जितना संभव हो उतना कार्य करूँगा। तुम चिंता मत करना। वाकई मैं ठीक हूँ।'

स्वरूपानंद विषण्ण हो गए। सारी वेदनाएँ सहते हुए भी प्रसन्नतापूर्वक हँस रहे अपने गुरु-बंधु विवेकानंद की ओर देखते-देखते उन्होंने मन-ही-मन कहा, 'हे प्रभो! मेरे गुरुबंधु को दीर्घायुष्य मत देना। उन्हें वेदना, यातना-विरहित मृत्यु दो। उनकी यह अवस्था देखी नहीं जाती। एक नेत्र तो पूर्ण रूप में गया है। दमा चैन की साँस नहीं लेने देता। शरीर कुछ भी नहीं सहता। बुखार कुंडली मारकर बैठा है। फिर भी मेरे यह गुरु-

बंधु हँस रहे हैं। इसी तरह हँसते-हँसते उन्हें जीने दो। उनकी वेदनाएँ और कष्ट कम करो।'

विवेकानंद ने उनकी अवस्था पहचानी और उनके कंधे पर प्रेम से हाथ रखते हुए उन्होंने कहा, 'मैं सच कह रहा हूँ, मुझे कोई तकलीफ नहीं है। आप व्यर्थ चिंता कर रहे हैं। आज से अद्वैत का महत्त्व प्रतिपादित करूँगा।'

स्वरूपानंद ने कुछ भी नहीं कहा। वहाँ से उठकर विवेकानंद अपने कक्ष में आ गए। दमा के कारण वे बेचैन थे। रात-रात भर बैठे रहना पड़ता। दिन में अस्थमा का कष्ट कम होता, परंतु इस सभी के कारण वे चिड़चिड़े हो गए थे, जो वे कभी नहीं थे। आत्मसंयम खोने के कारण वे अपने आपसे क्रोधित होते। किसी के उनके बारे में, उनकी पीड़ा के संबंध में भी कुछ कहने से उनका पारा चढ़ जाता।

'अरे, मैं मर नहीं गया। ठीक हूँ। क्या किसी को अस्थमा नहीं होता? बुखार और मधुमेह का शिकार कोई नहीं होता? मेरे ही पीछे हाथ धोकर क्यों पड़े हो, भाई? डॉक्टर की दी हुई दवाइयाँ चुपचाप ले ही रहा हूँ न! मेरी साधारण बीमारी का आप लोगों ने राई का पहाड़ बना दिया है।' वे आगबबूला होकर कहते।

वस्तुतः सहनशक्ति तथा संयम की परिसीमा हो गई थी। ईश्वर कठोर-से-कठोर परीक्षा ले रहा था। मूत्र-स्खलन में भी कष्ट होने लगा था। ऐसे समय उनके 'मैं ठीक हूँ' इस तरह लाख कहने पर भी कोई विश्वास नहीं करता। सामनेवाला व्यक्ति गंभीर होता, फिर ये कभी मन-ही-मन में तो कभी प्रकट रूप में चिढ़ते। फिर स्वयं ही पश्चात्ताप करते।

उस दिन भोजन के लिए विलंब हो गया। दमा तंग न करे, इसलिए वे रात में भोजन नहीं करते। सुबह केवल चाय पीते। ऐसे में दोपहर में भूख लगना स्वाभाविक ही था, परंतु भोजन का निमंत्रण नहीं आ रहा था। उन्होंने अपने मन को समझाया, कई बार वे दो-दो दिन भूखे पेट रहे हैं, फिर अभी यह भूख इतनी प्रज्वलित क्यों हो गई? क्यों नहीं मैं उसे संयमित कर सकता?

मन को इतना समझाकर भी पेट में भूख लगनी थी, वह लग ही गई। वे सीधे भोजनगृह चले गए। वहाँ कोई भी नहीं था। उनका क्रोध भड़का। गुस्से से वे भीतर गए। उस कमरे में प्रचंड धुआँ हो रहा था। उस धुएँ से उनका दम उछला। वे कुछ बोल भी नहीं सके। नेत्रों से पानी की धाराएँ बहने लगीं। उनके लिए खड़े रहना कठिन हो गया। उनकी अवस्था निरंजनानंद ने देखी, जो चूल्हे में लकड़ियाँ डाल रहे थे। वे उनके पास आए, 'बंधु, अपने कमरे में चलें। यहाँ क्यों आए? भूख लगी, इसलिए न? हिमवर्षा के कारण सूखी लकड़ियाँ ही नहीं मिलीं, गीली लकड़ियाँ जलतीं ही नहीं, इसलिए भोजन के लिए विलंब हो गया। मैं आपके लिए फल लाता हूँ।'

निरंजनानंद स्पष्टीकरण दे रहे थे और विवेकानंद अपने क्रोध के लिए बहुत

दु:खी थे। वे स्वयं को ही ताड़ना दे रहे थे।

इस तरह के अनेक प्रसंग घट रहे थे और वे अपने मन को ताकीद कर रहे थे, 'मुझे कुछ हुआ है, इसलिए दूसरे को कष्ट क्यों देना? ये अपने ही पूर्व संचित भोग होंगे। इन बीमारियों को अब शांति से स्वीकार क्यों नहीं करते? मैंने वेदांत कथन किया, गीता कथन किया, क्या यह सब सिर्फ दूसरों के लिए ही? क्यों नहीं इन बीमारियों पर, दु:खों पर, वेदनाओं पर विजय मिलती?

'नहीं-नहीं, अपने मुख पर वेदना उभरनी नहीं चाहिए। यह समझकर कि सारे रोग मेरे अपने ही हैं, उनका अपनत्व के साथ स्वागत करना है। बस किसी से भी क्रोध नहीं करना।' उन्होंने मन-ही-मन निश्चय किया और उसी क्षण गले से दमे की 'घर-घर' आवाज निकलने लगी। साँस लेना दूभर हो गया। वे जी-जान से अपने आपको सँभालने लगे।

□

'नरेन, तुम्हारे साथ यात्रा का योग आएगा, यह कभी सोचा भी नहीं था। कितना अकल्पित, अप्रत्याशित योग।'

'माँ, तुम्हीं ने तो कहा था न कि मुझे असम, पूर्व बंगाल के मंदिरों का दर्शन करना है। ढाका से बार-बार निमंत्रण आ रहे थे तो तुम्हारा स्मरण हो गया।'

जब माँ भुवनेश्वरी को विवेकानंद का संदेश मिला, तब वह बहुत चिंतित हो गई। उनका स्वास्थ्य ठीक नहीं, यह अनेक से उन्होंने सुना था। नैनीताल-मायावती की यात्रा में उसे बहुत पीड़ा हो रही थी। प्रचंड दमा उमड़ गया था यह भी सुना था। इसलिए बुलाया होगा, यह सोचकर वह व्यथित अंत:करण के साथ मठ आई थीं, परंतु विवेकानंद को ठीक देखकर उन्होंने पूछा—

'तुम ठीक हो न, नरेन्?'

'हाँ माँ, मैं स्वस्थ हूँ, प्रसन्न हूँ।'

'परंतु कितने दुबले हुए हो, बाछ!'

'माँ, तुम्हारी इच्छा थी न असम और पूर्व बंगाल के तीर्थ क्षेत्र जाने की? मेरे साथ चलो।'

उसने जैसे आसमान पर कदम रखा। हर्ष विभोर होकर उसने कहा, 'सच! तुम मुझे साथ ले जाओगे? तुम्हारे बाबा के जाने के बाद मैं कभी कहीं भी नहीं गई रे। मुझे…मुझे साथ ले जाओगे?'

भुवनेश्वरी देवी अनुभव कर रही थीं, जीवन का सारा आनंद, सारे सुख आज उसके कदम चूम रहे थे। उस उल्लास में उसे विवेकानंद के स्वास्थ्य के बारे में पूछना रह गया। घर आने के बाद उसे वह समझ गईं, परंतु अब चार दिन के बाद हम साथ ही हैं तो उसका खयाल करूँगी, इस तरह सोचकर वह तैयारी में जुट गईं और नौका में बैठने

का आनंद जी भरकर ले रही थीं। जहाज नारायण गंज पहुँच गया। वहाँ उनका भव्य स्वागत हुआ। ईश्वरचंद्र घोष और गगनचंद्र घोष उनके स्वागत के लिए अपार भीड़ में भी ढाका स्टेशन पर खड़े थे। घोड़ागाड़ी में उन्हें बिठाकर उनकी भव्य शोभा यात्रा मोहिनी मोहन दास बाबू के विशाल भवन में पहुँच गई। वे थक गए थे, फिर भी उन्होंने कहा—

'बंधु जनो, स्वतंत्र भारत का सपना शीघ्र ही पूरा होगा; परंतु नवभारत के लिए, उसके विकास के लिए और हिंदू धर्म का विशाल स्वरूप सभी को बताने के लिए कटिबद्ध हो जाओ। अँधेरी रात समाप्त हो रही है, इसलिए हाथ पर हाथ धरे नहीं बैठना। आज आवश्यकता है प्रबल कर्मयोग की, असीम साहस की, अपरिमित शक्ति की। अपने आपको दुर्बल, हताश न समझें। नीति-परायण और साहसी बनें। अपने को शुद्ध, पवित्र रखें; सारी शक्ति संगठित करें। धर्म संगठन होते ही राष्ट्र संगठन सहजतापूर्वक होगा। चलो, उठकर कार्य में जुट जाओ।'

बुद्धाष्टमी के उपलक्ष्य में ब्रह्मपुत्र-स्नान के लिए विवेकानंद नौका से लागलबंद गए। उस नदी में स्नान करते समय उन्हें ब्रह्मानंद हुआ, परंतु उसी रात उन्हें बुखार चढ़ गया, लेकिन उन्होंने किसी से कुछ नहीं कहा। ढाका प्रवास में रमाकांत नंदी की अध्यक्षता में जगन्नाथ कॉलेज में एक सभा आयोजित की गई। उसमें 'मैंने क्या सीखा?' इस विषय पर अपने विचार प्रस्तुत करते समय उन्होंने कहा, 'मनुष्य आजीवन छात्र ही होता है। यदि उसने दृढ़तापूर्वक ठान लिया तो वह बहुत कुछ सीख सकता है। मैंने जीवन में किताबी शिक्षा, ज्ञान आज तक ले ही रहा था; परंतु मेरे गुरुदेव ने कहा, 'तुम्हें ईश्वर देखना है तो समाज में जाओ।' समाज में जाने के बाद दीन, दुःखी, हताश समाज स्थिति देखकर और नियतिशरण लोग देखकर मुझमें एक स्फुल्लिंग जल उठा—चैतन्य का स्फुल्लिंग। मैं सभी का आह्वान करने लगा, ललकारने लगा। एक के पास खाने-पीने की विपुलता तो दूसरा भूखा, दाने-दाने के लिए मोहताज! यह चित्र बदलने के लिए मैंने धर्म संगठन को विराट् शक्ति मानकर उसी में ईश्वरत्व है, यह लोगों को बताने का प्रयास किया।'

वे धारा-प्रवाह अंग्रेजी में ओजस्वी वाणी में अखंड बोल रहे थे—'सगुण साकार देव प्रतिमा मानकर उसकी मनोभाव से पूजा करना अनुचित नहीं; परंतु साथ-साथ जाग्रत् होकर समाज-सेवा, पर्याय से राष्ट्र-सेवा करना ही सच्ची ईश्वर-पूजा है।' यह भी उन्होंने आग्रहपूर्वक कहा।

भाषण समाप्त कर अपने मुकाम पर लौटने के बाद उन्हें स्मरण हो गया कि उन्होंने सन् १९०० में लाहौर कॉन्फ्रेंस में न्यायमूर्ति रानाडे द्वारा दिए भाषण का वृत्तांत पढ़ा था और उस वृत्तांत पर उनका स्वयं किया हुआ चिंतन। उस भाषण में रानाडे ने संन्यासी और संन्यास धर्म पर टिप्पणी की थी। उसके प्रत्युत्तर के रूप में विवेकानंद ने 'प्रबुद्ध' में एक लेख भी लिखा था।

इस समय भी उन्हें बहुत कुछ कहना था, लिखना था; परंतु स्वास्थ्य की ओर ध्यान न देते हुए भी वह स्वयं अपनी याद दिला रहा था। फिर भी वे मिलनेवालों से मिल रहे थे, चर्चा कर रहे थे। अविरल अनवरत दिनक्रम चल रहा था।

उस दिन उनका भाषण सुनकर सर हेनरी कॉटन उनसे मिलने आ गए। आते-आते ही उन्होंने कहा, 'स्वामीजी, आपके विषय में बहुत कुछ सुना था। भारतीय शिक्षा एवं सभ्यता का इतना सुंदर, तर्कसंगत विवरण मैंने कभी नहीं सुना था।'

'धन्यवाद मि. कॉटन। वैसे मैंने जो बताया, उससे कई गुना अधिक भारतीय दर्शन विस्तृत है। मैंने बस उतना ही कहा, जो मेरी बुद्धि को ज्ञात हुआ है।'

'स्वामीजी, एक प्रश्न पूछूँ?'

'एक ही क्यों, दस प्रश्न पूछें। मैं ऊब नहीं जाऊँगा।'

'स्वामीजी, आप यूरोप व अमेरिका जैसे प्रगल्भ और संपन्न देशों की यात्रा करके आए हैं। वहाँ आपने प्रवास किया। फिर पुनः यहाँ जंगली प्रदेश में वापस क्यों लौटे?'

'आप जैसे लोग जहाँ रहते हैं वह तीर्थस्थान ही है और मेरा भारत मेरे लिए तीर्थक्षेत्र के भगवान् तथा मंदिर के भगवान् समान है।'

'अर्थात् आप देव प्रतिमाओं पर विश्वास करते हैं?'

'मैं अपने चित्र पर विश्वास नहीं करूँगा।'

'मुझे बिना देखे विश्वास करेंगे?'

'कमाल करते हैं आप, मि. कॉटन। आपके घर मैं आया और आपके पिताजी ने 'यह मेरा पुत्र' कहकर आपकी तसवीर दिखाई तो मैं उसे नहीं मानूँगा? मि. कॉटन, जब प्रकृति का चक्र अनवरत तथा सुचारु रूप से चल रहा है तब उसका निर्माता भले ही प्रत्यक्ष दिखाई न दे, वह अवश्य है। फिर देव प्रतिमाओं द्वारा उसे श्रद्धा तथा भक्तिभाव से पूजा करने में क्या हर्ज है?'

'आप तो अद्वैतवादी हैं न?'

'अर्थात् हम और ईश्वर एक ही हैं। उस महामानव की हम सब संतान हैं। उसी के अंश हैं, दो भिन्न नहीं। उसके लिए बाह्य पूजा की आवश्यकता नहीं।'

'सच कहूँ स्वामीजी, आपने मुझे बड़ी उलझन में डाल दिया है।'

'इस तरह पसोपेश में मत पड़ना। हकबकाने की आवश्यकता नहीं है। साकार और निराकार ये दोनों उसी के रूप हैं। भक्ति अथवा ज्ञान द्वारा आप उसे जान सकते हैं।'

सरीहेन कॉटन ने उठते हुए कहा, 'स्वामीजी, मैं कन्फ्यूज हूँ। मुझे मार्ग दिखाएँ।'

'घर का मार्ग आप जानते हैं न? दूसरा मार्ग पूछते-पूछते जाने से निश्चित मिलेगा, विश्वास के साथ चलते रहें। सबकुछ सहज है।' विवेकानंद मुसकराए।

सर कॉटन हेनरी बाहर निकल चुके थे।

रात गहराने लगी थी। विवेकानंद की निद्रा क्षितिज के पार चली गई थी। उन्हें

दिखाई दे रहा था निराकार का प्रशस्त हो रहा मार्ग। ३१ दिसंबर, १९०१ दिन की वह सबसे बड़ी रात थी। समाप्त ही नहीं होती। फिर उनका मन कई जगह घूमकर आ रहा था। अपने ही कथन की हुई अनेक कथाओं का स्मरण उन्हें हो रहा था। एक कथा इस तरह थी—जन्म से कुएँ में कहीं रह रहे मेढक ने एक दिन दूसरा मेढक देखा। कुएँ के मेढक ने पूछा, 'कहाँ से आए हो? उसने कहा 'सागर से।' 'सागर कितना बड़ा है? इस कुएँ जैसा?' 'नहीं रे। वह बहुत विशाल है।' परंतु पहले मेढक यह मानने के लिए तैयार ही नहीं था। दूसरा उसे समझा रहा था। आखिर कुएँ के मेढकों ने उसे 'गपोड़िया' जाहिर करके कुएँ से बाहर फेंक दिया।

विवेकानंद ने कहा था, 'मैं हिंदू, मैं मुसलमान, मैं ईसाई। इस तरह प्रत्येक अपने-अपने कुएँ में रहता है। विशाल सागर की कल्पना ही वे नहीं कर सकते। इस साकार जगत् में रहकर निराकार की भव्यता कैसे समझ में आएगी? वे सोच रहे थे।

सत्य ही मैं कौन हूँ? मेरा कार्य कैसा था? मैं ठाकुरजी का शब्दवाहक या कार्यवाहक? मैं शास्त्र का अभ्यासक या वह जो ज्ञान का हस्तांतरण करता है? मैं उपदेशक हूँ या ईश्वर-प्रणित कार्यकर्ता? मैं भ्रमण कर रहा एक पथिक हूँ या ज्ञान की भिक्षा इकट्ठी करके अन्यों को देनेवाला दाता? मैं कौन हूँ? संन्यास धर्म का पालनकर्ता या राजा-महाराजाओं के महलों में रहनेवाला अनासक्त योगी? माता का पुत्र या ठाकुरजी का शिष्य?

उन्हें कुछ समझ में नहीं आ रहा था। उन्होंने सिर पर तेल मला। मालिश करके हाथ थक गए, परंतु निद्रा नहीं आई।

कौन जाने, विचारों के इतने प्रवाह किस हिमालय से उनके मन में भागीरथी की तरह प्रवाहित होते हैं। परतंत्रता की रात समाप्त होकर स्वतंत्रता का उषःकाल होगा, सर्वत्र धर्म संगठन होकर प्रत्येक धर्म निजी धर्म सँभालते हुए दूसरे धर्म का आदर करते हुए विश्व धर्म बन मानवता धर्म के ध्वज तले आएँगे।

शिक्षा से ज्ञान-विज्ञान विकसित होकर विश्वामित्र की तरह प्रतिसृष्टि की कल्पना मन में सँजोए उस दृष्टि से मानव विनम्रतापूर्वक कार्यरत रहेगा और हमारे भारत स्थित योग, अध्यात्म, वेदांत संपूर्ण विश्व भर में फैलेगा, जिसमें अखिल मानव जाति का कल्याण है। यह सब सर्वत्र होगा, यह प्रगाढ़ विश्वास उनके मन को किसने दिया? उन्हें कुछ भी समझ में नहीं आ रहा था।

मध्य रात्रि ढल गई और उनकी खाँसी बढ़ गई। खाँसी जैसे-तैसे रुक गई, परंतु दमे का विकार उछलने लगा और उनका शरीर उसे सह नहीं सकता था। धौंकनी की तरह छाती का हाँफा छूट रहा था। इतने में उनकी हरकतों से उनके कमरे में सोए हुए शिष्य की आँख खुल गई। अपने गुरुदेव की वेदना देखकर उसने तड़पकर कहा, 'हे भगवान्! गुरुदेव की सारी वेदना मुझे दे दो। सत्कार्य कर रहे इस पुण्यवान् योगी पुरुष को इस तरह

दारुण वेदना तुम क्यों दे रहे हो?'

उसके मुख पर उभरे भाव तथा मन की भावनाएँ जानकर विवेकानंद ने कहा, 'वत्स, यह दुःख, यह पीड़ा देह की है। भुगतने दो देह को। मेरा मन उत्फुल्ल कमलिनी की तरह प्रसन्न है। अखंड भ्रमण किया। सबकुछ इस देह ने चुपचाप सहा। कदन्न भक्षण किया, पकवान भी खाए, वृक्षों तले सोया, महलों में भी। इस देह ने कभी शिकायत् नहीं की। कितने अत्याचार हुए इस शरीर पर, परंतु बेचारा मौन रहा। अब कहीं थोड़ी सी पीन-पीन कर रहा है। बोलने दो इसे। मैं शरीर से कहता हूँ—भई, अब तुम्हारे दिन हैं। भुगतो वेदनाएँ, जब तक मन नहीं भरता वेदनाओं से। वत्स, तुम जवान हो, तुम्हें निद्रा आवश्यक है। जाओ, सो जाओ।'

भोर होने लगी, बढ़ता हुआ दमा कम हो गया और वे अपने नित्य कर्म के लिए उठने लगे। दरवाजा खोलते ही ठंड की लहर उनके शरीर पर आ धमकी। शरीर बेंत की तरह काँपने लगा और बाहर निकलने के लिए आनाकानी करने लगा, लेकिन मन इतनी आतुरता से शरीर को खींचता हुआ बाहर ले आया था।

डॉक्टर, वैद्य, सब सुचारु रूप से चल रहा था; परंतु मधुमेह नियंत्रण में नहीं आ रहा था। शरीर पर सूजन आ गई थी। कल-परसों ही वे कह रहे थे, 'तुम लोग मुझे दुबला-पतला, सूखकर काँटा न जाने क्या-क्या कह रहे थे। अब देखो, कैसा गोल-मटोल गुलगुला हो गया हूँ मैं।' काफी देर तक खुद ही हँसते रहे।

'स्वामीजी, आप जो नियमों का कठोर पालन करते हैं, वैद्य के बताए पथ्य का पालन क्यों नहीं करते? सूजन उतर जाती।'

'देखो, सूजन आने से मैं सुंदर लग रहा हूँ। दूसरी बात पथ्य परहेज का पालन करते मृत्यु के द्वार पर जाने से अच्छा है, खाते-पीते ढंग से उससे मिलने गया तो उसे ज्यादा अच्छा लगेगा। और मैं वैद्यजी के नियमों का पालन तो कर रहा हूँ। एकाध दिन बंधन छूट जाता है, भाई। और देखो, डॉक्टर या वैद्यजी जैसा कहते हैं वैसा या आप जो समझते हैं वैसा कुछ भी गंभीर मामला नहीं है। अब मेरी सहन-शक्ति ही कम है, इसलिए मैं अपनी वेदनाओं को अवास्तव प्रकट करता हूँ। सच कहता हूँ, ऐसा कुछ भी नहीं है।' उनके अत्यंत शांति से, मुसकराते हुए कहने पर भी उनकी बातों से सभी की आँखें भर आईं। विवेकानंद की अवस्था वे समझ रहे थे। स्वयं विवेकानंद भी जानते थे। रात में एकांत में वे मन-ही-मन कहते, 'मैं वेदांत का उपासक हूँ। भारतीय सभ्यता व संस्कृति का परिचय मैं अखिल विश्व को कराता हूँ। देश-विदेश में मैंने असंख्य भाषण दिए, इसलिए कि हमारा समाज जाग्रत् हो। स्वतंत्र व विकसित राष्ट्र का भव्य सपना मैंने मन-ही-मन साकार किया और उसे पूरा करने के लिए समाज की युवा पीढ़ी का आह्वान किया।

'मुझे कम-से-कम ऐसे सौ युवकों की आवश्यकता है, जिनकी पेशियाँ लोहे की

हों और नसें फौलादी हों, मन वज्र का हो। अब राष्ट्र धीरे-धीरे जाग रहा है। ऐसी स्थिति में मुझे बलवान होना चाहिए। आज भी मेरी वाणी में शक्ति है। देह की झिल्ली (अस्तर) गिरने से पहले मुझे कई लोगों से मिलना है। अतः हे शरीर, अपनी वेदनाएँ समय-समय के लिए मन को मत बताना, उन्हें छिपा के रखना। चेहरे पर प्रकट नहीं करना। मेरी बात सुनोगे न?'

और शरीर ने उनका मन समझा। वह वेदनाओं को भीतर लेने का प्रयास करने लगा और उसने मन से कहा, 'हे मन, मैं सबकुछ जानता हूँ। इसीलिए मैं आज से अपनी वेदना तुमसे नहीं कहूँगा। देश-जागृति का कार्य तुम करते रहो। फिर भी कहता हूँ, मुझे मर्यादा है। उससे पहले जल्दी-से-जल्दी अपना कार्य पूरा करो।'

विवेकानंद शरीर और मन के संवाद सुन रहे थे। अभी कार्य करने के लिए शरीर की अनुमति मिलने पर उन्होंने अपना कार्य अधिक शीघ्रतापूर्वक करने का निश्चय किया।

: बाईस :

जून माह के आखिरी के दिन। वातावरण में घुटन। हवा स्तब्ध, निश्चल। दो दिन पहले वर्षा हो गई थी, फिर भी गरमी कम नहीं हुई थी, बल्कि और बढ़ गई थी। रात भर विचारों के कोलाहल से विवेकानंद के चित्त में भी वातावरण की तरह घुटन हो रही थी। प्रातःकाल होने में अभी समय था। वे उठकर बाहर आ गए। आकाश बादलों से घिरा हुआ था। सूर्योदय का कहीं भी नामोनिशान नहीं था। कमरे से बाहर आने के कारण गंगा से आ रही शीतल लहरों से उनका मन प्रसन्न हो गया।

वे यूँ ही गंगा तट की दिशा में जाने लगे। उनके पीछे सदानंद निकला और दो-तीन नए शिष्य भी चल पड़े; परंतु विवेकानंद का उस ओर ध्यान ही नहीं था। वे अपनी धुन में मस्त चल रहे थे। उनके पग सूजे हुए होने के कारण भारी और सुस्त हो रहे थे।

उन्हें बहुत दूर-दूर तक जाना था—एकदम पूरब के सूर्य बिंब तक; परंतु अब तक सूर्योदय नहीं हुआ था। कदम लड़खड़ा रहे थे, मार्ग तो समाप्त नहीं हुआ था। वह तो दूर-दूर तक था। वे सोचने लगे, फिर अदम्य उत्साह से भरपूर मेरे भारी-भरकम कदम इस तरह एक ही जगह खड़े क्यों हो गए? सामने के—सामने गए हैं दूर तक। पीछे के अभी पहुँचे ही नहीं। मैं बिलकुल अकेला हूँ, परंतु यह अकेलेपन की भावना इससे पहले मेरे मन में कभी नहीं आई थी। शेर क्या कभी संगी-साथी चाहता है?

नहीं, नहीं, मैं अकेला नहीं हूँ। मेरे सामने युवा भारत खड़ा है। अपने साथ-साथ धर्म का पालन करता है। उसी तरह प्रत्येक युवक की ओर से अपना धर्म चला रहा है। वह अदृश्य है, परंतु प्रत्येक के साँस में है, प्रत्येक मन में बसा हुआ है; परंतु इसी बात का भारतीय को विस्मरण हो गया है। मैंने यही कहा। मैंने जगाने का बहुत प्रयास किया, परंतु

अब कहीं मुझे कालनिद्रा (चिरनिद्रा) तो नहीं लगेगी?

मृत्यु सुदूर है। वह प्रगल्भ जीवन का अंत और भविष्य के जीवन का श्रीगणेश है। मृत्यु जीवन के संध्या पर्व की ढलती धूप की स्मृतियों की शलाका है। मृत्यु चिरंतन सत्य है। मृत्यु जीवन की सफलता का समाधान है। मृत्यु सुंदर क्षणों की अंतिम जमा है। मृत्यु वेदनाओं का फूल है। मृत्यु व्यथाओं की मुक्ति है। मृत्यु आनंद है, मोक्ष भी है।

वे खुलकर हँसने लगे।

उस क्षण उनकी हँसने की आवाज सुनकर सदानंद चौंका। आगे बढ़कर उसने पूछा, 'स्वामीजी…?'

विवेकानंद सोच में डूबे थे। वे एकदम चौंके।

'सदानंद, तुम…तुम सारे मेरे पीछे आए हो?'

'आप क्यों हँस पड़े?'

'सच कहूँ? अपने ही संबंध में सोचते-सोचते अनजाने में जोर से हँसने लगा। क्या है सदानंद, मनुष्य तब तक जीए जब तक जीवन में रस है। यही अच्छा है।'

'अर्थात्?'

'कुछ नहीं। कहाँ चलना है, कहाँ रुकना है, यह समझने के बाद जीवन का सुखांत होता है।'

'वह क्या अपने हाथ में है, स्वामीजी?'

'नहीं, कैसे? अपने ही हाथ में है। जिस समय यह महसूस होता है कि मनुष्य का कर्म समाप्त हो गया, उस समय जीवन का प्रयोजन समाप्त होता है। गृहस्थाश्रम में मनुष्य अंतिम समय तक माया-मोह के जाल में फँसा हुआ होता है। परंतु संन्यासी के लिए ऐसा कुछ नहीं होता न!'

'स्वामीजी, आप क्या कह रहे हैं! भई, हमारे पल्ले तो कुछ भी नहीं पड़ा।'

'जाने दो। समझने का प्रयास भी मत करना। परंतु वह सामने वृक्षों की घनी छाँव में एक स्थान मैंने देखा है—बहुत रमणीय। ऊपर गगनचुंबी घने वृक्ष, सामने भागीरथी। वृक्षों ने धरती को फल-फूलों का दान दिया—ऐसे रम्य स्थान पर मैं शांति से रहूँगा। ऋषि-मुनियों की ऋचा सुनते हुए आँखें मूँदकर लेटूँगा। अपनी अधूरी कविताएँ भी यहाँ पूरी करूँगा।'

'स्वामीजी, आज सुबह-सुबह आप ऐसी बातें क्यों कर रहे हैं? सचमुच हमारी समझ में कुछ भी नहीं आ रहा।'

विवेकानंद अपनी धुन में बातें कर रहे थे।

'क्या हुआ सदानंद, एक दिन सुबह घूमते-घामते मैं चल रहा था। मन में सामवेद था—कुछ ऋचाएँ मन में मँडरा रही थीं, ऋषि-मुनियों की संस्कृति का स्मरण हो रहा था। शाश्वत मूल्यों के जड़शील स्तंभ दिखाई दे रहे थे। प्रत्येक युवक के मन में धर्म-भावना

जाग्रत् हो गई थी। सामने समाज खड़ा था और राष्ट्र विकास का मार्ग अपनाने के लिए मैं उन्हें मार्गदर्शन कर रहा था। अँधेरे में दीप-स्तंभ बनकर उन्हें मार्गदर्शन कर रहा था। मुझे वह स्थान बहुत अच्छा लगा। सदानंद, उसी स्थान पर मुझे मेरी मृत्यु के बाद अग्नि दें।'

सदानंद एकदम दहल गया। कुछ न सूझकर वह विवेकानंद के गले लग गया, जैसे उन्हें पकड़कर रखना चाहता था। विवेकानंद के ध्यान में आते ही उन्होंने कहा, 'अरे पगले, यह कल-परसों की बात नहीं है। मन में विचार आया, इसलिए अपनी इच्छा प्रदर्शित कर दी। बस इतना ही। अभी तो मैं बहुत समय जीऊँगा, मृत्यु के पश्चात् भी पंद्रह सौ साल जीऊँगा, हाँ।'

उसका भय कम करने के लिए और साथ चल रहे संभ्रमित शिष्यों से विवेकानंद ने कहा, 'सदानंद, सपने देखना मुझे बड़ा अच्छा लगता है। हिंदू जाति जगज्जेती बने, अपने आध्यात्मिक विचारों से सारे विश्व को मोह ले, यह मेरा विशाल सपना है। आज तक इस विश्व में अनेक नेतृत्वकर्त्ता और जगज्जेते हो गए, परंतु विश्व वे हमेशा के लिए नहीं जीत सके। भारत तब तक अमर है, जब तक ईश्वर का शोध भारत में है—और यह आध्यात्मिक विचार विश्व को प्रदान करने का उसे अधिकार भी है। भौतिकवाद का अतिरेक होते ही विनाश यात्रा शुरू होती है।

'आज हम स्वयं ही नास्तिक कहलाने में धन्यता समझते हैं, परंतु ऐसा नहीं है। हमें अखिल विश्व के साथ आदान-प्रदान करना है—उनका भौतिक विज्ञान और हमारे अध्यात्म की। हम ही सभी को अधिक दे सकेंगे, परंतु अंधविश्वास मत रखना। कर्म पर विश्वास करके अपना ध्येय पूरा करो, यही सीख लोगों को दो।' बातें करते-करते विवेकानंद आगे बढ़ रहे थे।

□

स्वामी विवेकानंद की आँखें खुलीं। बरसों से वे इस तरह पूरी रात सोकर भोर के समय जाग रहे थे। पूरी नींद मिलने के कारण वे प्रसन्न थे। उन्हें बाहर सैर के लिए निकलते हुए देखकर कुछ शिष्य भी उनके साथ जाने के लिए तैयार हो गए। आजकल उनका सान्निध्य पाने के लिए हर कोई तरस रहा था। स्वास्थ्य खराब रहने के कारण कई बार वे अपने कमरे में ही पुस्तक पढ़ते, लोगों से मिलते, चर्चा या ध्यान-धारणा करते। कभी स्वास्थ्य ठीक हो तो अपना कमरा और मठ बुहारने लगते। फिर कोई शिष्य भागा-भागा आकर कहता।

'स्वामीजी, यह क्या कर रहे हैं आप?'

'क्यों भाई, इसमें क्या बुराई है?'

'ऐसा नहीं स्वामीजी, परंतु…'

'समाज की दुर्बल मानसिकता, कायर, डरपोक वृत्ति को तो बुहारकर साफ कर ही रहा हूँ। यहाँ बुहारना तो बहुत ही आसान है, परंतु मनुष्य के मन में अटके परंपराओं

के जाले निकालना सहज नहीं है।'

'स्वामीजी, परंतु आप यह काम न करें। हम हैं न।'

'तुम लोग तो हो ही। तुम लोगों पर ही तो कल संपूर्ण भारत देश को छोड़कर जा रहा हूँ। पीछे मुझे कोई चिंता नहीं रहेगी।'

'कैसी बात कर रहे हैं आप? आप ऐसी अवस्था में विदेश यात्रा के लिए निकलेंगे?'

विवेकानंद मन-ही-मन कहते—अरे, इस अवस्था में भारत छोड़कर मैं विदेश में कैसे रह सकता हूँ? ना बाबा, ना। जीवन के सांध्य पर्व की गहरी संध्या जीवन में उतरी है। यह गहरी छाया निकट आने में समय नहीं लगेगा। इसलिए मुझे सबकुछ जल्दी-जल्दी निबटाना है। इसके पश्चात् ही सम्मानपूर्वक मृत्यु-देवता के द्वार पर उससे मिलने जाऊँगा।'

प्रकट रूप में उन्होंने कहा, 'अरे, मेरे कहने से आप क्या मुझे जाने देंगे?'

'स्वामीजी, हमने लाख कहा, अत्याग्रह-सत्याग्रह भी किया; परंतु इसलिए आप कभी रुके हैं? अभी-अभी स्वास्थ्य ठीक नहीं था, फिर भी आप उस जापानी अतिथि के साथ बोध गया होकर आए। मैं था न आपके साथ। आप उन्हें बौद्ध धर्म का इतिहास बताते अखंड बोल रहे थे। कहीं भी विश्राम नहीं, स्वामीजी।'

वे खिलखिलाकर हँसने लगे। उसे अपने निकट खींचकर उसके कंधे पर हाथ रखकर उन्होंने कहा, 'अरे, बोलने के लिए शब्द हैं, मन में पढ़ा हुआ सबकुछ है, सुननेवाला श्रोता है तो उसे अपने देश के धार्मिक स्वरूप के विषय में बताना नहीं चाहिए!'

'स्वामीजी, हम हिंदू होते हुए भी आप बौद्ध धर्म के विषय में सभी से इतनी आत्मीयता भरी बातें क्यों करते हैं?'

'बौद्ध एवं जैन धर्म हमारे ही हिंदू धर्म से उदित हुए हैं। उन्होंने अनचाहे विचारों को निकालकर अपने विचार व मत प्रस्तुत किए हैं और अन्य धर्म भी आदरणीय हैं। अतः सभी धर्मों की जानकारी रखना, वह जानकारी दूसरों को बताना अनुचित नहीं है। स्वधर्म के आदर के साथ परधर्म का भी अध्ययन होना चाहिए।'

शिष्य इन विचारों से इतना सहमत नहीं दिखाई दे रहा था। उसने उनके हाथ की बुहारी ली और बुहारने लगा। विवेकानंद अपनी ही धुन में खोए वहाँ खड़े रहे।

आजकल ऐसा ही हो रहा था। बात करते-करते, चलते-चलते वे रुक जाते। पल भर के लिए उन्हें विस्मरण हो जाता। फिर दूसरे ही पल जैसे होश आने पर वे सोचते, 'एक पल के लिए मैं कहाँ था?'

उस दिन बात करते-करते वे ऐसे ही नीचे बैठ गए। आँखें बंद थीं। उनकी ऐसी अवस्था देखकर कोई भागकर पानी ले आया, उन पर छिड़का। उन्हें होश आया। चकित

होकर उन्होंने कहा—

'पता ही नहीं चला, मैं कब, किस गाँव में गया था। पल भर का वह अज्ञात प्रदेश मेरे आकलन से, बुद्धि से परे था। कब बात समाप्त हो गई और मैं कब नीचे बैठ गया, पता ही नहीं चला। मैं कहाँ से वापस लौटा? सबकुछ अगम्य, अनाकलनीय।'

बीच-बीच में उन्हें लगता, सबकुछ गोल-गोल घूम रहा है। वे किसी से कुछ नहीं कहते। प्रत्यक्ष रूप में किसी के सामने कुछ हुआ तो मुसकराते हुए कहते, 'देह और मन का विसंवाद हो गया था रे।'

शरीर पर सूजन बढ़ रही थी। रात में साँस बहुत ही फूलती। रात बैरन की होती, स्वयं भी बैरन बनती; परंतु वे सुबह प्रसन्न रहते। उन्होंने मन से सभी को स्वीकार किया था।

एक दिन सवेरे-सवेरे उन्होंने घोषणा की—'आज सारा भोजन मैं बनाऊँगा। रसोई में आज किसी को भी प्रवेश करने की अनुमति नहीं है।' उन्होंने भोजन बनाना आरंभ किया। आँखों से पानी बह रहा था। सूजे हुए कदम गतिविधियों से मुँह मोड़ रहे थे। सारे शिष्य उनकी करुणाजनक अवस्था देख रहे थे, परंतु आगे बढ़ने का साहस कोई नहीं कर सका। विवेकानंद ने रसदार मछली (माछेर झोल), पूरी और उनकी प्रिय सारी सब्जियाँ डालकर की हुई मसालेदार खिचड़ी। उनका चेहरा लाल हो गया था, साँस फूल रही थी। परंतु सारे शिष्य, गुरु-बंधु देख रहे थे उनके मुख पर खिली-खिली प्रसन्नता।

दोपहर में वे अपने कमरे में गए। उनके शरीर को यह सारा मामला स्वीकार नहीं था, परंतु वे बहुत प्रसन्न थे। थोड़ी देर के बाद भगिनी निवेदिता के साथ कुछ विदेशी लोग उनसे मिलने आ गए और वे तुरंत उठकर जाने लगे तो विवेकानंद ने उन्हें रोककर कहा, 'मैं ठीक हूँ। जाने की जल्दी मत करना।'

निवेदिता ने यह समझकर कहा, 'स्वामीजी, मेहमानों को जल्दी है।' उठकर वे उन्हें दरवाजे तक छोड़ने गए और दरवाजे पर ही रुक गए।

मठ की जमीन साफ करने के लिए अनेक संथाल मजदूर काम कर रहे थे। भोजन का समय होते ही वे सारे पेड़ के नीचे बैठ गए। भात और नमक का पानी—बस, इतना ही उनका भोजन देखकर विवेकानंद का कलेजा छलनी हो गया। उन्होंने अद्वैतानंद को बुलाकर वह दृश्य दिखाया, 'पूरा दिन कोल्हू के बैल की तरह खटनेवाले इन लोगों के भाग्य में ऐसा रूखा-सूखा भोजन। अरे, जी करता है, इस मठ की जगह बेचकर सारे पैसे उन्हें दे दूँ। कभी-कभी इस तरह का अभाव व कष्ट देखकर जी करता है, फेंक दें वह शंख, घंटाएँ; फेंक दें शिक्षा, ज्ञान; त्याग दें मुक्ति के लिए ग्रहण किया संन्यास और गाँव-गाँव भ्रमण शुरू करें। अमीरों की लाचारी स्वीकार के, भीख माँगकर, पैसा इकट्ठा करके इन श्रमजीवी मजदूरों के मुख में अन्न डालें। अरे, देश के गरीब, दीन-दुखियों का कोई भी समर्थक नहीं, कोई भी सहायक नहीं? पेट के लिए लोग मिशनरी बन रहे हैं, ईसाई

धर्म को स्वीकार कर रहे हैं। क्या हिंदुओं के लिए यह लज्जास्पद नहीं है? कहाँ गए हैं सारे धर्म-मार्तंड, धर्म के ठेकेदार! डालो उनकी आँखों में तीखा, करारा, चर्रेदार अंजन।'

कितनी देर तक अनमने से वे बोल रहे थे।

संध्या हो गई। मजदूर अपना काम निबटाकर चले गए। उन्होंने सदानंद को बुलाया। वह भागा-भागा आ गया। उन्होंने उसे पंचांग (जतरी) लाने के लिए कहा।

'किस बात का मुहूर्त देखना है, स्वामीजी? आप कहीं मुहूर्त देखकर तो कभी नहीं जाते।'

'अरे, ऐसे ही माँगा पंचांग। जाओ, ले आओ।'

सदानंद भागता हुआ गया और पंचांग लेकर आया। उसके साथ अद्वैतानंद और स्वरूपानंद भी आ गए।

'अब कहाँ की तैयारी?' अद्वैतानंद ने पूछा।

विवेकानंद मुसकराए और कहा, 'कुछ नहीं। एक सज्जन मिलने आ रहे हैं। सोचा, दिवस कैसा है, यह देख लूँ।'

'मुहूर्त देखकर उसे आमंत्रित करेंगे?'

'क्या है अद्वैतानंद महाराज, ऐसा न हो कि आपका ही कोई कार्यक्रम होगा और आपने उसे आमंत्रित किया हो।'

'कब आनेवाले हैं और कौन?'

पंचांग देखकर उन्होंने अपनी डायरी में नोट किया—

'४ जुलाई, १९०२, दिन शुक्रवार।'

'भई, कौन आनेवाला है?' सदानंद ने पुनः पूछा।

'सच कहूँ? उसका नाम मैं नहीं बता सकूँगा, क्योंकि मैं सचमुच भूल गया हूँ; परंतु उसे अब आने में कोई आपत्ति नहीं। ४ जुलाई के दिन वह कभी भी आएगा। मैं उसकी प्रतीक्षा करूँगा।'

सभी समाधान हो गया। पंचांग लेकर वे चले गए, परंतु अद्वैतानंद खड़े रहे।

'नरेन, मैं समझ गया हूँ।'

'यदि ऐसा है तो तुम अपने पास ही रखो, गोपाल।'

अद्वैतानंद का गला भर आया। वे जानते थे, विवेकानंद सहजता से इच्छा-मरण ले लेंगे, परंतु उन्होंने यह नहीं सोचा था कि इतनी शीघ्रतापूर्वक वे यह कदम उठाएँगे।

उन्हें समझाते हुए विवेकानंद ने कहा, 'गोपाल, हम सोलह शिष्यों ने ठाकुरजी का संदेश देश-विदेश में पहुँचाया है। भारत स्वतंत्र होनेवाला ही है। अवश्य होगा। समाज जाग्रत् हो गया है। मिशनरी लोग अब जरा डरकर रहते होंगे। वेदांत का प्रसार सर्वत्र हो रहा है। मैंने प्राथमिक कार्य पूरा किया है। अब तुम सारे तो होगे ही। होंगे न, गोपाल?'

'हाँ, हम तो रहेंगे ही, परंतु…'

'गोपाल, इतना नहीं थका मैं। परंतु कहीं-न-कहीं तो रुकना ही होगा न! अपना समय स्वयं मैं ही निश्चित कर सका। मुझे ठाकुरजी की पुकार सुनाई देने लगी है। अब सबकुछ तुम्हें सौंपकर मैं ठाकुरजी के पास जाऊँगा।'

अद्वैतानंद का संयम जवाब दे गया।

विवेकानंद ने उन्हें हृदय से लगाया। 'गोपाल, यह सब अपने पास ही रहने दो।'

अद्वैतानंद ने सिर हिलाया। उन्हें स्मरण हो गया, सात-आठ महीने पहले काशी से वापस लौटने पर मठ में दुर्गोत्सव का आयोजन किया गया था। तब विवेकानंद कितने उत्साह से भरे हुए थे। शास्त्र-विधि के अनुसार पूजा करने की योजना करते ही उसी के अनुसार प्रातःकाल मंत्रोच्चारण, शास्त्र-पठन में व्यतीत हो गया। अनेक देशी-विदेशी लोगों ने इस कार्यक्रम में भाग लिया। मध्याह्न होते-होते विवेकानंद को इतनी थकावट हो गई थी कि उन्हें सहारा देकर उनके कमरे में ले जाया गया। उसके बाद वे बोल भी नहीं सके।

उसी समय अद्वैतानंद ने कहा था, 'नरेन, अब सारा समाप्त कर डालो। पूरे दिन बहुत परिश्रम करते हो। अध्ययन बंद करो, अभ्यास वर्ग भी बंद करो। साधना कम करो और अपने ये पालतू प्राणी किसी को दे दो। बीमार होते हुए दिन में एक पल भी तुम आराम नहीं करते।'

'अरे गोपाल, आत्यंतिक अपनत्व के कारण तुम ऐसा सोचते हो। सत्य ही यह शरीर की थकावट है। दूर होगी कुछ समय के बाद। भई, तुम मुसकरा क्यों रहे हो? तुम्हें यह सच नहीं लगता?'

'बंधु, देह और मन क्या अलग-अलग हैं?'

उन्होंने कुछ नहीं कहा। परंतु अद्वैतानंद को पूरा एहसास था कि योग-साधना के अत्युच्च पल में देह का भान छूट जाता है और मन आत्यंतिक आनंद के परमोच्च बिंदु पर होता है। इसी कारणवश देह और मन अलग हो सकते हैं। इसके पश्चात् सात-आठ महीने उन्होंने इतनी अधिक व्यस्तता में व्यतीत किए कि डॉक्टर ही कहते कि उन्हें कुछ हो रहा है, परंतु उस पर विश्वास करना कठिन होता। सदानंद, जो उनके आसपास रहता था, वैसे ऐसा शिष्य था, जिसने अभी-अभी दीक्षा ग्रहण की है। रात भर वह उन्हीं के कमरे के सामने सोता था। कभी रात के समय नींद खुल गई तो वह उन्हें पढ़ते हुए देखता। अद्वैतानंद व स्वरूपानंद उससे पूछते तब वह कहता और वे विश्वास करते, परंतु आज उन्होंने सत्य जाना था।

विवेकानंद ने अपनी वेदनाएँ मन से छिपाने का बहुत प्रयास किया था। जाते-जाते उन्होंने बस इतना ही कहा, 'नरेन, हम तुम्हें बहुत-बहुत चाहते हैं रे...'

'मैं भी तुम सभी को बहुत चाहता हूँ, परंतु प्रयोजन ही समाप्त हो गया, गोपाल। अब मैं बहुत खुश रहना चाहता हूँ। तुम सहयोग दो।'

विवेकानंद ने अद्वैतानंद का हाथ थामा। दोनों का गला भर आया।

दरवाजे पर खड़े सदानंद ने कहा, 'स्वामीजी, आपकी माताजी आई हैं।'

□

'नरेन, तुम?' शारदा माता ने चकित होकर पूछा। अत्यधिक स्नेह से उन्होंने ही अगला प्रश्न पूछा, 'नरेन, वत्स, कैसे हो तुम?'

'माताजी, कल मुझसे माँ मिलने आई थीं। इसीलिए आपसे मिलने आ गया। माताजी, ठाकुरजी के मन के अनुसार वर्तन किया न मैंने?'

'ऐसा क्यों पूछ रहे हो?'

'क्योंकि माताजी, मुझे…'

'कहीं जा रहे हो?'

'हाँ, वैसे निश्चय तो किया है।'

'वत्स, कहीं भी जाओ, परंतु सुखी रहो। अब अधिक परिश्रम मत करना।'

'नहीं करूँगा। अब मुझे नित्य आनंद, नित्य सुख मिलेगा। आपका आशीर्वाद रहे।'

'नरेन, ठाकुरजी के प्रत्येक शब्द की ध्वनि तुमने पाञ्चजन्य द्वारा सारे विश्व भर पहुँचाया। उनकी प्रत्येक कृति का अर्थ तुमने आकाश जैसे असीम और व्यापक किया। उनकी साधना को विशाल बनाया। उनके अद्वैतभाव को तुमने स्वीकार किया। उनकी उत्कट सगुण भक्ति तुमने भक्ति योग को दृष्टांत देते हुए समाज के सामने सिद्ध की। नरेन, वे आश्रम में रह विश्व धर्म का व्यापक रूप देख रहे थे। वही रूप तुमने अपनी मधुर व शास्त्रोक्त वाणी द्वारा प्रकट किया। नरेन, तुम्हारे समान शिष्य बहुत दुर्लभ होता है, जो गुरु को पूर्णतया आकलन करते हुए उसके आचार-विचार समाज को देता है। गुरु अनेक हो सकते हैं, परंतु युगांतरकारी, युग-प्रवर्तक तथा युगंधर शिष्य क्वचित् ही जन्म लेता है। कहो वत्स, इस समय कौन सा आशीर्वाद दूँ? तुम ज्ञान से परिपूर्ण हो। कृति से, परिश्रम से साधक हो। संस्कृति के उपासक तो हो ही, परंतु इतना असाधारण शिष्य, जिसने विदेश में भी संस्कृति का महत्त्व विशद् किया, स्वधर्म की श्रद्धा कर परधर्म का आदर किया। निश्चित ही गुरुजी की आत्मा प्रसन्न हुई होगी। वत्स, बिना संकोच के जो माँगना है, माँगो।'

'माताजी, आप मुझे मेरे गंतव्य मार्ग पर शुभेच्छा दें। पुत्र माता के सुख की कामना करता है, उसे सुखी रखता है। इस जन्म में आपकी सेवा का अवसर नहीं मिला। वह अगले जन्म मिले। आपके पुत्र के रूप में अगले जन्म में जन्म लूँ—इस तरह आशीर्वाद दें।'

'वत्स, आकाश जितना पुत्र हुआ और सागर जितना उसने विशाल कार्य किया तो माता होना सार्थक होता है। मैं कृतकृत्य हूँ, परंतु तुम्हें आशीर्वाद दिए बिना मुझे प्रसन्नता

नहीं मिलेगी। वत्स, जिस मार्ग पर तुम निकल पड़े हो वह मार्ग दृढ़-निश्चय का है, माया-मोह से मुक्ति पाने का है। वह जीवन-समाप्ति की ओर ले जाता है। ऐहिकता परमार्थ को ले जा रहा पारलौकिक मार्ग है।'

'माताजी,' अत्यंत आश्चर्य से विवेकानंद ने शारदा माता को पुकारा। परंतु शारदा माता ने अपनी धुन में कहा, 'वत्स, तुम्हारा युग प्रयोजन तुम्हारी मृत्यु से ही परिपूर्ण होगा। आयु के पन्ने समाप्त हुए, परंतु समय के पन्ने खुलते ही जाएँगे। तुम मृत्युंजय हो जाओ वत्स, तुम्हें मनःशांति, मनःसौम्य प्राप्त हो।'

'माताजी, आपने मेरी भीतरी इच्छा जान ली। कैसे?'

'वत्स, ठाकुरजी सपने में आए थे और वैसे भी···'

'वैसे भी क्या, माताजी?'

'वत्स, ठाकुरजी की तरह तुम्हारी वेदनाएँ, स्पर्श द्वारा भी मैं अपने लिए नहीं ले सकती थी। पर मुझे देखी नहीं जाती थीं। अपने पुत्र की यातनाएँ किस माता के लिए सुखदायी होंगी! अतः जीवन को विराम, यही औषधि थी। इतना मैं जानती थी। वत्स, तुम्हारा वियोग सहने की मुझे शक्ति मिले।' माताजी के शब्द आँसुओं में घुल गए। अपने आप पर पूरा संयम रखकर विवेकानंद ने उनके चरणों पर मस्तक रखा। बाहर निकलते समय गद्‌गद होकर उन्होंने कहा, 'माताजी, आता हूँ, नहीं कहता जाता हूँ··· ।' और वे तेजी से बाहर निकले।

□

आकाश में असीम तेज से भोर का तारा चमक रहा था। विवेकानंद ने घड़ी में देखा, बारह बजकर पाँच मिनट हो गए थे। लिखते-लिखते वे रुक गए और देखा, जुलाई की ४ तारीख, जो उन्होंने अपनी डायरी में नोट की थी। कल की तारीख नहीं लिख सकता। वे प्रसन्नतापूर्वक हँसने लगे। अगली योजनाओं की रूपरेखाएँ लिखकर वे उठ गए। ब्राह्ममुहूर्त हो गया था। नित्यकर्मों से निवृत्त होकर नित्य की तरह वे सबके साथ ध्यान-धारणा के लिए नहीं गए। सदानंद ने कहा भी, उस पर उन्होंने कहा, 'सदानंद, तुमसे कहता हूँ, बचपन में मैं हमारे दत्त भवन के छत पर जाकर घंटों ध्यान करता था। ईश्वर की भक्ति करता था, ताकि उससे भेंट हो। उस समय मुझे सगुण-साकार मेरे मन में बसी देव प्रतिमा देखनी थी। आगे चलकर कॉलेज में गया और अद्वैत की ओर मुड़ा। पूजा, अर्चना, देव प्रतिमा पर मेरी श्रद्धा नहीं रही।'

'उस समय आपको ईश्वर दिखाई देता तो···'

'दिखाई दिया न। मुझे ईश्वर का दर्शन हो गया। ठाकुरजी ने करवाया, साकार ईश्वर-दर्शन। मैं तो पागल था। उन्होंने मुझे सिखाया, गढ़ा, सजाया। मेरे जैसे को भावना, संवेदना, आचार-विचार दिए।'

कितनी देर तक विवेकानंद बचपन की यादों में और ठाकुरजी की यादों में खो

गए। वे बोल रहे थे, सदानंद सुन रहा था। इतने में शुद्धानंद और बोधानंद आए। काली पूजा करने की दृष्टि से उन्होंने विवेकानंद के साथ चर्चा की।

'मुझे माँ काली से मिलना है।' इस वाक्य से शुद्धानंद संभ्रमित हो गए। विवेकानंद यह देखकर मुसकराए और उन्होंने स्पष्ट किया, 'मुझे माँ काली के मंदिर जाना है।' उन्होंने मंदिर का रुख अपनाया। सदानंद को अपने पीछे-पीछे आते देख उन्होंने कहा, 'अरे बाबा, मुझे माँ काली से बातें करनी हैं।' उसे इस तरह की बातों की आदत होने के कारण वह अपने काम में लग गया। मंदिर में जाने के बाद उन्होंने मंदिर के द्वार, खिड़कियाँ बंद कीं और पद्मासन लगाकर वे काली माता के सामने बैठ गए।

'माते, परसों मेरी माँ मुझसे मिलने आई थीं। मैंने उनके भविष्य की जितनी हो सके उतनी व्यवस्था की। उस बेचारी को किसी बात का एहसास नहीं है। मेरा स्वास्थ्य ठीक नहीं, इसलिए वह बिलख-बिलखकर रो रही थीं। 'आठ दिन के बाद आकर तुम्हें घर ले जाती हूँ।' कहती हुई चली गईं।

'हे काली माँ! मेरे पश्चात् उसे सँभालो। जीवन भर उसने ग्रीष्म की लू ही सही है। उस पर मृग की बरसात करो। भूपेन, महेन को उसके साथ रहने की बुद्धि दो। वस्तुतः ज्येष्ठ पुत्र मैं, परंतु उनके लिए ज्यादा कुछ नहीं कर सका, इसका मुझे दुःख है, जो मेरे साथ चलनेवाला ही है।

'काली माँ, आज मैं अपने लिए एक ही बात माँगता हूँ। मेरे भारतवासियों को सुखी रखो, उन्हें अन्न-धान्य की कमी न हो। अब वे जाग्रत् हो गए हैं, उन्हें जाग्रत् ही रहने दो। स्वतंत्रता का प्रभात होने ही वाला है—स्वतांत्र्य सूर्य का उदय होगा। मेरे भारतीय युवकों को साहस दो, बल दो, शक्ति दो, नीतिपरायणता दो। धर्म संगठन होने दो। ज्ञान, भक्ति, योग और कर्म का भान उनके मन में रहने दो। युवक के देश-विदेश जाने पर भी उनके मन में भारत-भूमि का भान रहने दो।

'मुझे स्मरण नहीं, पिछले जन्म में मैं कौन था, परंतु शायद मैंने अधर्म किया यह पूर्वसंचित है, इसी कारणवश इस जन्म में धर्म के लिए मैंने प्रयास किए। काली माँ, अगले जन्म में मुझे इस पुण्य भू भारत माता के अंक पर खेलने दो। पुण्य सलिला भागीरथी के तट पर उछल-कूद करने दो। पुनः-पुनः मैं भारत में ही जन्म लेना चाहता हूँ। मुझे मोक्ष नहीं चाहिए, काली माँ, मुझे मोक्ष नहीं चाहिए।'

बहुत देर के बाद वे मंदिर से बाहर निकले।

स्वरूपानंद ने पूछा, 'दरवाजे-खिड़कियाँ बंद करके इतनी देर तक क्या कर रहे थे? कलेजा मुँह को आया था सभी का। यह क्या बात हुई?'

'सचमुच ध्यान ही नहीं रहा।' उन्होंने शांत चित्त से कहा। लेकिन स्वरूपानंद ने सोचा—यह ठीक नहीं। आजकल उनका व्यवहार अजीब सा हो रहा है।''' विवेकानंद उसके साथ भोजनगृह गए। 'आज मैं भोजन परोसना चाहता हूँ।' उत्साह के साथ वे सभी

को परोस रहे थे, हँसी-मजाक के साथ सभी हँसते-हँसते, खाते-खाते लोट-पोट हो रहे थे। उनका उत्साह देखकर अद्वैतानंद आज की तारीख भूल गए थे।

भोजन के बाद उन्होंने हमेशा की तरह संस्कृत का व्याकरण सीखना शुरू किया और विषय एक तरफ रहकर देश की आज की स्थिति में युवकों का कर्तव्य इस विषय पर ही बोलते रहे।

'मनुष्य प्रकृति पर मात करने के लिए ही जन्मा हुआ है। शिक्षा से मन का विकास होता है, परंतु आध्यात्मिक उन्नति स्वयं ही करनी पड़ती है। अध्यात्म कोई चंदन का उबटन नहीं, जो शरीर पर मला जा सकता है।

भारत में ही सर्वप्रथम ज्ञान-रवि का उदय हो गया। यहाँ का एकैक धूलिकण ऋषि-मुनियों के पदस्पर्श से पुनीत हुआ है। इस भूमि से अध्यात्म की, दर्शन की, संस्कृति की, साधना की लहरें प्रवाहित हो गई हैं, और हजारों साल यही लहरें अखिल विश्व को संजीवन देंगी। आप सभी भाग्यशाली हैं जो इन सारी लहरों का अनुभव करेंगे; परंतु अब मेरा समय हो चुका है। अब...'

उनके सामने से छात्र, शिष्य उठ गए।

हलके कदमों से संध्या धरती पर उतरने लगी थी। विवेकानंद मठ के आँगन में चहलकदमी कर रहे थे और सतत कुछ-न-कुछ बोल रहे थे। स्वरूपानंद, अद्वैतानंद, बोधानंद दूर ठिठक गए थे। इतने में विवेकानंद मधुर स्वर में ऊँची आवाज में गाने लगे—

मन चलो निज निकेतने, संसार विदेशे, विदेशीर वेशे,
भ्रमो कैनो अकारणे, मन चलो निज निकेतने।

'यह नरेन का बहुत ही प्रिय भजन है। उसने ठाकुरजी के लिए गाया था, याद है न?' बातें करते-करते वे तीनों मठ में चले गए।

विवेकानंद सदानंद के साथ अपने कमरे में वापस लौटे। अब संध्या गहराई थी। सदानंद ने दीप जलाए। कमरे में उजाला बिखरा। विवेकानंद ने कमरे की खिड़कियाँ व दरवाजे खोलने के लिए कहा।

भागीरथी के पात्र में दीप छोड़े हुए थे। भागीरथी के पानी में दीपकों के प्रतिबिंब थिरक रहे थे। आकाश में नक्षत्रों की भीड़ थी। खचाखच भरे नक्षत्र चमक रहे थे। अभी तक चंद्रोदय नहीं हुआ था। दूर दक्षिणेश्वर की ओर वे देख रहे थे। वह स्थल जहाँ से जीवन की असली यात्रा शुरू हो गई, दिखाई नहीं दे रहा था। एक बार एक उम्र समाप्त होते ही उस उम्र के संदर्भ याद आते हैं, परंतु ऋतु की तरह वे वापस नहीं लौटते। उन्होंने मंदिर की दिशा में एक प्रणाम किया।

'ठाकुरजी, जीवन का अर्थ ढूँढ़ते हुए भारत भर में एड़ियाँ घिसीं, दर-दर की ठोकरें खाई, संवेदनाएँ तरल हो गईं। दुःख से नाता जुड़ गया और मानव-धर्म समझ लिया। वह मानव-धर्म संकल्पना जिस वेदांत में है, उस वेदांत को दूर देश ले गए। मैं

बहुत कुछ करना चाहता था। परंतु···! वह उदास हो गए।

‘नरेन, वत्स, तुमने बहुत किया। अब मृत्यु ही तुम्हारे आने का प्रयोजन सिद्ध करेंगी। बहुत थक गए हो। अब आओ वत्स, मेरे पास आओ। तुम्हारी समाधि के ताले की चाबी मैंने तुम्हें दी है। खोलो ताला और मेरे पास आओ। आते हो न। मैं तुम्हारी प्रतीक्षा कर रहा हूँ। आओ वत्स, आओ।’

विवेकानंद के अंतस में उनके शब्द उभरे थे। उन्होंने खिड़की से सिर अंदर मोड़ लिया। सदानंद पुस्तक पढ़ रहा था। उन्होंने उससे कहा, ‘सदानंद, दरवाजे के बाहर बरामदे में बैठोगे? मैं ध्यान करता हूँ।’

सदानंद उठकर बाहर चला गया।

वे पूरब की ओर मुख करके पद्मासन जमाकर बैठ गए।

‘आओ मृत्यो, आओ। आज मैंने तुम्हें आमंत्रित किया है। आज तक कभी आमंत्रित नहीं किया था। आज तुम सादर आमंत्रित हो। हो सकता है, तुम व्यस्त हो। विलंब करके आओगे। मेरी परीक्षा लोगे, परंतु हे मृत्यो! अब मेरी परीक्षा नहीं चाहिए। मेरी निद्रा कब की खो गई है। मुझे अब चिरनिद्रा आने दो। मैं एकदम शांत-शांत नींद सोना चाहता हूँ। फिर पुन: नवतेज तथा नव चैतन्य के साथ वापस अपनी भारत-भूमि पर लौटूँगा। परंतु अब आ जाओ। सत्वर आओ, सारे काम छोड़कर। तुम्हारे कदम निकट आने का मुझे आभास तो नहीं हो रहा? आओ, सहजतापूर्वक आओ, मधुर भावनाओं के साथ सत्वर आओ।’

मन-ही-मन वे मृत्यु की प्रार्थना, भजन करने लगे। हाथ में जाप की माला थी, मन में अनाहत नाद। निराकार का प्रशस्त मार्ग सामने साकार हो रहा था। हरसिंगार की सुगंध भरी थी। मार्ग पर दोनों तरफ वृक्षों की भीड़ खड़ी थी। सामने हिमशिखर पर गहरे नीले आकाश में शिवशंकर की प्रतिमा थी। उस पर शुभ्र धवल चंद्रकला थी। शिवशंकर ने अपनी दोनों बाँहें फैलाईं और विवेकानंद को आलिंगन देने के लिए वे आगे बढ़े।

उनके हाथ में थामी जाप की माला नीचे गिर गई। उनकी देह भी धरती पर गिर गई। सदानंद भागा-भागा आया। उसने विवेकानंद को गिरते हुए देखा था। वह तुरंत सभी को बुलाने के लिए भागा।

सब भागे-भागे आए। विवेकानंद को बिछौने पर लिटाया गया। किंचित् साँस चल रही थी। डॉक्टर आ गए। आँखें मूँदकर विवेकानंद सभी की भागा-दौड़ी का आनंद ले रहे थे। उनके अधरों पर मंद हास्य था। वे मन-ही-मन सबसे विदा ले रहे थे, ‘अब मैं चला दूरस्थ देश, अब इस जन्म में यहाँ वापस नहीं लौटूँगा। देखो, साक्षात् शिवशंकर मेरे पास आए हैं। अपने दोनों हाथों पर उन्होंने मुझे सहज उठाया है। मित्रो, एक ही विवेकानंद यहाँ से विदा हो रहा है, अब हजारों विवेकानंद तैयार होंगे। रोना नहीं। सब शुभमंगल होगा।’

तकिया से विवेकानंद की गरदन लुढ़क गई। डॉक्टर ने अपने हाथ पीछे लिये। पल भर नीरव शांति! दूसरे ही पल सभी का वियोग असह्य हो गया। रात भी कुछ देर ठिठक गई थी।

५ जुलाई, १९०२। उनकी पार्थिव देह बेलूर मठ के आग्नेय छोर पर गंगा किनारे; उनकी दिखाई हुई रम्य वृक्ष राशि में, शोभायात्रा के साथ लाई गई। स्वामी विवेकानंद को, जिन्होंने चंदन की तरह भारतीयों के लिए अपने आपको घिसा था, चंदन की चिता पर अग्नि दी गई। पुत्र-वियोग से दुःखी माँ भुवनेश्वरी उस चिता के पास बैठकर प्रार्थना कर रही थीं।

□□□

PRAISE FOR SUPERMARKETWALA

'Damodar Mall, who was 'born to be a grocer' enthrals the reader with his insightful perspectives on Indian consumers. His vast experience in modern retailing, coupled with great knowledge of cultural nuances creates a potent mix for sales and marketing professionals. The stories urge one to see beyond the obvious and consistently push the envelope to rewrite the rules of the game.'
Harish Manwani, Global COO, Unilever

'Damodar Mall is uniquely placed to give a fresh consumer perspective and deep insights into Indian consumption habits. *Supermarketwala* is very important in this dynamic phase of India's retail evolution. It is a must read for retail sector players and investors.'
Rakesh Jhunjhunwala, Ace Indian Investor

'What makes Damodar's book different is the attention it gives to the subjective truth of the customer, something that is sorely missing in other books on modern retail.'
Devdutt Pattanaik, Mythologist and bestselling author

'Decoding mysteries of Indian food habits.... Damodar does it with ease, precision, and *ishtyle*! This thought provoking, but easy read is a sure bestseller.'
Sanjeev Kapoor, Celebrity Chef

'India's retail scene has been played out in front of Damodar's eyes. He has been a key player and a spectator. He is best placed to tell us the nuances of the game and what it takes to win it.'
Anita Bhogle and Harsha Bhogle, Authors of *The Winning Way*